바다의 경계를 넘다

이 저서는 2008년 정부(교육부)의 재원으로 한국연구재단의 지원을
받아 수행된 연구임(NRF-2008-361-B00001).

바다의 경계를 넘다
- 세계의 해양네트워크 -

· ·

초판 1쇄 발행   2018년 4월 30일

지은이 ㅣ 우양호
펴낸이 ㅣ 윤관백
펴낸곳 ㅣ 도서출판 선인

등록 ㅣ 제5-77호(1998.11.4)
주소 ㅣ 서울시 마포구 마포동 324-1 곳마루 B/D 1층
전화 ㅣ 02)718-6252/6257
팩스 ㅣ 02)718-6253
E-mail ㅣ sunin72@chol.com
Homepage ㅣ www.suninbook.com

정가 40,000원
ISBN 979-11-6068-166-6 93300

[해항도시문화교섭학연구총서 17]

바다의 경계를 넘다

- 세계의 해양네트워크 -

우양호

발 간 사 ────────────────

    한국해양대학교 국제해양문제연구소는 한국연구재단의 지원을 받아 2008년부터 2018년까지 인문한국지원사업인 '해항도시 문화교섭학' 연구를 수행하고 있다. 이 연구의 개요를 간략히 소개하면 다음과 같다. 먼저, 해항도시 문화교섭 연구는 바다로 향해 열린 해항도시 (seaport city)가 주된 연구대상이다. 해항도시는 해역(sea region)을 구성하는 요소로서 그 자체가 경계이면서 동시에 원심력과 구심력이 동시에 작동하는 공간으로, 배후지인 역내의 각지를 연결할 뿐만 아니라 먼 곳에 있는 역외인 해역의 거점과도 연결된 광범한 네트워크가 성립된 공간이다. 해항도시는 근대자본주의가 선도하는 지구화 훨씬 이전부터 사람, 상품, 사상 교류의 장으로서 기능해 온 유구한 역사성, 국가의 영역에 머무르지 않은 초국가적인 영역성과 개방성, 그리고 이문화의 혼교·충돌·재편이라는 혼효성의 경험과 누적을 사회적 성격으로 가진다.

    다음으로 해항도시 문화교섭 연구는 해항도시를 필드로 하여 방법론적 국가주의를 넘어 방법론적 해항도시를 지향한다. 연구필드인 해항도시를 점으로 본다면 해항도시와 해항도시를 연결시킨 바닷길은 선으로 구체화되며, 바닷길과 바닷길을 연결시킨 면은 해역이 된다. 여기서 해역은 명백히 구획된 바다를 칭하는 자연·지리적 용법과 달리 인간이 생활하는 공간, 사람·물자·정보가 이동·교류하는 장이자 사람과 문화의 혼합이 왕성하여 경계가 불분명하여, 실선이 아니라 점선으로 표현되는 열린 네트워크를 말한다. 해역과 해역은 연쇄적으로 연결된다. 해항도시 문화교섭 연구는 국가와 민족이라는 분석단위를 넘어서, 해항도시와 해항도시가 구성하는 해역이라는 일정한 공간을 상정하고, 그 해항도시와 해역에서의 문화생성, 전파, 접촉, 변용에 주목하여 문화교섭 통째를 복안적이고 종합적인 견지에서 해명하고자 하는 시도다.

여기에 기대면, 국가 간의 관계 시점에서 도시 간 네트워크 시점으로의 전환, 지구화와 지방화를 동시에 반영하는 글로컬 분석단위의 도입과 해명, 중심과 주변의 이분법을 해체하고 정치적인 분할에 기초한 지리단위들에 대한 투과성과 다공성을 부여할 수 있다. 그리고 해항도시 문화교섭 연구는 역사, 철학, 문학 등 인문학 간의 소통뿐 아니라 사회과학과 자연과학 등 모든 학문과의 소통을 전제한다는 점에서, 모든 학문의 성과를 다 받아들인다는 의미에서 '바다' 인문학을 지향한다.

이처럼 해항도시 문화교섭 연구는 '연구필드로서의 해항도시'와 '방법론으로서의 해항도시'로 대별되며, 이는 상호 분리되면서도 밀접하게 연관된다. 연구필드로서의 해항도시는 특정 시기와 공간에 존재하는 것이며, 방법론으로서의 해항도시는 국가와 국가들의 합인 국제의 틀이 아니라 해항도시와 해역의 틀로 문화교섭을 연구하는 시각을 말한다. 이런 이유로 해항도시 문화교섭학 연구총서는 크게 두 유형으로 출간될 것이다. 하나는 해항도시 문화 교섭 연구 방법론에 관련된 담론이며, 나머지 하나는 특정 해항도시에 대한 필드연구이다. 우리는 이 총서들이 상호 연관성을 가지면서 해항도시 문화교섭 연구의 완성도를 높여가길 기대한다. 그리하여 국제해양문제연구소가 해항

도시 문화교섭 연구의 학문적·사회적 확산을 도모하고 세계적 담론
의 생산·소통의 산실로 자리매김하는 데 일조하리라 희망한다. 물론
연구총서 발간과 그 학문적 수준은 전적으로 이 프로젝트에 참여하는
연구자들의 역량에 달려있다. 연구·집필자들께 감사와 부탁의 말씀
을 드리면서.

2018년 1월
한국해양대학교 국제해양문제연구소장
정문수

머 리 말

　인류의 미래는 바다에 있다. 바다는 미래의 희망이다. 지구촌의 바다는 우리가 발을 딛고 사는 육지들 사이에 있지만, 결코 '단절'의 공간이 아니다. 바다는 모두에게 열린 공간이다. 과거와 현재의 바다가 인간의 생존과 삶에 준 가치는 굳이 언급이 필요 없을 정도로 크다. 지구촌 인류가 바다를 배경으로 쾌적하고 건강한 미래 사회를 만들기 위해서는 누군가 미래의 지속가능한 발전이 효율적으로 이루어질 수 있는 방안을 제시해야 한다.

　필자는 그동안 한국해양대학교에서 바다 관련 연구와 강의를 오랫동안 해오면서, 인류에게 '열린 바다'의 의미를 많은 이들에게 설파했다. 그 과정에서 절실히 느낀 점은 바다에 대한 일반인들의 고정관념이 생각보다 무척 크다는 것이었다. 그래서 해양관련 지식을 대중에게 쉽고 체계적으로 전달할 수 있는 저서들의 필요성을 몸소 절감해왔다. 물론 3면이 바다인 우리나라 국민을 '해양의식을 가진 시민, 해양민(seatizen)'으로 변화시켜야 한다는 일말의 책임감도 있었다. 이러한 필자의 열망을 담은 이 책은 전체가 총 9장으로 구성되어 있다. 책을 읽으려는 독자들에게 먼저 그 개요와 특징을 간단히 소개하면 다음과 같다.

　먼저 제1장은 세계의 해양네트워크에 대한 개요를 소개하고, 이 책의 주제에 대한 기본 개념을 잡도록 도와준다. 우선 해양네트워크

(maritime network)의 의미를 해양 중심적 관점과 탈경계 및 월경 현상을 중심으로 다룬다. 특히 해양네트워크의 성공 조건을 제시하고, 이를 통해 새로운 이론의 제안이라는 점을 강조한다.

제2장은 '흑해'의 해양네트워크를 소개한다. 흑해는 우리에게 생소한 중앙아시아 쪽의 바다이지만, 그동안 무관심과 저평가로 일관되었던 곳이다. 하지만 흑해 연안은 1980년대 냉전체제의 종식 이후 지금까지 괄목할 만한 성장을 이루고 있다. 물론 그 중심에는 해양네트워크가 있으며, 우리나라와도 전략적으로 소통하는 지역이다.

제3장은 '북해'의 해양네트워크를 소개한다. 북유럽 쪽의 바다인 이곳도 우리에게 그리 익숙한 곳이 아니다. 하지만 유럽에서 가장 중요한 어장, 유전, 해상교통의 핵심이자 거점이다. 특히 북해는 환경과 개발을 중심으로 영국과 북유럽 국가들 사이에서 오래 전부터 화두가 되어온 바다이며, 유럽연합(EU)에서도 신흥발전지역으로 잠재력을 인정하고 있다.

제4장은 '지중해'의 해양네트워크를 소개한다. 지중해는 유럽, 아시아, 아프리카 등 3개 대륙 사이에 걸쳐 있고, 아마 역사적으로 가장 오래된 이야기를 간직한 바다일 것이다. 열강의 아프리카 지배 역사와 중동분쟁까지 껴안은 오늘날의 지중해는 화해와 평화를 모토로 새로운 질서를 상징하며, 연안국들이 새로운 미래를 위해 뭉치고 있다.

제5장은 '발트해'의 해양네트워크를 소개한다. 발트해는 유럽의 심장부인 바다로서, 한자동맹이라는 가장 오래된 해양네트워크를 가지고 있다. 현재는 신한자, 발트해국가연합, 발트해도시연합 등 화려한 면면의 해양네트워크가 존재한다. 특히 발트해는 덴마크와 스웨덴의 외레순드라는 세계적인 해역월경통합체를 가지고 있으며, 독일과의 페마른벨트를 통해 유럽의 밝은 미래를 약속하고 있다.

제6장은 '카리브해'의 해양네트워크를 소개한다. 지구 반대편 중앙
아메리카 쪽의 카리브해는 모두에게 낯선 바다임은 분명하지만, 매우
흥미로운 바다이기도 하다. 그 이유는 모두가 한번은 가보고 싶은 동
경의 휴양지이고, 영화 '캐리비안의 해적'의 무대가 된 곳이기 때문이
다. 하지만 대항해 시대에는 유럽열강으로 인해 흑인노예의 역사와
식민지배의 민낯을 간직한 곳이다. 현재는 카리브해 섬나라들이 열악
한 조건을 딛고 하나의 해양네트워크로 똘똘 뭉쳐서 움직이고 있다.

제7장은 '북극해'의 해양네트워크를 소개한다. 북극해는 극지로서
사람들의 무관심이 컸으나, 최근 지구 온난화로 얼음이 녹으면서 세
계의 주목을 받고 있다. 이제 우리도 북극해를 '미지(未知)의 바다'로
만 보기에는 상황이 녹록치 않다. 기존 강대국들이 북극의 항로와 자
원 쟁탈전을 벌이는 가운데, 해양네트워크를 통한 글로벌 경쟁과 국
제적 협력이 필요한 장소가 되었다.

제8장은 동남아시아의 해양네트워크를 소개한다. 동남아시아는 원
래 해역을 중심으로 '하나의 아세안(ASEAN)'을 표방해온 지역이다. 게
다가 최근 말라카 해협을 중심으로 인접한 싱가포르와 말레이시아,
인도네시아는 '성장삼각지대' 네트워크를 형성하고 있다. 바다를 건너
매일 국경을 넘는 인구가 많으며, 월경 분업과 상보적 관계가 돋보이
는 대표적인 동아시아형 해양네트워크로 볼 수 있다.

제9장은 동북아시아의 해양네트워크를 소개한다. 아시다시피 동북
아시아는 우리나라가 속해 있는 지역이다. 동북아시아 해역은 중국과
러시아 중심의 대륙세력과 태평양을 장악한 미국 및 일본 중심의 해
양세력이 서로 만나는 민감한 해역이다. 거기에 북한까지 끼어 있어
국제정세가 요동치는 바다이기도 하다. 그런 가운데 동해와 남해에서
는 각각 창·지·투 네트워크, 부산·후쿠오카 네트워크가 유력한 해

양네트워크로 부상하고 있어 주목된다.

필자는 이 책을 마지막으로 총 7권의 해양시리즈 책을 출간하면서, 인문한국(HK) 지원사업 10년의 연구 여정에 마침표를 찍게 되었다. 이 자릴 빌어, 그간 책의 출간에 있어 도움을 주신 많은 분들에게 감사를 드리고자 한다.

먼저 대한민국 교육부, 한국연구재단 인문한국(HK) 지원사업 관계자분들 및 국제해양문제연구소 정문수 소장님 이하 주변 분들께 깊은 감사를 표한다. 그간 물심양면의 지원으로 필자는 장시간 집중연구를 완성할 수 있었음을 밝힌다. 연구가 종료되는 것은 아쉬우나, 마음의 빚을 조금이나마 갚는 느낌으로 스스로를 위로한다. 책의 발간과 아름다운 편집에 힘써 주신 도서출판 선인의 윤관백 대표님, 김지현 선생님께도 깊은 감사를 드린다. 자료 정리와 교정을 도와준 최정윤 양에게도 고마움을 표한다.

사랑하는 아내와 부모님, 처가식구들과도 함께 이 작은 즐거움을 나누려 한다. 나에게 가족은 연구자로서 가야 할 길과 방향을 열어 주었고, 삶의 무게에 눌릴 때마다 든든한 버팀목이 되어 주었다. 중학생 아들에겐 "세상살이 작은 것 하나라도 이루려면 남다른 숨은 노력이 있어야 한다"는 진리를 아빠가 직접 보여준 것 같아 뿌듯한 마음이다.

2018년 3월
한국해양대학교 연구실에서
우양호

차 례

제1장

세계의 해양네트워크 개요

제 1 장 세계의 해양네트워크 개요

1. 해양네트워크의 의의

'해양네트워크(maritime network)'란 가장 쉬운 단어를 빌리자면, "바다를 통한 네트워크", "바다의 경계를 넘는 국가나 도시 간의 네트워크", "바다를 사이에 둔 서로 다른 지역의 연합체", "해역의 정체성을 기반으로 뭉친 공동체" 정도로 정의할 수 있다. 하지만 이 해양네트워크 용어 안에는 일단 두 가지 함축된 의미가 있다.

그것은 기존 학계에서 주류 이론으로 대접 받아온 육지 중심적 이론과 국민국가적 설명에 대한 반대적 의미로서, 새로운 '해양중심적 관점'과 '탈경계 및 월경 현상'에 관한 것이다. 즉 현대사회에 대한 기존 학문의 설명은 단순히 인간이 딛고 사는 육지를 단절시키는 공간으로서 바다를 이해하고 있다. 또한 근대 이후 견고해진 국경선을 토대로 바다를 낀 인접 국가 혹은 지역이 서로 통합되거나 연결되기 어렵다는 묵시적 전제를 깔고 있다.

이 책은 이러한 기존의 고정관념이나 제한된 가정을 벗어나고자 한다. 이 책에서 다루는 해양네트워크는 기존의 바다와 국경에 대한 사고를 크게 전환시키는 개념이기 때문이다. 그러면 이 책을 읽기 전에 이러한 두 가지 의미를 중점적으로 논의하면서, 이 책이 말하고자 하는 해양네트워크의 총체적 의미를 가늠해 보도록 하자.

1) 해양중심적 관점

먼저 해양의 관점에서 바다는 '닫힌 공간'이 아니라, 모두를 향해 '열린 공간'이다. 단지 인간이 발을 딛고 살지 못하는 바다가 단절된 공간이라는 것은 우리가 익숙한 육지 중심적 이론에서 주장하는 개념 이다. 바다와 해역은 오늘날 국가와 도시를 이어주는 중요한 정체성 을 상징하고 있다.

예컨대, 이 책에서 자주 소개하는 유럽연합(EU)은 해역을 중심으로 한 초국가적 연합과 월경활동의 세계적인 모범지역이다. 지난 30년 동안 유럽연합 28개 회원국은 '유로화(EUR)'로 화폐를 통일하고 물 적·인적 교류망을 하나로 통합함으로써, 북미와 아시아에 견줄 만한 거대한 경제권으로 탈바꿈하는 데 성공했다.

유럽의 이러한 변신은 유럽 전체의 통합과 동시에 국경을 초월한 지역과 지역 간의 활발한 연계가 뒷받침됐기 때문에 가능했다. 최근 에는 해역 간 국경이 통합됨에 따라, 인구와 물자의 흐름을 막고 있던 장벽들도 자연히 제거되었다. 까다로운 입국과 통관절차 때문에 서로 의 국경선에서 차와 배들이 대기하던 상황들이 이제는 오히려 밀려드 는 교통체증 때문에 봄살을 겪는 상황으로 변했다. 게다가 오늘날 변 화된 유럽의 접경지역들은 바다를 연결한 네트워킹 현상을 더욱 가속 화시키고 있다.

이른바 '유레지오(euregio)'라는 거대한 명분에 따라, 최근 유럽연합 에서는 기존의 육역공간 뿐만 아니라 해역공간의 통합에 더 주목하고 있다. 즉 북해, 발트해, 지중해 연안을 중심으로 한 여러 해역공간 사

이의 국경이 허물어지거나, 새로이 만들어진 초국경 협력사례가 등장
하였다. 이들 해역권 중심의 네트워크 사례는 근래에 유럽연합 내에
서도 조금씩 가시적인 협력과 통합의 성과를 보여주고 있다.

무엇보다도 가장 특징적인 것은 지금 유럽연합 공동체 내에서 육지
권역 뿐만 아니라, 바다를 끼고 있는 연안과 해역권의 초국경 협력체
제에 앞으로도 더 많은 관심을 둘 것이라는 점이다. 그러한 이유는 발
트해, 지중해, 북해 등 유럽의 해역권에서 오랜 기간에 걸친 민족 및
물자의 이동과 언어상의 공유, 문화의 소통이 있어왔기 때문이다. 이
는 유럽대륙에서 초국경적 결속력을 공고화시키고, 궁극적인 유럽공
동체를 완성하기 위한 노력으로 이어지고 있다. 즉 기존의 육지뿐만
아니라 바다와 해역의 연결이 새로 필요한 시기임을 인정하고 있는
형국과도 같다.

전통과 현대, 지역과 세계, 육지와 바다가 결합하여 다양하고 복합
적인 문화가 새로이 만들어지는 공간, 이것이 바로 지금의 해양네트
워크이다. 근대 국민국가 체제와 국경을 넘어 이어가는 권역으로서
의 해양네트워크는 그래서 더욱 중요한 의미를 갖는다. 따라서 이 책
에서 다루어지는 주요 내용으로서 유럽과 아시아 및 기타 지역들의
국가나 도시들이 국경과 바다를 건너 서로 연결하는 물리, 경제, 문화
적 네트워크는 분명 기존 육지적 사고나 내륙도시의 사례에서는 보이
지 않는 특징을 보여주면서 독자들에게 새로운 흥미를 불러일으킬 것
으로 생각한다.

2) 탈경계 및 월경 현상

21세기 현재, 세계 각 지역에서는 기존의 국민국가 개념을 바탕으

로 하는 중심과 주변부 공간의 설명구조는 이제 통하지 않는다는 주장이 많다. 즉 국민국가 체제는 지금 우리가 살아가고 있는 현재와 미래에서 필연적으로 발생할 초국경적 공간의 발전과정을 설명할 수 없다는 점이 현실적으로 중요하게 부각되고 있다.

과거 국경이 뚜렷했던 국민국가 체제의 견고한 국경과 국민의식이 대략 17세기에서 20세기 사이에 형성된 것이라면, 국민국가를 분석단위의 기준으로 삼는 학문적 방법론은 해양네트워크라는 새로운 대안으로 대체되고 있는 것이다. 구체적으로 '국가(nation)'보다 큰 단위인 '새로운 지역(new region)'의 형성과 더불어 세계의 블록화는 이를 방증한다. 새로운 월경지역 단위의 모색과 거기에 따른 민족주의의 다양한 변용을 대체할 새로운 정체성 형성의 문제는 긴밀히 맞물려 있는 상태이다. 지금까지 세계 곳곳에서 나타나고 있는 해양네트워크의 구축과 그 결과로 새로운 월경지역이 형성되는 여러 증거들이 이를 말해주기 때문이다.

구체적으로 최근 유럽연합과 아시아 지역을 중심으로 나타난 세계화 및 지역주의(regionalism)의 강화추세는 국가(nation) 단위의 협력 및 지역(region) 단위협력에 기반한 지역공동체의 영향력을 증대시키고 있다. 특히 이 책에서 소개되는 유럽과 아시아 등의 해양네트워크는 그 결속력이나 발전적 측면에서 세계적으로 가장 성공한 사례들로 평가되고 있다.

따라서 앞으로는 국가와 육지 중심의 논의에서 탈피하여, 바다를 기점으로 한 해양네트워크가 저마다 가진 자산과 역량을 토대로 다양한 방식으로 초국가적 관계를 조절해 나가는 모습을 파악할 필요가 있다. 즉 지금 인문학 및 사회과학에서 학계가 당면한 과제 중의 하나는 국민국가의 경계와 국민의식의 분단적 장벽을 넘어, 완만한 공공공간을 구축해 나가는 데 필요한 조건과 그 과정을 밝혀 나가는 것이 기 때문이다.

특히 지금 유럽과 아시아, 아메리카 등의 지역에서 빈번하게 나타나고 있는 각종 해양네트워크 구축과 월경현상은 그 추진의 방향을 사람들의 삶의 질을 담보할 수 있는 목표에 기반을 두고 있다. 즉 이러한 목표는 거주, 교통, 환경, 여가 등 제 조건을 쾌적하게 유지하는 동시에 사회통합을 새롭게 제고시키는 쪽으로 나아가고 있다. 그리고 세계화 시대를 맞이하여 점점 더 격화되는 지역단위 경쟁에서 생존할 수 있는 활력 있는 경제기반을 굳건히 갖추는 데 그 의미가 있다고 보고 있다. 이것은 그동안 동북아시아 지역과 우리나라가 국가와 경계의 틀에 갇혀 외부와의 네트워크 행위에서 중요하게 의식하지 못했던 점이다.

21세기 현재, 전 세계 연안의 주요 국가와 도시는 근대 국민국가 체제와 국경을 뛰어넘어, 세계 각 지역에서 저마다의 해양네트워크를 구축하여 이전에는 거의 없었던 형태의 새로운 월경지역을 조금씩 형성해 가고 있다. 특히 동아시아와 유럽지역에서 이러한 현상은 중세와 근대, 그리고 오늘날까지에 걸쳐 두드러지게 나타나고 있다.

3) 해양네트워크의 의의

앞에서 설명한 관점에 근거해서 일단 이 책에서 다루는 해양네트워크는 '초국경, 월경적 네트워크(cross-border network)'를 전제한다. 이는 "어느 나라, 도시, 지역이 다른 나라 혹은 특정 지역과 인적, 물적, 문화적으로 교류하면서 긴밀한 협력관계(cross-border cooperation)를 형성하는 것"을 말한다. 이는 기존 국가적 차원의 '외교(diplomacy)'나

'초국가 협력(transnational cooperation)', '국가 내부지역 간 협력(interregional cooperation)' 등과는 분명히 다른 개념이다.

바다를 낀 연안지역의 해양네트워크와 협력은 주체적 관점에서 "특정 국가나 도시가 스스로 월경의 자발적인 주체가 되어 시민과 경제적인 편익을 위해 월경적 협력을 하는 것"을 의미한다. 이 때의 특징은 문화적 전통 및 가치관, 교류방식이나 관행을 존중하는 동반자 관계에서 시작하여 언어, 인종, 종교, 이념, 체제 등의 차이를 초월하고 개인과 집단차원에서 공식 또는 비공식으로 공고화된 협력관계를 갖추는 것을 뜻한다.

일반적으로 해양네트워크에서 문화교섭과 초국경 연계 및 협력의 형성과정은 인지→연계→협력→신뢰의 4단계를 거치며, 대체로 신뢰의 단계에 도달할 경우에 비로소 높은 성과가 나타난다. 인지는 연계·협력의 상대 또는 주체를 아는 것이고, 이들과 협력할 필요가 있어서 회의나 MOU계약 등의 형식을 통해 공식적·형식적·물리적 연계가 이루어진다. 그 다음으로 협력의 경우 콘텐츠(공동 구매, 연구개발 등)가 있어야 하고, 협력을 여러 차례 추진하면서 신뢰가 구축될 경우 교류의 밀도가 높아지고 비로소 좋은 성과가 나타날 수 있다.

그런 점에서 해양네트워크는 내부와 외부의 다양한 주체 간 국경을 넘어선 정보교류, 협력, 보완 등을 위한 연계망을 의미하기도 한다. 이에 지금 해양네트워크가 형성된 세계의 지역들은 전문부문으로 특화된 지능을 지니고 상호보완과 협력을 통해 가장 현대적이고 번창하며, 정치·경제·문화적 선도지역으로 인정받고 있다.

이 책이 다루는 해양네트워크에 관하여 현재까지 나온 이론과 사례를 살펴보면, 아직 그 학문적 토대가 충분한 편은 아니다. 그러나 서구의 경우, 해양네트워크의 주요 쟁점(issue)과 그 성공조건(situation)

으로는 몇몇 내용들이 다루어지고 있다. 그러므로 제2장부터 다루어
질 개별의 여러 사례들을 종합적으로 아우르는 이론적 소개와 사전적
논증이 필요할 것으로 보인다. 이러한 내용들은 이 책의 각 장에서 다
루어질 구체적인 사례들에 대해 사전적으로 참고해도 좋을 대목이다.

2. 해양네트워크의 필요성

해양네트워크가 필요한 이유는 곧 이 시대를 살아가는 우리에게 이
것이 필요한 개념이기 때문이다. 해양네트워크는 추상적인 담론이나
이론이 아니며, 세계 해역의 곳곳에서 나타나는 실체적 진실이다. 이
책에서는 그 증거들을 다룰 것이다. 그리고 이는 단순히 남의 일이 아
니라, 우리나라와 국민들이 알아야 할 사실이다.

3면이 바다인 우리나라는 미래에 반드시 해양강국이 되어야 한다는
규범이 있다. 게다가 국민을 해양의식을 가진 시민(seatizen)으로 변화
시키는 것은 지식인들의 책임이다. 이런 점에서 국가와 국민에게 필
요한 지식으로서의 해양네트워크는 무엇보다 일반인에게 쉽게 이해
되어야 한다. 그러면 왜 해양네트워크가 우리나라와 국민들에게 필요
한지를 자세히 알아보자.

오래 전부터 동북아시아 권역은 세계적으로 국가별 교류의 용이성
과 상호보완성이 높은 지역으로 인식되어 왔다. 이에 우리나라를 비
롯하여 중국과 일본은 저마다 동북아시아 협력의 당위성과 비전을 제
시하면서, 경제적 협력을 위한 지역공동체(economic union) 형성을 위
한 실천적 행보를 모색해 온 것이 사실이다. 그러나 이러한 이상과 비
전이 궁극적으로는 상호협력체의 완성을 위한 방향이라는 것에는 별

이견이 없었으나, 본질적 문제는 여러 가지 역사인식과 민족정서, 국제현안과 영해분쟁 등의 걸림돌로 인해 전향적으로 이상과 현실의 간극을 좁히지 못한 것이다.

세계적으로 탈냉전, 탈국가, 탈민족주의가 진행되고 있는 가운데, 그동안 동북아시아에서는 아직까지 자본주의와 공산주의, 남북관계, 냉전의 산물과 민족주의 등이 상존하고 있다. 이는 아직도 동북아시아 협력의 실질적 진척과 제도화에 중대한 제약요인으로 작용하고 있다. 그러한 가운데 최근에 주목되는 현상은 여전히 서로의 협력은 필요하다는 규범과 담론들이 제기된다는 것이다.

지금 우리나라가 속한 동북아시아는 세계적으로 국가별 협력의 용이성과 상호보완성이 높은 지역인 동시에, 여전히 국가단위의 제도화되고 조직화된 협력이 제대로 없었던 지역이기도 하다. 단적으로 말하자면, 우리나라와 중국, 일본의 경우에 지금껏 경쟁과 협력을 표방하는 틀 속에서 진일보한 교류협력이 필요함을 인정하면서도, 국민국가단위의 이익과 명분의 충돌로 인하여 그 교류와 협력기반을 다지지 못하고 있다.

이러한 가운데 2008년 세계경제의 위기를 계기로 '한·중·일 간 통화 스와프 협정 체결'을 비롯한 동북아시아 공동대응의 자발적 움직임이 있었고, 이를 계기로 동북아시아 경제권의 구축이 다시 도마 위에 오르기노 하였다. 공교롭게도 한·중·일 동북아 경제권은 서로 바다를 사이에 끼고 있어, 동북아시아 해양네트워크의 중요성도 새삼 부각되었다. 지금도 동북아시아 공동체 형성과 관련하여 해당 국가들은 여러 분야에서 다양한 형태의 일시적 국제협력을 간헐적으로 추진하고 있다.

보다 미시적으로 보면 우리나라와 동북아시아 주변국의 주요 도시들, 특히 해역과 연안의 초국경 협력은 아직 많은 부문에서 효과적으로 시작되고 있지 못한 실정이라 할 수 있다. 또한 계획되고 있는 부분별 네트워킹 전략도 충분한 논의와 검토를 거쳐 추진되고 있지 못하다고 볼 수 있다. 다만 우리나라와 동북아시아에서 현재 진행되고 있는 여러 월경적 교류나 초국적 경제권 형성의 규범은 많은 지지를 얻은 바 있다. 여기에 따르는 각종 거래비용과 예상문제를 최소화하는 방안이 선제적으로 마련되어야 한다는 점에 대해서는 큰 이견이 없는 상황이다.

결국에는 거시적으로 동북아시아 주요 국가들의 상생에 관한 외교적 방안이 당장 마련되기가 쉽지 않은 상황이다. 그래서 최근에는 해역 간 네트워킹이나 교류가 현실적 해답으로 나타나고 있다. 예를 들면 동북아시아에서 오랫동안 진행되어 온 환동해경제권, 환황해경제권, 환발해경제권 등의 구축담론은 이미 학자와 전문가들에게는 낯선 이야기가 아니다. 그리고 이는 우리나라를 위시한 동북아시아 국가들에게 해양네트워크의 당위성과 그 실현가능성을 강하게 시사하고 있다.

다만 새로운 해양네트워크에 대한 선험적 모델이나 세계적으로 참고할 만한 사례는 많지 않다. 이론이나 현상에 관한 근거자료가 국내에 별로 없다는 것도 많은 이들에게 아쉬움으로 남아 있다. 따라서 이 책에서 다루려고 하는 해양네트워크 이론과 세계의 바다 곳곳에서의 여러 성공사례들은 이러한 갈증을 어느 정도 해소시켜 줄 것으로 생각된다. 이 책이 갖는 가장 큰 의미도 여기에 두었다.

3. 해양네트워크의 조건과 요인

1) 비전과 전략

해양네트워크의 성공에는 미래의 비전과 전략이 우선적으로 거론될 수 있다. 이는 세계적으로 지역공동체에서 연상되는 이상과 현실 사이의 거리감을 좁히는 역할을 하기 때문에 매우 중요한 쟁점사항으로 여겨지고 있다.

이 시대의 새로운 해양네트워크는 기존 국민국가의 체제에서 이루어진 외교(diplomacy)가 아니다. 그러므로 도시 단위에서 해양네트워크의 성공을 위해서는 무엇보다도 스스로의 월경통합과 협력이 해당 국가와 글로벌 경제권에 유용하다는 청사진을 발굴해 내는 것이 필요하다. 21세기 바다를 통한 서로 다른 국가나 도시 사이의 네트워크 전략은 고전적인 광역권 만들기 방법만으로는 분명 한계가 있기 때문이다.

현재 국경을 초월하는 투자나 전략적 제휴가 통상적으로 해당 국가들의 경제적, 지리적 핵심지역에서만 나타나는 것도 이런 점 때문이다. 유럽과 아시아, 구미권에 산재한 거대 규모의 해양네트워크들은 자신들의 연계된 공간이 지정학적으로 어떤 의미를 갖고 있는지 그 비전을 통해 밝혀야 한다. 그리고 향후 어떠한 전략과 실천 속에서 장점이 부각될 수 있는지를 우선 교류의 상대방과 인접국가에게 설명해야 한다. 명확하고 설득력 높은 비전과 전략만이 국경을 넘은 해양네트워크의 성공과 이에 대한 시민의 지지와 희망, 외부의 지원 등을 기대할 수 있다.

2) 비용의 분담과 재정

근래에 만들어지고 있는 해양네트워크에서는 상호 비용분담과 경제적 부담의 문제가 중요하게 부각되고 있다. 해양네트워크라는 공동체 운영과 각종 사업에는 비용이 드는데, 이는 재정 문제의 차원에서 현실적으로 상당히 중요하다. 특정 지역이 갖고 있었던 공간의 장점이 희석되고 월경한 해양네트워크를 통한 경쟁력 강화가 더욱 유의미한 접근이 된 이유는 늘어나는 경제적인 편익 때문이다. 그런데 미래의 불확실한 편익에 비추어 현재의 고정비용(fixed costs)을 부담하는 문제는 중요한 현안이 된다.

물리적으로 국경과 해협을 사이에 둔 해양네트워크 구축에 있어서는 국내보다 자연히 많은 비용이 소요된다. 돈과 각종 비용은 현실적으로 필수적인 초기의 투입요소인 것이다. 하지만 협상과 합의를 토대로 공동투자의 원칙이 전향적으로 세워지지 못할 경우 오히려 실패의 핵심적 요인이 될 수 있다.

3) 감정적 요소와 상호 존중

해양네트워크 형성에는 우호적인 감정도 상당히 중요하다. 특히 개인주의(individualism)보다 집단주의(collectivism) 문화가 지배적인 동양권 국가들의 국제협력이나 월경적 교류에 있어 상대방에 대한 일반 국민의 정서나 사회·문화적 상식들(common sense)은 결코 무시할 수 없는 중요한 요인이 되고 있다. 이는 해양네트워크 형성에 있어서 국가나 도시를 사전에 선정하는 과정에서 중요하게 고려되고 있다.

특히 해양네트워크의 지속적인 유지를 위해서는 문화나 정서상의 호감이 중요하고 심리적 차원에서 신중을 기해야 할 필요성이 높아지고 있다. 감정과 정서적 요소가 긍정적으로 작용한다면 월경교류나 협력이 원활하게 진행되어질 수 있는 반면 그렇지 못한 경우에는 정체나 부진한 상태가 될 가능성이 높다. 상대방에 대한 우호적인 감정은 곧 네트워크에서 신뢰(trust), 열정(passion), 상상력(imagination)을 유발하고 궁극적으로는 최고(best)와 최선(brightest)의 결과를 추구하게 만든다.

최근 상호 존중의 요소도 해양네트워크의 형성에 영향을 미치는 주요 원인으로 많은 학자들에게 관심을 끌고 있다. 원래 국가적 외교의 관례와 마찬가지로 해양네트워크 간 교류에 있어서도 서로 다른 상대방에 대한 상호신뢰와 존중(mutual trust and respect)을 원칙적인 전제로 하기 때문이다. 실질적으로 둘 혹은 셋 이상 사이의 네트워크를 통한 파트너십과 협력사업의 원활한 추진을 위해서는 서로 다른 국가에 포함된 참여 주체 간의 상호 사전적 네트워크 형성도 상당히 중요하다. 또한 최근에 들어 세계의 여러 유명한 초국가 네트워크들은 상호호혜와 우호 증진 목적을 위해 국제도시관리연합(ICMA), 지방자치단체국제연합(IULA), 자치단체국제환경협의회(ICLEI), 유럽자치단체협의회(CEMR) 등의 기구를 결성하였다. 이러한 국제기구 또는 연합 형성을 통해 상호 호혜와 교류의 기반을 조성하는 사례를 늘려가고 있는 것이다.

4) 일상의 생활과 문화

해양네트워크는 결국 사람들의 더 나은 삶과 복지를 위한 것이다. 그래서 일상적 생활과 문화적 장벽의 해소는 해양네트워크의 공고화와 지속성에 있어 중요한 문제이다. 즉 해양네트워크는 연안지역과가 일단 기존의 국경을 초월하기 때문에 상대 국가 및 사람들에 대한 문화적 이해도가 높아야 한다. 즉 상대방이 어떤 문화와 정서를 가진 곳인지도 함께 고려하는 것이 중요한 쟁점이 된다.

개인의 일상생활과 문화는 해양네트워크의 방식도 달라지게 만들며, 서로 다른 곳의 정서나 사회·문화적 공감대(common sense)는 결코 무시할 수 없는 중요한 요인이다. 만약 이것이 긍정적으로 작용한다면 해양네트워크나 월경한 교류의 효과가 증폭되어질 수 있는 반면 그렇지 못한 경우에는 정체나 부진한 상태를 초래하게 된다.

주목할 것은 유럽이나 아시아 등에서 월경교류가 성공한 지역에서는 이전부터 민간수준에서 비공식적 차원의 많은 교류를 하고 있었다는 점이다. 서로 다른 곳에 살더라도 교류의 분위기나 문화적, 정서적 토대를 이미 가지고 있다면 신뢰성(dependability) 측면에서 이후의 해양네트워크는 더욱 견고해질 수 있다. 일상생활과 문화 장벽의 해소는 어찌 보면 개개인들에게는 가장 중요한 해양네트워크의 성공조건 중 하나일 것이다.

5) 생태·지리적 환경

국경을 초월(cross-border)한 해양네트워크의 성공조건으로 생태·지리적 환경을 생각할 수 있다. 여기에는 구체적으로 '지리적 접근성(access)'과 '왕래의 빈도(mobility)', '기후와 지형경관(climate and landscape)' 등이 논의되고 있다. 우선 지리적 접근성은 해양네트워크의 성공에 중요한 조건이 될 수 있다.

물리적 측면에서 다루어지는 지리적 접근성은 원래부터 변화될 수 없는 고정적 조건(constants)인데, 이는 인접한 국가나 지역 간 소통과 협력을 만드는 중요한 원인이 되기도 한다. 그러므로 해양네트워크에 있어서도 양호한 지정학적 위치는 사람과 물자의 수송비(transfer cost)를 줄여주고, 이동의 수월성으로 인해 성공을 담보할 수 있다.

현실적으로도 모든 지방과 국가는 지리적으로 이웃한 곳과 좋은 관계를 갖는 것이 경쟁력의 원천이 되고 있다. 예컨대 국경을 넘은 여러 광역경제권 형성이 그러한 예이고, 남북경제협력논의가 그러하며, 유럽연합(EU)의 탄생 경험이 이러한 점을 잘 보여주고 있다. 최근 인천-상해, 부산-후쿠오카 등 해양네트워크를 구체화하는 데 지리적 접근성의 요소가 중요한 고려대상이 된다는 것은 이미 잘 알려져 있다.

지리적 조건에서 바다의 국경을 넘은 왕래의 빈도도 해양네트워크의 성공조건이 될 수 있다. 상식적으로 육지의 지리적 접근성이 좋을수록 왕래가 빈번할 수도 있지만, 현대 사회의 이동상황에 있어서는 반드시 그렇지만은 않다는 것이 정설이다. 특히 바다를 잇는 여러 인프라가 생길 경우, 사람들은 해양네트워크를 일상 생활권으로 여기는 경우가 많다.

오늘날 과학기술 및 통신과 교통수단의 발달로 과거보다 타 국가나 지역 간의 이동성과 접근성이 좋아졌으나, 실제 뚜렷한 방문목적(purpose of visit)을 가진 사람들에 의한 왕래의 빈번함에 비례한다는 점은 널리 알려진 사실이다. 오늘날 해양네트워크에서 국경선을 초월한 서로 다른 지역 간의 비공식적인 왕래는 곧 성공을 보장하는 중요한 촉매가 되고 있는 것이다.

6) 기능과 역할 배분

최근에 들어서 세계적으로 국가 간, 혹은 도시 간 기능과 역할의 배분 문제가 해양네트워크의 중요한 이슈로 부각되고 있다. 현재 해양

네트워크 형성과 교류는 대부분 경제적으로 외적인 부가가치 확보가
주된 목적이 되고 있다. 글로벌 경제성장을 견인하던 유럽과 아시아
의 국가들이 20세기 이후 급격한 쇠퇴를 비슷한 시기에 경험하고, 이
것이 다시 스스로 초국경 교류와 해양네트워크를 모색하는 원동력이
되고 있다.

21세기 현대사회에서의 해양네트워크 형성은 일반적으로 시장의
힘에 의해 발생하고 민간부문이 주도하는 것이 통상적이다. 즉 기업
이나 시민이 사적동기에 의해 교류하고 상호협력하면서 네트워크를
구축해 나감으로써, 초국경지역 형성에 실질적인 기여를 하게 되는
그림이 보편적인 것으로 간주된다. 따라서 이는 국가나 중앙정부가
주도하는 기존 하향식 경제협력방식과는 전혀 다른 문제로서, 해양네
트워크의 새로운 형성이 밑에서부터 하부 토대가 만들어지는 상향식
경제협력방식으로 간주되도록 만든다.

그리고 이러한 이유는 해양네트워크 협력을 하는 가장 실제적이고
중요한 이슈이자 쟁점이 되고 있으며, 상호이익이 존재하기 위해서
반드시 고려되는 요소이기도 하다. 즉 해양네트워크 교류와 광역경제
권으로의 통합을 통하여 경제 활성화를 도모하고, 지역단위의 수출입
장벽과 인구이동의 제한을 없애는 이점을 누리게 된다. 그리고 이 과
정에서 서로 유사한 산업구조나 동종산업이 발달한 지역 및 도시들은
시너지 경제효과를 극대화할 수 있다.

7) 절차와 권한 배분

오늘날 현대사회가 다원화되고 발전될수록 국경을 초월한 해양네
트워크에서 그 주체들 간의 절차와 권한 배분의 차원이 점차 중요해지

고 있다. 여기에는 초국경 교류나 월경적 협력을 위한 서로 다른 형태의 정치적 체제(political structure), 행정절차 상의 협력체제(cooperation structure)와 분권적 거버넌스(decentralized governance)가 가장 핵심으로 다루어지고 있다.

먼저 해양네트워크는 국경을 초월하기 때문에 서로 다른 지역민주주의나 정치제도, 분권이나 자치의 수준은 중요한 조건이 된다. 특히 정책이나 의사결정구조에서 중요한 위치를 차지하는 것은 바로 정치인(politician)이며, 이들과 오피니언 리더들의 리더십은 중요한 요소로 언급된다. 또한 해양네트워크에는 국경을 넘기 때문에 서로 다른 국가나 도시 간 조직과 기구의 구성, 기본적인 인력과 예산배정을 통한 시스템의 정비가 필요하다.

특히 해양네트워크 협력 과정에서 기관들 간의 분권적 거버넌스는 상당히 중요한데, 이는 해양네트워크에 참여한 정부 간 협력과정에서 서로 주도권을 확보하기 위한 경쟁으로 비춰질 우려가 존재하기 때문이다. 민주주의와 자치에 기반을 둔 정부, 기업, 시민, 도시의 다중심 거버넌스(multi-centric governance)는 해양네트워크에서 발생하는 각종 현안의 의제설정(agenda setting)은 물론 결정상의 투명성, 개방성과도 연결된다. 나아가 이는 해양네트워크에 대한 사회적 참여와 성과확산을 긍정적으로 담보한다.

4. 해양네트워크 이론의 제안

근대 국민국가의 출현 이후, 지금까지 바다와 국가체제 사이의 관계와 그 개념에 대한 학자들의 학문적 노력은 다양한 시각과 관점, 대상과 분야 등에 따라 달라졌다. 즉 나라들, 학자들 각각의 입장이나 견해에 따른 상이한 관찰의 결과로 나타났다. 이는 바다를 매개로 일어나는 하나의 현상을 명쾌하게 설명할 수 있는 정확한 이론을 정립하기 어렵게 만들었다. 해양네트워크에 관한 이론의 경우도 예외가 아니다.

그러한 이유로 새로운 해양네트워크에 대한 개념정의와 그 필요성은 개별 이론들에 있어서 지금까지 무시되거나 아주 모호한 용어로 표현되고 있으며, 이와 같은 용어의 모호함이 서로 다른 이론들 사이의 비교를 어렵게 한다. 그러나 분명한 사실은 해양네트워크라는 새로운 개념을 단일한 관점에서 접근하는 자체가 매우 곤란하다는 것이며, 이 점에 대해서는 현대의 인문학과 사회과학을 연구해 온 기존 학자들 사이의 이견이 없는 것으로 알려져 있다.

오늘날 지역수준과 세계수준의 해양네트워크(regional network and global network)는 학술적으로도 새로운 화두를 던져 주고 있다. 즉 세계적으로 유명한 유럽과 아시아 등지의 해양네트워크는 대부분 20세기와 21세기에 나타난 바 있으며, 주로 권위주의와 냉전체제의 붕괴 이후 전개된 특징이 있다.

특히 해양네트워크는 국가보다 더 큰 지역단위의 형성과 국가보다 작은 도시들의 부상으로 세계인의 주목을 끌고 있다. 이는 글로컬(Global + Local) 지역단위, 즉 광역도시와 광역지역, 그리고 광역네트워크의 형성을 가시화하고 있다. 일부 글로벌 시대의 현안은 국민국가 체제에 의한 통합적 관리보다는 기존과 다른 초국경 지역 간의 네트워킹에 의한 해결의 효과성이 크며, 심지어 국민국가는 이러한 중요성을 인식할 필요가 있음을 권유받고 있다.

그럼에도 불구하고 해양네트워크 협력에 관한 과거의 관점은 외교라는 미명 하에 대부분 국민국가(nation) 단위에 상당기간을 의존했었고, 국가주도의 하향식(top-down) 접근을 취할 수밖에 없었다. 그러나 해양네트워크에서 이러한 협력의 현상은 이전과는 전혀 다른 맥락으로서, 국가나 지역 간 자발적이고 우선적인 형성을 통해 차후 중앙정부 간 지역통합으로까지 발전시킨다. 이런 점에서 이 책에서 다루고 있는 해양네트워크는 국제적 네트워크와 월경교류에 관한 발상의 전환이자, 상향식(bottom-up) 접근과 더 많은 유사점을 가진다고 할 수 있다.

현대 과학기술과 교통의 발전으로 만들어진 '소통의 바다'를 매개로 해서 해양네트워크의 개방성과 교류성은 더욱 강화되었다. 이를 기반으로 한 다른 나라나 연안지역과의 자발적 교류를 통해 만든 다양한 월경적 네트워크 구축은 거시적 차원에서 국가외교나 교류에까지 중요한 하부토대를 만들어 주는 경우도 생겨나고 있다. 실제로 최근 유럽연합(EU)의 경우를 보면, 긴밀한 해양네트워크는 국경을 초월한 또 하나의 새로운 공동체를 형성하게 만들고 국가별 정체성이나 가치를 재형성함으로써 결속력 있는 국가적 협력체제로까지 발전되는 기반이 되고 있다.

결론적으로 우리가 새로운 해양네트워크 이론을 창성하기 위해서는 여러 가지 사례를 발굴하고, 이를 증거로 삼아 귀납적인 접근이나 논증(inductive argument)을 하는 것도 효율적일 수 있다. 즉 어떤 현상을 수집하고 이들 사례들을 분석하여 하나의 논리를 만드는 방식이 새로운 해양네트워크 이론의 주장에 적합하다.

연역적 접근의 경우, 특정 현상이나 사건을 해석할 때 논리적 사고의 프레임(Frame)을 이용하여 정리함에 따라 문제를 쉽게 규정 지울 수는 있다. 그렇지만 근대 이후 국민국가의 경계(boundary)와 국경(border)을 스스로 넘어서는 매우 이례적이고 예외적인 사건으로서 해양네트워크 형성에 대해서는 연역적 방식의 적용이 어렵다. 특히 기존의 국민국가와 육지 중심적 사고의 틀에 얽매이게 되어 새로운 사실들을 간과해버릴 수 있는 단점이 연역적 접근에는 분명히 존재하고 있다.

그러므로 이 책에서는 세계 각 지역의 '해양네트워크 구축'과 '바다의 경계를 넘는 새로운 국가와 도시들'이라는 대주제에 대한 기존의 국가적, 육지적 사고와 발상의 전환을 시작하는 첫걸음을 과감히 내딛고자 한다. 이 책이 철저하게 현실세계의 사례와 증거 위주로 쓰여진 가장 중요한 이유도 바로 여기에 있다. 그리고 이러한 노력은 기존 학문에서는 없었던 해양네트워크 이론의 새로운 창성에 초석이 될 것으로 본다.

이 책을 읽은 독자들은 나중에 전 세계의 곳곳에서 바다를 사이에 둔 국민국가의 경계가 모호해지고 있는 이유를 분명히 알게 될 것이다. 그리고 그 중심에는 바로 전 세계에서 발전되고 있는 해양네트워크가 자리하고 있다는 사실을 자연스럽게 깨닫게 될 것이다. 바다의 경계를 넘어서 미래로 가는 오늘날의 글로벌 해양네트워크는 분명 인류의 미래상이자, 희망의 상징이라 부를 수 있다. 이런 점을 우리나라 국민과 독자들에게 빠르고 정확하게 알리고자 하는 것이 이 책이 가진 가장 중요한 목적이다.

제2장

흑해의 해양네트워크

제2장 흑해의 해양네트워크

1. 흑해의 지역적 개관

1) 흑해의 현대적 의미

이 책에서 가장 먼저 소개하려는 해양네트워크는 흑해 네트워크이다. 우리 주변에 '흑해'라는 바다를 들어는 보았으나, 실제 가보았거나 아는 이는 드물다. 흑해 연안지역은 근대 국민국가 체제가 형성된 이후, 문명적으로 동유럽과 서남아시아를 나누는 지리적 경계가 되어왔다. 흑해는 동쪽의 유럽대륙과 남쪽의 아나톨리아(Anatolia)반도, 서쪽의 코카서스(Caucasus) 지역 사이에 있는 바다로 우크라이나, 루마니아, 불가리아, 터키, 러시아, 조지아(구 그루지야) 등의 국가들에 둘러싸여 있다.

국경을 기준으로 보면, 흑해는 북쪽으로 우크라이나, 동쪽으로 러시아 연방, 남동쪽으로 조지아와 접하고, 남쪽으로 터키, 서쪽으로 루마니아 · 불가리아와 경계를 이루므로, 총 6개 국가가 흑해를 둘러싸고 있는 형국이다. 흑해는 현재 다른 바다와 연결되어 있기 때문에 흑해는 주변국과 연안도시들의 중요한 어장과 해상운송항로로 활용되고 있다.

　세계적으로 1980년대 냉전체제의 종식 이후, 흑해 연안지역에서는 국제적 헤게모니와 힘의 균형이 변화하였고, 1990년대 중반부터 회원국들이 괄목할 만한 경제성장을 이루면서부터 그 결속력이 더욱 강화되었다. 여기서 가장 중요한 점은 이러한 국민국가(nation-state)적인 결속력이 바탕이 되어, 다시 또 다른 도시 및 지역적 월경결속의 진행을 가능케 하는 동인(motivation)이 되고 있다는 것이다. 그리고 그로부터 약 24년이 지난 지금 현재, 이 접경지역은 초국경 협력을 통해 글로벌 경쟁력 강화와 수출확대 등의 시너지 효과를 획기적으로 높이고 있다.

　흑해에서는 지금 국가와 연안도시들이 주체가 되어 각각 정부와 민간의 공공적 목표와 시장메커니즘을 토대로 한 초국경적 경제협력기구, 즉 정부차원의 흑해경제협력기구(BSEC: Organization of the Black Sea Economic Cooperation)와 민간차원의 산(産)·학(學)·민(民)의 협력체제를 다각적으로 운영하고 있는데, 이는 과거의 국가 외교관계보다 진일보한 협력모델로 평가되고 있다.

　이를 통해 흑해의 주요 국가 및 연안도시와 각 연안지역은 경제와 산업중심의 지역특성을 살려 다방면에서 국경을 넘은 교류와 협력을 하고 있다. 그리고 접경지역의 경쟁력을 키워 각각 그 나라의 수도권과 선의의 경쟁을 펼치는 동시에 지역경제도 획기적으로 발전시켜 오고 있다. 이 장에서는 흑해 연안과 그 주변지역의 초국경 협력과 네트워킹 경험들을 사례로 하여 그 운영체제 및 성과와 과제를 살펴보고자 한다. 그리고 21세기 새로운 초국경 해양네트워크 사회와 협력체제로서의 '해역(海域)'이 우리에게 갖는 여러 가지 시사적 의미를 생각해 보고자 한다.

2) 흑해의 지리적 개관

일종의 '내륙해(內陸海)'인 흑해는 바깥의 큰 바다(대서양)와 해수의 교환이 거의 없다 보니, 산소가 부족해 죽은 박테리아에서 발생하는 황화수소 때문에 검은 색을 띤다고 해서 붙여진 이름이라는 설이 있다. 날씨가 자주 흐리고 안개가 끼는 현상으로 인해 예로부터 선원들이 항해하기를 꺼려해서, 다소 어두운 이미지의 이름이 붙여졌다는 설도 있다. 그러나 유럽과 이 지역의 역사학자들은 흑해라는 이름이 인위적으로 붙여졌을 가능성이 많다고 본다. 왜냐하면, 15~16세기 터키 오스만 제국의 전성기 시절에 오스만 해군함대에 의해 흑해라는 이름이 공식적으로 지어졌기 때문이다.

흑해를 터키어로 하면 'karadeniz(검은 바다)'인데, '검다'는 뜻의 접두사 '카라(kara)'는 '북쪽'을 의미한다고 한다. 그래서 역사적으로 터키어가 번역되어 다른 유럽국가들에 알려지는 과정에서 지금 우리가 흔히 알고 있는 흑해로 와전되었다고 전해진다. 터키는 전통적으로 동쪽은 푸른색, 서쪽은 흰색, 남쪽은 붉은색, 북쪽은 검은색, 중앙은 노란색으로 상징하며, 이는 우리나라의 오방색 전통과 비슷하다. 따라서 홍해, 황해 등과 마찬가지로 흑해도 바다의 색깔을 직접적으로 상징하지는 않을 것이다.

흑해의 해수면 면적은 약 422,000km²이며, 동·서 간의 길이는 약 1,150km, 남·북 간의 너비는 약 580km, 해수의 총 부피는 약 54만 7,000km³ 정도이다. 둘레 해안선의 길이만 해도 약 3,400km에 달한다. 흑해 수심의 평균깊이는 약 1,300m이며, 가장 깊은 중남부 지역은 약 2,210m 정도이다. 흑해는 우리나라의 약 4배, 한반도의 약 2배 크기의 바다임에도 육지로 둘러싸인 내해(內海)의 특성상 연안지역에서 많은 분쟁과 교류가 교차한 역사를 가지고 있다. 특히 흑해의 해역은 대륙에 둘러싸여 고립된 거대한 호수처럼 보이지만, 실질적으로 따져 보면 그리 폐쇄적인 해역은 아니다.

지형적으로 흑해 주변에는 연안 저지가 거의 없으며, 단지 몇 개의 강이 흐르는 삼각주가 바다까지 뻗어 있다. 해안에는 작은 만(灣)들이 있으나 해안선은 전반적으로 굴곡이 심하지 않으며, 북부에는 우크라이나의 크림반도가 있다. 남쪽은 카프카스 산맥과 폰틱 산맥이 둘러싸고 있고, 서쪽 보스포러스 해협 부근의 해안선은 기복이 다소 완만하다. 북쪽으로 갈수록 평탄한 고원이 나타나다가, 흑해 안으로 뻗어

〈그림 1〉 흑해 연안의 주변 국가 및 주요 도시

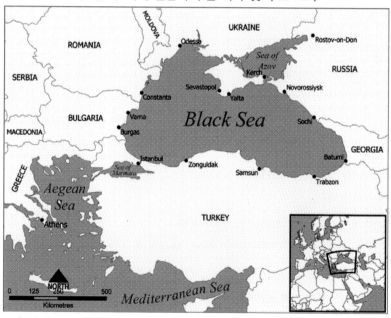

* 자료: IBSC(2018). http://www.i-bsc.org/en

있는 광활한 다뉴브 강 삼각주로 이어진다. 산지가 주로 펼쳐져 있는 동남쪽과 달리 흑해 북쪽 지역은 평지가 많이 펼쳐져 있으며, 세계적인 곡창지대를 이루고 있다. 크림반도 남부의 산지는 유일하게 가파른 절벽을 형성한다. 흑해에는 섬이 적으며, 기후는 북부가 온대대륙성기후이고 남부가 아열대지중해성기후이다. 최근 흑해지역이 주요 물자와 에너지 수송로로서 국제적인 주목을 받으면서 그 성장잠재력에 대한 기대도 높아지고 있다. 2000년대 이후 흑해 연안과 해저를 지나는 다국적 에너지 수송로 개발이 본격적으로 추진되면서, 흑해의 항구와 해항도시를 중심으로 한 산업인프라와 각종 SOC 개발에도 긍정적인 영향을 미칠 것으로 예상되고 있다.

흑해 연안에 위치한 주요 해항도시로는 우크라이나의 오데사, 니콜라예프, 헤르손, 세바스토폴, 러시아의 노보로시스크, 소치, 조지아의 바투미, 루마니아의 콘스탄차, 불가리아의 부르가스, 바르나, 터키의 삼순, 시노프, 트라브존 등 12개 정도가 흑해의 해안선을 따라 여러 국경에 걸쳐 소재하고 있다. 오늘날의 흑해 연안지역은 수송경로와 교통의 요충지, 경제적인 중요 이해지역일 뿐만 아니라, 따뜻한 해양성 기후 덕분에 현재는 수많은 리조트, 연안순환 크루즈가 개발되는 등의 국제적 관광지로도 각광을 받고 있다.

3) 흑해 지역의 역사적 개관

흑해 연안은 동아시아와 우리나라에는 잘 알려져 있지 않지만, 21세기에 들어서서 풍부한 천연자원과 에너지 수송루트로서 주목받고 있는 지역이다. 현재까지 흑해 연안지역은 유럽과 아시아를 연결하는 국제적 교역로이며, 카스피해 및 중앙아시아 지역의 에너지수송루트이다. 물론 이 지역은 아시아와 유럽을 연결하는 지정학적 요충지로서 문명사적으로도 중요한 위치를 차지하고 있다. 즉 흑해는 역사적으로 항상 무력과 이문화가 접촉과 충돌한 장소였으며, 유럽과 아시아 문화의 교차로이자 이행기에 놓여 있는 지역이었다.

또한 흑해지역은 동·서 문명의 문화적 단층선(fault line), 지정학적 유배(banishment)의 중심에 있었으며, 다양한 인종분쟁과 정치적 분쟁으로 점철된 역사를 가지고 있는 단절의 공간이기도 하였다. 그러나 근대 이후 오랜 시간에 걸쳐 다양한 민족이 대립과 공존의 삶을 영위해온 흑해지역은 잠재적 분쟁의 근원이자 문화적 풍요함의 원천이기도 했다.

구체적으로 흑해는 러시아와 중동, 유럽과 아시아 사이의 교차점에 위치하며, 다뉴브 강을 통해 지중해와 중부유럽으로 이어지고 남부유럽으로 연결된다. 흑해에서 지중해로 진출하려면 반드시 지나가야 하는 곳인 마르마라 해협은 바다의 관문이자 예로부터 무역과 군사적 요충지였다.

근대 이전에 흑해는 유럽인들의 눈에 그들의 발길이 다다르지 못했던 곳, 신들의 세계가 자리한 곳이라는 신비로움, 그리고 동시에 이민족들의 침략으로부터 보호해주는 천혜의 방어막으로 인식되던 곳이기도 했다. 즉 중세 이전부터 흑해지역은 항상 유럽과 아시아 강대국의 교차된 세력의 범위로 포함되어 왔으며, 그렇지 않더라도 주변의 강대국들이 지배권을 두고 각축을 벌이는 장소였다. 고대 로마제국(Roman Empire)으로부터 시작되어 3세기 비잔틴 제국(Byzantine Empire), 15세기 오토만 제국(Ottoman Empire), 18세기 러시아 제국(Russian Empire) 등이 순서대로 흑해지역을 장악함으로써, 이 해역을 오랫동안 외부세계, 특히 서구 유럽으로부터 단절시키는 데 일조를 하였다.

흑해는 한때 지중해 문화권의 영향을 받는 내륙의 호수였으며, 러
시아와 오토만(Russo-Ottoman) 제국의 공동통치구역이기도 했다. 흑해
는 유라시아 지역을 연결하는 교량 및 통로의 역할을 수행하였지만,
또한 근대 국민국가 사이의 장벽이자 완충지대였다. 러시아의 경우,
흑해에는 부동항이 있었기 때문에 제정러시아 시대에 남방진출의 기
지로 삼기도 하였다.

<그림 2> 흑해 주변 육상수송경로와 해상운송경로

* 자료: United Nations Commodity Trade Statistics Database(2018).

19세기 중반에 러시아는 흑해의 지배권을 장악하고, 이를 기반으로 지중해 연안으로 진출할 태세를 갖추는데, 여기에 영국과 프랑스 등 열강들의 이해가 충돌하게 되었다. 이에 남방으로 진출하려는 제국 러시아와 이를 막으려는 서방열강 국가들 간의 크림전쟁(Crimean War: 1853~1856)도 바로 흑해 연안과 해상에서 벌어진 전쟁이었다. 이 전쟁에서 러시아가 패배함으로써 흑해 해역에서 러시아가 가졌던 함대보유권과 연안지역의 요새구축권을 상실하고, 현재 중립적 지대로서의 성격이 형성되었다.

이러한 무력 간의 접촉과 분쟁, 갈등이라는 상황은 근대 이후 냉전시대 동안에도 지속되었다. 터키를 제외하면 흑해는 구 소련연방과 그 위성국가들에 의해 포위되어 대부분 외부의 영향력과 상호작용으로부터 철저히 단절되었다. 이런 이유로 현재 흑해는 모든 나라의 상선(商船)에 개방되어 있으나, 해상무력인 군함의 배치에 대해서만은 아직도 연안에 영토가 없는 경우 엄격한 제한을 받는다. 흑해는 근대까지 과거 유럽과 아시아의 역사를 형성하는 데 중요한 역할을 하였으나, 외부인들에게 있어서는 두려움과 위협, 충돌과 교역의 동시적 원천이기도 했던 것이다.

근대 시기까지 흑해는 거의 단일한 제국의 영향권 하에 있었으나, 제1차 세계대전 이후에는 터키, 루마니아, 불가리아 등 힘이 비슷한 어느 일방도 패권적 우위를 점하지 못한 상태에 놓이게 되었다. 그러다가 터키는 제2차 세계대전 이후 미국이 주도한 북서양조약기구(NATO)에 가입하였고, 이에 맞서 루마니아와 불가리아는 당시 소련연방이 주도한 바르샤바조약기구(WTO)에 가입하였다.

이렇듯 비슷한 힘의 대치 국면은 흑해 연안을 세계의 관심에서 벗어나게 했다. 이후 오래 지속된 냉전 시기에는 소련연방과 터키를 분할선으로 하여 진영 간 이념대립과 대결이 주된 분위기였기에, 당시 서유럽에서 태동하고 유럽연합의 형성으로 점차 발전하기 시작한 초국경 협력 및 네트워크의 담론이 흑해지역에서는 발붙일 곳을 찾지 못했다. 그러나 1980년대부터 소련연방이 붕괴되고 냉전이 종식되면서, 흑해에는 근본적인 지정학적 변화가 발생하였다. 소련연방의 해체와 지리적 재편현상으로 러시아의 국경은 흑해에서 줄어든 반면, 장기적인 영향력을 행사하려는 다른 정치적, 경제적, 군사적 행위자나 주체의 수가 크게 증가하게 되었다.

　1980년대 이후, 흑해에 새로 만들어진 지정학적 균형상태 내에서는 다양한 요인이 출현하였고, 이것은 신생독립국과 구 소련연방의 위성국가들을 과거 공산주의 동맹으로부터 멀어지게 하는 원심력으로 작용하였다. 그 중에서도 특히 지리적 근접성의 영향, 경제적 기회, 문화적 유대와 정치적 편의주의 등은 신생독립국가들을 서구화와 자본주의적 방향으로 서서히 밀어내게 만들었다. 그리고 이들 국가와 연안도시들은 21세기 흑해 연안지역의 정체성을 새롭게 정의함으로써, 오랫동안 억눌려 있었던 서로의 이익을 위한 선호를 드러내기 시작하였다.

　흑해는 21세기에 접어들어서도 상당기간 동안 세계의 이목과 관심의 사각지대에 놓여 있었다. 하지만 시간이 지나면서 이른바 '제2의 중동'이라 불리는 흑해, 카스피해 지역에 상당량의 석유와 천연가스가 매장되어 있다는 사실이 알려지면서, 에너지 안보 및 수송차원에서 흑해 연안에 대한 중요성이 부각되기 시작했다. 즉 석유 및 천연가스를 카스피해 인근의 공급지에서 유럽의 소비지로 수송하기 위해서는 모두 예외 없이 흑해지역을 거쳐야 하기 때문이다. 따라서 흑해는 지금 유럽과 아시아 대륙을 연결하는 수송의 핵심적 회랑지역(Transport

Corridor Europe-Caucasus-Asia)이자, 요충지로 간주되고 있다.

이는 흑해지역에 이전에는 없었던 전혀 새로운 네트워크 환경을 만들어 주었으며, 처음으로 이 지역에 다원적인 국제적 협력과 장밋빛 미래를 개척할 가능성을 열어 주었다. 다시 말해 광범위한 초국적 경제권과 국제적 안보장치를 담보하는 흑해의 여러 협력체제들이 등장함과 더불어, 이러한 변화는 이 지역의 미래 협력과 안정에 대한 새로운 희망을 불러일으킨 것이다. 오늘날 이 지역은 국지적인 안보 및 전략적 중요성뿐만 아니라, 유럽연합(EU)의 외적인 영역확대에 있어서도 지정학적 중요성이 증가하고 있는 하나의 거점지역이 되고 있다.

2. 흑해의 해양네트워크 형성

1980년대 냉전이 종식된 직후, 흑해 연안지역은 여러 가지 이유로 인해 국제적인 주목을 받게 되었다. 우선 유럽과 아시아 사이의 교차로에 위치한 흑해지역은 냉전 동안 충돌과 대립의 지대이자 동·서 간에 각축을 벌이는 경계였다. 역설적이게도 오히려 그러한 연유로 제2차 세계대전 이후부터 약 40년 동안 긴장의 와중에서 오히려 안정이 유지되었던 지역이기도 하였다. 그러나 1991년 소련연방의 붕괴로 인해 냉전 시기에 억눌린 신상늘이 폭발함에 따라, 탈냉전 시기의 흑해는 더욱 복잡하고 다루기 힘든 지역이 되었다. 그 결과 대다수의 흑해 연안의 국가들은 갈등과 분쟁으로 빠져들었고, 정치적 불안과 경제적 빈곤에 허덕였다.

흑해 연안에서 냉전이 끝나면서 나타난 크고 작은 분쟁들은 1990년대 초반부터 잦아들기 시작했다. 하지만 분쟁의 여러 가능성 중에서

어떠한 것도 근본적 해결은 어려운 상태였다. 이러한 논란의 중심에
는 여러 문제가 속해 있었다. 연안과 해역에서 나타나는 경계의 재획
정, 혼합된 민족 및 인종집단의 다양화, 강요된 이주와 경제적 궁핍,
만연된 실업과 빈곤, 권위주의 정권과 인권문제, 그리고 이 지역의 영
향력 확보를 위한 외부세력 간의 경쟁 등이 흑해권역을 지속적인 위
험과 긴장에 처하도록 만들고 있었다.

　게다가 흑해 연안에는 인구밀도도 비교적 높은데다 이념적으로 해
결되지 못한 충돌의 요소가 잠재해 있었고, 환경훼손과 국경의 이탈,
조직적 범죄와 같은 시의적인 문제들도 안고 있었다. 이러한 복합적
인 문제상황에서 흑해의 모든 연안지역은 1982년부터 이후 약 10년의
기간 동안 새로운 해결책을 기다리거나, 아니면 다시금 소모적 분쟁
을 기다리는 소위 '휴면(frozen conflicts)'의 상태로 남아 있었던 것이
다. 그리고 이는 흑해 연안지역들로 하여금 독자적으로 발전할 수 있
는 기회와 함께 복잡한 국제관계의 역학 속에서 스스로 살아남을 활
로를 모색해야 하는 이중적 과제를 동시에 안기게 되었다.

　이런 혼돈의 상황에서 흑해 연안에서 초국적 월경협력의 필요성은
이미 1980년대부터 꾸준하게 제기되고 있었고, 1990년대 접어들면서
점차 현실화되었다. 그것은 흑해 연안의 경제규모가 작은 개별도시와
국가들을 통합함으로써 교역시장을 확대할 수 있다는 것이었으며, 복
잡한 국경의 관리, 한정된 수자원의 효율적인 활용, 노동이민의 규제,
마약밀매 및 유통단속, 테러대책을 비롯한 안보문제의 해결 등 흑해
를 둘러싼 광역지역 전체의 현안을 공동으로 해결해야 할 필요성 때
문이었다. 그리고 이러한 필요성은 흑해 연안의 정치·경제적 아젠다
에서 우선순위를 차지하고 있었으며, 특정지역이나 국가에 의해서도
개별적으로는 해결될 수 없다는 사실을 의미하였다. 여기서 주목해야

할 사실은 각 개별 지역과 국가에서 바라는 안정의 필요조건이 초국가적인 공동노력으로 달성될 수 있다는 사실에 대하여 점차 공감대가 확산되어 가고 있었다는 점이다.

초기 흑해 해역권의 공동체 구축을 위해서 연안지역에서 내세운 논거는 이들과 유럽연합, 중앙아시아 간의 분명한 차이를 강조하는 것이었으며, 흑해의 인접 광역권역을 연안지역에 연결시키려고 노력하였다. 그리고 응집력을 가진 단일한 정체성(identity)과 틀(frame) 내에 일련의 국가들을 결합하려는 구조적 노력 또한 강조하였다. 이러한 흑해 연안공동체의 초국경적 목표는 아직까지 완전하게 달성되지는 않았으나, 역내에서 소모적 경쟁을 지양하는 분위기는 확산되고 있음이 분명해 보인다. 그러면 흑해 연안의 구체적인 협력모델과 그 성격 및 제도화 과정을 살펴보기로 하자.

1) 정부부문의 협력체제

흑해 해역권의 정부부문의 협력체제로서 우선 흑해경제협력기구(BSEC: Organization of the Black Sea Economic Cooperation)가 공식적으로 운영되고 있다. 이 기구는 지난 1992년 흑해 연안국가의 교역 및 경제협력 확대 등을 목적으로 설립된 초국경 지역경제기구이다. 국가적으로는 티키, 러시아, 알바니아, 아르메니아, 아제르바이잔, 불가리아, 조지아, 그리스, 몰도바, 루마니아, 세르비아, 우크라이나 등 총 12개국이 정회원으로 구성되어 있다.

이 외에도 미국, 독일, 프랑스, 이탈리아, 폴란드, 오스트리아, 이집트, 유럽연합 등 17개 국제 행위자가 BSEC옵저버(OP: Observer Partner) 지위로 참여하고 있으며, 부문별 BSEC대화동반자(SDP: Sectoral Dialogue

Partner) 지위는 우리나라 외 영국, 헝가리, 이란, 요르단, 일본, 슬로베니아 등 총 17개국이 활동하고 있다. 이 네트워크 체제는 일반적인 초국경 기구에서와는 달리, 모든 멤버의 자격과 기능이 서로 차별화 되어 있는 상황이다.

　최초 흑해경제협력기구의 창설은 1989년부터 1992년 사이 터키 정부가 그 시작을 주도하였다. 1990년에 투르구트 외잘(Turgut Ozal) 터키대통령이 최초로 제안한 이 네트워크 창설의 구상은 넓게는 흑해와 카스피해, 코카서스 지역을 아우르는 영향력 있는 경제적 연합체를 먼저 구축하여, 향후 흑해와 주변지역을 정치·사회·문화적으로 통합하는데 선도적 역할을 담당하자는 것이었다. 당시 터키는 전통적인 군사적·정치적 입장에서 벗어나 러시아와 구 소련연방을 계승한 흑해의 위성지역들에 대해 상당한 관심을 보였고, 이것은 범 흑해지역들에 대해 본격적이고도 전향적인 자세를 취하게 만들었다. 흑해의 다른 연안지역들도 제안을 받아들이고 인정한 배경에는 터키가 흑해

〈그림 3〉 흑해경제협력기구의 공식의장

* 자료: Black Sea Economic Cooperation; BSEC(2018).

의 출입구인 보스포러스 해협과 다르다넬스 해협을 영해로 장악하고
있고, 중동의 이슬람 국가들과 친밀한 관계를 유지하고 있었으며, 유
럽 쪽에서는 최대의 영토를 보유한 강대국이라는 현실적 측면이 자리
하고 있었다.

흑해경제협력기구는 1992년 6월 25일 '보스포러스 성명(The Bosphorus
Statement)'을 채택함으로서 정식으로 출범이 공포되었으며, 경제와 안
보의 측면에서 '헬싱키 최종의정서'와 '유럽안보협력기구 기본원칙'을
준수하기로 선언하였다. 이후 2004년에 세르비아와 몬테네그로가 동
반 가입함으로써 그 외연의 확대가 이루어졌다. 따라서 이스탄불 공
동선언과 보스포러스 성명은 협력체제의 근거적 의미 외에도, 근대
이후 흑해 연안에서 복수의 국가들에 이루어진 최초의 공동성명서라
는 역사적 의의도 갖는다.

흑해경제협력기구는 현재 해역권과 연안에서 형성된 초국적 협력기
구로서, 흑해 연안지역의 교역 및 경제협력 확대 등을 목적으로 설립
되었다. 설립이 약 24년 정도 지나는 흑해의 경제협력체제는 유럽의
다른 초국경적 협력체제나 월경기구보다 상대적으로 오랜 전통을 가
지고 있지는 않지만, 유럽연합과 아시아 각 지역에서 긍정적인 평가를
많이 받고 있다. 그 이유는 여러 불리한 지역통합 조건에도 불구하고,
성공적인 월경협력을 하는 지역네트워크 체제로 발전하였기 때문이다.

정부 간 관계를 중심으로 한 흑해경제협력기구의 목표는 흑해 연안
지역이 다원적 민주주의와 사회정의, 인권, 법의 지배, 기본적 자유,
자유시장체제와 경제 번영 등이다. 그리고 흑해경제협력기구의 창설
은 구 소련연방 및 남동부 유럽지역들의 상호 호혜적인 국제적인 편
익을 도모하려는 의도도 내재되어 있었다.

흑해경제협력기구는 정치적·경제적·이데올로기적으로 50년 이상

분리되어 있었던 흑해의 연안지역 공간에서 경제·산업적 협력 (cooperation)과 수렴(convergence)을 촉진시키려는 비전을 가지고 운영되었다. 즉 사회주의 영향으로 낙후되었던 경제복구와 지역번영의 기초로서 시장경제를 발전시키기 위해 급속한 개혁을 주도한다는 점을 비전에 확실히 명시하고 있다. 또한 흑해경제협력기구의 창설은 옛 소련연방 및 남동부 유럽지역들의 탈사회주의 과정에서 시장경제로의 이행을 서로 지원하면서 호혜적인 경제이익을 확대·강화시키려는 목적도 갖고 있었다. 그러나 출범될 당시에는 이 기구가 세계의 주목을 받지는 못하였으며, 국제적 위상이 초라하였다. 오히려 폴란드, 헝가리, 체코 등의 중부유럽자유무역협정(CEFTA: Central European Free Trade Agreement)에 대한 반대급부로 급하게 창설된 다소 느슨한 성격의 연합으로 간주되기도 하였다.

〈그림 4〉 흑해경제협력기구의 정례 고위관리위원회

* 자료: Black Sea Economic Cooperation; BSEC(2018).

흑해경제협력기구의 비전은 보다 세부적인 목표와 추진계획을 필요로 하게 되었고, 회원들은 일단 단기적인 성과 만들기부터 주목하게 되었다. 1993년에 만들어진 이 기구의 단기적 목표는 흑해 연안지역이 다원적 민주주의와 사회정의, 인권, 법의 지배, 기본적 자유, 자유시장체제 도입과 같은 공통의 가치를 기초로 삼아, 흑해의 바다와 연안지역을 안정화하고 번영시킨다는 것이다. 그리고 소련연방의 해체와 사회주의의 몰락과 같은 극적인 변화가 발생하던 시기에, 흑해경제협력기구는 경제적 복구와 번영의 기초로서 시장경제를 발전시키기 위해 급속한 개혁을 주도한다는 점을 확실히 명시하고 있다. 나아가 흑해 역내 지역의 경제관계를 발전시킴으로써, 이 지역 국가들의 전반적인 관계 발전과 더불어 여타 국제기구 및 유럽연합 쪽과의 교류를 다각적으로 증진시킨다는 목표도 설정하고 있다.

흑해경제협력기구 출범 당시 공식 채택된 18개항의 선언문과 목표들이 협력의 목표를 경제적 영역에만 한정하지 않았으며, 정치와 안보 영역 등 다방면에 걸쳐 의제를 설정하고 있어 협력체제가 실제 운신할 폭을 넓혀주었다는 점이다. 즉 출범선언과 비전의 핵심은 흑해 연안지역의 지속적인 경제발전을 위해 일단 환경문제에 공동으로 대처해야 한다는 데 인식을 같이 하면서, 역내 및 역외지역과 다자 간 초국적 협력을 증진 또는 다양화시켜 경제·기술·사회적 발전을 촉진하는 것이 회원들의 공유된 목표라고 밝히고 있다. 또한 출범선언 및 운영규정은 흑해 연안지역이 평화, 안정, 번영, 우호·선린관계를 촉진하는 협력체로 유지되는 것을 목적으로 하고 있다고 밝히고 있다. 간단히 말해, 이것은 초국경 차원에서 협력의 모든 가능성과 기회를 가급적 폭넓게 이용한다는 의미로 해석된다.

1990년대 초반부터 흑해경제협력기구의 각 정부들은 경제적인 복구와 번영의 기초로서 시장경제를 발전시키기 위해 급속한 개혁을 주도한다는 점을 공동의 목적에 확실히 나타내고 있다. 1992년에 출범한 흑해경제협력기구는 가장 최근에 창설 20주년 기념 정상회의 및 다양한 협의체제를 정비하였다. 여기서 네트워크 회원들은 향후 10년간의 새로운 의제를 만들었다. 그것은 경제협력 외에도 흑해 연안의 지역균형발전, 환경오염에 대한 공동의 대처, 삶의 질 같은 보다 고차원적이고 다양한 분야들과 연관된 문제들이었다. 결과적으로 이는 흑해경제협력기구를 중심으로 한 흑해지역 정부 간의 공식적 네트워크 강화와 더불어 연안도시 및 민간부문의 협력체제로의 보이지 않는 확산을 의미하기도 한다.

최근으로 올수록 흑해경제협력기구는 에너지 협력의 형태에서 국제적 교역과 2차, 3차 산업에 대한 공동협력으로의 외연확대가 다방면으로 이루어지고 있다. 그 예로 1992년 최초 협력기구의 설립 이후, 협력이니셔티브의 실천을 위한 비정부적이면서 초국경적인 하부조직을 확대해 나갔다는 점을 들 수 있다. 구체적으로 1993년에는 흑해경제협력의원연맹(Parliamentary Assembly)이 설립되었으며, 이어 1994년에는 기구의 상설국제사무국(PERMIS: Permanent International Secretariat) 및 흑해 연안의 대표기업들로 구성된 비정부국제기관인 비즈니스이사회(BSEC Business Council)가 설립되었다.

1999년에는 흑해무역개발은행(BSTDB: Black Sea Trade and Development Bank)이 설립되었으며, 이를 통해 국제적으로 법인격(legal personality)을 갖춘 공식적인 초국경 협력기구로 지위가 격상되었다. 그리고 1999년 말경의 제54회 국제연합(UN) 총회에서 흑해경제협력기구의 UN옵저버 자격획득이 이루어짐에 따라, 명실공히 세계에서 인정되는 초국경적 협력기구로 발돋움하게 되었다. 2000년에는 상설사무국소재지협정

(BSEC Headquarters Agreement)이 터키 이스탄불에서 체결되어, 장기
적으로 상시적인 협력과 네트워크가 가능하게 되었다. 또한 2001년에
는 싱크탱크 역할 수행을 위한 공동연구기관인 국제흑해학술센터

〈그림 5〉 흑해경제협력기구 창설 20주년 기념 정상회의

* 자료: Black Sea Economic Cooperation; BSEC(2018).

(ICBSS: International Center for Black Sea Studies)가 만들어졌고, 많은 아이디어와 비전을 쏟아내고 있다.

이러한 공식적 기구와 조직을 바탕으로 흑해경제협력기구 회원들은 지금껏 서로 다양한 분야에서의 효율적인 협력을 위해 약 20여 개 이상의 실무위원회와 워킹그룹을 구성해 부문별 사업을 추진해오고 있다. 각 실무위원회와 워킹그룹들은 매 2년 정도의 임기를 수행하는 의장국을 선출하고, 다시 그 안에서 세부 액션플랜(plan of action)을 채택해 협력사업을 적극적으로 실천하고 있다.

그 결과, 흑해경제협력기구는 1990년대 평균 약 0.7% 수준이었던 흑해 연안지역의 경제성장률을 2000년 이후에는 평균 약 6%대 수준으로 대폭 개선하는 데 기여하였다. 약 10배에 가까운 증가 수치이다. 그리고 흑해경제협력기구를 위시한 연안의 네트워크 지역은 2008년 글로벌 금융위기, 2010년 유럽의 경제위기에도 불구하고 현재까지 지역총생산이 꾸준히 성장하는 추세에 있다. 이는 분명 흑해 해역을 중심으로 초국경 경제협력의 효과를 입증하는 확실한 근거로 평가할 수 있는 대목이다.

흑해의 활발한 네트워크의 활동이 대외에 알려지면서, 동유럽권과 아시아권에서는 흑해 연안이 국제 비즈니스 및 기업하기(doing business)에 매력적인 곳으로 부상하고 있다. 2000년대 이후부터 흑해 연안도시들에 대한 민간부문의 외국인 직접투자(FDI: Foreign Direct Investment)는 지속적으로 증가하는 추세에 있으며, 시민들이 살아가기 좋은 곳으로서의 삶의 질(QOL: Quality of Life) 지표와 지속가능성(Sustainability) 관련 각종 사회지표들도 꾸준히 개선되고 있다.

흑해경제협력기구의 본질적 성격은 유럽과 아시아에서 나타나는 해역 중심의 새로운 지역통합 및 글로벌 경제권 출현과 연계하여 보면 그 특성이 잘 드러난다. 흑해 해역권은 유럽의 발트해, 지중해, 북해 권역과 아시아권의 동남아시아국가연합(ASEAN) 및 동북아시아(한, 중, 일)라는 지경학적 분할구도에서 가장 취약한 고리(missing link)로 남았던 동유럽과 중앙아시아 간의 협력강화를 의도하고 있다는 것이다. 그리고 어떤 경우에서든 이 초국경적 네트워크 기구가 자의든 타의든 간에 유럽연합의 광역화와 더불어 동아아시아 지역의 경쟁과 협력의 구도 사이에 위치함으로써 고유한 의미와 성격이 한층 강화된다.

그것은 흑해 해역권을 단일 행위자로 하여 다른 유럽연합 및 국제기구들과 협력을 강화하고 경쟁을 완화함으로써 공통적 이해관계의 접점을 확대시키되, 연안지역의 초국적 협력구도라는 거대구조를 통해 다른 연합체나 강대국의 외압과 횡포에 대해 공동 대응할 수 있는 이점을 창출하고 있다는 점이다. 표면적으로는 흑해경제협력기구에 가입함으로서, 각 회원들은 국제사회에서의 자신의 존재감을 확인시킬 수 있었다. 따라서 흑해 연안에서는 집단적 해양네트워크의 틀을 통해 글로벌 이해관계에 대한 공동의 관여와 견제를 시도하고 있다는 해석도 충분히 허용된다.

흑해경제협력기구에서는 지속적인 네트워크 전략의 보완과 수정을 통해 앞으로도 계속 발전해 나가는 초국경 협력체제로서의 가능성을 보여주고 있다는 점이 지역의 학계와 정부들에 의해 긍정적으로 평가되고 있다. 특히 이 네트워크는 정치나 민족, 안보적 측면에서의 부정적인 이슈가 흑해 연안 전체에게 영향을 미치거나 다른 문제가 파생되지 않도록 사전에 피할 수 있는 방법과 절차를 만들어 주고 있다.

흑해경제협력기구의 창설을 주도한 터키의 정치적 동기와 행보에 상당한 의구심을 품었던 러시아와 우크라이나조차도 이러한 장점을 인정한지 오래이다. 따라서 다수의 흑해 전문가들은 처음에 낙후된 경제발전을 위해 흑해 연안의 정체성을 외치면서 뭉친 다소 이질적 성격의 공동체 행위자들이 이제는 그들 스스로 다양한 부문의 소통을 통해 점차 완성형의 초국경적 협력체제로 가는 방식을 터득하고 있는 과정으로 파악하고 있다.

2) 도시 및 민간부문의 협력체제

(1) 국제흑해클럽(ISBC)의 형성과 운영

흑해경제협력기구는 국가 주도의 공식적인 정부기구로 결성되었으나, 시간이 지나면서 점차 도시와 민간부문, 비정부 부문으로 그 협력체제가 변화, 확대되었다. 흑해경제협력기구에 참여한 회원들과 연안 정부들은 지속적인 초국경 협력의 다변화를 위하여 도시와 민간영역의 내부적 역동성이 필요함을 주목하고 있었다. 그 결과 흑해경제협력기구와 시기적으로 비슷하게 연안에서는 국제흑해클럽(IBSC: International Black Sea Club)이라는 도시단위의 소규모 네트워크가 자생적으로 생겨나게 되었다.

기존의 흑해경제협력기구가 정부적 월경협력의 이니셔티브인 반면, 국제흑해클럽을 구성하는 도시단위의 네트워크는 비정부, 기업, 민간단체가 주축이 된 이니셔티브로 볼 수 있다. 국제흑해클럽의 의장도시는 격년 순번제로 돌아가면서 맡고 있으며, 매년 회원도시들을 순회하며 총 13인으로 구성된 상임위원 및 기업, 민간단체 대표들의 참석 하에 연간 4회의 정례회동(Managing Board Meeting)과 협의회(Assembly work)를 열고 있다. 이 정례적인 모임과 회의를 통해서는 흑해 연안의 국가나 정부차원에서 신경을 쓰지 못하는 보다 미시적인 민간부문 및 지역사회 차원의 문제와 해결방안들이 다루어진다. 제도적인 수준에서만 본다면 지금까지 국제흑해클럽으로 얻어진 협력의 결과는 실로 기업활동과 교육의 측면에서는 인상적인 것으로 비춰지고 있다. 그리고 그것은 의심의 여지없이 흑해에서 도시단위의 연안지역 간 초국경 협력의 여건을 확립한 성과로 평가된다.

구체적으로 1992년 6월에 흑해지역의 도시단위(cities and towns)의 시장을 포함시키는 비영리기구로서 국제흑해클럽이 결성되었다. 현재까지 국제흑해클럽에 가입된 흑해 연안의 주요 회원(member-cities)으로는 러시아의 아조프(Azov), 타간로그(Taganrog), 로스토프나돈(Rostov-on-Don), 조지아의 포티(Poti), 바투미(Batumi), 수쿠미(Sukhumi), 루마니아의 콘스탄차(Constanza), 갈라티(Galati), 불가리아의 부르가스(Burgas), 바르나(Varna), 터키의 삼순(Samsun), 트라브존(Trabzon), 그리스의 카발라(Kavala), 피레우스(Piraeus), 우크라이나의 오데사(Odessa), 얄타(Yalta), 니콜라예프(Nikolaev), 몰도바의 티라스폴(Tiraspol) 등 총 29개 도시들이 파악되고 있다.

국제흑해클럽은 연안지역 도시를 대표하는 기업 간의 직접적인 접촉과 경제와 상업 및 무역정보의 교환을 촉진하는 것을 우선적인 목표로 삼고 있다. 또한 이 클럽의 목표에는 흑해 연안에서 환경보호의 약속을 이행하고, 비영리단체(NGO)를 중심으로 이민자들의 삶과 이문화적 접촉을 지원하는 것도 포함된다.

흑해 연안도시 회원들보 구성된 국제흑해클럽은 보다 거대한 상위의 흑해경제협력기구 안에서 상설 옵저버의 지위에 있으면서, 국가에 비해 상대적으로 약자인 지역과 도시들 간의 이익을 대변하고 있다. 매년 고위관리회의 및 외교장관회의에서 논의되는 초국경 의제가 정부 간 협상에만 쏠리는 사이에, 도시들에게 상대적으로 불이익이 되지 않도록 감시, 견제하는 역할도 하고 있는 것이다.

〈그림 6〉 국제흑해클럽의 공식의장로고 및 정례회의

* 자료: International Black Sea Club; IBSC(2018).

　실제적으로 국제흑해클럽 안에는 도시들 간의 비즈니스 실무그룹 (working group)이 존재하며, 이들의 문제제기가 실질적인 활동의 토대를 제공한다. 그 분야로는 도시단위의 농업과 농공업, 은행과 금융, 범죄예방과 대처, 통신, 비상지원, 에너지, 환경보호, 전자통신네트워크, 보건 및 제약, 과학기술협력, 통계데이터 및 경제정보 교환, 레저

산업 및 관광협력, 무역 및 도시경제 발전, 수송 및 인프라, 미개발 지역자원 발굴, 중소기업 육성 및 지원분야 등이다.

(2) 흑해대학네트워크(BSUN)의 형성과 운영

흑해 연안에서 확산된 도시와 기업의 민간 네트워크는 그들이 필요한 공동의 인재의 육성과 교환에도 많은 공을 들이게 만들고 있다. 국제흑해클럽 회원도시들 사이의 교육 및 학술협력은 1997년에 흑해대학네트워크(BSUN: Black Sea University Network)의 설립과 함께 본격적으로 시작되었다.

이는 지역사정에 밝은 전문가와 인재풀은 흑해지역 해양네트워크의 지속 가능한 발전을 위해 반드시 필요하다는 인식을 각 도시들이 공유한 결과이다. 흑해대학네트워크 내에서는 1997년부터 2015년까지 흑해 권역 12개 나라에 소재한 총 118개 대학들이 상호 긴밀한 교류협력 관계를 구축해 오고 있다.

흑해대학네트워크는 교육과 학술적으로는 연안지역의 에너지 및 물류경제와 과학기술개발(R&D) 수준의 향상에 중점을 두고 있으며, 문화적으로는 지역전문가와 인재양성을 통해 흑해 연안지역의 지속 가능한 발전과 아시아와 유럽연합 사이의 가교(mediators) 역할을 하기 위한 목적을 가지고 있다. 또한 흑해대학네트워크는 초국경적 차원에서 연구와 교육 공동체들 간에 고속의 연결성(high-speed connectivity)을 부여하는 데 관심이 있으며, 이 부문에서 흑해의 여러 국가적 틀과 월경공동체의 틀을 각각 법과 규제적 측면에서 서로 조화시키는 데 관심이 있다.

흑해대학네트워크는 미래에 동유럽과 중앙아시아의 초국경 대학컨소시엄을 지향하면서, 약 30만여 명의 학생과 약 2만 5천여 명의 교수

〈그림 7〉 흑해대학네트워크의 공식 의장로고

* 자료: Black Sea Universities Network; BSNN(2018).

및 연구자 집단을 형성하고 있다. 이들 집단이 흩어진 각 대학들은 우선 네트워킹 추진을 통해 소속학생 및 지적 자원의 제휴와 교육프로그램의 질적 향상, 초국경 지역 및 도시 간 비교 가능한 공동의 데이터 생산에 힘쓰고 있다. 실제적 정보교환과 공동연구를 수행하기 위해서는 상설학술위원회(Inter-Academy Council)를 운영하고 있다.

이러한 학술위원회를 통해 대학 간 흑해의 지속 가능한 발전을 위한 교육 및 과학 공동연구사업(SUSTDEV: Education & Science for Sustainable Development in the Black Sea Region), 대학과 연안공동체의 파트너십 구축사업(University and Community Partnership), 우수교육역량강화사업(EXCEED: Excellence in Education), 시너지 발전사업(Generating Synergies), 지역프로그램 개발사업(Regional Programs), 이문화 간 교류와 사회적 결속사업(Inter-cultural Exchange and Social Cohesion), 기타 연구혁신사업(Joint Research Projects & Innovation) 등을 기획하고, 유럽연합이나 흑해경제협력기구로부터 재정지원을 받고 있다.

뿐만 아니라, 흑해대학네트워크 안에서는 다시 국경을 초월한 각

지역별로 특화된 공동의 협력기관을 운영하고 있다. 예를 들면, 터키
는 다른 지역의 대학들과 학제 간 공동대학원(Center for Coordination
of Common Graduate), 그리스는 단기연수과정(Center for Coordination
of Summer Schools & Short Term), 루마니아는 과학기술센터(Center for
Advanced Engineering Sciences), 불가리아는 출판과 학술업적(Center
for BSUN Publications), 아제르바이잔은 학제 간 공동연구센터(Center
for Joint Research Projects), 우크라이나는 전문자격증과정(Certificate
Courses)을 특화하여 운영하고 있다. 그리고 이러한 대학의 주요 거점
기관들은 모두 흑해경제협력기구의 싱크탱크 역할을 수행하는 국제
흑해연구센터(ICBSS) 등과도 긴밀하게 협력하고 있다.

또한 네트워크 상의 각 대학들은 공통의 비전을 갖고 공동으로 교육
및 연구할 수 있는 2차 네트워킹을 만들어 이질적인 문화와 언어장벽
을 점진적으로 해소하고 있다. 유학생 및 교환학생 프로그램과 교환연

〈그림 8〉 흑해대학네트워크의 분포 권역

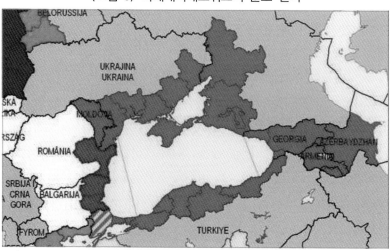

* 자료: Black Sea Universities Network; BSNN(2018).

구자 프로그램(BSI: Black Sea Interconnection)은 이러한 제도적 노력의 일환이며, 그 범위는 최근 유럽연합 지역으로까지 확대되고 있다. 즉 유럽연합 회원후보국인 터키의 국가연구교육망(NREN: National Research and Education Network)을 코디네이터로 삼은 흑해대학네트워크는 유럽연합의 범유럽 광대역(high-bandwidth) R&D 지원정책을 등에 업고 다른 소외된 지역과 대학을 지속적으로 연결하고 있다. 이러한 독특한 네트워킹의 방식은 약 20년의 기간 사이에 100개가 넘는 대학공동체가 흑해 연안에 구축될 수 있었던 중요한 원동력으로 평가된다.

결과적으로 흑해대학네트워크 상의 대학에서 지식인재와 고급인력이 흑해 연안의 국경을 넘어 여러 교육을 받고, 이후 이들이 다시 이 지역에서 창업하거나 연고를 둔 기업에 취업을 한다는 것은 인적 자원(human resource)의 역외유출을 방지한다는 점에서 큰 의의가 있다. 또한 흑해 연안의 정체성을 공유한 교육·연구공동체로의 광대역적인 연결을 통해서 새로운 고급지식과 기술인력이 계속 유입될 수 있는 교류시스템을 만든 것은 향후 미래 세대에 대한 중요한 대비이자 변화로 평가할 수 있다.

(3) 흑해시민단체네트워크(BSNN)의 형성과 운영

흑해 연안에서는 냉전 이후 자본주의식 경제협력과 개방의 바람이 불면서 많은 발전이 이루어졌으나, 이와 반대로 개발과 발전의 그늘인 시민들의 삶의 질 하락과 환경의 문제가 새로이 대두되었다. 특히 인간과 자연의 조화로운 공존을 강조하는 소위 '유럽식 지속 가능한 발전(sustainable development)'의 개념과 이의 실천도구로서 '로컬거버넌스(local governance)' 개념은 흑해 연안에서 시민사회의 능동적 활동과 네트워킹을 자극하게 되었다.

이러한 결과로 탄생하게 된 흑해시민단체네트워크(BSNN: Black Sea NGO Network)는 1998년에 처음 주창되었으며, 이듬해부터 활동에 들어간 초국경적 시민단체연합이다. 이 연합은 흑해 연안의 총 12개 국가에서 약 70개의 주요 시민단체와 2만 명이 넘는 회원을 거느리고 있다.

흑해시민단체네트워크는 불가리아, 조지아, 루마니아, 러시아, 터키, 우크라이나 등지에 상설 지부와 사무국을 각각 두고 있으며, 주로 흑해 연안과 해역의 환경오염과 지속가능성 및 기타 자연보호 문제에 대한 이슈를 발전시켜오고 있다.

예로부터 흑해와 그 주변 환경은 장엄한 풍경과 풍부한 문화, 자연유산으로 유명하였으나, 냉전 이후 에너지와 자원개발로 인한 훼손이 심해지고 있다. 흑해는 해역 이외에 다뉴브강 유역 삼각주, 코카서스, 카르파티아 산맥들 역시 모두 중요한 주변 자연 환경으로 손꼽힌다. 이 지역의 해역, 해안지대, 범람원, 산맥들은 다양한 야생동물들의 안식처 역할을 하고 있다.

그러나 최근 20여 년 동안 흑해 해역에서 발생한 각종 수질오염, 기름유출사고, 난개발, 어류남획 등의 문제는 심각한 수질오염과 야생동물의 멸종을 유발시켰다. 이에 대서양 등 외해(外海)와의 수질흐름이 원활하지 못했던 다소 폐쇄된 구조의 흑해 연안은 환경적으로 중요한 기로에 직면하게 되었고, '세계에서 가장 황폐한(the most inhospitable) 바다'라는 오명을 얻게 되었다.

그런데 약 2억 명 가량의 인구가 함께 살아가는 흑해의 연안에서 발생한 이러한 생태·환경적 위기상황들은 오히려 사람들의 경각심을 키워주었다. 즉 시민사회 차원에서 더 이상 이 문제를 외면하고 방

〈그림 9〉 흑해지역 해수 흐름의 폐쇄적 순환구조

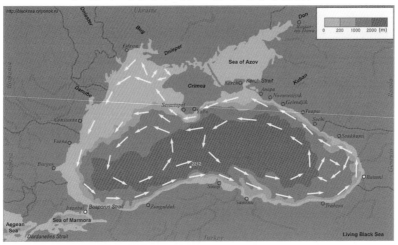

* 자료: BlackseaCom(2018). http://www.ieee-blackseacom.org

치하는 것이 올바른 길이 아니라는 점을 인식하게 만들었다. 그리고
흑해의 미래는 지속 가능한 삶이라는 새로운 길을 선택하는 것이라는
점을 착안, 행동으로 실천하게 되었다.

최초 마련된 효과적인 실천전략으로는 흑해에서 국경을 넘어선 시
민단체의 네트워크 구축을 통해 흑해의 전반적 환경에 대한 대중의
낮은 인식과 이해를 개선하는 것이었다. 그리고 이는 흑해 연안선 전
체에 걸친 초국경적인 홍보운동과 타당한 데이터 및 비교 가능한 자
료의 수집으로부터 출발을 하였다.

1990년 이후부터 현재까지 흑해가 마주한 여러 환경적 난국을 해결
하기 위해 흑해의 각 지역 시민단체들은 흑해시민단체네트워크의 구
축을 통해 보다 다양한 지역 공동체와 월경단체, 그리고 각 정부들과
함께 공동의 환경보존, 생태계 재건, 지속 가능한 환경경영과 관련된
활동들을 추진하고 있다. 일례로 흑해시민단체네트워크는 매년 흑해

〈그림 10〉 흑해지역 해수의 해상오염 방제

* 자료: BlackseaCom(2018), http://www.ieee-blackseacom.org

경제협력기구의 12개국 정례회의에 옵저버 역할을 하면서 관련 안건을 제공하고 있다. 이 안건은 자체적인 각 지역별 시민단체(working group)로부터 수집된 자료를 토대로 국가 및 지역대표자회의(country & regional office)를 거쳐 최상위의 네트워크위원회(network board)에서 최종 엄선된 것들이다.

다른 한편으로 흑해시민단체네트워크에서는 여러 시민사회 간 수평적 차원의 협력과 정보공유를 가능케 하는 권역별 네트워크 거버넌스(network governance) 체제를 설계하여 상시 유지하고 있다. 이 월경된 체제는 정부나 기업차원에서 개발에 골몰한 나머지, 자칫 소홀하기 쉬운 환경문제들에 대해 지역밀착형 정보수집과 자료를 제공하고 불법로비를 견제하는 중요한 역할을 수행하고 있는 것으로 평가된다.

뿐만 아니라 최근에 흑해시민단체네트워크는 종래의 환경오염 감시

〈그림 11〉 흑해시민단체네트워크의 공식로고와 운영체계

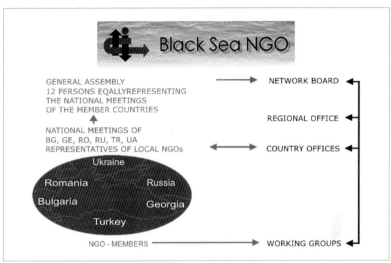

* 자료: BSNN(2018). http://www.bsnn.org

나 생태계 복원뿐만 아니라 기후변화로 야기될 흑해의 여러 환경문제
들을 제시하고, 이를 해결하기 위해 다양한 노력들을 진행하고 있다.
물론 이러한 아이디어와 의제는 모두 시민사회 네트워크 거버넌스의
바닥으로부터 파생된 것들이기에 나름의 의미가 있다고 보인다.

3. 흑해 해양네트워크의 특징

1) 하향적 확산과 다층적 지역관계

흑해 연안지역의 해양네트워크는 월경지역 간의 상호 다층적 관계
(multi layered interregional relations)라는 새로운 개념으로 설명된다.

이는 지역 내부의 구성원들이 서로 밀접한 연계를 가지고 활동하는 것은 물론, 그 지역들을 초월하여 하나의 거대한 공통의 공간을 확립하는 것을 뜻한다. 이러한 네트워크의 다층제 구조 안에서 상위 국가들이 먼저 연합한 후, 하부의 연안도시와 민간비즈니스, 교육으로 확산된 전형적인 하향식(top-down) 방식을 취하고 있는 것도 특징적이다.

예를 들어, 흑해경제협력기구의 형성은 연안지역과 정부들끼리는 긴밀한 연계를 갖고 있는데, 이것은 유럽연합이나 아세안 같은 결속된 공동체에는 미치지 못하는 정치·환경적 조건에서 연안지역의 제휴를 통해 스스로의 이익에 대해 균형을 취하거나 편승하려는 전략적 의도에 기반하고 있다는 것이다. 멤버십(membership)의 자격이 특이하게 회원(member), 옵저버(OP), 부문별 대화동반자(SDP) 파트로 각각 구분되어 있는 것이 그 단적인 증거이다.

이러한 도시, 지역, 국가 네트워크의 다층적 배열은 흑해 공동체가 다소 동적이면서 개방적이고 외부에 대한 공동의 이익지향성(profit orientation)을 강화해 나가려는 현상으로 파악할 수 있다. 다른 표현을 빌리자면, 여러 가지의 경로와 의제를 통해서 흑해 네트워크 안에서 구성되는 유기적인 구성원의 배열은 초기 흑해의 단단하고 폐쇄적인 협력(closed cooperation)으로부터 자연히 느슨하고 개방적인 협력(open cooperation)의 방향으로 점차 나아가게 하는 것으로 해석되기도 한다. 따라서 초국경적 협력을 위한 새로운 틀의 변화는 곧 이 지역의 회원 집단의 내부 구성원뿐만 아니라, 외부의 더 큰 전략적 파트너들 사이에 관련된 더 많은 이슈들을 포함시키는 방향으로 그 범위를 계속 확장하고 있는 것으로 해석된다.

흑해 네트워크 안에서 다수의 지역그룹들은 그들만의 이슈에 관한 별도의 협력을 위해 부분적인 소그룹 이니셔티브를 형성하고 있다.

그 조합은 주로 특화산업이나 맞춤형 의제의 교류에 집중되고 있다. 지역그룹에는 루마니아↔불가리아↔그리스, 루마니아↔몰도바↔우크라이나, 불가리아↔터키↔루마니아, 폴란드↔우크라이나↔헝가리, 오스트리아↔조지아↔몰도바 등이 있다.

〈그림 12〉 흑해 네트워크의 다층적 관계구조와 협력유형

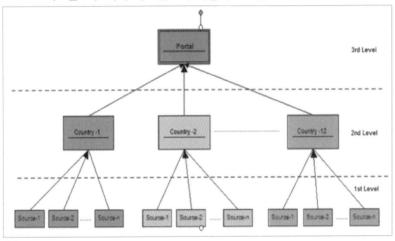

* 자료: BSECBC(2018), http://www.bsecbc.org

2) 개방형 공동체주의와 협력틀의 변형

흑해 연안지역의 해양네트워크는 소위 '개방형 공동체주의(open community care)'를 채택하고 있다. 이러한 동기는 흑해 특유의 지정학적 배경에서 그 원인을 찾을 수 있다. 흑해 연안지역은 유라시아의 교차로에 놓여 다자 간 협력의 새로운 네트워크 구조로 출현했기 때문이다. 원래 흑해경제협력기구 중심의 초국경 협력의 틀(framework)은 이 지역에 대한 보다 광범위한 정의를 사용하면서부터 구축되기 시작

했다. 기존의 흑해 연안에서 서쪽의 카스피해와 동쪽의 다뉴브강 유역, 남쪽의 에게해까지를 포함하는 참여지역은 유럽 및 아시아와 직접 맞닿아 있을 정도로 크다.

냉전 종식 이후, 이러한 새로운 권역에서 나타난 협력체제 안에서는 기본적으로 자본주의와 시장원리를 채택하되, 여러 세력들과의 전략적 관계를 통해 다자 간 견제와 균형(checks and balances)을 추구하고자 한다. 이러한 원리에는 과거와 같이 세계열강이 패권을 다투게 하는 어두운 역사를 되풀이해서는 안 될 것이라는 흑해 연안의 공통된 인식이 자리하고 있는 것이다.

그런데 흑해 연안지역의 해양네트워크는 최근 유럽연합과 아시아, NATO 등 비롯한 주요 외부세력과 비회원에 대해서도 대외적으로 탄력적인 접근을 사용하면서, 각각의 이익과 목적을 위하여 새로운 협력적 틀의 변형(frame transformation)을 여러 형태로 꾀하고 있다. 예를 들어, 2010년부터 이후 흑해경제협력기구 네트워크 범주에 인접 카스피 해역에 위치한 6개의 연안국가와 기존 몰도바, 아르메니아, 아제르바이잔 등의 일부 아시아 지역을 추가적으로 포함하려는 문제가 제안되었다. 회원들은 전격적으로 이를 허용하려는 공감대를 단기간에 형성하였고, 협력틀의 다각화를 모색하고 있다.

그리고 네트워크에서 각종 사업들의 추진과정에 비정부 부문의 개입과 민간부문을 더욱 강조하면서, 다소 유동적이고 실천 지향적인 목표를 설정하고 있다. 예컨대, 지난 십수 년 동안 흑해경제협력기구에서는 금융, 에너지, 환경, 무역, 운송 등의 주요 핵심이슈들이 서로 그 우선순위가 때때로 변하거나 재조정되었다.

이는 흑해의 연안기구를 통한 경험의 공유와 상호지지를 바탕으로 그들 스스로의 발전에 상황에 따른 보완적 요소를 더해주고, 나아가

〈그림 13〉 흑해 네트워크의 다양한 협력유형

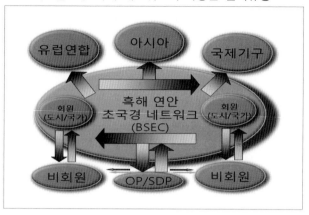

그들이 세계화의 경쟁환경에 적응하는 것을 도와주는 역할을 하고 있다. 최근 흑해경제협력기구의 다소 개방적이고 유연해진 멤버십의 자세는 서로 통할 수 있는 흑해 연안의 건설을 목표로 흑해의 결속(cohesion)을 위한 활동, 즉 궁극적으로 어떠한 역사, 민족, 문화적 구분도 존재하지 않는 진정한 흑해 연안의 통합을 만들기 위한 비전을 제시하고 있다.

3) 외부환경의 자극과 네트워킹의 역동성

흑해 연안지역의 해양네트워크는 회원과 지역 간의 인식변화 뿐만 아니라, 국제적인 외부세력의 이해관계의 증가가 협력의 역동성을 낳는 주요 원인이 되고 있다. 즉 급변하는 국제적 환경이 이 지역에서 최근 새로운 협력의 틀을 구축하게 만들었을 뿐만 아니라, 기존 협력의 틀을 재생시키고 다른 협력의 틀이 나아갈 방향성을 재확립하였다. 현 국면에서 흑해는 인종과 문화적으로 범유럽권에 속하는 블록일 뿐

만 아니라, 범아시아권 내에서도 카스피해에 이르는 가교(mediators)
로 바라볼 수 있다.

새로이 형성된 흑해 연안의 네트워크와 월경협력은 이 지역의 정체
성과 자산을 통합시키는 방법이었을 뿐만 아니라, 유럽연합(EU)과 북
대서양(NATO) 및 다른 국제세력(OECD, ASEAN, ASEM 등)에 대해서도
분명한 메시지를 주게 되었다. 즉 흑해 연안의 안보우려에 대응하여
외부세력의 참관과 옵저버의 지위를 부여하고 있는 네트워크의 제도
적 구조는 때때로 이들의 지정학적 가치를 과시하는 수단으로 비추어
진다. 반면에 경제적으로는 국제지원기금 및 대외자본의 산업적 유입
이 무엇보다 중요하므로, 비회원 지역과 전략적인 동반자 관계를 맺
도록 적극 장려하고 있다. 이와 연관된 대표적인 예로, 흑해 연안지역

〈그림 14〉 흑해 연안의 인프라 연결 프로젝트

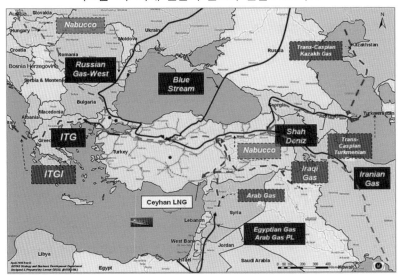

* 비고: 실선은 인프라 구축이 완료, 점선은 진행 중인 구간.
* 자료: United Nations Commodity Trade Statistics Database(2018).

에서는 바다를 사이에 두고 석유와 천연가스를 어떻게 수송할 것인지를 두고 여러 개의 다국적 프로젝트가 경쟁을 펼치고 있다.

주요 월경사업으로는 다음과 같은 것들이 있다. 흑해 북쪽 연안의 러시아에서 가스파이프라인이 출발해서 흑해의 해저를 횡단한 후 불가리아를 지나가는 '사우스 스트림(South Stream) 프로젝트', 흑해 남쪽의 터키를 횡단한 다음 동쪽의 불가리아와 루마니아를 지나가는 '나부코(Nabucco) 가스 프로젝트', 흑해 서쪽의 아제르바이잔에서 출발해서 조지아를 거치고 해역에서 LNG 가스선으로 해상수송을 한 이후에 다시 흑해 동쪽의 루마니아를 거쳐 유럽의 전역으로 수송이 되어 나가는 'AGRI(Azerbaijan-Georgia-Romania Interconnector) 프로젝트' 등이 추진 중이거나 완성되어 가는 단계에 있다.

이 외에 지중해와 흑해 간 '보스포러스 해협의 해저터널 공사', 터키와 헝가리 간의 '월경고속도로 프로젝트'도 외부세력이나 정부 간 협력 하에 한창 진행되고 있는 상황이다.

4) 유럽연합의 전략적 지원과 활용

흑해 연안지역의 해양네트워크는 최근 유럽연합(EU)에서 전폭적인 지지를 이끌어내고 있다. 과거 냉전시기 유럽의 입장은 흑해를 내버려 둘 수도, 끌어안을 수도 없는 상황이었다. 그러나 최근에는 상황이 크게 달라지게 되었고, 흑해 연안을 유럽 쪽으로 끌어당기기 위한 여러 지원방안들이 제안되고 있다.

지금 유럽에서 흑해 연안지역의 해양네트워크를 긍정적으로 옹호하는 가장 단순한 논리는 일단 이 지역의 정치·안보와 경제적 안정화를 통해 주요 생산물인 석유 및 가스 에너지와 농산물, 기타 천연자원의 원활한 공급을 담보할 수 있다는 것이다. 흑해 연안으로부터의 에너지 자원유입은 유럽경제 전체에 그만큼 중요한 영향을 미치고 있기 때문이다. 일례로 유럽연합은 최근 흑해 연안에 대해 새로운 대체 에너지원과 에너지 효율 및 절약에 보다 명확한 초점을 맞추도록 지원하고 있다. 이는 흑해 연안의 지역 파트너들과 제휴하여 기존 인프라의 업그레이드 및 신규 인프라 건설을 촉진하고, 이를 통해 에너지와 천연자원 생산의 안정성을 강화하기 위해 노력하는 것으로 해석된다.

또한 흑해와 같이 탈사회주의 및 체제전환 단계에서 급격한 자본경제구조로의 전환은 자체역량으로 성공하기가 쉽지 않고 외부의 지원이 필요하다는 논리도 있다. 이는 유럽연합과 같은 더욱 거대한 네트워크의 결속에 대해 커다란 정책틀(EU's policy frameworks) 안에서 흑해 연안권도 동유럽권과 함께 지엽적으로 보완적인 역할을 수행할 수 있도록 도와주어야 한다는 주장이다.

이와 반대로 유럽연합 안에는 바다를 사이에 둔 초국경 통합의 지원을 통해 흑해경제협력기구를 유럽연합에 다음 가는 월경공동체로 키워 내려는 의도도 숨어 있다. 즉 장차 아시아의 경제충격이나 정세변동으로부터 흑해가 유럽을 보호하게 하면서 러시아와 중국 등을 대신 견제하도록 만들겠다는 장기적인 계산도 깔려 있는 것으로 보인다.

보다 현실적으로는 유럽연합이 소위 유럽통합의 거시전략(greater strategy)을 통해 흑해권역의 광역회에 대해 측면지원(side support)을 하고 있는 것으로 설명되는데, 여기에는 흑해의 각 지역에 대한 선 접근 정책(pre-accession process)과 이웃 정책(neighbourhood policy) 및 전략적 제휴 정책(strategic alliance)을 병행하고 있다. 그러나 보다 규범적이고 도덕적인 논거는 '다양성 속의 통일성(unity in the variety)'의 모토 하에서 다문화 사회로서의 유럽연합이 지향하는 비전과 흑해 연안 네트워크 체제의 비전이 서로 일치하기 때문이다. 흑해는 인종, 종교, 의식 등의 여러 문화가 '씨실과 날실'처럼 얽혀 다양한 모자이크 양상을 보여주는 지역이다.

흑해의 연안 주변에는 쿠르드, 슬라브, 코카서스, 게르만, 무슬림과 기독교인 등 서로 다른 민족적 자긍심과 종교가 뒤섞여 있다. 이러한 흑해 연안의 복잡한 문화적 상황을 한 데 묶을 수 있는 방법은 바로 흑해 연안에서 함께 살아왔고, 앞으로도 살아갈 것이라는 공통적 지역정체성(regional identity)의 규범이 유일하다. 따라서 규범적 의미에서 흑해의 월경지역 연합은 스스로의 지역적 정체성의 공고화를 통하여 유럽과 아시아 문화 간 교섭과 혼합에도 잠재적으로 기여할 수 있는 것으로 평가된다.

〈그림 15〉 흑해와 유럽 간의 전략적 지원과 수혜 범위

* 자료: Black Sea Trade and Development Bank(2018).

5) 권역의 파편화와 무력충돌의 예방

흑해 연안의 해양네트워크의 중요한·특징 중 하나는 권역의 파편화
를 정치적으로 방지하고, 각자의 이익을 추구하기 위해 평화적인 수
단(peaceful means)을 보편화시키는 효과를 거두었다는 점이다.

이는 최초부터 흑해 연안의 지역과 국가들이 협력의 목적과 의미를
서로 상이하게 인식하고 있었던 다소 불안정한 관계상황을 상당부분
개선시킨 것으로 평가된다. 그리고 보다 근본적인 원인은 흑해 연안
의 일정한 범위의 공통적 이슈에 대해 상호 작용하는 포럼을 제공함
으로써, 서로 비무력적이면서 비강제적인 태도를 스스로 발전시키도
록 유도한 데 기인한다.

원래부터 흑해 연안에서 각 지역들의 정치적 상황과 권력구조 및
사회적 헤게모니는 상당히 달랐고, 서로 언제 터질지 모르는 화약고
와도 같았다. 그런데 흑해지역의 정치·안보전문가들은 다층적이면서
국경을 넘는 협력네트워크를 먼저 구축함으로써, 흑해 권역 안에서
신생독립지역을 중심으로 일어난 새로운 분리주의(separatism) 운동,
무력개입(military intervention)의 시도를 스스로 완화시켰다고 보고 있
다. 분리독립지역과 신생국가가 많았던 당시 흑해의 혼란한 사회에서
새로운 급진적 이념과 사상으로 무장한 세력들의 등장은 곧 더욱 좋
지 않은 과거로의 회귀를 의미했다.

보다 구체적으로 냉전 직후인 1980년대 말에는 흑해의 연안지역을
가르는 경계선이 와해·팽창하면서 민족운동단체, 난민공동체 등 역
외 및 비정부 행위주체들이 흑해 주변의 여러 주요한 정치상황에 개
입하기 시작했다. 즉 이 시기 흑해의 연안과 주변부는 러시아와 국경
이 분리되면서 민족과 인종적 새로운 정체성을 강조하는 세력들이

득세할 조짐이 있었던 것이다. 이러한 세력들은 대부분 급진적 성향의 민족주의나 인종주의로 무장한 상태였으며, 심지어 국가의 틀 안에서도 새로운 지역의 분리독립을 부르짖고 있었다.

그런데 시의적으로 적절하게 흑해에서 네트워크 연합이 국경을 초월하여 전격 결성되었고, 기존의 민족주의나 분리주의의 명분은 대중들에게 설득력을 잃게 되었다. 더욱이 강력하고 통일성을 갖춘 흑해 연안의 초국경적 연합은 유럽과의 교섭에서는 물론, 인접 강대국인 러시아와 중국의 행보에 영향을 미쳤다는 논리도 최근에 힘을 얻고 있다.

이러한 이유에 따라 현재로서는 흑해 해역권을 기점으로 한 네트워크는 일단 학계에 의해 형식적인 국가적 외교관계보다는 상대적으로 많은 지지를 받고 있다. 그리고 그 연결의 근본적인 논리 속에는 크게 경제적 발전, 정치적 안정, 무력적 충돌의 예방에 대한 필요성이 거론되어 있다.

실제적으로 흑해경제협력기구 및 기타 네트워크 이니셔티브에 가입하려는 새로운 지역과 국가가 갖추어야 할 조건으로는 정치적 민주주의, 경제적 시장경제주의, 법치주의, 인권의 존중, 소수민족의 박해 금지 등이 명백히 제시되어 있는 상황이다. 따라서 흑해 연안지역의 해양네트워크는 역내의 지역들의 상호 이해와 대화를 증진시키는 효과적인 수단을 제공했으며, 관련 당사자들에게는 서로 윈-윈(win-win)할 수 있는 조건을 창출했던 것으로 보인다.

4. 흑해 해양네트워크의 성과와 과제

지금까지 흑해 연안지역의 해양네트워크에서 나타난 지역적 정체성의 인식은 분명 해역권 주변지역에서 급격히 증가해 왔다. 그러나 이 지역의 국가들은 지금까지 이러한 관념을 좀 더 광역적인 유럽과 아시아 파트너들에게 인식시키는 데는 제한적인 성과만을 거두었을 뿐이라는 지적도 있다. 그것은 흑해 연안 해양네트워크와 초국경 공동체의 미래에 있어서 지난 성과 못지않게 많이 산적한 향후의 과제들 때문이다.

먼저 아시아와 유럽 간 국제정치의 중심에 있는 흑해 연안지역이 소위 안보공동체로 나아가는데 있어 현재의 큰 걸림돌은 역내 영토분쟁의 경험, 이질적 안보상황, 외부의 위협에 대한 공동의 인식결여 등으로 요약되고 있다. 몇몇 학자들은 흑해의 해양네트워크가 유럽연합과 같은 단일시장과 지역통합을 이룩할 것이라 예상하고 있으나, 현재로서는 그 결속력이 견고하지 못하며, 다만 그러한 과정으로 가는 도중에 있다고 보는 것이 적절할 것이다.

지금까지의 경험과 흑해 연안지역들이 당면하고 있는 조건에 비추어 보면, 이 연안의 지역통합은 만만치 않은 장애를 극복해야 한다는 점을 지적할 수 있다. 흑해 연안지역이 공동으로 극복해 나가야 할 현안들을 열거해보면 다음과 같다.

예컨대, 생산 및 경제규모가 크고 작은 여러 개별 지역들을 통합함으로써 불균등이 내재되어 있어 이를 극복하고 시장을 확대하는 문제, 복잡한 국경의 관리와 분쟁의 소지를 차단하는 문제, 한정된 가스 자원과 수자원을 효율적으로 개발하고 활용하는 문제, 노동이민의 규제나 테러대책을 비롯한 안보를 유지하는 문제, 지역의 리더십을 둘러싼 정치리더십의 경쟁과 라이벌 관계, 민족 간의 역사적 대립과 갈등 관계, 대화를 통해 문제를 해결하는 전통의 결여, 인접 강대국의 관여와 헤게모니를 어떻게 조율해나갈 것인가 등의 사안들이다. 이에 흑해 연안지역의 해양네트워크가 가진 보다 구체적인 한계점과 미래에 풀어야 할 과제들은 다음과 같이 논의될 수 있다.

1) 협력의 물적 토대와 인프라 구축

우선 흑해 연안지역은 경제발전의 물적, 기초적 토대(hardware)와 장기적인 인프라(infrastructure)를 확충해야 한다. 흑해 연안지역에서는 공통적으로 취약한 생산기반과 부가가치, 낮은 기술력과 정보통신, 높은 저소득 계층의 분포 등 많은 어려움이 잔존하고 있다. 이는 오랜 사회주의체제의 유지와 계획경제의 직 · 간접적인 영향 때문이었다. 특히 흑해 경제의 젖줄인 천연가스 · 석유의 거래에 있어서는 먼 유럽과 동아시아 역외무역에 크게 의존하고 있다. 이것은 흑해 권역에서 지역발전에 필요한 긴요한 예산수입을 충당하고 단기적인 경기 활성화에는 도움을 주었다. 하지만 지역의 인프라와 제조업 기반을 획기적으로 발전시키고 제품의 교역을 촉진하여 국제시장에서 이들의 장기적 경쟁력을 향상시키는 문제까지는 근본적으로 해결하지 못했다. 그것은 또한 흑해의 네트워크 안에서 나오는 생산물에 대한 자체 수요의 부족과 예상되는 역내 당사자들끼리의 비용지불 문제로 인해, 서로의 문제보다는 외부와의 교역에 관심을 갖게 되는 상황을 야기했다. 즉 흑해 연안과 먼 역외지역이나 국제기구와의 유대를 지향하는 경제정책은 분명 지금의 물적 토대와 인프라 부족 때문이다. 그리하여 물 관련 분쟁, 국경통과 문제, 스스로의 보호를 위한 무역제한 및 세계

원료시장에서 일정한 지분을 확보하기 위한 극심한 경쟁 등 다양한 문제를 네트워크 안에서 새롭게 발생시켰다. 이러한 것은 향후 흑해 연안 해양네트워크의 공고화에 대한 새로운 도전으로 받아들여진다.

2) 지역의 안보문제와 정치적 안정

흑해 연안지역의 해양네트워크는 안보문제가 중요한 동기이자 걸림돌인데, 이들은 지역안보공동체(regional security community)로 보기보다 지역안보복합체(regional security complex)에 더 가깝다. 흑해 연안은 과거 강대국들의 이념적 헤게모니가 강하게 작용하는 지역이었고, 지금도 그러하다. 지난 2014년 러시아와 우크라이나 사이의 '크림반도 합병'의 사태에서 보듯이 여전히 흑해는 연안지역의 불안한 국경 설정과 안보 문제가 남아 있다.

그런 면에서 흑해경제협력기구 창설의 외형적 목적은 '경제협력'일지 모르나, 보다 궁극적 목적은 역시 '정치, 군사적 안정'이다. 이스탄불 창설 공동선언에서 모든 회원들은 흑해 연안에서 경제협력이 증진되는 것이 곧 지역평화와 안보에 대한 기여로 간주되는 효과가 있기 때문이라는 점을 함께 천명했을 정도이다.

냉전시대까지 흑해 연안에서 다루어진 안보문제는 전통적인 강대국의 역할을 중요하게 보는 지역안보복합체(regional security complex) 시각에 기반을 두었지만, 향후 이 지역을 하나의 견고한 안보공동체(security community) 형태로 나아가게 하는 데는 많은 논리적 제약이 존재하고 있다. 몇몇 전문가들은 최근 흑해지역이 불가피하게 아시아에서 유럽으로 연결하는 중요 에너지 운송로가 되었는데, 이러한 민감한 에너지 안보사안(energy security crisis)이 오히려 역내 정치적 안보협력을 어렵게 만들고 있다는 지적을 하고 있다. 또한 흑해경제협력기구가 주요 의제들에 대하여 회원들 간의 '협상(negotiation)'이 아닌 '합의(agreement)'의 방식을 택하고 있기 때문에 그 결정과정이 상당히 복잡하고 결론상의 많은 제약을 받고 있다고 지적한다.

이에 무력분쟁과 군사·안보문제에 대한 회원들의 협력약속에도 불구하고, 진정한 안보 공동체가 되기 위해서는 적지 않은 숙제가 남아 있다. 일단 크림반도 사태에서의 교훈과 같이 집단 내의 분쟁에 대한 무력이 동원되지 말아야 하는데, 냉엄한 국제정치의 현실에서는 잘 지켜지지 않는다. 이 때문에 지금 흑해 연안은 서방세력과 러시아 간 신냉전(New Cold War)의 화두가 되는 지역으로 불리기도 한다.

흑해 연안지역은 대부분 회원들 각자가 독립국가연합(CIS), 북대서양조약기구(NATO) 등 다른 정치적 안보기구에 중복 가입되어 있다. 다시 이들 중에서는 상당수가 유럽연합(EU)과도 양자 간 협정을 체결하고 있다. 흑해 연안에서 초국경적 연합이 현재까지 일정한 성공을 거두었음에도 불구하고 흔히 그렇듯이, 국제질서의 선상에서 어느 특정 네트워크 공동체 회원들에게는 역내 관계 못지않게 외부 중심세력과의 관계도 중요한 것이다.

더욱이 흑해 네트워크 회원들 사이에서도 과반수 약자들은 그들 사이에서 러시아나 터키 등 소수 강자의 위세와 영향력 행사에 거부감을 갖고 있는 것이 사실이다. 이것은 흑해 연안의 공통적인 정체성과 지역협력의 발전, 특히 월경공동체 내에서 안보이슈의 발전을 지체시키고 있다. 따라서 갈등과 분쟁의 잠재적 가능성은 흑해 연안의 미래 초국경 사회와 해양네트워크 발전의 중요한 과제로 남아 있는 것이다.

3) 협력관계의 성숙과 중심축의 형성

흑해 연안지역의 해양네트워크는 기존의 외교관계보다는 다층적이고 개방적인 틀의 형성에 분명히 기초하고 있으나 아직 성숙단계는 아니다. 즉 여기서 이러한 네트워크와 협력은 부분적으로만 성공하였다는 점을 지적하지 않을 수 없다. 흑해 연안의 해양네트워크는 아직 국제무대에서도 그리 강력한 이해관계자로 등장하지 않고 있다. 흑해의 초국경 협력은 유럽연합 등 다른 월경지역에 비하자면 특정 분야에 한정되고 있으며, 종종 협력의 심화와 효율성의 확보에는 이르지 못하고 있다.

몇 가지 예로 기존 흑해 연안 네트워크 구조상에서 리더격인 러시아와 터키는 최근까지 흑해를 사이에 두고 '공생의 공간'이 아닌 '경쟁의 장소'로 여긴다는 점이 간간이 행동으로 나타나고 있다. 환언하면 터키와 러시아는 이른바 유럽연합의 결성을 이끈 독일과 프랑스와 같은 확실한 '구심점(essential glue)'의 역할로는 보이지 않는다는 점이 문제로 생각된다.

게다가 흑해경제협력기구나 국제흑해클럽 안에는 구 소련연방과 중앙아시아 쪽 저개발 지역이 상당수 포함되어 있으며, 흑해를 사이에 둔 동·서 간 세력균형에 상당한 지각 변동이 일어나기 시작했다. 이들 지개발 지역은 아직 산업·경제석으로 충분히 발전되지 못한 상황이어서 흑해 공동의 아젠다 발전에 유·무형적으로 많은 기여를 하지 못하면서 이끌려 다니는 상황에 처해 있다. 이러한 상황은 전반적인 협력관계를 성숙단계로 진입시키는데 현실적인 장애로 작용하고 있다.

그럼에도 흑해 연안지역의 새로운 네트워크는 이해당사자들로 하여금 과거로부터 물려받은 분쟁의 역사를 뒤로하고, 역내의 정치나 안보적 분쟁을 사전에 예방할 수 있다는 기대를 갖게 만든다. 이것이 앞으로 계속 효과가 있다는 것이 증명되면, 그것은 해양네트워크 협력에 근거한 발전이 가능하다는 메시지를 멤버들이 공유하게 만들 것이다.

그러나 만약 그렇지 않다면 흑해 연안의 네트워크는 강대국 등 외부세력에 의해 조종되고 이용당한 과거의 전통으로 회귀할 위험성도 있다. 따라서 흑해 초국경 통합의 미래는 역내의 지도자와 오피니언 리더들이 스스로의 역사적 의무를 적극적으로 수용하느냐의 여부에 달려있기도 하다.

4) 힘의 편차와 입장 차이의 극복

흑해 연안지역의 해양네트워크는 회원들 간의 상대적인 힘과 위상 차이가 크고, 유럽연합과 러시아 사이의 이른바 '힘겨루기 구도' 상에 놓여 있다는 불안감도 남아 있다. 흑해 네트워크 안에서의 협력발전에 있어서 가장 어려운 것은 역시 국제관계의 불안정성인데, 일단 흑해가 유럽과 아시아의 중간지대에 위치한 지정학적 특성 때문에 전략적 요지가 되고 있음은 분명해 보인다. 흑해 연안의 경제에 비해 정치와 안보에 관한 협력은 아직 신뢰단계까지는 도달하지 못하고 있으며, 아직은 러시아가 이 지역의 문제에 주도적인 역할을 사실상 하는 모양새이다. 이러한 상황은 오히려 크림반도 사태와 같이, 흑해 네트워크의 공동안보에 위협으로 작용할 때도 있다.

흑해경제협력기구의 큰 회원국인 러시아는 흑해에 대한 역사적 연고성과 강한 국력, 풍부한 천연자원을 적극 활용하여 지금 흑해 연안지역에서 자국의 정치적 입지와 영향력 확산을 계속 시도하고 있다. 실제로 러시아는 냉전시기 구 소련연방의 영향권이었던 흑해에서 탈러시아 현상이 가속화되고 유럽연합, 미국과 NATO의 접근을 견제하는데 주된 관심이 있다. 이에 반해 흑해의 비 러시아 회원국과 도시들은 유럽연합의 지원을 등에 업고, 기존 러시아에 대한 경제의존도를 줄여나가면서 미래 유럽권역의 대통합 과정에 참여하기를 희망하고 있다.

지금 흑해에 있는 다수의 약소국들은 유럽연합 가입이 단지 먼 미래의 일이라 하더라도, 여전히 매력적인 과제일 수밖에 없다. 흑해 연안 네트워크 결성 당시, 대다수 회원들이 협력관계 구축의 벤치마킹 모델로 유럽연합 결성의 선례를 선택했다는 점도 이를 뒷받침한다. 그리스, 루마니아, 불가리아가 유럽연합의 회원으로서 받았던 기존의 혜택들도 부러움의 대상이 되었다. 물론 정치적으로나 경제적으로 유럽연합의 청사진에 대한 흑해지역의 의존과 기대감은 오히려 이들 네트워크가 스스로 만족할 만한 성과를 내기 어렵게 만들 것이라는 지적도 있다.

같은 맥락에서 흑해 연안에서 과거 공산주의와 계획경제의 영향권에 있었던 지역들의 새로운 자본주의식 경제발전모델이 서로 다르게 진행된다는 점도 부분적 문제점으로 보인다. 예를 들어, 알바니아와 루마니아, 불가리아는 유럽의 자유주의식 경제개혁을 채택하고 있으며, 우크라이나와 조지아는 정부 주도식 경제성장인 동아시아의 발전모델과 유사한 개혁을 진행하고 있다. 아르메니아와 몰도바는 각각 아제르바이잔과의 전쟁과 가난한 농업위주의 산업구조로 러시아를 비롯한 국제기구로부터의 해외개발원조(ODA)와 국제자금에 경제회생을 의존하고 있다.

이러한 연안의 여러 지역과 나라별 발전경로의 차이는 지금 당장 눈에 잘 보이는 것이 아니다. 그렇지만 범흑해 권역에서 장기적인 협력체제의 안정화에 장애가 될 소지가 다분히 있다고 생각된다. 따라서 이러한 여러 회원들이 가진 국제질서상의 복잡한 견해와 현재적 입장 차이는 향후 흑해 해양네트워크 발전의 장기적 숙제로 보인다.

5. 흑해 해양네트워크의 미래와 시사점

1) 흑해의 네트워크가 주는 시사점

흑해 연안의 초국경 사회 구축과 다자 간의 월경협력체제는 대략 20년 남짓의 비교적 짧은 기간에 이룬 정부, 민간, 교육, 시민사회 부문의 다채로운 네트워크의 성과들에 기인하며, 이는 다시 흑해 연안과 처지가 비슷한 다른 글로벌 지역들의 모범이 되기에 충분하다. 그러나 다른 한편으로 흑해경제협력기구를 중심으로 결성된 흑해 연안지역의 해양네트워크는 가입멤버들의 공식, 비공식적인 커뮤니케이션을 위한 고유한 장(場)을 제공했다는 점에서는 긍정적이나, 여전히 경제발전을 따라가지 못하는 정치와 안보수준은 문제시된다. 이는 흑해 연안 국가들이 유럽이 갖고 있는 자본주의적 경제질서에 대한 급속한 편입으로 인해 불가피하게 초래된 늦은 민주화 및 체제변환기의 정치적 취약성 때문이다.

물론 최근 크림반도의 러시아 병합사건과 같은 이 지역의 무력분쟁 또한 이 지역과 주요 파트너들과의 관계를 복잡하게 만들고 있다. 그래서 흑해 연안지역의 해양네트워크는 아직 진행과정 중이거나 미흡

하다는 지적도 있다. 이렇듯 적지 않게 남겨진 과제들 때문에 앞으로 흑해 연안지역의 해양네트워크가 궁극적인 성과를 낳지 못하는 미완성된 협력체제로 끝나버릴 수도 있다. 이와 반대로 다자 간 공간에서 해역과 연안의 지역통합이 실현되기까지 존재하는 상당히 많은 장애들을 극복하여 새로운 월경공동체로서 모범적인 면모를 보일 수도 있다. 그 결과는 역내 네트워크의 결속력과 자신들 스스로의 실천의지에 좌우될 것으로 전망된다.

앞으로 우리가 살아가는 동북아시아 권역에서 초국경 공동체의 건설 구상은 세계적 흐름에 대한 대응의 차원에서도 그 필요성이 있고, 실제 동북아시아 초국경 지역들 사이의 무역과 투자 및 인적교류가 날로 늘어나고 있다는 차원에서도 되돌릴 수 없는 추세임은 분명하다. 그런데 흑해 연안의 사례에서 보듯이, 역내 정치·안보적 안정성 확보, 여러 초국경적 협력사업을 펼칠 수 있는 여건으로는 초국적 경제기구와 금융제도, 통합교통망 구축, 초국경적 정체성 배양 등이 동반되어야 한다.

그런 면에서 우리는 흑해 연안의 여러 초국경적 통합기구들을 비중 있게 참고하여 볼 필요도 있다. 이 장에서 소개한 흑해경제협력기구(BSEC), 흑해무역개발은행(BSTDB), 국제흑해클럽(IBSC), 흑해대학네트워크(BSUN), 흑해시민단체네트워크(BSNN)는 동북아시아의 초국경 연안의 정부, 기업비즈니스, 시민사회, 도시 간 협력사업에서도 그대로 참고할 만한 좋은 모델이다.

또한 우리나라와 동북아시아 연안은 흑해 연안과 경제와 안보환경이 무척이나 흡사하며, 이러한 점은 사례가 주는 교훈의 현실성을 증대시켜주고 있다. 우리가 속한 동북아시아 연안의 국제질서는 여전히 정치와 안보 측면에서 안정적인 신질서의 미형성, 식민지배와 냉전

역사의 미청산에 따른 불신과 경계, 북한의 체제적 불안감과 그에 따른 안보불안, 일본의 우익화 경향과 해양영토 분쟁 등으로 인해 항상 유동적이고 불안정한 상황이다.

세부적으로는 지금 미국, 중국, 러시아, 일본 등의 정치·군사적 이해관계의 첨예한 대립과 북한의 핵문제, 역내국가들의 경제체제의 이질성 및 발전단계의 다층성과 안보·경제 분야에서의 높은 대미의존도, 중국의 경제적 부상과 일본의 과거사 문제 등이 복잡하게 얽혀 있다. 그러므로 동북아시아 역내 공동번영을 꾀하고 안보위협을 원천적으로 제거한 가운데 항구적 번영을 확보하기 위해서는 흑해 연안의 경우와 마찬가지로 초국경적 협력과 공동체 구축이 최우선 관심사가 되어야 할 것이다.

향후 우리나라가 포함된 동북아시아 연안에서는 정부 간 차원의 기존 협력을 활성화하고 제도화시킬 필요가 있다. 뿐만 아니라, 흑해의 경험과 성공모델을 적극적으로 참고하는 것도 상당히 좋은 방책이 될 것이다. 특히 민간부문에서 진행되고 있는 다양한 경제 및 문화교류, 민간포럼 및 네트워킹, 구체적인 협력사업들을 활성화시키고 체계화되도록 해야 한다.

이를 위해서는 앞서 소개한 흑해 해양네트워크 안의 여러 특색 있는 소규모 네트워크를 주목해야 한다. 즉 국제흑해클럽(IBSC), 흑해대학네트워크(BSUN), 흑해시민단체네트워크(BSNN)의 성공모델을 참고하여 각각 동북아시아비즈니스클럽(North East Asia Business Club), 동북아시아대학네트워크(North East Asia University Network), 동북아시아시민단체연합(North East Asia NGO Network) 등이 장기적으로 구상, 추진될 필요가 있다는 점을 전격적으로 제안하려 한다.

지금 세계적으로 유럽과 아시아 등 여러 곳의 월경지역이 경제적으로 역동성을 가진 만큼, 새로운 미래 인재의 부족 및 환경문제가 의도하지 않은 이슈로 등장하고 있음은 다수의 전문가들이 지적하고 있다. 특히 중국의 대기오염, 일본의 우경화, 자국 중심적 교육과 후속세대의 의식 대물림 등은 이미 동북아시아 연안 공동의 문제로 확대되어 나타난 바 있다. 따라서 이러한 문제를 근본적으로 해결하기 위해서는 무엇보다 민간과 시민사회의 초국경적 저변이 확대되어야 함은 자명하며, 그 실천의 방법은 흑해 연안의 사례처럼 작은 것에서부터 출발하는 것이 바람직할 것이다.

앞으로 동북아시아 연안 공동체의 구상은 흑해의 경우와 같이 역내에서 공동번영을 실현하면서 안보위협으로부터 해방되는 평화공동체를 중요한 전제로 삼아야 할 것이다. 식민지배와 냉전에 따른 긴 단절의 역사를 가진 동북아시아는 그 국제정치상의 안정과 평화야말로 공동번영의 정치적 기초이자 보편적 가치로서 중요한 의미를 갖기 때문이다. 그런데 지금 평화와 공존의 지역질서가 정착되지 않는 데는 분명 구조적 차원에서의 문제가 크다. 냉전구조 잔존문제가 작동하고 있는 것이 엄연한 현실이고 민족주의의 뿌리 깊은 담론 역시 부정할 수 없는 현실이다.

구조적이고 의미론적인 차원의 장애를 대면하면서 극복의 노력을 쏟아야 하는 것이 동북아시아 초국경 협력 연구자들의 공통된 고민일 것이다. 그러므로 이를 해결하기 위해서는 우선 정치논리에 의해 역사가 왜곡되어 월경된 정체성 형성에 장애가 되는 악순환을 제거해야 한다. 함께 위해 공동의 역사를 쓰고 교육하는 과제의 실천은 그래서 중요하다.

이는 소통과 화해를 기본으로 삼고 장기적으로 대응하며 역사문제를 정치현안과 분리시켜 다루며, 무엇보다 동북아시아의 균형적 복원

을 일국적 관점이 아니라 지역공동의 차원에서 접근한다는 점에서 의
미가 있다. 나아가 평화와 안보협력 차원에서는 기존에 미진했던 원
인들을 분석하고 그 극복방안을 제시하면서, 국제질서 상에 이미 형
성되어 있는 다자주의(multilateralism) 공간을 활용해야 한다는 점을
강조하고 싶다. 흑해경제협력기구 모델을 참고한 가칭 '동북아시아다
자간안보협의체(North East Asia Peace and Security Council)'는 그 제도
적 시작이 될 수 있을 것이다.

2) 흑해 네트워크를 통한 제언

전통적으로 아시아대륙과 유럽대륙의 주요 접경인 흑해(黑海, Black
sea)를 둘러싼 지역의 경우에는 역사와 정치적으로 여러 가지 제한조
건이 있었으나, 최근에는 괄목할만한 초국가적 네트워크가 형성되고
있다. 이에 흑해는 우리나라에서도 정부, 외교, 행정, 경제에 걸친 많
은 학자와 전문가들이 향후 관심을 두어야 할 지역으로 생각된다.

과거 유럽과 아시아 지역에서 각각 중심보다 변방에 가까웠던 흑해
연안지역은 1980년대까지 국내는 물론 국제적으로도 별다른 주목을
받지 못했다. 그러나 1990년대부터 흑해 연안에서는 각 지역과 국가
들의 독자적 판단으로 전례가 없었던 국경을 초월한 새로운 경제협력
체를 형성하였다. 나아가 지금은 새로운 국가와 도시, 지역과 기업 단
위의 월경공동체 구성에도 적극적으로 기여하고 있다.

또한 흑해 해역권의 초국가적 해양네트워크는 그 지리적 강점을 통
해 동유럽과 중앙아시아의 허브(hub)를 목표하고 있으며, 기존 국경
(national border) 중심의 주변국의 풍토를 새로운 국경 간(cross-border)
교류와 지방화(localization)의 방향으로 새롭게 전환시키고 있다. 이에 우

리나라도 2011년 1월 1일부터 부문별 대화동반자(SDP: Sectoral Dialogue Partner) 지위로 흑해경제협력기구에 가입한 상황이다.

비록 흑해지역과 그 해역권은 우리나라에 아직 잘 알려져 있지는 않지만, 향후 이 지역의 성장잠재력을 고려한다면 흑해의 해역권과 연안에 대해서 좀 더 관심을 가져야 할 필요성이 있다. 그리고 오랜 국가 및 지역 간 분쟁과 갈등의 역사를 뒤로하고, 새롭게 형성된 흑해 연안의 해양네트워크는 유럽과 아시아의 경계지대에서 성공한 독특한 협력모델로 인정받고 있다. 그 이유는 이 네트워크가 지역발전의 기둥 역할을 충분히 하였으며, 경제부문을 중심으로 그 시너지 효과가 분명히 있었다는 점에 대해서는 학문적으로나 국제적으로 이견의 여지가 없는 상태이기 때문이다.

게다가 흑해의 연안지역과 나라들이 여전히 갖고 있는 서로 다른 이질적인 역사와 민족의 상이성, 경제적 격차는 우리나라, 중국, 일본이 속한 동북아시아의 현 상황과 크게 다르지 않다. 흑해와 동북아시아는 각각 지정학적 중요성으로 인해 국제질서 상에서 중요한 영향을 행사하려 하는 글로벌 세력의 이해관계와 불안정한 안보적 상황도 서로 많이 닮아 있다.

그러므로 흑해 연안 초국경 지역의 형성동기와 과정, 각종 협력제도 및 네트워크 시스템의 운영에 대한 국내 연구 활성화와 새로운 전략적 접근은 절실하게 필요하나. 나아가 이를 통해 점차 확대되어 가는 흑해지역의 전략적 중요성을 국내에 이해시키고, 흑해 지역을 둘러싼 우리나라와 주요 도시들의 글로벌 대외전략 수립을 위한 기초자료에 활용할 여지도 충분히 있다.

흑해에서는 해양네트워크의 내적 구조, 방식의 틀, 자극과 역동성 측면에서 기존의 유럽연합이나 동아시아의 협력모델과는 차별화 되고 있다. 이에 흑해의 사례에서는 국가체계를 바탕으로 하는 중심과 주변부 공간의 설명구조와 지역과 도시, 공공과 민간에서 필연적으로 발생하는 해양네트워크의 발전과정을 다층적으로 함께 설명할 수 있어야 한다는 점이 중요하다. 기존 동북아시아와 유럽연합, 흑해의 역사와 협력의 경험은 분명 다르고, 한 사례의 성공모델이 다른 사례에 그대로 적용될 리는 만무하기 때문이다.

이상의 점들에 근거하여 보면, 근래에 여러 난관과 장애를 극복하고 전격적으로 형성된 흑해 연안의 해양네트워크는 우리가 동북아시아의 협력과 공동체의 미래상을 논의하는데 적지 않은 시사점을 줄 것으로 생각된다. 따라서 차제에 흑해지역에서의 해양네트워크의 형성사례가 보여준 그 배경과 과정, 특성, 운영논리를 이해하는 동시에, 동아시아에서 함께 살아가는 우리나라 및 동북아시아 인접 연안지역의 발전적 미래에 어떠한 시사점을 주는가를 찾는 것은 매우 중요하다는 결론을 내릴 수 있다.

흑해의 최근 상황은 굳이 러시아와 중국이 아니더라도 동북아시아 정세 및 글로벌 정치상황과 간접적으로 연계되어 있어 항상 우리가 앞으로 관심을 가져야 할 대상임에는 분명하다. 그럼에도 불구하고 아직 흑해 연안지역에 대한 우리의 전반적인 지식·연구(R&D) 기반은 저조한 상황이며, 이 지역과 관련을 맺고 있는 소수의 기업과 민간단체의 경험도 일천한 상태라고 할 수 있다. 따라서 우리는 이 흑해 지역에 대한 네트워크 협력과 교류 활성화를 위해 전반적인 흑해의 네트워크 연구 및 자료축적을 강화해 나갈 필요가 크다고 생각된다. 어차피 흑해의 해역과 연안지역들이 가진 무궁무진한 잠재력은 이를 먼저 발견하고 선점한 자가 이용할 것임이 자명하기 때문이다.

북해의 해양네트워크

제 3 장   북해의 해양네트워크

1. 북해의 지역적 개관

1) 북해의 지리적 개관

유럽대륙의 북단에 있는 북해(North Sea) 연안은 우리나라에 그리 익숙한 곳이 아니다. 북해(北海)는 넓게는 유럽 대륙의 북쪽, 서유럽과 북유럽 사이에 있는 바다이며, 좁게는 스칸디나비아반도와 영국, 베네룩스 3국, 덴마크 사이의 해역이다. 북해는 북대서양과 노르웨이해를 접하고 있고, 덴마크와 노르웨이 사이의 스카게라크(Skagerrak) 해협과 덴마크, 스웨덴 사이의 카테가트(Kattegat) 해협을 통해 발트해와 연결된다.

지리적 의미로서의 북해는 유럽 대륙붕에 있는 부속해이며, 대서양 동북부의 연해이자 발트해와 맞닿아 있는 해역이다. 구체적으로 영국의 그레이트브리튼(Great Britain)섬이 끝나는 북쪽과 북서쪽은 노르웨이해와 맞닿아 있으며, 남서쪽은 도버 해협을 거쳐 영국 해협으로 통하고, 동쪽으로는 스칸디나비아반도와 윌란(Jylland)반도 사이에서 발트해와 만난다. 발트해와는 독일 북쪽의 슐레스비히홀슈타인(Schleswig-Holstein)주 남부를 관통하는 킬 운하(Kiel Canal)로도 연결되어 있으며, 양 바다의 잠정적 경계는 노르웨이의 린데스네스(Lindesnes)와 덴마크의 한스톨름(Hanstholm)을 잇는 스카게라크 해협 위의 가상의 선이다. 이러한 북해 해역의 총 면적은 약 575,000km² 정도이며, 수량(水量)은 약 54,000km² 정도로 추정되고 있다.

〈그림 16〉 북해의 지역적 범위

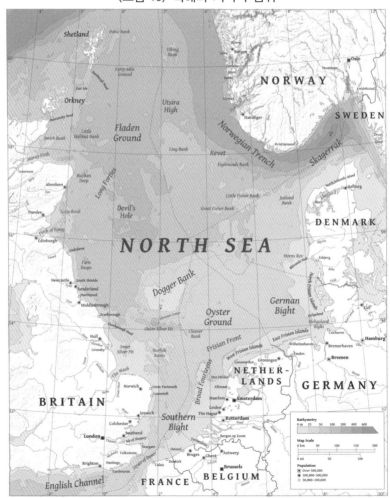

* 자료: 위키피디아 백과. http://ko.wikipedia.org

　지정학적으로 북해는 유럽에서 훌륭하고 중요한 어장 중의 하나이고, 해상교통로의 핵심 역할을 하고 있다. 북해 중앙 및 북부지역에서는 석유 및 가스가 생산되고 있어, 자원과 경제적으로 매우 중요한 거점지역이다. 북해 남부의 대서양이 연결되어 있는 '도버 해협(Dover Channel)'은 세계적인 해운 항로의 하나로서, 어족자원이 풍부할 뿐만 아니라 석유 및 천연가스가 생산되어 경제적 가치가 높다. 또한 북해의 해역은 세계 3대 유전인 '북해유전(北海油田, North Sea Oil Field)'을 비롯하여 막대한 에너지 자원과 광물자원이 매장된 것으로도 잘 알려져 있다.

　북해는 대륙붕이 넓은 관계로 청어, 명태, 대구, 가자미 등이 잡히는 황금어장인 '도거뱅크(Dogger Bank)'가 있는 것으로도 유명한데, 세계 4대 어장의 하나가 바로 이곳이다. 게다가 북해의 남단지역은 영국 해협과 함께 선박의 운항밀도가 세계에서 가장 높은 지역 중 하나이다. 이 바다에 직접적으로 접하는 국가는 북동쪽에서부터 시계방향으로 지도를 볼 때, 노르웨이, 덴마크, 독일, 네덜란드, 벨기에, 프랑스, 영국 등 7개국이다. 북해의 대부분은 지질학적으로 유럽 대륙붕 위에 놓여 있으며, 노르웨이에 근접한 일부 지역만이 여기에 포함되지 않는다.

　북해는 북유럽의 지도를 자세히 살펴보면 지리적 특수성이 보다 잘 드러난다. 북해는 해역을 둘러싸고 있는 영국의 입장에서는 동해(東海)이고, 노르웨이의 입장에서는 남해(南海)이며, 덴마크의 입장에서는 서해(西海)이다. 그러나 유럽대륙 전체의 입장에서는 북해(北海)이므로, 실제적으로 북해의 정체성과 명칭은 유럽연합(EU) 공동체의 전반적 시각과 입장이 반영된 용어로 볼 수 있다. 더 정확하게 살펴보자면, 북해에 접한 서유럽 국가와 북유럽 국가 대표들이 모여서 이 해역의 환경보호를 위한 논의와 더불어 북해의 이름과 영역을 국제적으로 고정시킨 '오슬로 협약(Oslo Convention)'과 '파리 협약(Paris Convention for the Protection of Industrial Property)'에 명칭의 유래가 공식적으로 근거하고 있다.

〈그림 17〉 북해 연안의 주요 항구 위치

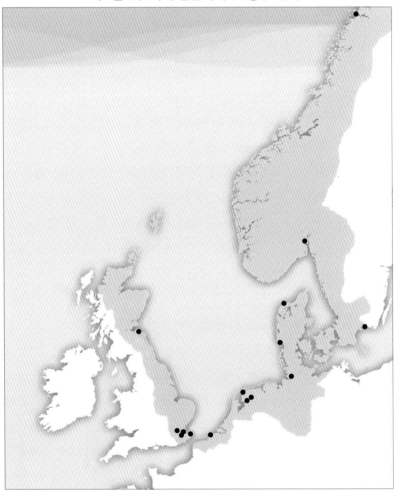

* 자료: Interreg North Sea Region Programme(2014-2020).

북해는 약 50년 전의 협약과 상호 통일성으로 인해 우리나라와 일본의 '동해·일본해(東海, 日本海)'의 경우와 같이 해역의 명칭을 둘러싼 분쟁은 발생하지 않은 것으로 보인다. 다만 현재 사용되는 북해의 명칭은 영어로 'North Sea'로 표기되지만, 스웨덴어로는 'Nordsjon'이고, 아이슬란드어로는 'Norðursjor'이며, 독일어는 'Nordsee'로 각각 표기되고 있다. 그렇지만 나라별 언어는 다를지라도 '북해(북쪽바다)'라고 부르는 것에는 공감대가 형성되어 있다.

전통적으로 북해라는 이름은 중세시대에 지금의 독일 서북부에서 네덜란드 해안에 이르는 지역에 살던 게르만 부족, 즉 '프리지아인(Friesen)'이 최초로 사용했다는 역사적 주장이 있다. 다른 한편에서는 독일 북부연안에 인접한 바다를 전부 북해라고 부르던 중세 '한자도시(The Hanse)'들이 해상교역 때 사용한 지도가 유럽 전역으로 널리 보급되어 이 명칭이 정착하게 되었다는 주장도 있다. 이러한 이유로 북해는 '프리지아해(Mare Frisicum)', '게르만해(Mare Germanicum)'라는 이름도 오랫동안 사용되었으며, 덴마크 안에서는 지금도 북해(Nordsøen)와 서해(Vesterhavet)가 일부 병기되고 있는 경우가 있다.

2) 북해 해역권의 현대적 의미

일반적으로 북해지역의 해양네트워크는 노르웨이의 서남부, 스웨덴 서부, 덴마크의 쥬트랜드, 독일의 서북부, 네덜란드 북부, 벨기에, 영국의 동부와 북부(잉글랜드와 스코틀랜드)를 포함하는 8개국의 연안지역으로 구성되어 있다. 북해지역의 해양네트워크는 대략 그 연안의 면적이 약 664,000km² 정도로, 유럽연합(EU) 전체 면적의 약 15% 정도를 차지하고 있으며, 거주인구는 대략 6,000만 명으로 유럽연합

전체 인구의 약 16% 정도를 차지한다. 이는 유럽연합 전체의 차원에
서도 결코 무시할 수 없는 지역적 비중과 규모의 중요성을 말해준다.

북해 연안지역에는 중·소규모의 해항도시들이 많이 산재하고 있
으며, 대부분 전통적인 수산업을 기반으로 하는 어항들이다. 다만 노
르웨이의 오슬로(Olso), 네덜란드의 로테르담(Rotterdam), 독일 북부의
함부르크(Hamburg), 벨기에의 앤트워프(Antwerp) 등이 이들 중에서
거점 항만으로서의 역할을 담당하고 있다.

특히 북해의 주요 해항도시(海港都市)인 오슬로는 노르웨이의 수도
(首都)이며, 해역의 관문이다. 네덜란드 로테르담과 독일의 함부르크,
벨기에의 앤트워프는 현재 각 국가별 최대 항만이자, '유럽의 3대 항
만'으로 불릴 만큼 그 물동량의 규모와 지정학적 중요성을 자랑한다.
예로부터 유럽 남부 지중해 항구에 화물을 하역하는 것보다, 북해에
있는 항구에 하역하는 것이 모든 이에게 보다 많은 경제적 장점을 안
겨주었기 때문이다. 즉 이들 북해의 연안 거점항만들은 오랫동안 유
럽대륙의 관문항(gateway) 구실을 해왔으며, 인구와 물자의 이동에 있
어서 지금도 유럽 전체 배후지역과의 접근성(assessment)이 뛰어난 것
이 최대의 장점이다.

21세기에 들어서서 북해 연안의 항만들이 가진 해상운송능력은 유
럽과 세계를 움직이는 힘이 되고 있다. 기존에 서유럽 국가를 중심으
로 견고하게 만들어진 육상물류 네트워크는 현재 북해의 항만과 결합
하여 시너지 효과를 내고 있으며, 빠른 속도로 동유럽 및 중앙유럽으
로까지 확장되고 있다.

이는 유럽연합(EU)이 '유로화' 화폐 도입 등을 통해 실질적인 단일
시장을 형성해 나감에 따라, 경제와 사회부문의 효율성이 크게 향상
되고 있는 것에 기인한다. 특히 항만별로는 로테르담, 함부르크, 앤트

워프 등 북해지역에 위치한 유럽 3대 항만의 역할이 두드러지게 나타나고 있다. 북해 연안에 위치한 이들 유럽 3대 항만의 해상 운송능력 (carrying capacity)은 약 7,000만 TEU 이상으로 추산되며, 우리나라 최대 항만인 부산항을 7개 합친 규모보다 더 크다.

다른 한편으로 북해는 이미 서기 700년경인 '바이킹 시대(The Viking Age)' 때부터 그 지정학적 중요성이 높았다. 하지만 2차 세계대전 직후부터 1960년대까지 시기에는 국제법상으로 보아 어디에도 소속되지 않은 '공해(公海)'로 다루어졌다. 즉 근대 국민국가 체제가 성립된 이후, 북해 연안에 인접한 나라들은 자신들의 해안에 가까운 지역만을 자국령의 바다로 단순하게 취급해 왔을 뿐이었다. 그러나 1970년 이후부터 이러한 상황은 달라지기 시작했다.

북해에 인접한 영국과 노르웨이, 덴마크 등은 처음으로 12해리 영해 내에서의 어업권을 자국의 선박에 한정하도록 공표하였다. 이후 1990년대 들어서면서 아이슬란드가 자국 연안의 200해리 영해까지 어업권이 미치는 것을 관철시킨 후로는, 유럽연합도 역시 이를 선례로 삼았다. 이런 이유로 인해서 북해는 해상운송을 제외한 기타 지역의 어민들에게는 사실상 폐쇄된 영역이 되었다. 현재 북해 대부분의 어업과 자원채굴은 유럽연합 전체가 같은 회원국인 노르웨이, 아이슬란드와 상시적으로 합의해 결정하고 있다.

같은 맥락에서 최초로 북해의 지하자원이 발견된 이후, 노르웨이는 대륙붕으로 연결된 곳의 자원에 대한 권리를 자국의 것으로 선언했고 여기에 다른 국가들도 재빨리 동참했다. 북해를 분할할 때는 보통 연안 국가들의 해안 사이를 북해 위로 직선을 그어 연결했을 때, 그 중간에 해당하는 부분을 경계로 한다. 이는 해안의 길이에 비해 해역의 몫이 적은 독일에 불리했으므로, 소송에 의해 덴마크 쪽과 법적 분쟁이 발생했고, 국제사법재판소(ICJ: International Court of Justice)는 독일의 영역을 북해의 중앙 부분 쪽으로 조금 더 늘려 주는 등의 사건도 있었다.

이 외에도 북해지역은 관광자원, 해양 관련 과학기술과 연구개발 능력, 석유화학, 전자 및 연안관리와 관련한 상당한 잠재력을 보유한 것으로 평가되고 있다. 이들 지역은 모두 북해의 해역을 공유하고 있으며, 전통적으로 농업 외에도 수산업, 조선업, 석유·가스 채굴 등에 걸친 '연안 및 해양 지향적 산업(coastal and marine-oriented industries)'이 지역경제의 근간을 형성하고 있다. 근래에 들어 북해 연안에서는 접경지역을 중심으로 광역적 경제발전과 관련된 산업들, 즉 교통, 정보통신, 무역, 관광, 환경, 연안개발, 교육 등에 주로 초점을 맞추고 있다. 북해 연안의 국가와 지역들은 전통적인 자원산업과 수산업에서 벗어나, 이제 미래의 성장동력으로 삼을 새로운 아젠다를 찾기 위해 서로 같이 협력하면서 분주히 움직이고 있는 것이다.

2. 북해의 해양네트워크 형성

1) 북해의 자연 및 사회경제적 환경

북해는 자연적으로 수심이 비교적 얕은 '반폐쇄해(semi-enclosed sea)'의 형태를 가지고 있다. 쉽게 말해, 북해는 평균 수심이 약 94m 정도인 대륙붕 해역이 상당 부분을 차지한다. 연안지역을 제외하면 가장 얕은 곳은 주요 어장이 되고 있는 도거뱅크 정도이고, 남부에서는 개펄이 많이 있으나, 남부에서 북쪽으로 올라갈수록 수심이 깊어지는 형국이다. 대서양에서 유입된 해수는 수온이 대개 10℃ 내외로 고정되어 있으므로, 북해 연안지역의 기후는 대부분 차가운 해류의 영향을 많이 받는다.

북대서양에서 유입된 차가운 해류는 영국 해협과 그레이트브리튼 섬의 해안을 따라 북해의 모든 연안주변으로 흘러드는데, 남쪽 발트해에서 유입된 바닷물도 중간에 함께 포함된다. 여기서 생겨난 노르웨이 해류는 대개 50~100m의 깊이를 지닌 곳에서 덴마크와 노르웨이의 해안을 따라 다시 일부가 대서양으로 흐르게 된다. 그러나 전반적으로 영국 동쪽에서 물길이 들어와 남쪽 독일과 벨기에 연안을 거쳐 덴마크, 노르웨이의 서쪽과 북쪽으로 흘러가는 모양을 갖추고 있어, 북해 안에서 바다 수질의 격차는 불가피하게 생겨난다.

다른 한편으로 북해의 가장 중요한 담수(淡水) 공급원은 각지에서 흘러드는 강물들이다. 그런데 예로부터 북해의 해역으로는 자연환경에 해로운 오염물질들이 직접 혹은 간접적으로 유입되고 있었다. 북해의 연안지역은 인간에 의해 상반된 영향을 받고 있는데, 현재 세계적 관광지나 휴양지로서 인간의 왕래가 빈번한 곳이 바로 북해 연안이다. 즉 이 지역이 받는 환경적 부담은 그렇지 않은 곳보다 커지기 마련이다. 그러나 달리 생각하면, 관광이나 휴양산업 자체가 잘 보존된 자연환경에 의해서만 이득을 보기 때문에, 일찍부터 북해에서는 바다와 연안의 환경보호를 위한 초국가적 관심들이 증가하게 되었다. 북해의 초국적 협력을 유발시킨 자연 및 사회경제적 환경을 구체적으로 설명하면 다음과 같다.

먼저 북해는 북·서유럽 각 지역에 산재된 강과 하천들 상당수의 종착점에 해당한다. 일단 북해로 흘러드는 주요 강들을 살펴보면, 영국의 템즈강(Themse)과 험버강(Humber), 네덜란드의 라인강과 마스강

〈그림 18〉 북해 해역의 해류흐름과 연안의 영향지역

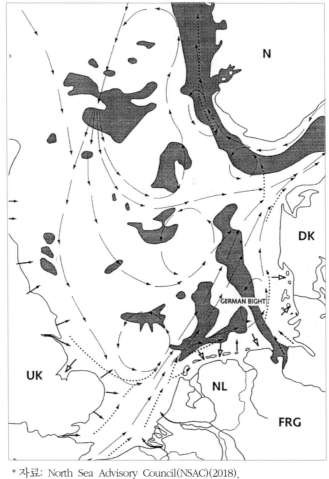

* 자료: North Sea Advisory Council(NSAC)(2018).

(Rhein & Maas), 독일의 엘베강(Elbe)과 베저강(Weser), 노르웨이의 글롬
마강(Glomma), 덴마크의 스키에른강(Skjern A), 벨기에의 스헬데강
(Schelde), 스코틀랜드의 포르트강(Forth) 등으로 그 숫자가 상당히 많다.
북해 연안으로 흘러드는 이들 여러 나라 강어귀의 주위에는 약 1억

7천만 명 이상의 인구가 살고 있으며, 이들은 총 850,000km²에 이르는 광활한 연안면적에 분포되어 있다. 일단 표면상으로 노르웨이를 제외하고는 북해 전체 연안의 인구밀도가 전반적으로 높은 편이므로, 여러 환경오염과 자원남획의 가능성도 높아지게 된다. 북해지역위원회(NSC: North Sea Commission)의 주장에 따르면, 북해 연안으로 흐르는 모든 강과 하천들은 거주 인구가 없는 경우에 비해서 약 4배의 '질소'와 7배의 '인(燐)'을 동반하는 것으로 추정되고 있다. 주지하다시피 질소와 인은 인간과 동물이 유발하는 대표적인 수질오염 물질들이다.

북해는 지난 1960년대 이후, 영국과 독일 주요 연안도시들로부터 생활하수와 산업폐기물의 방출 등으로 인해 해양오염이 심각해지고 있었다. 이 중에서도 산업화와 도시화가 일찍부터 진행되었던 영국 동남부와 독일 북부의 강과 하천, 연안의 공업도시들로부터 직접 유입되는 공장폐수, 대규모 농지로부터의 각종 오염원 유출, 산업폐기물의 고의적 투기, 쓰레기 소각 및 대기오염 등은 심각한 수준으로 환경을 악화시켰다. 특히 북해에서 영국 연안과 독일 연안은 세계적으로 중공업의 밀집도가 가장 높은 곳으로도 손꼽히는 지역이었다. 이 때문에 북해는 산업혁명과 공업화 때문에 역사적으로 가장 오염이 빨리, 심하게 진행된 바다로 평가되고 있기도 하다.

이 뿐만 아니라, 20세기 초까지 벨기에와 네덜란드, 노르웨이 남부의 축산폐수 및 생활하수는 거의 전부가 북해로 유입되고 있었다. 마찬가지로 스위스와 독일에서는 약 75% 수준, 스칸디나비아와 윌란반도에서는 약 50% 수준, 프랑스에서는 약 25% 수준, 오스트리아의 하수는 20% 수준의 오염물질이 북해 연안으로 흘러드는 것으로 파악되었다. 참고로 이들 지역들이 1960년대부터 차지한 공업생산량은 유럽에서 차지하는 비율이 약 40%, 세계적으로는 약 15%에 달하는 것으로 추정되었다.

더구나 변화무쌍한 북해의 날씨 때문에 화물선, 유조선 등 각종 선박들이 좌초하는 사고들이 1950년대부터 지속적으로 발생하였고, 1960년대에 들어와서는 선박의 왕래가 빈번해진 관계로 해양사고들이 급증하였다. 이렇듯 다양한 오염원에 의한 해양오염은 1960년대부터 약 20년의 기간 동안 북해의 수질과 연안환경에 대한 최대의 위협 요인이 되었다. 따라서 이러한 환경오염으로 인한 북해의 여러 가지 심각한 상황은 초국가적 '협력환경 상의 자극(environmental stimuli)'을 생겨나게 만들었다.

2) 초기 해양협력 관계의 구축

(1) 북해의 심각한 오염과 협력의 자극

1960년대 초까지 북유럽 국가들은 북해의 연안과 공해상에 그대로 내다버리는 방식으로 각각 오염물질이나 폐기물을 손쉽고 값싸게 처리하여왔다. 그러나 이러한 오염상황을 공동으로 규제하거나 대처할 제도적 장치는 전혀 갖추고 있지 못하였다. 특히 연안지역의 도시나 지역정부는 물론, 중앙정부나 국제기구의 간섭 없이 어느 누구라도 그 무엇이든 북해의 공해상에 버릴 수 있었고, 연안오염의 부담이나 책임도 전혀 지지 않았다.

그러던 중에 연안의 산업화와 난개발, 선박통항의 급증과 기타 여러 가지 요인들로 인해 북해의 해양환경이 급속히 악화되자, 일단 초국경적 해역을 사이에 두고서 연안국가들은 협력관계의 필요성을 절감하세 되었다. 특히 북해의 연안을 직접 접하고 있는 노르웨이, 덴마크, 독일, 네덜란드, 벨기에, 프랑스, 영국 등은 1960년대 중반에 들어

와서 해역의 오염과 환경문제에 관한 상호 초국경적 협력체제의 구축 및 공동적 제도의 강화를 도모하였다. 시기적으로도 1950년대부터 약 20년 동안 사이에 대규모 유조선 및 기름유출 사고가 해역 곳곳에서 발생하면서, 해양사고와 해양오염이 세계적 이슈로 대두되었다. 북해에서의 협력이 자극된 보다 구체적인 상황은 다음과 같이 논의될 수 있다.

우선 북해에서의 해양오염과 해상투기가 시급한 문제라는 것을 처음으로 인식한 것은 노르웨이였던 것으로 보인다. 노르웨이는 원래부터 주요 에너지원으로 친자연적인 수력발전을 사용하였고, 넓은 국토에 비해 상대적으로 적은 인구를 가졌으며, 그나마 이들 대부분은 북해 연안의 수산업에 의존하고 있었다. 즉 노르웨이는 굴뚝산업인 제조업과 공해산업인 중화학공업이 많지 않은 이상적인 청정환경을 가지고 있었다.

또한 노르웨이는 북해에서의 석유 발견 이전 시기부터 아이슬란드와 같이 부유한 나라로서의 면모를 가지고 있었다. 이에 노르웨이는 북해가 영국, 네덜란드, 독일 등 연안 산업도시와 공업화에 의하여 오염되는 것을 크게 못마땅하게 생각하고 있었다. 그러던 차에 영국의 허드슨스트림(Hudson Stream) 호 사건, 네덜란드의 스텔라마리스(Stella Maris) 호 사건과 같이 북해에서 대형 해난사고 및 오염사건들이 연달아 발생하게 되었다.

이 사건들은 노르웨이로 하여금 북해에서의 해양투기와 오염규제를 위한 기선을 잡는 데 결정적 역할을 하도록 만들었다. 1971년 초에 노르웨이 정부는 북해에서의 연안오염과 해양투기를 규제할 북유럽 외교회의 소집을 건의하는 한편, 노르웨이 선박에 의한 유독성 물체의 해양투기를 국내 입법으로 처음 금지하였다.

그러나 1960년대 당시 북해 연안지역들 간에는 정치·경제·사회적 체제가 서로 상이하였고, 북해의 환경문제에 상대적으로 관심도가 낮았다. 노르웨이의 주도적 노력은 북해의 실제적인 환경개선에는 그리 큰 효과를 보지 못한 것이다. 게다가 북해의 오염원을 많이 가진 영국과 독일 등과의 일시적 협력을 통한 환경보호에는 한계가 많다는 지적도 제기되었다.

구체적으로 이 대목을 보면, 1960년대 북해의 오염원인 제공의 절반 정도는 영국이 차지하고 있었다. 당시 북해에 대한 오염물의 투기행위는 영국을 비롯한 독일, 벨기에, 네덜란드와 같이 연안의 인구밀도와 산업화 정도가 높은 국가에게는 상당히 매력적인 선택이었다. 기업은 환경비용 절감으로 막대한 이윤을 창출하였으며, 정부도 이들로부터 많은 세금을 걷을 수 있었다. 그래서 북해의 최초 환경보호 협약의 이행과 관련해서 소극적 입장, 중간적 입장, 적극적 입장으로 나눈다면, 각 나라의 입장은 크게 엇갈리고 있었다.

우선 영국, 스페인, 포르투갈, 아일랜드 등은 소극적 입장이었다. 독일, 네덜란드, 벨기에는 중간적 입장이었고, 노르웨이, 아이슬란드, 핀란드, 스웨덴 등은 적극적 입장으로 분류할 수 있었다. 그럼에도 불구하고 북유럽의 모든 정부는 해양오염을 유발시키는 해상투기와 오염물질 배출이 결코 정당한 것이 아니라는 점에는 공감하고 있었다.

이러한 공감대는 나중에 북해 환경협약의 제정→강화→상호감시의 체제를 순환시키는 사회적 기제로 작동하였다. 나아가 이는 궁극적으로 1960년대 말 국경을 넘은 공동의 협약(cross-border agreements)을 만들어야 한다는 북해 연안지역의 새로운 여론을 형성하는 촉매재가 되었다.

(2) 본 협정(Bonn Agreement)의 체결

1969년에 이르러 노르웨이의 주도 하에 주요 연안국들은 북해에서의 석유누출 오염방지를 염두에 두고 '본 협정(Bonn Agreement)'을 채택하였다. 북해 연안의 인접국가들은 처음으로 북해 해역의 환경보호를 위한 협정에 전격적으로 서명했는데, 당시 독일의 본(Bonn)에서 체결된 이 협정은 유전개발 및 유류오염사고 등으로 인한 북해의 환경오염 문제를 다루고 있었다.

먼저 이 협정은 북해 해역권 어느 연안에 대하여 환경적으로 중요한 위협이 될 만한 기름유출사고가 있거나, 그 피해를 인지하였을 때에는 지체 없이 전체 연안지역에 통보해야 한다는 규정을 담고 있었다. 그리고 북해의 연안지역을 소유한 나라들은 예외 없이 오염의 위험성에 관하여 공동으로 조사에 임해야 한다고 규정하고 있었고, 당사국은 오염을 제거하기 위해 외부의 도움을 요청할 수 있으며, 이때 요청 받는 당사자들은 각각 최선의 노력을 다할 국제법적 의무(accountability)가 있다고 규정하고 있었다. 이는 이전의 도의적인 책임과 의무에서 벗어난 획기적인 조치였던 것으로 국제사회에서 평가되고 있다.

다만, 협정의 구체 이행 과정에서 본(Bonn) 협정은 단계적 이행 방식을 채택하여 환경보호에 대한 급격한 강제와 강력한 규제에는 다소 미온적이었다. 예를 들어, 초창기에는 북해의 환경 모니터링과 관련 공동연구 등을 통한 관련 자료의 축적과 연안의 환경문제에 대한 이해관계자들의 '인식 공유(same perceptions)'에 상당한 중점을 두었다는 평가가 지배적이다. 북해의 환경과 관련한 협의 결과도 '결정(decision)'의 형식이 아니라 '권고(recommendation)'의 형식으로 채택했다. 그리하여 일단 과학적으로 입증된 환경문제를 연안국들이 받아들이고 자발적 참여를 유도하는 노력을 스스로 경주하도록 만들었다.

따라서 본(Bonn) 협정은 북해와 국경을 같이하고 있는 연안국들이 오염방지를 위해 자발적인 노력을 시작했다는데 의의가 있다. 특히 북해 해역에서 대형오염 사고 발생 시에 장비나 기타 지원을 공동으로 제공받을 수 있도록 하는 최초의 제도적 장치(institutional arrangement) 이자, 다자 간 월경협력의 기제(multilateral cooperation mechanism)였다는 의미를 갖는다.

물론 이것이 최초의 협정으로서 다소 느슨한 협력관계가 갖는 네트워킹의 부족한 내용과 좁은 범주의 한계는 분명 있었다는 지적에 대해서 크게 자유로울 수 없다. 협정(agreement)은 정식협약(convention) 보다 형식을 덜 갖춘 조약문서이고, 일반적으로 국가수반이나 통치자의 서명형식에 의해서 이루어지지 않기 때문이다. 제한적 범위에 그리고 협정은 보통 조약보다 당사자 수가 적은 경우에 적용된다. 또한 이것은 단순히 기술적·행정적인 성격의 협정에 이용되고, 정부 부서의 대표에 의해 서명되지만, 서로의 비준을 요하지도 않는다. 그렇기 때문에 북해에서는 환경을 위해 연안을 구성하는 다자 간 정식협약(convention) 형태의 보다 강력한 약속이 필요하게 되었다.

(3) 오슬로 협약(Oslo Convention)의 체결

1972년에 조인된 '오슬로 협약(Oslo Convention)'은 북해 연안에 인접하고 이 해역을 공동으로 사용하는 벨기에, 덴마크, 핀란드, 프랑스, 독일, 아이슬란드, 아일랜드, 네덜란드, 노르웨이, 포르투갈, 스페인, 스웨덴, 영국 등 총 13개국이 서명했고, 1974년에 이르러 효력이 발생했다. 오슬로 협약은 앞선 본(Bonn) 협약과는 약 5년 정도의 시차를

두고 있다. 오슬로 협약의 주된 목적은 '북해 연안에서 인간의 건강에
유해하거나 해양 생물자원과 생태계에 해롭거나 쾌적성(amenities)을
저해하거나 바다의 합법적 이용을 침해하는 물질들이 해양을 오염시
키는 것을 막는데 필요한 모든 조처를 취한다'는 규범에 있었다. 특히
일부 학자들은 오슬로 협약을 유해한 물질의 덤핑으로 인한 해양오염
을 규제하기 위한 지역협약인 '오슬로 덤핑협약(Convention for the
Prevention of Marine Pollution by Dumping from Shipsand Aircrafts)'에
동일시하기도 한다.

　오슬로 협약은 세계적으로도 연안지역과 국가들에 의한 해양투기
를 강력하게 규제한 '최초의 초국경적 지역협정'이다. 이 협약은 해양
에 대한 산업폐기물이나 하수처리 문제 외에도 준설물질의 해양투기
와 해상과 연안에서의 소각행위까지를 규제에 담았기 때문이다. 그리
고 협약 당사국들은 오슬로 위원회에 해양투기허가와 관련한 자료를
매년 제출해야 한다는 의무도 포함하였다. 현재까지도 이 협약은 협
약당사국의 협약 이행을 규제하고 통제하기 위해 소위 '오슬로위원회
(Oslo Commission)'를 설치, 운영하고 있다. 다만 이 위원회는 결정의
방식으로 '만장일치제(consentaneity)'를 취하는데, 만장일치는 모든 나
라를 만족시키는 합의에 도달하기 위해 의사결정과정이 길어지는 부
작용이 있기는 했다.

　그러나 오슬로 협약은 이전에는 연안국 스스로 통제되지 않았던 행
위들을 규제하는 데 가시적인 효과가 있었던 것으로 평가된다. 즉 오
슬로 협약은 북해의 공동해역에 대해 저마다 새로운 법률을 제정하는
형태로 당사국들의 국내에서 보다 강력하게 이행되었다는 특징을 가
진다. 예를 들어 영국은 1974년에 해양투기법을 제정해 오슬로 협약
을 내부적으로 성실히 이행하려 했다. 네덜란드는 1977년에 해양오염

법을 제정하여 오슬로 협약을 국내에서 공식적으로 이행을 하였다.

따라서 오슬로 협약으로 인해서 북해 관련 연안지역과 정부들은 기존의 오염행위를 완전히 통제할 수 있었고, 민간기업과 선박에 대한 면허나 허가를 취소 또는 보류함으로써 협약에서의 규제가 상당 부분 실질적으로 이행될 수 있었던 것으로 평가된다. 나아가 오슬로 협약은 1980년대 후반에 이르러 북해에서의 해양투기 및 각종 오염행위를 완전히 금지한다는 유럽연합의 전격적인 결정이 내려졌을 때에도, 대부분의 연안지역에서 기업들의 반발이나 사회적 저항감이 거의 없도록 만들었던 단초를 제공하였다.

(4) 파리 협약(Paris Convention)의 체결

1974년 체결된 파리 협약(Paris Convention)은 북해의 연안과 공해상의 환경에 대하여 총 13개 국가와 20개 연안도시들에 의해 체결된 제도적 장치이다. 이른바 '육상오염원에 의한 해양오염방지 협약(Convention for the Prevention of Marine Pollution from Land-Based Sources)'로 불린다. 이 협약의 가장 큰 특징은 '강제적 통제기제(control mechanism)'로서 북해 연안에서 모두 통일된 배출허용기준(UES: Uniform Emission Standards)의 적용과 환경정화기준(EQO: Environmental Quality Standards)을 설정했다는 점이다.

이러한 공통적 기준의 설정을 통해 오염물질의 해양유입을 강력하게 규제하는 정책을 초국경 차원에서 일괄적으로 도입하고 있다는 점이 이전의 협약들과는 다르다. 또한 이 협약은 앞선 협약들과 마찬가지로 지역적 협약(regional convention)의 성격인 관계로 북해 연안과 연관 있는 특정지역과 국가에게만 가입이 개방되어 있었다. 세부적으

로는 정해진 해역인 북동대서양 해역과 북극해의 일부 및 북해 공해
상에 적용되도록 범주화되어 있었다.

그러나 이전의 본 협정과 오슬로 협약에서 회원들이 위반자에 대해
그 법적, 금전적 책임을 적극적으로 추궁하지 않는 연성적 접근(soft
approach)을 채택하였다고 한다면, 파리 협약은 그렇지 않았다. 위반
자나 원인제공자에 대한 물리적 배상책임을 반드시 지게 하는 경성적
접근(hard approach)을 채택하였다는 것이 가장 중요한 차이점이다.

나아가 보다 세부적으로 달라진 점은 협약의 적용지역을 북해 자체
뿐 아니라 연안국들의 내수 및 유역(catchment area)까지 확대하였다
는 것이다. 또한 파리 협약은 협약의 실질적 이행을 위한 재원의 조달
에 대한 별도의 규정(financial rules)을 갖고 있으며, 이는 기본적으로
협약당사자들이 공평하게 부담케 하는 것이 원칙이었다. 파리 협약에
는 기타 책임의 소재 등에 관한 부수적 규정들도 구체화되어 있어, 북
해의 오염방지와 환경보호를 위한 가장 발전된 형태의 초국경적 제도
라고 평가할 수 있다.

2) 공동협약 체제의 성과와 한계

결과적으로 북해에서 초국경 협력체제의 시작이자 근간이 되었던
본 협정과 오슬로 협약, 파리 협약은 각각 해역 전체의 환경문제에 접
근하는 기존의 이기적 입장을 중화시키고, 상호 객관적인 접근과 합
리적 수준의 입장정리를 촉진하는 역할을 하였다. 즉 북해의 지정학
적, 자연 환경적 특수성과 이들 해역의 환경보호는 관련 국가 및 지역
사이의 협업과 공동의 노력이 없이는 불가능하다는 것을 새롭게 알려
주었다는 면에서 공동협약들은 중요한 의의를 갖는다.

　　다른 한편에서 북해의 초국경적 협약체제는 최초 시급했던 기름유출이나 오염사고에서 출발하였으나, 점차 공동의 인식과 제도가 발전하면서 논의의 범주가 크게 확장되었다. 즉 단순 오염이나 사고 문제 이외에도 북해 연안의 다른 환경적 사안과 유해물질들도 관심사항에 추가되어졌고, 그 강제성과 구속력도 차차 강화되어 갔다는 실효적 의의를 갖는다.

　　무엇보다 1992년과 1996년에 다시 회원들의 손에 의해 수정된 이들 공동의 협약들은 북해의 환경문제를 각 연안지역과 국가들이 "이해관계자 스스로 책임지는 방식"으로 규정했다는 점에서 중요한 의미를 갖는다. 또한 국제법을 참고하여 만든 협약에 기초한 초기 북해 연안의 초국경 협력은 정치·경제 및 사회체제가 다소 상이한 지역과 국가들 사이에서 정치적 관계의 긴장 또는 악화가 환경협력에 미칠 수 있는 부정적 영향을 최소화시켰다는 의의를 가진 것으로 평가되기도 한다.

　　다른 관점에서 보면, 이들 협약들은 북해 연안에서 무법천지의 해양 투기와 오염문제가 연안국 공동의 협력적인 규제를 받기 시작하는 데 결정적 역할을 했고, 이후 연안의 '협력적 거버넌스(Coastal Governance)' 체제 하에서 이들 문제가 초국가적 네트워크를 통해 점진적으로 해결되어 가는 과정을 보여주고 있다. 지금까지 북해 연안에서 체결된 여러 초국경적 환경보호 협약들의 경우, 높은 수준의 '법적 접근(legal approach)'과 낮은 수준의 '정치적 접근(political approach)'을 조화시키는 이중전략으로 많은 효과를 보고 있다. 현실적으로 초기 북해의 초국경적 환경협약들은 1990년대 이후 강성의 법적(hard legal) 측면과 연성의 정치적(soft political) 측면을 조화시키는 진화를 통해, 최근으로 올수록 현실세계에서 협력의 효율성을 높이고 있다. 오슬로 협약이나 파리 협약이라는 법적·제도적 규칙의 강화와 더불어 '국제북해회의(International North Sea Conferences)'의 연안국 장관공동선언이라는 정치적 접근을 병행하고 있는 것이 좋은 예이다.

이렇듯 정치적인 접근에서는 명시화된 구속력이 없긴 하지만, 북해 연안의 이해관계자나 구성원들에 의해 진지하게 받아들여지고 있다. 물론 거기에는 보이지 않는 중요한 이유가 있다. 그것은 합의된 지식, 여론의 역할, 절차의 개선과 투명성의 증대 때문이다. 지금 북해 연안에서 오염의 원인제공 수준과 비용부담의 입장이 각자 다르므로, 이른바 '차등의무(differential obligations)'의 방식을 적용하기 위해서는 협력관계 선상에서 정치적 협상(political negotiations)이 중요한 역할을 하는 것으로 파악되고 있다.

여기에 최근 북해 연안의 여러 시민환경단체(NGO)의 참여가 늘어나고, 정부 및 정치권 밖의 세력들과 협약들이 긴밀하게 접촉하면서 환경규제의 현장성(realism)과 집행의 투명성(transparency)이 높아지고 있는 것도 긍정적이다. 나아가 이는 북해의 환경을 매개로 한 초국경적 협력관계의 유지 선상에서 고무적인 현상으로 받아들여지고 있다.

3. 북해 해양네트워크의 특징

1) 북해협력프로그램(North Sea Region Programme)

북해 권역의 초국적 협력체 형성에 대한 다양한 논의들은 유럽연합의 형성에 따른 글로벌 환경변화에서 거론되기 시작하였고, 이내 학계의 관심을 끌게 되었다. 즉 1993년 유럽연합(EU)의 출범과 역내의

복합적 상호의존성 강화라는 시대적 조류 속에서 생성된 북해의 초국
경 협력체제는 외부환경의 영향과 지원을 비교적 많이 받은 것으로
평가된다. 이에 북해 연안과 해역권의 네트워크는 어떤 새로운 성격
과 특징을 보이고 있는가를 구체적으로 논의해보면 다음과 같이 소개
할 수 있다.

우선 1990년대에 들어서면서 북해지역은 발트해, 지중해와 더불어
유럽연합 구축의 중요한 거점 해역으로 간주되면서, 연안지역 차원에
서의 초국경 협력을 제도화하고 구체적인 실천계획을 수립하게 되었
다. 물론 이는 기존 북해 연안지역의 환경 관련 협약관계를 더욱 발전
시키고, 나아가 북해 해역권의 공동체적 정체성을 강화하는 목적을
갖고 있었다.

북해지역에 대한 초국경 협력계획은 유럽연합의 초국경 협력에 관
한 공동지원기금인 인터레그(Interreg)에 의해서 '북해 초국경 협력프
로그램(North Sea Region Programme)'으로 명명되고 있다. 참고로 유럽
연합의 인터레그(Interreg) 프로그램은 1989년에 처음 시작된 이래, 유
럽의 월경적 상생발전을 위하여 마련된 공동기금(common fund)이다.
인터레그은 2020년까지 총 5단계로 구성된 계획과 자금이 운영되고
있으며, 유럽연합 전역에서 다양한 협력사업을 전개시키고 있다.

원래 인터레그(Interreg) 프로그램은 유럽연합 역내 국경지역 뿐만
아니라 역외 국경지역도 포함시키는 초유럽적 협력체계를 구축하여,
인근 저발전 지역의 개발 및 지역격차 완화, 지역의 경제와 사회적 구
조조정, 고용창출 및 고용조건 개선, 지역 간 협력 등으로 방향을 정
하는 것이 목적이었다. 북해 연안지역에 대한 유럽연합 초국경 협력
프로그램(North Sea Region-Interreg)의 지원내용을 단계별로 살펴보면
다음과 같다.

먼저 유럽연합에서 설정한 초창기 1단계 협력프로그램(Interreg-Ⅰ: 1990~1993)이 가진 북해 권역에서의 초국경적 목표는 "연안의 지역격차 해소"였으며, 잘 사는 지역에서 낙후지역으로의 재정적인 분배체계(financial distribution system)를 구축하는 것이었다. 유럽에서도 남부연안에 비해 북부연안은 상대적으로 개발과 성장이 더딘 지역이었기 때문이다. 그리고 재정적 결속력의 가장 중요한 핵심은 유럽의 북부와 북해 연안에 지원할 구조기금(structural fund)과 결속기금(cohesion fund)을 조성하고, 이를 바탕으로 해역을 사이에 둔 접경지역 간 초국경 협력체제를 구축하는 것이었다.

〈그림 19〉 북해의 협력과 해양네트워크 진행 축선

* 자료: Interreg North Sea Region Programme(2014-2020).

　참고로 유럽연합의 구조기금과 결속기금은 모든 회원국(총 270개 지역)에서 지원 받을 수 있으나, 지원금액은 지역별 GDP 수준에 따라 달라진다. EU는 기본적으로 개발지역(Less Developed Regions), 전환지역(Transition Regions), 선진지역(More Developed Regions) 등 3개 지역으로 분류하여 관리하고 있다. 이 중에서 북해는 2006년까지 전환지역에 해당하였으나, 2008년 이후부터 2020년까지는 선진지역 그룹에 해당되고 있다.

　그런데 유럽연합 결성과 비슷한 시기인 1989년부터 북해 연안에는 '북해지역자문위원회(North Sea Advisory Council)'가 창설되어 이미 매년 연안지역 대표자회의를 개최하고 있었다. 이 위원회는 북해 지역에 대한 유럽전체의 지원(Interreg-Ⅰ)을 최초 구상하도록 건의하였음은 물론, 실질적인 지원계획의 수립과 그 추진에도 많은 역할을 하였다.

　북해지역자문위원회는 노르웨이, 스웨덴, 덴마크 등 연안 선진국을 중심으로 결성되어 당시 운영규모가 크지는 않았으나, 북해의 발전을 위한 다각적인 초국경 사업을 기획하고 있었다. 여기에는 수산분과, 문화관광분과, 통신·교통분과, 비즈니스 개발분과, 환경분과 등의 소위원회들이 초국적으로 구성되어 활동하고 있었다. 당시 이들은 하나의 목표 하에서 다소 '느슨한 형태의 통제(loose control)'로 묶여 있었다. 때로는 각 소위원회들이 독자적인 의사결정을 하기도 하는 '우산조직(umbrella group)'의 성격도 가지고 있었다. 따라서 북해의 초기 협력프로그램인 Interreg-Ⅰ(1990~1993)의 단계에서 북해 연안공동체는 강력한 결속의 형태는 아니었으나, 이전보다 다양한 협력의 공감대와 틀을 갖추어 가는 시기였다고 잠정 평가할 수 있다.

　유럽연합 차원에서 연이어 등장한 Interreg-Ⅱ(1994~1999)에서는 북해 연안에 대해 이전보다 확대된 의제들을 기획하게 되었다. 구체적으로는 저발전 연안지역의 개발 및 지역격차 완화, 연안지역의 경제·사회적 개혁과 구조조정, 고용창출 및 고용조건의 개선, 상대 연안지역 및 접경과의 월경한 지역협력 등으로 나누어 초국경적 협력사업을 진행하였다.

특히 유럽연합 Interreg Ⅱ-C의 유형에 속한 북해의 네트워크 계획은 과거 Interreg-Ⅰ(1990~1993)의 계획을 실질적으로 확대·발전시킨 것으로, 그 주체가 국가(nation) 단위보다는 항구 및 도시(port and city)와 지역단위(region) 위주로 짜여졌다. 그래서 Interreg-Ⅰ 및 Interreg-Ⅱ 유형으로 대표되는 초기 북해의 연안지역 초국경 프로그램들은 도시와 지역 단위를 중심으로 하여 교통, 정보통신, 무역, 관광, 환경, 농촌개발, 교육 등에 집중되었다. 즉 이들 지원은 모두 연안의 지역발전 및 경제적 효과와 관련된 사업들에 초점이 두어졌다. 그러나 이 프로그램에서는 발트해 권역과 지중해 권역에 비해서 그 전략적 우선순위가 밀렸고, 유럽연합의 재정이 상대적으로 넉넉하게 지원되지 못한 한계를 노정하기도 했다.

이런 점에서 한층 강화된 유럽연합의 Interreg-Ⅲ(2000~2006)에서는 북해의 경제발전과 관련된 모든 영역에 대한 교류와 소통이 강조되었다. 2001년부터 북해 연안의 이슈들은 유럽연합의 본격적인 재정지원을 받기 시작하였으며, 이전보다 풍부해진 자금을 바탕으로 총 8개국 중앙정부 및 주요 연안도시가 북해 연안의 공통비전을 수립하고 전략적 실천계획을 작성하였다. 실제적으로는 기존 유럽의 균형적이고 통합적인 발전에 국경이 장애가 되지 않도록 하는 프로그램과 더불어, 북해지역에서 부문별 과제를 수행하기 위한 구체적인 국가 간 협력프로그램인 Interreg-Ⅲ(B) 유형의 지원을 받았다.

북해 연안에서 특성화된 지원분야는 경제와 산업, 고용 등에서 점차 교육, 보건, 의료, 외국어학습, 연안공간계획 등으로 확대되었다. 이는 북해의 역내 국경지역 뿐만 아니라, 역외의 발트해 권역과 지중해 권역을 포함한 남부 유럽도 포함시키는 그런 초유럽적인 협력체계를 구축하는 것으로 구상되었다. 또한 북해의 특성화된 에너지 분야와 자원기술개발 등의 분야에서 유럽 전체와 긴밀히 협력하고, 장기적으로는 연안경제와 시장의 통합을 추구하는 방향으로 계획이 만들어졌다. 이 때 만들어진 북해 연안의 에너지협력정책은 단순히 보유하고 있는 자원을 개발하는데 그치는 것이 아니었다. Interreg-Ⅲ(B)에서는 모든 북해 연안의 지속적인 에너지 기술을 발전시키는 데 필요한 연구개발 활동을 진행하는데 지원의 새로운 관심이 두어졌다.

한편, Interreg-Ⅲ이 종료된 2006년에 유럽위원회(EC: European Commission)는 유럽연합 전 지역에서 진행되는 초국경 협력프로그램의 이름을 ETC(European Territorial Cooperation)로 변경하였다. ETC는 기존 Interreg-Ⅲ(2000~2006)의 계획을 계승하면서 유럽연합의 북해에 대한 협력지원도 약간의 수정이 이루어졌다. 북해의 경우는 연안의 고용증대와 성장과 지속 가능한 발전, 글로벌 경쟁력 향상에 지원의 초점을 두게 되었다. 그리고 유럽의 중심에 상대적으로 가까운 발트해와 지중해 권역에 치중되었던 기존의 해역 간 초국경 프로그램을 일부 수정하여, 유럽의 변방지역이었던 북해지역에 대한 전략적 지원을 한층 강화하였다.

그리하여 인터레그 프로그램으로부터 전환된 기조의 새로운 ETC 정책과 그 일환으로 나오게 된 새로운 계획, 즉 Interreg-Ⅳ(2007~2013)에서는 북해 해역권 연안의 접경지역 뿐만 아니라 북해 외부 접경지역인 남동유럽과의 새로운 협력을 촉진하는 것을 비전(long term vision)으로 삼고 있다.

Interreg-Ⅳ의 부문별 과제를 수행하기 위해서 북해 연안에서는 국

가적 차원의 협력을 장려하는 프로그램인 Interreg-Ⅳ(B) 유형의 지원
을 선택하였다. 이렇게 초국경 협력관계의 시선을 북해의 바깥으로
돌린 이유는 최근 상황에 대한 유럽의 정확한 진단 때문이다. 즉 2000
년대 말부터 북해의 석유 및 가스생산량이 이제 정점에 도달했거나
후퇴기에 있다고 분석됨에 따라, 이에 대한 높은 경제적 의존도는 북
해 연안의 초국적인 당면과제가 되었다. 이에 북해 연안의 네트워크
는 유럽 전 지역과의 협력강화를 통해 새로운 부흥의 활로를 모색하
기 시작하였다.

최근 Interreg-Ⅳ의 기획과 집행에 있어서 북해 연안이 추구하는 사
업의 우선순위는 자원 의존적 경제의 혁신역량 강화, 환경보호 및 지
속 가능한 지역발전의 증진, 이동성 및 지역 접근성의 개선, 다중심
및 통합된 연안공간 증진을 통한 외부와의 연계성 강화 등이다. 북해
해역권에서 네트워크 구축을 위한 초국경 사업비는 유럽지역개발기
금(ERDF)에서 대략 75% 수준을 지원 받았으며, 나머지 약 25% 정도를
영국과 노르웨이, 덴마크, 독일의 주요 연안국가들이 나누어 부담하는

〈그림 20〉 북해의 해양네트워크 지원 프로그램(Interreg IV-B)

* 자료: Interreg North Sea Region Programme(2014-2020).

구조로 진행되었다. 따라서 북해 연안의 초국경 협력은 Interreg-Ⅳ가
적용되었던 2010년 전후 시기부터 그 의제들이 점차 북유럽 중심에서
벗어나 유럽 전역을 향하기 시작하였다.

2) 네트워크의 결속과 공고화

북해의 해역 간 네트워크는 초기 느슨한 형태의 네트워크로 발전하
였으나, 2020년까지의 단계별 계획으로 인해 그 공동체적 결속력을
강화시키고 있다. 최소한 2020년까지 유럽에서 활발하게 진행되는
Interreg-Ⅴ(2014~2020)에서 북해의 연안지역은 부분적으로 유럽연합의
구조기금(Structural Funds)이 설정한 초국경 계획지역에 중복적으로
해당한다. 이는 '북해지역프로그램 2020(NSRP 2020: North Sea Region
Programme 2020)'이라는 이름으로 계획이 설정되어 있다.

향후 북해지역에 대한 이러한 유럽연합 차원의 협력프로그램(Interreg-
Ⅴ)이 갖는 지원목적은 이전보다 한층 거시적 차원이다. 그것은 2020
년까지 미래 세대를 위한 새로운 성장전략의 마련, 장기적 고용확보
를 위한 지역경제의 강화, 연안지역 간 사회·문화적 결속의 지원, 연
안 환경보호의 공고화 및 지속 가능한 발전에 목표를 둔 내용들이다.

이런 점에서 현재 북해에 대한 유럽연합의 집행위원회의 계획
(Interreg-Ⅴ)을 다시 세부적으로 특화시켜 기획하고 있는 북해지역위
원회(North Sea Commission)의 활동을 주목할 필요가 있다. 앞서 언급
된 이 위원회에서는 1989년부터 시작된 20년 이상의 경험과 노하우를
토대로 매년 정례회의(North Sea Conference) 및 집행위원회(executive
committee), 분과위원회(sub-committee)를 상시적으로 운영하고 있다.

특히 2014년부터 2020년까지 북해지역위원회에서는 이른바 '북해지

역 2020 전략(NSR 2020: North Sea Region 2020 Strategy)'을 채택하여 초
국경 해역 간 네트워크의 결속과 협력체제의 공고화를 모색하고 있
다. 이러한 전략은 단계적으로 상위의 핵심전략(core strategy), 실행계
획(action plan), 사업계획(work plan)으로 세분화되어 각 분과별로 실
행되고 있다. 역시 그 성과도 단계별로 측정되어 다시 상위전략으로
환류(feedback)되고 있는 시스템의 구조를 갖추고 있다.

〈그림 21〉 북해지역 2020 전략(NSR 2020 Strategy)의 개요

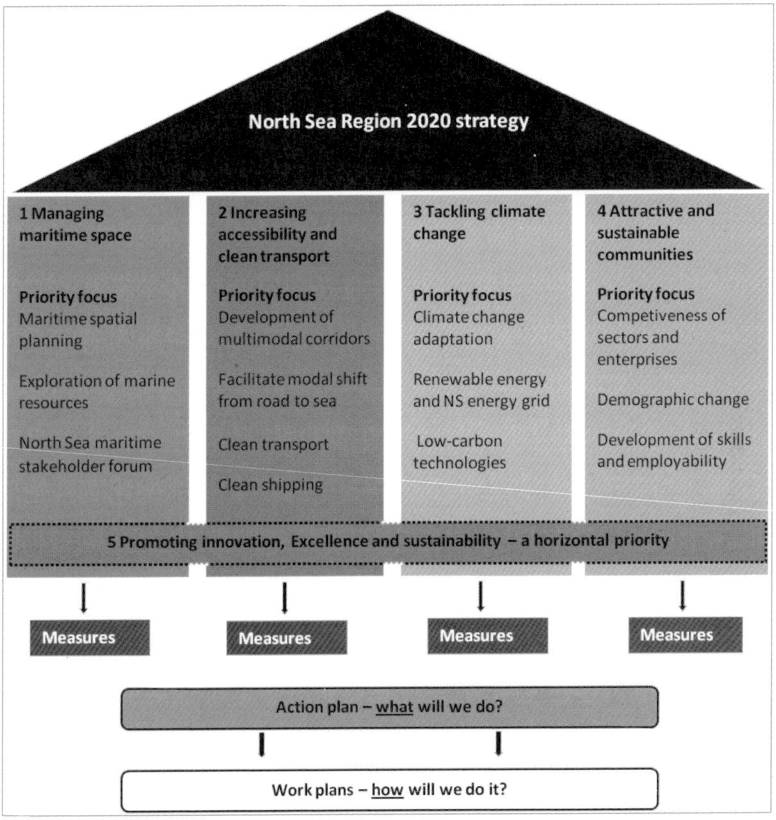

North Sea Region 2020 strategy

1 Managing maritime space	2 Increasing accessibility and clean transport	3 Tackling climate change	4 Attractive and sustainable communities
Priority focus Maritime spatial planning	**Priority focus** Development of multimodal corridors	**Priority focus** Climate change adaptation	**Priority focus** Competiveness of sectors and enterprises
Exploration of marine resources	Facilitate modal shift from road to sea	Renewable energy and NS energy grid	Demographic change
North Sea maritime stakeholder forum	Clean transport	Low-carbon technologies	Development of skills and employability
	Clean shipping		

5 Promoting innovation, Excellence and sustainability – a horizontal priority

Measures   Measures   Measures   Measures

Action plan – <u>what</u> will we do?

Work plans – <u>how</u> will we do it?

* 자료: North Sea Commission; NSC(2018).

또한 개별적인 협력사업 활동의 추진과정은 지속적인 상황의 관찰 (monitoring), 객관적 평가(assessment), 타부문과의 연계(collaboration) 등 단계적 방식으로 세분화되어 실천되고 있다. 이런 구체적인 전략 운영은 북해 연안의 지속 가능한 초국적 네트워킹에 대한 유럽 전체 의 관심과도 부합된다.

북해지역위원회가 관장하는 '북해지역 2020 전략'의 내용을 보다 구 체적으로 살펴보면 다음과 같은 특징이 나타난다. 먼저 수산 부문에 서는 최근 북해 연안지역 고유의 '지속 가능한 수산 및 어업파트너십 (sustainable fisheries partnership)'을 결성하여, 자기통제에 기반을 둔 자율적인 관리어업을 지향하고 있다. 이러한 파트너십은 현재 북해 해역에서 고갈되어 가는 어족자원과 해양생태계의 관리에 절대적인 영향을 미치고 있다.

문화관광 부문에서는 새로운 관광자원으로서의 '북해 자전거 순환 도로'나 '북해 바이킹 유적사업'을 계획하거나 시행하고 있다. 이는 지역 정체성 강화를 관광자원 활성화와 긴밀하게 연계시키고 있는 것이다.

통신·교통 부문에서는 북해 해역권과 연안의 근거리 해운을 진흥 하기 위한 각종 시책을 개발하고 있으며, 비즈니스개발 부문에서는 북해 연안의 중소기업들에게 더 많은 비즈니스 기회를 제공하려는 목 적을 가지고 운영되고 있다.

환경 부문의 경우, 북해위원회 내에서 여러 지역을 대표하는 정부 와 도시들 이외에 기업, 시민, 전문가 등에 걸친 가장 넓은 민간참여 자들을 포함하고 있다. 이러한 환경 부문에서의 초국적 거버넌스 (transnational governance)는 북해의 수질과 대기, 오염원과 전반적 환 경이슈에 적절한 대응방안을 담은 초국경 사업과 월경협력의 방식을 계속 발굴해 내는 데에 많은 기여를 하고 있다.

특히 '북해지역 2020 전략'의 환경적 측면과 관련해서는 북해지역위
원회의 기존 해양환경전략(marine strategy)에 기초하여, 연안 전체의
'해양생태계를 중시하는 접근법(ecosystem approach)'을 채택하고 있
다. 이는 과거 북해의 수질과 어자원 보존문제 등 특정한 환경분야에
만 중점을 두는 방식이 아니라, 전반적인 북해 해역생태계의 관리차
원에서 환경문제들을 종합적으로 접근하고 있다. 실무적으로는 환경
에 대해 '북해협력네트워크(NSN: North Sea Network of Cooperation)'가
구성되어 있다. 이 기구는 북해 연안의 환경을 공동으로 조사, 연구,
감시하는 다국적 연구자, 법률전문가, 사법경찰조직의 초국가적 연합
체(networking)이다. 이들은 보다 과학적이고 객관적인 방법에 기초한
북해의 환경모니터링과 평가를 수행한다. 연안의 환경문제에 효율적
으로 대처하기 위한 시의 적절한 대책의 마련, 연안의 환경문제에 있
어 사회적·경제적 측면을 포함하고 공유자원의 효율적 관리 및 시너
지 효과의 극대화 방안 등을 북해 연안공동체에 제언하고 있다. 따라
서 북해 연안에서 이루어지는 이러한 여러 분야들의 초국경적 활동은
북해의 해역을 둘러싼 공동의 관심사는 물론 공동체 정신의 기반을
조성하는 데도 상당한 역할을 하는 것으로 평가된다.

4. 북해 해양네트워크의 성과와 방향

1) 북해 해양네트워크의 진단과 과제

1960년대부터 북해 연안에서는 해역의 오염과 환경보호에 관한 공
동의 협약들이 마련되어 있었고, 이는 오늘날 초국경 협력체제 형성

의 근간이 되었다. 오늘날 북해 연안의 해양네트워크는 유럽연합이라는 초국가적 기구의 지원 하에 기존의 지역협력 또는 국가 간의 협력을 제도화하여 환경과 경제분야를 포함한 다양한 분야에서 협력관계의 증진을 도모하고 있다.

물론 북해는 유럽의 다른 지역들에 비해서 상대적으로 월경협력과 네트워크가 늦게 출발하였고 아직은 현재진행형이다. 적어도 2025년은 되어야 그 공과가 판단이 될 것으로 보인다. 영국의 유럽연합 탈퇴인 '브렉시트(Brexit)'로 북해는 그 네트워크 결속에 흠집이 난 것도 사실이다.

그러나 북해에서 '환경과 보전'의 아젠다는 여전히 강력하며 유효하다. 영국의 경제적 분리와 별개로 북해의 해역을 둘러싼 연안에서의 월경활동과 그 성과들은 계속 쌓이고 있다. 이는 다른 발트해나 지중해 등과 마찬가지로 북해라는 공유된 해역(海域)을 매개로 한 성공적인 초국경 협력네트워크가 구축된 사례로 평가하기에 일견 충분해 보인다. 이른바 '소통과 협력체제로서의 해역(海域)'은 바로 이런 경우를 두고 하는 말일 것이다. 따라서 앞서 논의한 그간의 진행과정과 성과는 여기서는 논외로 하되, 향후 북해지역의 초국경 협력과 네트워크에는 아직 적지 않게 남겨진 미래의 숙제들도 남아 있으므로, 이에 대한 전반적 평가를 해보고자 한다.

첫째, 북해지역에서는 향후 해역네트워크 체제로서의 공동체 정신함양 및 정체성 강화가 필요해 보인다. 특히 유럽연합 결성 이전에 북해 연안에서 나타난 초기 환경문제 중심의 공동협약과 네트워크 활동들이 다소 형식적이고 의례적인 수준이었고, 지금껏 이를 벗어나는데는 상당히 오랜 시간이 걸렸다는 일각의 비판이 존재하고 있다. 그러나 해역을 사이에 둔 유럽의 다른 네트워크 사례들로 판단하자면,

초국경 협력의 정착과 공고화는 대체로 긴 시간을 요구한다는 사실을 명심해야 한다는 반대의견도 있다.

물론 북해를 둘러싼 북유럽 지역에서 지금껏 해역의 환경적 이슈와 자원개발의 문제 이외에는 특유의 공동체적 사회정신(social cohesion)과 문화적 가치의 공유가 부족한 것은 사실이다. 이러한 이유 때문에 북해는 유럽의 다른 해역에 비해서 상대적으로 느슨한 결속력(loose alliance)을 유지할 수밖에 없는 한계점도 가지고 있다. 게다가 최근까지 북해의 주요 선진국인 영국, 노르웨이, 스웨덴, 덴마크 등은 유럽연합의 공통화폐인 유로화(EUR: €)를 여전히 사용하고 있지 않다.

영국은 경제와 이민문제로 유럽연합을 탈퇴하기까지 했다. 각자의 자존심과 이익구조 때문에 유럽공동체에 대한 완전한 동참을 하지는 않는 것으로 파악된다. 따라서 북해에서는 향후 해역을 둘러싼 네트워크의 정체성을 같은 유럽의 발트해와 지중해 수준으로 끌어올리려는 자발적 노력이 요구된다.

둘째, 북해지역에서는 앞으로 정부와 국가적 차원뿐만 아니라, 각 도시단위와 시민사회 부문으로 네트워크의 효과를 확산하려는 노력이 필요하다. 달리 말해 지금까지의 북해지역 협력체제는 도시나 지역의 풀뿌리 제휴단위라고 하기보다는 상호 국제적 공동협약과 협력 프로그램인 인터레그(Interreg)에 의해 촉진된 국가적 단위의 네트워크 위주로 그 외형이 형성되어 있다고 보아야 한다.

그러나 최근 북해를 바라보는 유럽연합의 관점이 변화되었으며, 이는 새로운 인터레그 프로그램(Interreg-Ⅴ) 및 '북해지역전략 2020'에도 반영되었다. 이에 2000년대까지 북해 연안에서는 국가적 차원의 인위적이고 공식적인 연합을 만든 후에, 시간이 흐를수록 지역과 도시들의 자생적인 협력구조가 나타나기 시작했다. 현재 북해 연안에서는 공간적 측면에서 도시(city), 지역(region), 국가(state), 주체적 측면에서 정부(government), 기업(business), 시민(citizen), 기타 외부세력(external influence)이 보다 크게 확산된 성원권(membership)을 가지고 네트워크에 느슨한 분위기로 참여하는 구조가 형성되어 가고 있다. 그리고 이는 언제나 공식적이지는 않고, 상당 부분이 비공식적이며 다층적인 배열(arrangement)이라는 새로운 협력의 형태를 만들어 내고 있다.

2015년부터는 북해 연안의 의원, 정부당국, 기업계, 시민조직과 전문가 집단이 의사결정과정에 간여하는 현상이 늘어나, 밑으로부터의 접근(bottom-up process)도 빈번하게 나타나고 있다는 점은 긍정적이다. 따라서 북해 연안에서는 향후 네트워크의 공고화를 위해 지역과 도시, 정부와 민간의 연계에 더 많은 시간과 자원을 할애해야 할 것이다.

셋째, 북해 연안 해양네트워크의 지속적 발전을 위해서는 기존의 환경과 경제문제 외에 협력의제의 다양화 노력도 필요하다. 2020년까지 북해 연안의 초국경 프로그램을 위시한 연안의 여러 협력기제들은 외부로부터의 자극과 지원에 힘입어 최근 결속의 공고화를 새로운 추진력을 얻고 있다. 특히 유럽위원회는 북해의 연안지역에 대해 교통, 환경, 에너지, 물류, R&D 등 각각 다른 핵심분야별 파트너십(crucial sector partnerships)을 구축하도록 장려하고 있다. 이러한 여러 네트워크 지원책들은 북해 연안의 에너지 자원과 경제적 안정이 궁극적으로 유럽전체의 안정에도 기여한다는 점에 근거를 두고 있다.

그런데 이것은 역설적이게도 기존 자원과 경제, 환경의 문제에만 협력의 시야를 제한시킨다. 환언하면 유럽연합의 확장으로부터 영향을 받는 사회, 문화, 종교, 학술, 안보 등 비경제적 문제들로 북해 연안의 의제가 확장되는 것을 크게 방해하고 있는 것이다. 비단 비경제적 요소는 유럽의 다른 지역사례에서 해양네트워크의 정체성과 협력

전략을 강화시키는 촉매로 작용하는 것으로 알려져 있다.

게다가 북해 연안지역에서 미래에 기대되고 있는 협력의 움직임은 유럽연합뿐만 아니라 대서양 및 아시아와 미주지역으로의 글로벌 네트워크를 향한 유럽인들의 열망과도 긴밀하게 연결되어 있다. 따라서 미래에 북해 연안에는 환경이나 경제적 요소 이외의 다양한 협력의제를 발전시키려는 노력이 요구된다.

2) 북해 사례의 교훈과 시사점

이 장에서 다루었던 '북해 연안지역(North Sea Region)'도 이러한 배경의 한 가운데 서 있다. 북해 연안은 최근 장기적인 비전으로 유럽연합 차원의 전략적인 지원을 받고 있는 거점지역이다. 북해를 둘러싼 연안지역은 유럽연합의 3대 시장이자 중추국가들인 독일, 프랑스, 영국의 중간 지점에 위치하고 있다. 현재 북해 연안이 유럽연합에서 전폭적인 지원을 받고 있는 이유는 예전부터 그 지역적 중요성이 컸음에도 불구하고 상대적으로 남쪽의 지중해나 발트해에 비해 저평가 되어 왔던 지역이기 때문이다.

또한 상대적으로 추운 기후와 양호하지 못한 자연조건 등으로 오랫동안 성장이 지체되었던 북해의 해역과 연안지역은 유럽 내에서도 확실히 발전이 유망한 지역으로 새롭게 평가되고 있다. 영국, 노르웨이, 덴마크, 스웨덴, 독일, 벨기에 등 유럽의 기존 선진국가들이 북해 주변에 산재해 있었음에도 불구하고, 앞으로도 이 지역은 자원과 경제, 환경적 측면에서 지속 가능한 성장이 기대되고 있다.

이상의 점들에 근거하여 보면, 북해지역은 우리에게 아직 생소하지만 향후 그 중요성이 점차 커질 것으로 기대된다. 우리나라는 지난

2011년 유럽연합과 '자유무역협정(FTA)'을 발효하였고, 현재 '북극항로 (North Pole Route)' 개발 등에 힘을 쏟고 있다. 우리에게 현 시점에서 과연 유럽의 어느 곳에 새로운 관심을 두어야 할지 그 답은 분명하다. 지금 국경을 극복하고 전격적으로 형성되어가고 있는 북해 연안의 해양네트워크는 우리가 전략적으로 소통해야 할 필연적 대상이 될 것으로 예상된다.

그리고 북해라는 넓은 해역을 사이에 둔 이들 연안의 협력체제 구축은 비슷한 처지의 동북아시아 연안공동체의 미래상을 논의하는데도 적지 않은 시사점을 줄 것으로 생각된다. 나아가 동북아시아에서 함께 살아가는 우리나라 및 인접 연안지역의 발전적 미래상에도 북해의 사례가 충분한 시사점을 주고 있음은 분명한 사실로 보인다.

앞서 소개한 유럽과 대서양의 경계지대인 북해 해역의 협력사례에서 알 수 있는 사실은 비교적 분명하다. 그것은 기존 유럽연합에서 나타난 발트해, 지중해, 북해지역 네트워크 등의 사례와 마찬가지로, 물리적으로 왕래가 편리하거나 경제적으로 선진화되어 있지 않은 지역에서도 국경을 초월한 협력과 연합이 충분히 가능하다는 것이다. 비록 연중 혹한과 원거리로 연안이 서로 떨어져 있는 북해는 자연적, 지리적 조건이 그리 양호하지 않다. 더구나 북해를 둘러싼 영국과 노르웨이, 스웨덴과 덴마크, 독일과 프랑스 등은 모두 과거에 침략과 앙금의 역사도 공유하고 있다.

하지만 현재까지 나타난 북해 연안지역의 초국경적 협력체제의 구상과 실천은 동북아시아와 우리나라에게도 적지 않은 자극을 줄 것으로 보인다. 또한 경제적 명분에 의한 교통체계의 혁신, 이로 인한 해역의 공간적 통합은 궁극적으로 사회·문화적 통합을 이루게 한다는 초국경 논리와 해양네트워크의 강력한 명제를 우리에게 다시 한번 증명하고 있다.

따라서 우리는 북해 해역권의 교훈을 토대로 이른바 '동북아시아 공동체 구상과 담론'의 실현 가능성과 노력에 더 많은 무게를 두어야 할 것이다. 아울러 최근 달라진 북해 연안의 상황을 참고하여, 우리는 향후 유럽연합과의 자유무역협정(FTA)에 따른 경제교류와 북극항로 개발을 위한 국제교섭에 있어서 기존의 개별 국가적 접근(single country approach)이 아닌, 네트워크 시각에 따른 다자적 접근전략(multi-faceted approach)을 선택해야 한다는 점도 신중히 제언하고자 한다.

제4장

지중해의 해양네트워크

제 4 장 지중해의 해양네트워크

1. 지중해의 지리적 개관

1) 지중해의 지리적 개요

지중해(地中海, Mediterranean Sea)는 유럽과 아시아 쪽에서 대서양으로 이어지는 바다이다. 지중해의 명칭은 말 그대로 "땅의 정중앙, 육지의 한가운데에 있는 바다"라는 뜻이다. 지중해는 서쪽의 지브롤터 해협을 통해 대서양과, 동쪽의 다르다넬스 해협과 보스포루스 해협을 통해 마르마라 해, 흑해와 각각 연결된다. 통상적으로 마르마라 해는 지중해의 일부로 보기도 하지만, 흑해는 지중해와 별개의 바다로 보는 것이 일반적인 견해이다.

지중해는 남동쪽의 수에즈 운하를 통하여 중동의 홍해와도 연결이 된다. 지중해의 해역 면적은 약 290만km² 정도로 비교적 넓은 바다에 속한다. 그러나 지중해와 대서양이 연결되는 지점(지브롤터 해협)은 폭이 14km에 불과하다. 지중해 연안선의 길이는 약 4,000km이며, 해역의 최대 너비는 약 1,600km 정도이다. 지중해의 평균 수심은 약 1,500m이며, 가장 깊은 지점으로 기록된 곳은 이오니아 해의 칼립소 심연으로 그 수심이 5,267m에 달한다. 일반적으로 지중해라고 한다

면, 유럽에서 바라보는 지중해를 가리킬 정도로 유명하다. 고대부터
중세 말까지 유럽 문명의 중심무대가 되었고 오늘날에도 세계 항로의
주요간선 중의 하나가 되어 있다.

지정학적으로 지중해는 해역의 대부분이 유럽, 아시아, 아프리카
등 3개의 주요 대륙에 둘러싸여 있는 것이 특징이다. 즉 북쪽은 유럽,
남쪽은 아프리카, 동쪽은 아시아에 접한다. 유럽 쪽에서 바라봐도 역
시 지중해는 아프리카·아시아·유럽의 3개 대륙에 둘러싸여 있다.
그래서 해양학이나 지리학 등에서는 육지로 둘러싸인 바다를 이르는
일반적인 개념인 지중해와 이 바다를 구별하기 위해, '유라프리카 지
중해(Eurafrican Mediterranean Sea)' 또는 '유럽 지중해(European Medi-
terranean)'로 종종 칭하기도 한다.

지중해 바다에서는 나라별 국경의 분포도 복잡하다. 유럽, 아시아,
아프리카에 속한 총 22개국이 지중해에 접해 있다. 유럽에서는 스페

〈그림 22〉 지중해의 지리적 개관

* 자료: 위키피디아 백과. https://commons.wikimedia.org

인, 프랑스, 모나코, 이탈리아, 몰타, 슬로베니아, 크로아티아, 보스니아 헤르체고비나, 세르비아 몬테네그로, 알바니아, 그리스, 터키, 키프로스 등이 지중해에 국경을 가지고 있다. 아시아에서는 터키, 시리아, 레바논, 이스라엘, 팔레스타인 등이 접하고 있다. 아프리카에서는 이집트, 리비아, 튀니지, 알제리, 모로코 등이 지중해 남쪽으로 국경을 접하고 있다.

구체적인 연안선과 지형에 있어서 지중해의 남부와 동부의 해안선은 비교적 단조로우며, 북안(北岸)에는 이베리아 · 이탈리아 · 그리스 등의 반도가 돌출해 있다. 발레아레스 제도와 코르시카 · 사르데냐 · 시칠리아 · 크레타 · 키프로스 등의 섬 이외에 에게해와 아드리아해에는 많은 섬들이 있다. 주요 하천으로는 에브로강, 론강, 포강, 나일강 등이 지중해로 흘러든다.

지중해는 대서양과 흑해로부터 표면류가 흘러들기 때문에 시계와 반대 방향의 약한 해류가 전역을 흐른다. 중층류(中層流)도 표층류(表層流)와 마찬가지로 시계와 반대 방향으로 환류하는 경향이 있다. 지중해와 대서양의 바닷물 교환은 지브롤터 해협을 통하여 행해진다. 상층에서는 대서양의 바닷물이 유입하고, 다시 반대의 해저를 따라 대서양에 유출한다. 이 점에서 지중해는 농도가 짙은 상당한 양의 염분수(鹽分水)를 대서양 심층수에 공급하고 있으며, 대서양의 심층순환에 큰 영향을 주고 있다.

오늘날 지중해는 경치가 아름다우며, 특히 리비에라 · 달마티아 · 이탈리아의 해안은 세계적인 관광지이자 휴양지역이다. 섬들도 경치가 아름답고 사적(史蹟)이 많으며, 섬 사이에 관광항로가 발달해 있는 것도 고유한 특색 중의 하나이다. 제2차 세계대전 후에는 항공교통의 발달에 따라 지중해에 유럽~아시아 항공로의 남쪽 간선이 통하게 되었으며, 아테네와 로마는 국제항공로의 요지로서 주목되고 있다. 지중해 연안에는 스페인·프랑스·이탈리아·그리스·터키 등의 국가 간 항로, 남북 연락 항로가 산재해 있다. 반면에 섬이 많은 에게해의 항로 등은 지방적 성격이 강하며 소형 기선에 의한 항해가 많은 편이다.

2) 지중해의 역사·문화적 개관

유럽에서 역사적으로 가장 오래된 이야기를 간직한 곳은 바로 '지중해'일 것이다. 여기서 말하는 지중해는 바다인 동시에 그 바다를 둘러싼 연안지역, 항구, 도시와 국가를 모두 일컫는 말이다. 지중해는 역사와 문화적으로 보자면 사람과 자연의 융합, 사람들 간의 대립과 화합을 통해 항상 기존의 것들이 없어지고 새로운 것들을 만들어 내는 공간이었다.

예를 들자면 고대 시기부터 이집트, 헬레니즘, 비잔틴, 이슬람 등등 주옥같은 세계의 문명이 여기에 발상지를 가지고 있다는 것이 이를 방증한다. 오늘날도 전 세계의 문화와 종교들이 지중해에 모여들고 있다. 유럽과 아프리카가 만나는 지브롤터 해협, 아시아와 유럽의 보스포루스 해협, 아시아와 아프리카의 접점인 수에즈 운하는 지중해를 세계에서 가장 복잡한 바다로 만들고 있다.

일단 역사적으로 지중해는 여러 가지 이름을 가지고 있었다. 고대 시대부터 지중해는 중요한 교역로로 메소포타미아, 이집트, 페니키아, 카르타고, 그리스, 레반트, 로마, 무어인, 투르크인 등 지중해 연안지역의 여러 민족들이 물자와 다양한 문화를 교류하였다. 가령 고대 로마제국이 지중해에서 번성했을 때, 로마인들은 '우리의 바다(Mare Nostrum)'로 불렀다. 로마제국 시기에 지중해는 제국의 앞 바다라는 의미로 '내해(內海, Mare Internum)'로 부른 경우도 있었다. 지중해의 어원은 라틴어 낱말 '메디테라네우스(mediterraneus)'로 '지구의 한가운데(medius+terra)'라는 의미를 갖는다. 그 이유는 이 바다가 인접한 대서양과 비교했을 때, 사방이 육지에 둘러싸여 있기 때문이거나 혹은 당시에 중동인과 유럽인들에게 있어 알려진 세계의 중심이었기 때문이었을 것이다.

종교적으로 성서에서는 지중해를 '뒤쪽의 바다'라고 부르기도 하였는데, 그 위치가 성지인 예루살렘의 뒤편 서쪽 해안이기 때문으로 풀이된다. 구약성서 등에 나와 있듯이 예루살렘의 동쪽 사람들은 지중해를 '서쪽의 바다'로 부르기도 하였다. 히브리어에서는 지중해를 독일어의 '미텔메어(Mittelmeer)'에서 그대로 차용하여 '가운데 바다(Hayam Hatikhon)'로 부른다. 터키어에서는 주변의 흑해(黑海)와 대비시켜 지중해를 '하얀 바다(Akdeniz)'로 부르기도 했다. 적어도 중세 이전까지의 지중해는 기록으로 남아 있는 세계 역사의 중심에 있었다고 해도 과언이 아니다.

인류 문명의 관점에서 역사적으로 먼저 고대 이집트인들이 최초로 지중해에서 활동하기 시작하였다. 기원전 2000년경부터는 지중해 동쪽의 크레타섬과 에게해를 중심으로 '에게 문명'이 중흥하였다. 기원전 13세기경부터는 페니키아인이 해상에서 활동을 하였다. 기원전 8세기~6세기에는 그리스인이 항해와 무역에 앞장섰으며, 지중해에 수많은 식민도시를 건설하였다. 또한 지중해의 서쪽을 지배하고 있던 카르타고는 로마제국과 3차례의 교전 끝에 패배하였으며, 이때부터 지중해 전역은 로마의 지배하에 들어가게 된다. 이처럼 고대의 지중해에서는 해안도시를 거점으로 문화·경제가 전달되고 지중해 문화가 형성되었다.

　　중세시대에 들어와 7세기에는 지중해에서 아라비아인이 시리아·
이집트·북아프리카·에스파냐·시칠리아 등을 차지하였다. 그래서
지중해의 주변 일대는 이슬람교의 세계로 변하였다. 중세의 지중해는
고대의 시기와는 달리 그리스도교와 이슬람교의 서로 다른 문화권을
분할하는 기능을 가지게 되었다. 그러나 11세기가 되자 노르만인이
시칠리아섬에서 남부 이탈리아까지 걸친 지역에 나폴리 왕국을 세웠다.

　　뒤이어 11세기 말부터는 십자군(十字軍)의 수송과 동방무역으로 북
이탈리아에서 베네치아·제노바 등의 도시가 번영을 누리게 되었다.
이후 지중해는 이슬람교도, 콘스탄티노플(현재의 이스탄불) 및 이탈
리아 도시 간의 쟁탈장이 되었다. 특히 이탈리아의 여러 도시들이 지
중해에서 세력을 유지한 가운데, 15세기 중엽에는 오스만투르크 제국
이 콘스탄티노플을 함락시키고, 동쪽 지중해까지 세력을 뻗쳤다.

〈그림 23〉 고대 로마제국 시대(트라야누스황제, 서기 117년)의 지중해 연안

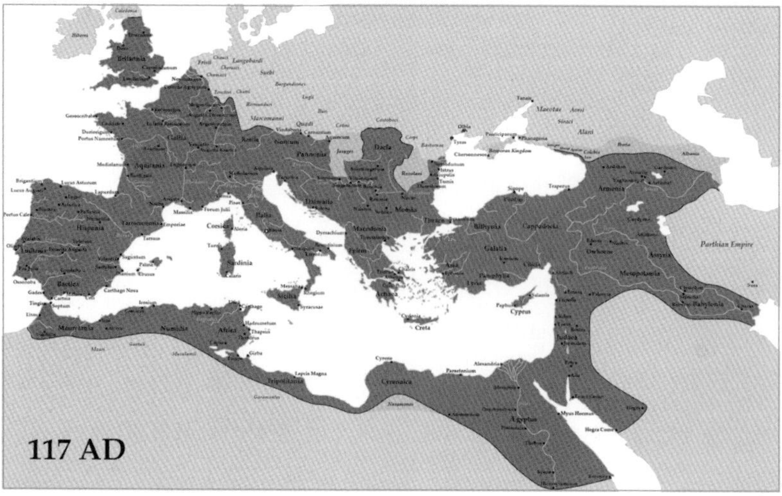

* 자료: 위키피디아 백과. https://commons.wikimedia.org

　이후 대략 17세기까지 근대 이전의 지중해에서는 오스만투르크가
동방무역로를 장악하게 되었다. 또한 유명한 탐험가인 바스코 다가마
가 지중해를 통하는 동인도(東印度) 항로를 개척하였다. 이런 이유로
세계 해상교통의 핵심은 지중해에서 대서양으로 옮겨졌으며, 스페인
과 포르투갈이 식민 종주국으로 번영을 하였다. 그러나 16세기 중상
주의 시대가 되자 지중해는 다시 주목을 받게 되었으며, 영국이 18세
기 초의 스페인 왕위계승전쟁 후에는 지중해의 서쪽 입구인 지브롤터
와 미노르카섬을 장악한다. 이후 영국은 몰타섬과 이오니아 제도를
순차적으로 차지하여, 인도 등 해외의 식민지 경영을 위한 지중해 주
요 항로 확보의 기초를 다졌다.

　그 이후 대략 17세기 중반 시기부터 오스만투르크 제국이 기울자

〈그림 24〉 오스만 제국 시대(1683년)의 지중해 연안

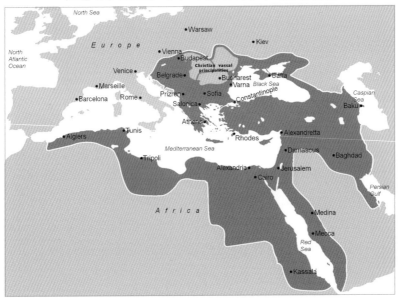

* 자료: 위키피디아 백과(http://ko.wikipedia.org) 자료에서 재편집.

서유럽 열강은 가까운 중동지역으로의 진출을 꾀하였으며, 1869년에 수에즈 운하가 개통되자 교통로로서 지중해의 가치가 일변하였다. 영국은 수에즈 운하의 주식 중에서 대부분을 매입하였으며, 1878년에는 키프로스의 행정권을 획득하였다. 1914년에는 키프로스를 식민지로 만들었고, 지중해의 해상교통을 거의 장악하기에 이른다. 또한 이듬해에는 이집트를 보호국으로 만들었다.

이 무렵 프랑스는 북아프리카의 알제리·튀니지·모로코를, 이탈리아는 리비아를 각각 획득하고 있었으나, 제해권은 이미 많은 거점을 가지고 있던 영국의 수중에 있었다. 제 1·2차 세계대전 중에는 지중해가 전략상 요지가 되었으며, 그 후 중동의 석유자원 개발에 따라 교통상의 의의가 더욱 커지게 되었다. 또한 제2차 세계대전 후부터 아프리카는 세계의 반식민지운동의 중심무대가 되었고, 이는 주로 지중해의 아프리카 해역으로 확대되었다.

지중해의 아프리카 연안은 유럽과 가장 가까운 곳이며, 과거 유럽 열강들의 식민지 지배와 흑인에 대한 노예제도의 확산 등이 가장 활발했던 지역이었기 때문이다. 지중해의 바다를 끼고 서로의 연안을 사이에 두고 있지만, 유럽과 아프리카는 지배와 피지배의 긴 역사만큼이나 적지 않은 서로의 앙금도 남아 있는 것이다.

한편, 지중해 연안에는 바닷길과 항로의 역사도 오래 되었다. 세계 문명의 선구자 격인 이집트를 비롯하여 그리스 문명, 이탈리아의 로마제국 등 고대부터 번영한 나라들이 많았다. 그래서 지중해에서는 오래 전부터 이들 국가 간의 항로도 조기에 개척되었다. 15세기 이후에는 유럽 해운의 중심이 북대서양의 동부로 옮겨져 지중해에서의 항로와 해운은 쇠퇴하기도 했다.

하지만 1869년에 수에즈 운하가 개통되자 지중해·수에즈 운하를 거쳐 유럽과 아시아를 잇는 해상항로가 크게 단축되었다. 또한 지중해 동서항로인 지브롤터 해협에서 수에즈 운하를 잇는 항로는 유럽과 아시아 항로의 간선이 되었다. 근대 이후 고대와 중세에 번영하였던 지중해의 각 연안 항구는 회복·발전하게 되었고, 바르셀로나·마르세유·제노바·나폴리 등은 동서항로의 주요 기항지가 되었다. 지중해의 동서항로는 19세기에 영국의 아시아 식민지 경영을 용이하게 해 주기도 했다.

지금은 서유럽과 중동, 아시아 및 북아프리카 국가 간의 주요 산업적 항로가 지중해에 자리하고 있으며, 중동산 석유의 서유럽 수출에도 지중해 해역이 이용되고 있다. 이제 지중해 동서항로는 세계에서 가장 복잡한 항로 중의 하나가 되었으며, 오늘날 지중해를 오가는 선박은 유럽에서도 가장 많은 편에 속한다. 유럽의 많은 전문가들은 유럽연합 회원국과 지중해 연안 국가가 궁극적으로 통합되면 이들 네트워크 지역은 유럽, 중동, 북아프리카를 두루 아우르는 사통팔달의 입지조건을 갖춘 물류 및 제조업의 허브로 떠오를 수 있을 것이라고 평가했다.

예컨대, 북부 아프리카 연안의 모로코에 있는 최북단 항구도시 탕헤르(Tanger)에 있는 탕헤르 메드 항구(Tanger Med port)는 연간 400만 개에 달하는 컨테이너 물동량을 처리하고 있으며, 영국 최대 항구 펠릭스토우(Felixstowe)에 버금가는 물류시설을 갖췄다고 평가되고 있다. 그래서 장기적으로 이들 지중해 연안의 주요 항구들의 잠재력은 경제적 관점에서 적지 않은 것으로 추정되고 있다.

최근 지중해의 항로는 중동이나 아프리카 출신 난민이 유럽행을 시도할 때 주로 선택하는 루트가 되기도 하였다. 특히 지중해 연안의 리비아 등지는 이탈리아와 거리가 가까워 종종 난민들의 불법이민과 월

〈그림 25〉 지중해 연안국가의 인구와 경제적 격차

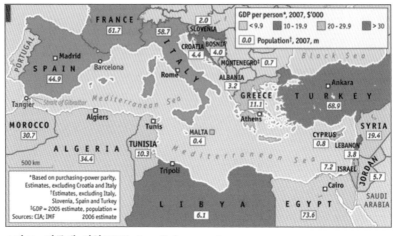

* 자료: 지중해 연합(2018). http://ufmsecretariat.org

경의 기착지가 되고 있다. 북부 아프리카에서 지중해를 건너 유럽으로 가려는 난민행렬이 늘고, 각종 해상사고들이 이어지면서 2015년부터 세계적으로 주목을 받기도 한 지역이 지중해 연안이다. 지중해 해상에서 숨지거나 실종된 난민 수는 매년 3천여 명 이상으로 2014년부터 계속 늘어났다. 현재는 다소 사고들이 감소하기는 하였으나, 여전히 지중해는 아프리카 난민들에게 '죽음의 바다'인 셈이다. 지중해 연안 국가들에게는 이러한 문제도 중요한 초국가적 현안이 되고 있다.

2. 지중해의 해양네트워크 형성

1) 지중해 해양네트워크의 개요

지중해의 해역을 중심으로 생긴 현대의 대표적인 해양네트워크는 이른바 '지중해 연합(地中海聯合, Union for the Mediterranean, UFM)'이라 소개할 수 있다. 지중해 연합은 현대 지중해의 새로운 질서를 상징한다고 해도 과언이 아니다. 지중해 연합은 오늘날 지중해 연안에 위치한 국가들을 중심으로 유럽과 아프리카, 그리고 아시아의 총 43개국이 결성한 초국경 국가연합이다. 즉 지중해에서 초국경적 연합을 이루고 있는 회원은 유럽연합(EU) 27개 회원국과 지중해 연안의 중동과 북아프리카 16개국 등 모두 43개국으로 구성되어 있다.

구체적으로 지중해 연합을 결성한 43개의 주요 국가는 다음과 같이 열거할 수 있다. 그리스, 네덜란드, 덴마크, 독일, 라트비아, 레바논, 루마니아, 룩셈부르크, 리투아니아, 모나코, 모로코, 모리타니, 몬테네그로, 몰타, 벨기에, 보스니아 헤르체고비나, 불가리아, 스웨덴, 스페인, 슬로바키아, 슬로베니아, 시리아, 아일랜드, 알바니아, 알제리, 에스토니아, 영국, 오스트리아, 요르단, 이스라엘, 이집트, 이탈리아, 체코, 크로아티아, 키프로스, 터키, 튀니지, 팔레스타인, 포르투갈, 폴란드, 프랑스, 핀란드, 헝가리, 아랍연맹 등이다.

일단 해양네트워크 형성의 관점에서 보면, 지중해의 해역이 가진 정체성을 중심으로 다수의 연안국들이 뭉쳤다는 점에서 큰 의의가 있다. 지중해 연합이 가진 규모는 대략 인구로는 7억 8,000만 명이며, 경제로는 유럽지역 경제의 30% 이상을 차지한다. 현대의 해양네트워크이지만, 지중해 연합은 과거 로마제국을 연상시킬 정도의 광범위한 영역을 포괄하고 있는 것이 특징이다.

해양네트워크의 규모 측면에서 지중해의 모든 둘레를 포함하는 지리적 영역은 아마 다른 해역의 사례들과 비교해도 지중해가 가장 클 것으로 보인다. 즉 지중해 연합은 3개의 대륙, 3대 종교(이슬람, 유대교, 기독교), 다층적 문화와 7억이 넘는 인구를 어우르는 거대한 해양

〈그림 26〉 지중해 연합의 다언어 로고(프랑스어, 영어, 아랍어)

* 자료: 지중해 연합(2018). http://ufmsecretariat.org

네트워크인 것이다.

　보다 쉽게 말해 지역적으로 보면, 지중해 연합은 바다의 정체성을 중심으로 유럽과 북부 아프리카, 중동, 발칸 지역 국가들 간의 초국적 협력과 파트너십의 강화를 목표로 한다. 창설 선언문에는 지중해 연안의 유럽 주변국 및 아프리카 권역을 해역의 정체성을 토대로 재통합하고 동등한 협력관계를 수립하는 임무를 띠게 되며, 이들 국가와의 파트너십을 정치적 차원까지 끌어올리고 시민사회와 기업, 지역공동체, 비정부기구(NGO)까지 흡수해 그 가치를 더욱 높여나가겠다는 뜻을 강조했다.

　이미 유럽연합은 1970년대부터 지중해에서의 협력 창구를 추진해왔으나, 네트워크를 위한 각종 노력들이 약 30년의 세월 동안 가시적인 성과를 내기보다는 대화의 한계와 현실적인 벽에 부딪히는 경우가 더 많았다. 그러던 와중에 최초 지중해 연합은 1990년에 만들어진 지중해 연안 10개국 모임에 의해 처음 구상되었다. 이른바 '5+5 모임'이라고도 부르는 10개국 모임은 지중해 이북의 스페인, 프랑스, 이탈리아, 몰타와 지중해 이남의 모로코, 알제리, 튀니지, 리비아를 중심으로, 지중해에 대한 높은 관심과 문제제기를 해 온 포르투갈, 모리타니아 등으로 구성이 되었다.

이들이 장기적으로 진행한 지중해에서의 공동체 건설에 관한 논의는 2000년 이후 프랑스에 의해 구체화되었다. 이에 최초 지중해 연합의 탄생에 결정적인 산파 역할을 한 국가는 바로 '프랑스'라고 볼 수 있다.

지중해의 해양네트워크인 지중해 연합은 프랑스 사르코지 대통령에 의해 제안되어, 2008년 7월에 파리에서 첫 정상 회의를 열면서 본격적으로 시작이 되었다. 다만 지중해 연안국에만 국한되어야 한다는 2008년 당시 사르코지 대통령의 첫 제안과는 달리, 현재 유럽연합(EU) 소속 국가들이 참여하였다는 데에 큰 차이가 있다. 이는 지중해 연안국에만 네트워크가 한정될 경우에 유럽연합(EU) 국가들이 분열될 것을 우려했기 때문이다.

그래서 일단 지중해 연합은 유럽연합(EU) 전역에서 희망하는 회원국을 모두 포함시켰고, 그 범주가 오늘에 이르고 있다. 지중해 연합 정상회의는 2년에 한 번 열리고 있으며, 의장국은 지중해 바다를 기준으로 각각 남쪽 지역과 북쪽 지역에 속한 국가가 한 나라씩 순환하면서 공동으로 맡고 있다. 예를 들어 프랑스와 이집트가 공동으로 지중해 연합의 초대 의장국을 2012년까지 맡았다. 이후에는 유럽연합 쪽과 포르투갈, 중동의 요르단 등이 의장국을 맡았으며, 대략 4년에 1번씩 의장국이 순회하면서 모든 회원국들에게 고루 기회가 주어지고 있다.

많은 회원국가와 이해관계자들의 숫자만큼이나, 지중해 연합의 출범에는 우여곡절이 많았다. 일단 당초부터 지중해 연합 회원국은 오직 지중해 연안 국가로만 한정을 했었다. 그러나 유럽연합 내에서 지중해 연합의 참가를 두고 갈등을 부추길 소지가 있다는 독일의 지적으로 유럽연합의 모든 회원국이 자율적으로 참여를 결정하게 되었다. 현재로서는 사실상 지중해 연합이라기보다는, 유럽연합의 일부와 지중해 연합의 성격이 되었다.

　그리고 당초에는 44개국이 지중해 연합에 참가할 것으로 예상되었
으나, 아프리카의 리비아가 마지막 순간에 불참을 선언했다. 즉 지중
해 연합 정상회의에는 당초 유럽연합 27개국과 북아프리카 6개국, 중
동 6개국, 옛 동유럽 국가 5개국 등 모두 44개국 회원국으로 출범할
예정이었으나 리비아의 불참 선언으로 43개국으로만 출범을 했다.
2008년 당시 무아마르 카다피 리비아 국가 원수는 지중해 연합이 아
랍과 아프리카의 단결을 저해하는 신식민주의 구상이라고 비판하는
입장이었다.

〈그림 27〉 지중해 연합의 공식 참가국 분포

* 자료: 위키피디아 백과(http://ko.wikipedia.org) 자료에서 재편집.

비슷한 시기에 터키도 유럽연합에 참가하고자 했으나 이것이 난항에 부딪혔다. 유럽의 입장에서는 터키가 '이슬람 국가'라는 점과 무슬림 인구가 많다는 점이 크게 부담으로 작용한 것으로 관측되었다. 그래서 대안적 방법으로 터키는 지중해 연합에 참가를 하게 되었다. 지중해 연합이 유럽연합으로 가는 길이라 믿은 터키가 가입함에 따라 ' 지중해 연합은 아시아와 유럽의 가교로서 위상을 가지고 출범할 수 있었다.

2) 지중해 해양네트워크의 특징

널리 알려진 바와 같이, 지중해와 연안을 마주하고 있는 북부 아프리카 및 중동과 터키, 그리고 이스라엘 지역은 여러 가지 복잡한 정치, 종교적 문제를 가지고 있었다. 하지만 21세기에 그 지정학적 중요성과 경제성장이 급속도로 활발해지고 있는 지역이기도 하다. 현재까지도 북부 아프리카와 중동은 석유개발 부분을 제외하더라도 금융, 통신, 건설 등 다양한 분야에서도 글로벌 투자가 이뤄지고 있다.

지중해 연안 지역에 유입된 외국인의 직접 투자는 2000년대 중반 당시 약 590억 달러로 중국에 이어 세계 2위를 기록하고 있었다. 지중해의 북부 아프리카와 중동은 유럽연합 차원에서도 더는 간과할 수 없는 경제적 시장이라는 것이 지중해 연합을 가능하게 한 원인이라 볼 수 있다. 또한 경제적 투자, 교역 활성화 등의 실리적 이유로 지중해 연합은 가급적 지중해 주변의 모든 회원국들에 문호가 개방되었다.

지중해 연합의 출범을 계기로 그동안 미국과 영국이 주도권을 행사해 온 중동외교의 주역으로서 유럽의 지리적 중심지인 프랑스가 주요 이해관계자로 부상하게 된 부수적인 효과도 있었다. 또한 2040년이면 지중해 남쪽 연안의 인구가 유럽연합의 인구를 추월하게 되는 인구성장 전망의 추세는 유럽연합 국가들이 중동과 북부 아프리카 지역에 대해 예전의 방어적이고 배타적인 태도만을 가질 수 없도록 만드는 요인이 되었다.

해양네트워크로서의 지중해 연합은 국제정세의 변화와 정치적 동기로 주도되었다는 특징이 있다. 지중해 연합의 결성과 그 출범은 장기간 프랑스의 노력이 있었기에 가능했다는 평가가 지배적이다. 특히 지중해 연합의 결성을 처음 주도한 프랑스 사르코지 대통령은 '강한 유럽'을 강조하며 지중해 연합의 필요성에 대해 확고한 뜻을 가지고 있었다. 프랑스 대통령 선거 캠페인에서 그는 지중해 연합을 건설하는 것이 지중해 연안 국가들뿐 아니라 모든 인류에게 중요한 일이라며, 이는 평화를 향해 나아가는 길이라고 강조했다. 이에 프랑스에 43개국의 정상과 지도자가 모였으며, 지중해 연합은 세계적인 분쟁지역인 중동과 발칸 지역의 국가들이 대거 참여했다는 점에서 전 세계의 관심을 불러모았다.

특히 2008년 당시 지중해 연합의 결성에 이스라엘 총리, 시리아 대통령, 팔레스타인 자치정부 수반의 공동 참여는 지중해 연합의 기치를 더욱 드높였다. 지중해 연합에 대한 이스라엘과 팔레스타인, 시리아의 참여는 그 자체만으로 상징적인 의미가 있었다. 특히 중동국가 및 주변과 외교관계가 좋지 않았던 이스라엘의 참여와 관련하여 지중해 연안 국가들 사이에 상호이해를 넓힐 수 있는 계기가 될 것이라는 당시의 기대가 있었다.

지중해 연합은 기존의 토대가 없는, 전혀 새로운 국가 간의 해양네트워크는 아니었던 것으로 보인다. 오늘날의 거대한 지중해 해양네트워크는 1995년 유럽연합에 의해 만들어졌던 '바르셀로나 프로세스

(Barcelona Process)'라고 하는 협력적 채널을 실제적으로 계승하고 있다. 당시 바르셀로나 프로세스는 유럽 인근 아시아와 아프리카에 대해 특화된 지역 정책(regional policy)의 일환으로 창설되었다. 여기에는 이미 유럽연합의 전체 회원국과 지중해 남안 10개국(모로코, 알제리, 튀니지, 이집트, 이스라엘, 팔레스타인 자치기구, 요르단, 레바논, 시리아, 터키)이 참여하고 있었다.

하지만 이 소기구는 전적으로 유럽연합의 예산에만 의존하였으며, 지중해를 사이에 둔 유럽과 아프리카, 아시아 국가들 간의 실질적인 협력의 장이 되지는 못하였다. 이는 단지 유럽연합의 자금으로 중동의 경제개발을 도와줌으로써, 유럽에 대한 중동의 각종 테러와 불법이민 문제를 해결하려 한 일방적 시스템이었기 때문이다. 즉 이스라엘과 아랍국가 간 갈등 심화 등 정치적 요인과 예산 부족 등의 요인으로 성과가 미미한 것으로 평가되었다. 물론 이러한 한계와 평가는 곧 지중해 연합의 출범의 국제사회적 배경이 되기도 했다.

환언하면 지중해 연합의 결성은 이 해역과 연안의 발전에 대한 남부 유럽국가들의 기대에 부응하지 못한 채, 유럽 국가들에 대한 시장 개방이라는 결과만을 초래한 과거 바르셀로나 프로세스의 기억을 극복하고 있는 것이다. 하지만 공교롭게도 지중해 연합이 출범한 2008년은 글로벌 금융위기가 시작된 해이기도 했고, 이후 몇 년 동안은 유럽국가들의 사정이 어려워졌다. 그래서 이러한 노력이 출발부터 순탄하지 않았던 것은 사실이다.

3. 지중해 해양네트워크의 성과

1) 지중해 연합의 활동

초창기 초국가적 해양네트워크로서의 지중해 연합은 회원국 간 실용적 협력을 강조하면서, 환경오염과 지중해 수로 문제를 협상 의제로 삼았다. 즉 지중해 연합 출범 초기에는 서로에 대한 앙금도 남아있었던 만큼, 무엇보다 서로 우호 분위기를 조성하기 위해 노력을 하였다.

특히 빈번한 테러와 불법 이민자, 난민 문제 등의 논란의 소지가 있는 문제는 가급적 피하고, 이와 겹치지 않는 비정치적 사안들을 집중논의하는 전략을 택했던 것이다. 중동지역의 분쟁과 갈등 문제와 같은 예민한 현안은 몇 년 동안 지중해 연합의 주요 의제로 설정하지 않았다. 초창기에 지중해 연합은 지중해 연안의 환경보호, 초국경 육상과 해상 교통로의 조기 확보, 시민이동과 안전의 개선, 지중해 태양에너지 발전 등 신재생에너지 계획과 대체에너지 개발 등을 중점적으로 추진하였다.

공식적으로 현재 지중해 연합이 표방하고 있는 연안국 간 6개 분야에 걸친 우선 협력의 아젠다는 다음과 같다. 그것은 지중해 연안의 비즈니스 사업의 개발(Business Development), 교통과 도시개발(Transport & Urban Development), 에너지와 기후관련 활동(Energy & Climate Action), 수자원과 환경(Water & Environment), 고등교육과 연구개발(Higher Education & Research), 사회와 시민활동(Social & Civil Affairs)에 관한 분야 등이다.

스페인의 바르셀로나에 본부를 둔 지중해 연합의 집행사무국은 이

러한 아젠다들에 대해 총괄적으로 관리를 하고 있다. 제도적으로는
회원국 정부 간 지중해 연대 협약에 바탕을 두고 활동을 하고 있다.
지중해 연합 구상을 실현하기 위한 집행조직 체계는 초기에 미비하였
으나, 상설사무국이 생기고 나서는 체계를 갖추어 현재에 이르고 있다.

　2010년 이후 추진되고 있는 지중해 연합의 실질적인 주요 사업으로
는 다음과 같은 것들이 있다. 그것은 지중해 생태계 및 연안 보호를
위한 기구 창설, 지중해의 수질 오염과 해양사고를 방지하기 위해 필
요시 즉각적인 대응이 가능하고 경보 시스템을 갖춘 관측소 창설, 재
생 에너지 등 새로운 에너지원 개발, 해수 담수화 사업, 첨단 나노기
술 등의 개도국 기술이전을 위한 지중해 센터 설립 등이다. 이들 대부
분의 사업들은 적어도 10년 이상의 장기적인 계획을 세워서 추진하

〈그림 28〉 지중해 연합 지역의 평균 강수량과 수자원 분포

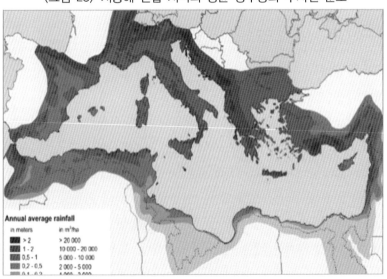

* 자료: 지중해 연합(2018). http://ufmsecretariat.org

고 있는 것이 특징이다.

2) 지중해 연합의 성과

지중해 연합의 표면적인 네트워크 운영의 목표는 지중해 연안지역 내의 협력 강화와 분쟁의 해결이다. 2008년 당시 세계의 많은 전문가들은 지중해 연합의 창설을 두고 '중동 평화를 위한 최고의 뉴스'라는 논평을 내놓기도 했다. 그리고 현재 지중해 연합 정상회의에는 유럽과 중동, 아프리카에서 경제적 이유보다는 정치와 외교적인 성과를 거둔 점이 돋보인다.

특히 지중해 연합을 통해서 이스라엘과 팔레스타인 자치정부 사이의 중동 평화협상에 새로운 전기를 마련했다. 앙숙이었던 시리아와 레바논 사이의 외교관계 복원 결정을 이끌어내는 등의 적지 않은 성과도 거두었다. 마찬가지로 지중해 연합은 지중해를 사이에 둔 양쪽 연안 간 공동의 개발 및 균형적 협력관계를 표방하고 있다. 이를 통해 기존에 잘사는 유럽연합 선진국과의 교류 및 발전적 보완에 대한 기대를 주고 있다.

지중해 연합의 최상위 아젠다는 지중해 일대의 유럽과 북아프리카, 중동 사이의 남북 격차를 해소한다는 취지에서 출발하고 있다. 경제적으로 낙후된 지중해 남부, 즉 북부 아프리카 쪽의 연안국가들이 네트워크를 통해 희망을 실현할 수 있는 장으로서의 기능을 강조하고 있다. 이를 위해 모든 참여 당사국들이 지중해 연합이 내건 각종 사업을 위한 재정 기여를 해야 할 것도 강조한다. 특히 지중해 연합의 성공 조건으로는 정치와 군사적으로 중동 지역, 즉 이스라엘과 팔레스타인의 갈등 문제 해결 등이 전제되어야 하고 평화 프로세스가 진전될 것을 주문하고 있다.

그럼에도 불구하고 지중해 연합이 장기적으로 성공적인 해양네트워크로서의 본래 궤도에 안착을 할 수 있을지는 다소 불투명하다. 그 이유는 연안국들의 정체성이 대륙별로 너무나 다르고, 일단 참여하는 국가들이 많기 때문이다. 그리고 서로를 구속하지 않는 상당히 느슨한 형태의 네트워크를 유지하고 있음에도 불구하고, 내부적인 이해관계는 복잡하다. 즉 미세하지만 보이지 않는 회원국들 간의 균열이 여러 가지 형태로 남아 있다는 것이다.

역사적으로 지중해 연안 국가끼리의 상호 불신이 깊고, 아랍이나 유럽 지도자들 대다수가 회의적인 입장을 보이고 있기도 하다. 지중해 연합에 불참한 리비아의 경우에는 이 초국가적 해양네트워크가 아랍과 아프리카의 단결을 방해하는 신식민주의적 구상이라는 비판적 입장을 여전히 견지하고 있다. 솔직히 지중해의 아프리카 국가들은 아직도 과거의 아픈 기억들 때문에 유럽과의 협력에 순수한 동기로 응하지 못한다는 지적도 있다.

4. 지중해 해양네트워크의 미래

1) 지중해 연합의 변화와 부침

최근 지중해에서 아시아와 유럽의 가교적 위치에 있는 터키는 지중해 연합에 다소 수동적으로 참여하고 있다. 이에 더 나아가 노골적으로 유럽연합에 대한 정식회원 가입을 더 원하고 있는 상황이다. 원래 지중해 연합의 결성을 주도했던 프랑스는 이슬람 종교 국가인 터키의 유럽연합 가입을 강력하게 반대하면서, 그 대안으로 지중해 연합의 참여를 제안했었다. 이러한 프랑스와 터키의 이해관계는 지중해 연합의 장기적인 불안요소이기도 하다. 게다가 경제적으로 낙후된 북아프리카 국가들은 지중해를 통한 지역기구 차원의 협력보다는 두터운 양자 관계를 선호하는 경향이 있다.

지중해 연합의 다수인 유럽연합 국가들의 내부적인 관계와 구조적 문제도 만만치 않다. 일단 독일과 프랑스는 지중해 연합의 가장 큰

〈그림 29〉 지중해 연합의 주요 아젠다와 집행기구

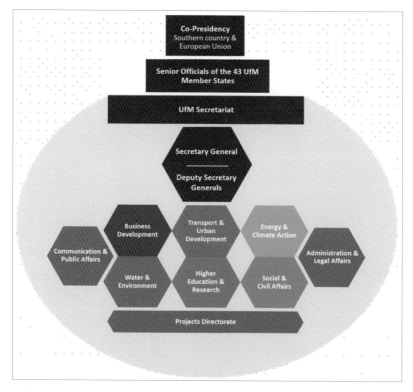

* 자료: 지중해 연합(2018). http://ufmsecretariat.org

리더역할을 여전히 수행하고 있다. 하지만 지중해 네트워크의 결성 초기부터 회원국 숫자나 운영 자금 조달 등의 문제를 놓고 적지 않은 입장의 온도차를 갖고 있다.

지중해 연합의 새로운 맹주로 프랑스가 부상하려 하자, 2010년 이후부터 일부 지중해 연안국은 물론 유럽연합 강대국들의 프랑스에 대한 견제도 보이지 않게 존재하고 있다. 즉 지중해의 남부를 프랑스와 독일 등에게만 영향력을 발휘하도록 놔두지 않겠다는 여러 나라들의 속셈이 깔려 있는 것이다. 예컨대, 아프리카인들의 난민과 불법이민 문제에 대하여 지중해 연합의 여러 회원국들이 표명한 시각들을 들여다보면 이러한 점들이 잘 드러난다.

지중해 연합 안에서도 유럽연합의 남부 지중해 연안 회원국들은 수많은 아프리카 쪽의 불법 이민자들이 처음으로 당도하는 곳이 지중해 연안국들이기 때문에 이들을 막기 위해 유럽연합의 보다 많은 지원이 필요하다고 주장하고 있다. 그러나 지중해로부터 멀리 떨어져 있는 유럽연합의 북부지역 회원국들은 지중해에서의 간편하고 강력한 이민협정 체결만으로 아프리카의 불법이민을 막을 것을 주장하고 있다.

또한 이민자들의 쿼터제, 즉 지중해 아프리카 쪽 국가들에 대한 유럽연합 국가들의 이민 할당제를 추진하려는 것도 찬반이 팽팽한 상황이다. 지중해에서의 이민자 수용 및 보호 문제는 자비가 아니라 인권의 문제라는 프랑스와 독일 등의 입장에 비해, 영국과 비연안국들은 반대의 입장을 갖고 있다.

이런 가운데 최근에도 시리아, 에리트리아, 나이지리아, 소말리아와 같은 나라에서 빈곤과 내전에서 탈출하려는 아프리카 사람들이 지중해를 계속 넘어가고 있는 것으로 추정된다. 그 중에서 매년 수천여 명의 사람들이 지중해 바다 위에서 목숨을 잃었다. 이들 난민과 불법 이

민자들의 이동의 자유를 제한하거나 규제하는 것에 대해 지중해 연합
안에서도 연안국과 비연안국들 사이에 의견이 극명하게 엇갈리고 있다.

〈그림 30〉 지중해 지역의 불법이민과 난민 이동 루트

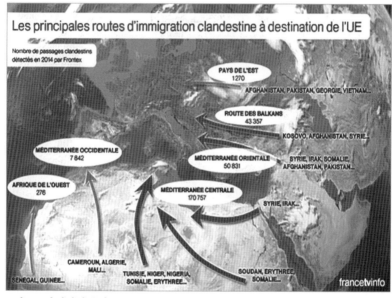

Les principales routes d'immigration clandestine à destination de l'UE

Nombre de passages clandestins
détectés en 2014 par Frontex

PAYS DE L'EST
1270
AFGHANISTAN, PAKISTAN, GEORGIE, VIETNAM...

ROUTE DES BALKANS
43 357
KOSOVO, AFGHANISTAN, SYRIE...

MÉDITERRANÉE OCCIDENTALE
7 842

MÉDITERRANÉE ORIENTALE
50 831

SYRIE, IRAK, SOMALIE,
AFGHANISTAN, PAKISTAN...

AFRIQUE DE L'OUEST
276

MÉDITERRANÉE CENTRALE
170 757

SYRIE, IRAK...

CAMEROUN, ALGERIE,
MALI...
SENEGAL, GUINEE...

TUNISIE, NIGER, NIGERIA,
SOMALIE, ERYTHREE...

SOUDAN, ERYTHREE,
SOMALIE...

francetvinfo

* 자료: 파리한불통신. http://www.korea-press-production.com

2) 지중해 연합의 새로운 출발

발생의 빈도나 심각성의 차이는 있으나, 최근까지도 지중해에서는
난민선의 침몰 등 해상사고가 잇따라 발생하고 있다. 하지만 일부 유
럽연합 국가만 지중해 난민선을 보호하기 위해서 나서고 있다. 궁극
적으로 지중해 연합 차원에서는 지속적인 대책을 주문하고 있으나,
근본적인 해결방안을 구체적으로 세우지 못하고 있는 실정이다.

같은 맥락에서 이스라엘과 팔레스타인 군사분쟁의 존재도 지중해 연합이 가진 고질적인 문제라 볼 수 있다. 지중해 연합의 아랍 국가회원들 사이에는 이스라엘이 이 네트워크를 중동이라는 적대적 지역으로부터 탈출하기 위한 기회로 이용하고 있다는 견해가 지배적이다. 2017년 말에 이스라엘과 팔레스타인 사이에 공동의 수도(首都) 격이었던 예루살렘을 두고서 미국 트럼프 정부의 이스라엘 편들기도 발생한 바 있다. 이에 약 70년 동안 살얼음판과 같았던 이 지역과 중동의 평화는 미국에 의해 상당 기간 흔들리게 되었다.

그리고 아랍권 국가들과 이스라엘 사이에 내재된 갈등의 장기화는 지중해 연합의 발전에 부담이 되고 있다. 이러한 여러 가지 복잡한 요인들 때문에 지중해 연합은 아직 미래의 장밋빛 청사진을 확실히 그리지는 못하고 있다. 하지만 지역발전이나 경제적인 효과는 아직 미지수일지라도, 21세기 지중해에서의 해양네트워크의 구축은 적지 않은 의의를 가지고 있다는 점은 확실해 보인다.

오늘날 고대와 중세시기에 세계 무역의 중심지였던 지중해가 거대 경제통합체와 해양네트워크로 되살아나고 있다는 상징성만으로도 충분한 의미가 부여될 수 있다. 최소한 국제사회 차원에서는 중동지역의 평화와 안정을 위한 중요한 대화창구를 열어 놓았다는 점에서는 이견이 없는 상황이다. 세계적인 분쟁과 갈등 지역인 중동과 발칸국가의 지도자들을 지중해를 매개로 대거 한자리에 불러모았고, 그 나름대로의 일정한 성과를 거두었다는 평가가 지배적이다.

지중해 남부에 있는 비유럽 국가들을 항상 위협의 대상으로 여기고 방어적인 자세를 견지하고 있는 기존 유럽 국가들의 태도도 느리지만 조금씩은 개선이 되고 있다. 하지만 지중해 연합이 국제평화와 정치적 배경으로 출범했고, 아직 네트워크의 역사가 일천한 관계로 그 결속력은 공고하지 못하다. 바꾸어 말하면 지중해 연안 국가들이 왜 공동의 '지역공동체(Espace commune regionale)'를 추구해야 하는지에 대한 명확한 목표의식은 아직 강하지 않은 것으로 보인다.

그래서 앞으로 지중해 연합의 활동이 아프리카와 유럽의 앙금을 털게 하고, 중동의 완전한 평화정착과 원만한 협력관계로 이어지기까지는 여전히 갈 길이 멀다고 평가된다. 많은 비판과 반발로 인해 난산 끝에 탄생했던 지중해 연합은 이제 그 이전 유럽연합에서의 다른 네트워크들과는 다른 모습을 보여주어야 한다. 시기적으로는 적어도 출범 10년이 지나는 2020년 정도까지를 자체적인 정비와 혁신의 시기로 예상하고자 한다.

게다가 회원국은 물론 유럽연합 및 유엔(UN)에서조차도 기존의 정치적인 수사나 외교적인 말들의 잔치가 아니라, 구체적으로 협력과 화합을 실천하는 것을 보고 싶다는 요구도 많다. 그래서 단기적으로는 지중해 연합이 지중해 해역을 중심으로 국가 간의 실질적인 대화와 협력의 채널로 자리 잡을 수 있도록 노력하는 것이 중요할 것으로 보인다. 이것이 성공한다면 지중해 연합은 평화적인 글로벌 해양네트워크로서의 위상을 갖게 될 것이다. 나아가 지중해 연합이 초국경적으로 포괄하는 경제와 사회의 규모도 점차 커질 것으로 예상되며, 문화적인 측면에서의 융합과 장기적인 발전계획 및 성공의 전망에 있어서도 큰 성과를 거둘 것으로 예측된다.

제5장

발트해의 해양네트워크

제 5 장 발트해의 해양네트워크

1. 발트해의 지역적 개관

발트해는 북위 53도에서 66도 사이, 경도 20도에서 26도 사이에 있는 북유럽의 내해로서 스칸디나비아반도와 유럽대륙 및 덴마크 도서들에 의해 둘러싸여 있다. 이 바다는 북으로는 보트니아 만, 북동으로는 핀란드 만에 이르며, 동쪽으로는 리가 만에 닿아 있고, 또 북해 및 러시아의 백해와 연결되어 있다. 발트해의 면적은 43만km³로 현재의 독일보다 조금 크고 스웨덴보다 조금 작은 공간이다.

발트해 공간에 인도게르만계 종족이 진출한 것은 기원전 6000년경인 것으로 추정되며, 이들은 주로 홀란드와 폴란드 사이의 지역에 거주하다 후일 영국과 스칸디나비아반도로도 건너갔다. 남부 스웨덴에서 발견된 가장 오랜 인류생활의 흔적은 기원전 5000년경의 것이다. 기원전 2000년경 인도게르만계 종족의 정주지는 동유럽의 넓은 지역으로 확산돼 오늘날 우크라이나가 위치한 곳까지 이르렀다.

오늘날 핀란드와 에스토니아가 위치한 발트해 동부 변경에는 핀란드·헝가리 부족이 살았는데, 이들이 어디에서 유래했는지는 분명치 않다. 이들보다 약간 남쪽 지역에는 이른바 발트족이 살았다. 게르만족과 슬라브족 및 발트족은 모두 인도게르만계 종족에 속하고 이들의 언어도 인도게르만어족에 포함되는 반면, 핀란드·헝가리 부족의 언어는 인도게르만어족과 전혀 다른 특성을 나타낸다. 아무튼 이들 종족 모두가 기원전 수천 년과 기원후 수백 년 동안 발트해 공간에 정주하고 있었던 사람들이다.

〈그림 31〉 발트해의 지리적 개관과 주요 국가

발트해 공간의 게르만족은 서기 375년 이른바 민족 대이동을 시작했으며, 이러한 이동은 대략 서기 568년까지 계속되었다. 대이동의 기폭제가 된 사건은 훈족의 침입으로, 이들은 375년 흑해 연안의 게르만 부족인 동고트족을 궤멸시켰다. 게르만족은 이들 훈족의 위세에 밀려

서쪽으로 달아난 것이었지만, 다른 한편으로 당시 게르만족은 이미 기후변화와 인구증가 및 기근 등의 심각한 문제에 직면해 있었고, 이런 문제의 해결을 모색하려는 의도에서도 대이동을 시작한 것이었다. 게르만족의 분파인 유트족과 작센족 및 앙겔족은 450년경 잉글랜드 동부와 스코틀랜드 남동부를 점령하고 켈트족을 복속시켰으며, 알레만족과 작센족 일부 및 프랑켄족, 그리고 튀링겐족과 바이에른족은 라인강과 엘베강 사이의 중서부 유럽을 장악했다.

게르만족의 대이동으로 엘베강 동편의 내륙이 빈 공간으로 남자, 8세기에 슬라브 족이 이 지역으로 내려왔다. 같은 시기 발트해의 북부와 북서부 지역에는 게르만의 일파인 노르만족에 속하는 덴마크와 스웨덴 및 노르웨이 사람들이 정주지를 형성하며 서서히 남하하기 시작했다. 반면 남부에서는 카를(샤를마뉴) 대제의 영도 아래 형성된 프랑크 제국이 다시 엘베강 너머로 세력을 뻗치고 있었다. 따라서 8세기 이후 엘베강 동편과 발트해의 남부 연안은 노르만족과 프랑크족, 그리고 슬라브족이 각기 세력을 강화하며 각축을 벌이는 장소가 되었다.

그렇지만 프랑크 제국은 9세기에 들어 3개의 제국으로 분열되며, 이중 동프랑크 제국은 다시 와해되어 작센과 튀링겐, 바이에른, 슈바벤, 로트링겐, 프랑켄 등의 공작령으로 분열되었다. 이 시기 가장 크게 세력을 확장한 부족은 스칸디나비아인들로 노르만족인 이들은 반도에 여러 왕국을 형성하면서 남하했다. 특히 스칸디나비아인 중에서도 덴마크 왕국은 노르웨이와 잉글랜드의 넓은 지역을 정복했으며, 12세기에 이르면 발트해와 북해 전역을 세력 아래 두었다.

당시 덴마크 왕국은 러시아 북부와 프랑스 북부 해안에도 정주지를 형성했고, 멀리 지중해의 남부 이탈리아와 시칠리아 섬으로도 진출했다. 하지만 덴마크 왕국은 1227년 북부독일의 제후들 및 당시 북유럽

에서 가장 강성한 도시였던 뤼베크와 전쟁을 벌여 패했고, 그 후로 급
속히 세력을 상실했다. 그 대신 뤼베크를 중심으로 한 저지독일 상인
과 도시들의 조직인 한자가 발트해는 물론 북해에서도 서서히 지배권
을 획득해 나갔다. 다른 한편, 엘베강 동편인 중동부 유럽의 슬라브인
들은 13세기에 독일인들에 의해 동방으로 쫓겨나기도 했지만 많은 수
가 독일인들과 공존하는 길을 찾아 동화되었다.

〈그림 32〉 12세기 발트해를 지배한 덴마크 왕국

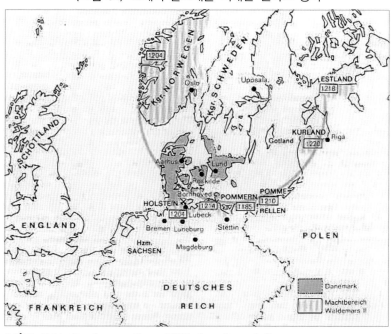

* 자료: Baltic Development Forum(2018). http://www.bdforum.org

한편, 1159년 사자왕 하인리히에 의한 뤼베크 건설은 발트해 남서
부 연안 지역의 독일제국 편입을 뜻했다. 엘베 강을 통해 내륙과 연결
되어 있는 이 도시를 중심으로 저지대, 즉 북부 독일의 상인들은 발트

해 교역권에서 세력을 강화해 나가기 시작했다. 1161년 독일 상인들은 고틀란드 섬으로 진출해 상관을 열었고 이를 시작으로 발트해 공간에서 서서히 상인 네트워크 조직을 형성하기 시작했다. 이것이 바로 후일 한자로 불리게 될 동맹의 시작이었다.

17세기에는 스웨덴이 발트해 공간의 강자로 부상해서 동부 연안의 에스토니아와 리투아니아 및 폴란드 등을 영토로 병합했고 발트해를 '스웨덴의 호수'로 삼았다. 그러나 1699년 발발한 '북방전쟁'에서 스웨덴은 러시아와 폴란드, 덴마크, 노르웨이, 작센 및 프로이센과 영국의 연합군에게 패했으며, 이후 18세기 동안 발트해 공간은 프로이센과 러시아가 세력을 다투는 장소로 변했다. 그러나 1차 세계 대전이 발발하고 종전을 겪는 동안 독일은 패전으로, 그리고 러시아는 혁명 발발과 제정의 붕괴로 이 지역의 지배권을 잠시 상실했다. 당시 이 공간에서는 5개의 새로운 국민국가, 즉 핀란드와 에스토니아, 라트비아, 리투아니아, 폴란드가 탄생했다.

제2차 세계대전 종전 후 발트 3국(에스토니아, 라트비아, 리투아니아)과 폴란드 및 동부 독일은 소비에트 러시아에 병합되거나 그 영향권 아래 놓였고, 발트해는 동서블록이 직접 대결하여 발전과 변화에 제약을 받는 장소가 되었다. 1990년대 초 동구권의 몰락으로 냉전이 종식되자 이 공간에서 발트 3국과 벨로루시가 독립했으며, 발트해 공간에 면한 국민국가는 모두 10개국(발트 3국과 핀란드, 러시아, 폴란드, 독일, 덴마크, 스웨덴, 노르웨이)이 되었다.

냉전 종식 후 발트해 공간에서는 급격한 정치적·경제적 변화가 일어나고 있는바, 우선 냉전기간 동안 중립을 표방하던 스웨덴과 핀란드가 1995년 유럽연합에 가입했으며, 이후 나토에도 실질적으로 가맹했다. 폴란드는 1994년 유럽 연합에 가입신청을 하고 1999년에는 나토에 합류했으며, 발트 3국은 1995년 유럽연합에 가입 신청을 했다. 2002년 유럽연합은 중부와 동부유럽 8개 국가의 가입신청을 받아들였고, 여기에는 발트 3국과 폴란드가 포함되었다. 이들 국가가 2004년 5월 1일 유럽연합에 공식적으로 가입함에 따라 발트해는 이를테면 유럽연합의 내해가 되었다. 물론 발트해 공간에서는 러시아도 여전히 무시할 수 없는 지분을 갖고 있다.

　냉전 기간 동안 교역과 관광산업 등에서 미발전 상태에 있었기에 유럽 경제·문화에서 상대적으로 낙후되었던 이 지역은 1990년대 이후로 급속히 발전하고 있다. 발트해 지역의 경제지표에서 지역내총생산은 8,300억 달러로, 이는 유럽연합 총생산의 11퍼센트에 달한다. 발트해 연안 국가들의 인구를 합산할 경우 발트해 공간의 인구는 약 8,500만 명이며, 이중 해안 반경 10km 이내에 거주하는 인구는 약 1,500만 명, 해안 반경 50km 이내에 거주하는 인구는 약 2,900만 명으로 추산된다. 그리고 2,900만 명의 인구 중 76퍼센트인 2,200만 명은 인구 25만 이상의 도시에 거주하고 있으며, 대도시의 90퍼센트는 해안에서 반경 10km 이내에 있는 도시들이다. 즉 발트해 공간의 경제·정치·문화적 발전에서는 바다와 이에 면한 도시의 역할과 기능이 특히 크다고 판단할 수 있다.

2. 발트해의 해양네트워크 형성

1) 한자(Hanse)와 신한자(Die Neue Hanse)

발트해의 해양네트워크에서 일단 가장 먼저 소개할 것은 한자

(Hanse)와 신한자(Die Neue Hanse) 네트워크이다. 이 해양네트워크는 과거와 현재 가장 유명하고 활발하게 운영되고 있다. 여기서는 한자 (Hanse)와 신한자(Die Neue Hanse)에 대해 개략적으로 독자들에게 소개하고, 해양네트워크의 관점에서 이것이 어떤 의미를 갖는지 논의해 본다.

우선 한자(Hanse)는 중세 유럽 북부 독일의 발트해 연안도시들을 중심으로 해역에 형성되었던 경제적·정치적 동맹조직이자 해양네트워크였다. '한자'라는 말은 원래 '무리', '떼', '동지', '인적 유대' 등의 의미를 가졌으나 12세기부터 특히 북서유럽의 '여행상인 조합공동체(Fahrt genossenschaft)'를 지칭하는 데 사용되기 시작했다. 그러나 한자라는 말은 때로 이러한 상인들이 조합공동체에 납부하는 '공납'을 뜻하기도 했으며 또 조합공동체나 공동체 각 지부가 지닌 특별한 '권리'를 지칭하기도 했다. 이러한 말이 점차 북부 유럽의 독일인들이 중심을 이룬 상인공동체와 이들이 주축이 된 도시동맹 및 해양네트워크 조직을 지칭하는 데 사용되었다.

역사적으로 보면, 한자란 12세기 중반에서 17세기 중반까지 약 500년간 존속했던 북부 저지독일 상인들의 동맹체를 지칭하는 이름이다. 한자는 저지독일의 여행상인들 및 이 상인들이 시민권을 갖고 있던 약 70개의 대도시와 약 130개의 소도시들로 구성된 네트워크 조직이었다. 이 조직의 가장 중요한 목표는 교역을 통한 경제적 이윤의 최대화였으며, 이를 위해 항해의 안전 및 외국에서의 공동의 경제적 이익 창출을 도모했다. 한자는 당대 유럽에서 하나의 특수한 현상이었다고 할 수 있다. 그럴 것이 당시에는 개별 도시들이 각자의 이익만을 좇는 이기주의적 행태를 보이는 것이 일반적 현상이었기 때문이다.

한자의 맹아라 할 수 있는 저지독일 상인들의 활동은 그 이전부터 관찰되지만, 통상 한자의 시작은 도시 뤼베크가 재건설된 1159년으로 잡는다. 뤼베크는 1143년 건설되었지만 1157년 화재로 폐허가 되었다가 2년 후 재건설되었다. 그 이유는 첫째로 뤼베크가 발트해 연안에 세워진 최초의 독일 도시였고, 이 도시의 건설로 저지독일 상인들이 발트해로 진출할 수 있는 교두보가 마련되었기 때문이며, 뤼베크는 전체 한자시대 동안 가장 주도적인 역할을 했기 때문이다.

발트해를 주름 잡던 한자 조직의 공식적 종말은 마지막 한자총회(Hansetag)가 열린 1669년으로 잡는다. 물론 그 훨씬 이전, 즉 16세기 중반부터 한자는 급속히 세력을 잃고 점차 유명무실한 조직이 되었으며, 마지막 한자총회에 참가한 도시는 뤼베크와 함부르크, 단치히 등 발트해 연안의 10개 도시들 밖에 남지 않았다.

〈그림 33〉 발트해 한자도시와 상관지 및 해외영업소

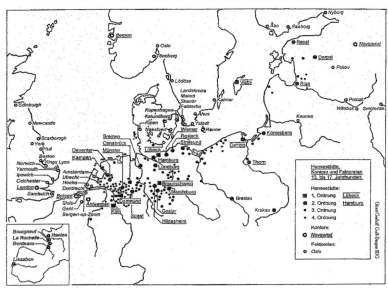

* 자료: Hanse-Parlament(2018), http://wikipedia.org/wiki/Hanse-Parlament

그런데 중세시대 한자 네트워크의 역할은 경제와 정치 영역에 국한되지 않았고 발트해 공간에서 문화적 통일의 생성과 확산에서도 중요한 역할을 했던 것으로 평가된다. 한자의 선박으로는 교역물품뿐 아니라 정신적·예술적 조류와 경향은 물론 다양한 생활문화도 함께 운반되었기 때문이다. 중세 후기 발트해 공간에 세워진 도시들은 문화나 일상생활 면에서 분명 한자 네트워크에 의해 각인되었다. 따라서 최소한 14세기 초부터 16세기 초까지 발트해 연안 지역의 문화 및 부분적으로 북해 일부의 문화까지를 '한자적 문화'라 지칭할 수 있다.

해양네트워크로서 맹위를 떨쳤던 한자는 경제적 이윤을 추구하는 조직이자 정치적 조직이라는 이중적 성격을 갖고 있었다. 한자는 또 다른 맥락에서 이중적 성격을 지녔는데, 즉 이 조직은 상인들의 조합 공동체이자 도시연맹이었다. 초기에 한자는 전자의 성격이 강했으나, 점차 후자의 형태로 이행하였다. 이른바 '상인한자(Kaufmannshanse)'에서 '도시한자(Städtehanse)'로의 이러한 전환은 13세기 중반에서 14세기 중반까지 약 100년에 걸쳐 일어났다.

한자도시들이 네트워크를 이뤘던 공간은 네덜란드의 조이데르 해로부터 오늘날의 발트 3국 지역(에스토니아, 리투아니아, 라트비아), 그리고 스웨덴 고틀란드 섬의 비스뷔에서 쾰른과 에어푸어트, 브레슬라우, 크라카우 선까지를 포괄한다. 이 지역의 수백 개 도시들이 한때나마 한자에 속해 있었던 것이다. 그리고 한자도시의 상관지 및 해외영업소가 있던 장소까지 포함하면 그 네트워크 공간은 더욱 확대된다.

14세기에 한자는 북부 유럽을 기점으로 해서 러시아 북서부와 프랑스 북부 및 플랑드르 지방, 그리고 영국 서부에서 활동했다. 그리고 14세기 말부터는 서부와 남서부로 진출해서 프랑스의 대서양 연안을

거쳐 스페인과 포르투갈에서도 교역활동을 했으며, 16세기부터는 항
해에 의해 이탈리아로 진출하고 북방으로는 아이슬란드, 동방으로는
모스크바까지 진출했다. 중세 시기의 원격지 무역은 남방의 지중해
무역과 북방의 북해·발트해 무역으로 대별되었으며, 남방 무역권은
이탈리아인에 의해 주도되었고 북방 무역권은 독일인들이 주체가 된
한자에 의해 주도되었다. 즉 한자 네트워크 조직은 노브고로트, 리가,
함부르크, 뤼베크, 브뤼주 및 런던을 잇는 축을 따라 북해와 발트해에
서의 교역을 거의 독점하다시피 했다.

한자도시들의 네트워크는 해상교역을 생명으로 했기에 이 네트워
크 조직의 물리적 위력은 거대한 선단에 의해서 뒷받침되었다. 15세

〈그림 34〉 발트해에서의 해상이동과 주요 교역로

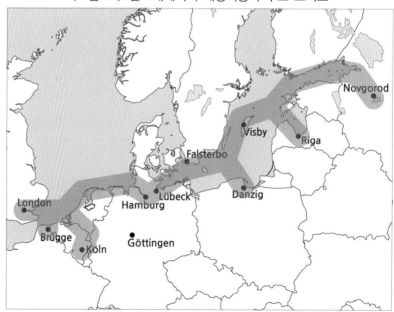

* 자료: Union of the Baltic Cities(2018). http://www.ubc.net

기 말 한자의 선단은 약 6천 톤에 이르는 1,000여 척의 선박으로 구성
되었고, 이는 당시 세계에서 가장 큰 규모였다고 말할 수 있다. 그리
고 16세기 후반에 이르면 7대 한자도시인 브레멘과 함부르크, 뤼베크,
비스마르, 로슈토크 및 슈트랄준트와 단치히에만 약 1,000척의 선박이
있었다. 이런 거대한 선단의 위력에 힘입어 한자 네트워크 조직은 수
세기 동안 발트해의 교역을 독점할 수 있었던 것이다.

중세 한자네트워크의 생명은 해상교역에 있었고 그 위력은 선단에
있었기 때문에 이 네트워크 조직에서 해항도시의 위상은 지극히 높을
수밖에 없었다. 순전히 개수로만 본다면 도시들은 한자에서 소수였지
만, 이 조직에서 도시의 정치적·경제적 중요성은 날이 갈수록 증대
했다. 한자 네트워크에서 해항도시는 처음에 그저 통과항이었지만 점
차 주요 교역품의 중심적 환적항으로 발전했기에 커다란 경제적 기능
을 획득했고, 이런 경제력을 기반으로 제후들로부터 점점 더 많은 특
권과 자율권을 획득했기에 중요한 정치적 기능도 확보했다. 게다가
해항도시들은 제후나 외부세력으로부터 한자의 생명인 해상교역권을
방어하는 전쟁에서도 결정적 역할을 수행했기에 군사적 중요성도 지
니고 있었다.

한자 네트워크에서 교역의 기본구조는 유럽 동방과 북방의 사치품
및 원재료와 반가공품, 그리고 생필품을 서방과 남방의 직물 완성품
과 교환하는 것이었다. 당시 이런 물품에 대한 수요는 날로 증가했으
며, 한자의 활동도 갈수록 활발해지고 그 세력도 점차 증대했다. 그러
나 상인과 도시의 동맹체로서 한자의 영향력과 활동은 16세기 중엽부
터 급속히 약화되고 17세기 중반에 이르면 소멸된다. 한자 쇠락의 이유
로는 영국과 네덜란드 상인의 부상, 아메리카 대륙 발견으로 인한 대
서양 무역권의 발전 등이 제기되기도 하지만 결정적 치명타를 입힌

것은 근대적 영토국가의 등장이었다.

한편, 현대로 넘어와 '새로운 한자(Neue Hanse)' 내지 '도시연맹 한자 (Städtebund die Hanse)'는 과거 중세 한자의 계승을 표방하는 발트해 공간의 네트워크 조직으로, "경계를 넘어서는 도시들의 생활 및 문화 공동체" 형성을 기치로 하여 1980년 창설되었다. 2000년 발효된 회칙의 1조에 의하면, 이 해양네트워크 조직의 창설 목표는 다음과 같다.

"한자는 국경을 초월하는 한자의 정신과 역사적 경험에 근거해 유럽 도시의 정신을 부흥시키고, 한자도시만의 자긍심을 높이며, 도시 간 공동 작업을 발전시켜 경제적·문화적·사회적·국가적으로 통일된 유럽을 실현하고, 도시들의 정체성을 강화시키며, 이를 통해 살아 있는 민주주의를 체험할 수 있게 한다는 데 목표를 두고 있다."

이런 목표를 추구하는 현대판 한자의 형성은 1980년 네덜란드의 도시 즈볼레(Zwolle)에서 시작되었다. 당시 즈볼레 시가 도시탄생 750년 주년 행사를 준비하는 과정에서 중요한 고문서가 발견되었는데, 이 고문서에 따르면 중세 한자에서 뤼베크를 의장 도시로 인정한 최초 도시는 바로 즈볼레였다.

뤼베크가 한자총회에서 공식적 대표권을 인정받은 해는 1418년이지만, 즈볼레는 이미 1294년에 한자에서 뤼베트의 대표적 권위를 인정했으며, 이런 점에서 도시 즈볼레는 중세 한자와 중요한 인연이 있는 도시였다는 점이 새롭게 부각되었던 것이다. 이를 계기로 즈볼레는 1980년 도시탄생 750주년을 맞아 한자 주간을 설정하고 현대판 한자총회를 개최했으며 43개 과거 한자도시의 대표들을 초대했다. 1699년 마지막으로 개최되었던 한자총회가 약 280년 만에 부활되었던 것이다.

1980년 즈볼레의 한자 주간을 시작으로 1982년부터 2017년까지 발트해 공간에서는 매년 도시를 달리해 가며 한자 주간과 한자 총회가 개최되었고, 그 횟수는 40회 이상에 이른다. 새로운 한자 조직의 규모도 점점 확장되어 2000년 이후 한자에는 과거 동구권 국가를 포함한 16개국 약 200개의 도시들이 가입하여 한자 주간과 총회에 참석하고 있다. 중세 한자에 속해 있었던 거의 대부분의 도시들이 새로운 한자에도 가입한 것이다.

새로운 한자는 역사적 한자에 속했던 도시들만을 회원으로 받아들이고 있으며, 여타 희망도시에는 총회의 심의를 거쳐 명예회원의 자격을 부여하고 있다. 그리고 한자의 역사적 전통을 존중하여 뤼베크에 의장도시 역할을 맡기고 있다. 한자의 주요 조직은 크게 3개의 기관, 즉 총회와 집행위원회, 그리고 의장단으로 나뉜다. 이중 총회(Delegiertenversammlung)는 최고 의결기관이며, 여기서는 회원 도시들이 각기 1표를 행사한다. 총회는 매년 열리는 한자주간에 개최되며, 총회에서의 의사결정은―참가 도시의 수와 무관하게―다수결로 이뤄진다. 총회에서는 도시들의 회원 가입과 탈퇴, 의장단의 수, 프로젝트 승인 여부 등의 의제가 결정된다.

2) 현대 발트해의 주요 해양연합체

현대의 발트해 공간에서 국경을 초월한 도시 및 지역 간 네트워크가 활발히 형성되고 있는 현상 역시 오늘날 보충성 원리에 입각하여 유럽연합에서 실현되고 있는 다층적 거버넌스 내지 네트워크 거버넌스와 관계가 깊다. 발트해 연안의 여러 국민국가에 산재된 도시나 지역들이 공동의 이익을 위해 함께 정책을 입안하고 사안별로 초국가기구와도 결속하는 것은 바로 다층적 거버넌스 내지 네트워크 거버넌스의 구체적인 한 양태라고 볼 수 있는 것이다. 발트해 연안의 여러 도시를 비롯해서 통합유럽의 지방정부들은 서로 간의 연대 및 유럽연합과의 결속을 통해 다양한 정책을 추진하고 있다.

1990년대 이후 발트해 공간에서 형성된 주요 탈국민국가적 네트워크 조직 중에서 바다와 관계가 깊은 조직으로는 무엇보다 발트해 해항협회(BPO: Baltic Ports Organization)와 발트해 도시 연합(UBC: Union of Baltic Cities), 그리고 역사적 한자의 계승을 표방하는 두 네트워크 조직인 '새로운 한자'와 '한자의회', 발트해 아카데미 등을 들 수 있다.

먼저 발트해 항만협회는 베를린 장벽 붕괴와 공산권 해체 직후인 1991년 10월에 결성된 것으로, 발트해 공간의 항구들 간 협력과 물류 발전을 도모하기 위한 네트워크 조직이다. 발트해 항만협회의 목적은 발트해 공간을 전략적인 물류 중심지로 발전시키고 그 해운 경쟁력을 개선하는 데 있다. 이를 위해 이 네트워크 조직은 개별 항만의 효율성과 연계성을 제고하고, 항구 내 사회간접자본을 개선하는 것은 물론, 항만 사용자 및 운영자 간 협력을 증진시키고, 운송망을 조직적으로 발전시키며, 항만공사와 이해집단의 협력을 증대시키는 등 다양한 활동을 수행하고 있다.

발트해 도시 연합은 발트해 연안 10개국의 107개 도시가 가입한 조직이다. 1991년 결성된 이 조직은 발트해 공간에서 탈경계적인 공동체적 협업의 탈중심적·탈위계적 네트워크로서 기능하고 있으며, 회원도시들의 민주주의와 경제 및 사회 발전, 그리고 문화 창달과 환경보호를 목적으로 한다. 다시 말해, 이 도시 네트워크 조직의 목적은, 발트해 공간 내 도시들 사이의 사람과 물자와 자본 및 문화의 자유로운 교류를 통해 공통의 안정적인 정치 및 경제 시스템을 확보하는 것은 물론, 개별 문화를 존중하는 공동체적 문화 여건을 마련하고, 더

〈그림 35〉 발트해 도시 연합(UBC)

* 자료: Union of the Baltic Cities(2018), http://www.ubc.net

나아가 민주주의와 인권 및 환경의 보호를 추구함으로써 정치·경제·문화적으로 동질성을 지닌 공간으로 발트해 권역을 발전시켜 나가는 데 있다.

발트해 도시 연합은 이러한 목적의 실현을 위해 2000년대 초 '아젠다 21 액션'이라는 실행 프로그램과 사회헌장을 결의하기도 했다. 우선 2001년 결의된 사회헌장에서는 '병자와 노인, 실업자, 무주택자에 대한 지원', '회원 도시 내 어린이와 청소년에 대한 지원과 보호', '노약자, 장애인 및 만성적 환자에 대한 사회보장정책의 이행', 그리고 '여성과 아동에 대한 마약밀매를 억제하는 지역별 프로그램 수립'과 '젠더 평등을 위한 정책 수립' 등의 구체적인 실행 방향이 설정되었다. 2002년 수립된 아젠다 21 액션 프로그램은 2004~2009년에 발트해 연안도시에서 추진된 구체적인 해역공동체의 수행계획이다. 여기서는 '최적의 거버넌스와 지속가능한 도시 경영', '에너지 자원의 지속가능한 이용', '최적의 생활조건과 자연보호', '지속가능한 경제와 물류', 그리고 '사회적 통합과 건강' 등의 분야에서 세부적 목표가 수립되고 여러 활동이 추진되었다.

한편, 한자의회(Hanseatic Parliament)는 2004년 공식적으로 결성된 발트해 공간의 네트워크 조직으로, 무엇보다 이 권역 중소기업들의 발전과 산학협력에 기초한 지속적 혁신을 추구하는 단체이다. 한자의 회는 발트해 연안 11개국 소재 상공회의소 50여 곳을 회원으로 하는 네트워크 조직으로, 상공회의소에 소속된 약 3십만 개 중소기업들을 실질적 주체로 한다. 한자의회의 상공회의소들이 소재한 11개국은 노르웨이와 스웨덴, 핀란드, 러시아, 에스토니아, 라트비아, 리투아니아, 벨로루시, 폴란드, 덴마크, 독일 등이다. 그리고 각 국가별 상공회의소는 대개 도시에 위치하며 중소기업 역시 도시 및 근교에 위치해 있다는 점에서 한자의회는 도시 네트워크의 성격 또한 지니고 있다.

한자의회는 2004년 공식적으로 발족했지만, 그 뿌리는 1989년으로 거슬러 올라간다. 즉 아직 독일 재통일이나 공산권 붕괴 등의 전조를 볼 수 없었던 시절, 함부르크의 제조업 분야 상공회의소에서 국경을 초월한 동종 기업의 네트워크적 협업에 관한 복안이 제시되었던 것이 그 시초를 이룬다. 물론 당시 함부르크 제조업 분야 상공회의소의 주체들에겐 완성된 계획이나 구체적인 전략적 복안 따위는 없었다.

하지만 이들은 역사적 한자처럼 국경을 초월해서 공동의 복리를 추구할 수 있는 국제적 네트워크 조직을 꿈꾸었으며, 이후 갑작스레 찾아온 독일 재통일과 동구권 해체는 이런 소망에 강한 추동력을 선사했다. 1992년 북동부 유럽 제조업 정기시(Messe)에 참석한 함부르크의 중소 상공인들은 서로 친분을 나누고 경험을 교환했으며 협업 프로젝트를 추진하기로 합의했다. 그리고 2년 후인 1994년 북동부 유럽 중소기업들의 협력 포럼으로서 한자의회가 창설되었다

한자의회는 발트해 공간에서 중소기업 및 중산층 경제가 활성화되

려면 좀 더 거시적이고 장기적인 안목에서 공동체 의식과 협력 체제
가 구축되어야 한다고 판단했다. 그렇기에 이 조직은 발트해 연안 사
회들의 문화적 동질성 강화와 정신적·심적 상호 이해 인프라의 구축
또한 필수적 과제라 보았다.

그래서 한자의회는 지난 2005년부터 유럽연합이 10년 동안 추진한
인터레그(Interreg) 사업에서 지원을 받아 다양한 프로젝트를 추진했
으며, 그 방향은 주로 다음과 같은 것이었다. 구체적으로 한자의회의
주요 추진사업은 수출 진흥 세미나, 커뮤니케이션 개선을 위한 중소
상공인 영어 코스 개설, 국경을 초월한 기업 간 협력을 위해 공동 주
식 발행, 전자분야 협력 증진, 중소기업 경영 개선, 공동 생산과 판매,
중소기업의 인력 조달을 위한 학사 과정 중심의 산학협력적 교육 개
발 등으로 구성되어 있다.

현대 발트해 공간에서 한자의회는 중세 한자의 전통을 계승하여 한
자 총회(Delegiertenversammlung) 또한 개최하고 있다. 한자총회는 과
거 중세 한자도시에 속했던 모든 도시들의 대표가 참석하는 회의로 1
년에 한 번 국제 한자주간(Die internationalen Hansetage)에 열린다. 그
런데 중세의 한자 총회는 부정기적 회합이었던 것에 비해, 오늘날의
한자의회가 주도하는 한자 총회는 매년 1회 개최를 원칙으로 하고 있다.
한자총회는 회원도시의 신규가입과 제명, 한자회칙의 변경과 한자 해
산, 한자집행위원회의 제안에 따른 의장단 지명, 한자집행위원회의
제안에 따른 국제 한자주간 공표, 한자집행위원회에서 추천한 한자
프로젝트 허가, 한자집행위원회와 의장단 견제, 청소년 한자 지원, 의
장단의 자문과 한자집행위원회 제안에 따른 명예회원 자격 수여 등의
권리를 갖는다.

마지막으로 발트해 아카데미는 2008년 한자의회가 창설한 것으로,

〈그림 36〉 발트해 아카데미의 운영과정과 구조

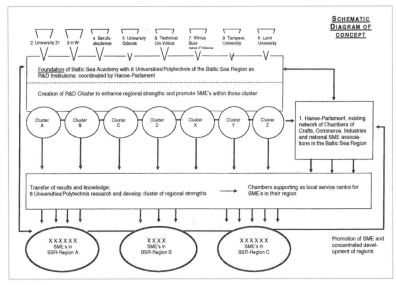

* 비고: SME=중소기업, BSR=발트해 권역, R&D=연구개발
* 자료: Union of the Baltic Cities(2018). http://www.ubc.net

발트해 공간 국가들의 8개 대학 · 전문대학의 네트워크 조직에서 시작
되었으며, 최근 9개국 15개 대학의 조직으로 확장되었다. 발트해 아카
데미의 목표는 학문기관과 중소기업 간 산학협력 강화에 있다. 한자
의회는 대학 및 전문대학의 연구 · 개발이 그동안 거의 대기업과 결부
되어 전개되어 온 것에 문제의식을 가졌으며, 이런 상황에 변화를 가
져오기 위해 발트해 아카데미를 창건한 것이다. 따라서 발트해 아카
데미는 대학 및 전문대학의 연구 · 개발을 통해 발트해 전체 공간 및
부분 권역의 중소기업들을 지원하는 데에 목표를 두고 있다.

3) 발트해와 북유럽의 초국경 통합

(1) 외레순드 해협의 네트워크

21세기에 들어 세계적으로 바다를 끼고 있는 지역 간 해양네트워크 구축 및 통합의 성공사례는 현재까지 그리 흔치 않다. 이 가운데 북유럽 지역에서 덴마크와 스웨덴 사이의 초국경 지역통합과 교류의 사례, 일명 '외레순드(Oresund)'의 성공은 우리에게 많은 점을 생각하게 만든다. 덴마크의 코펜하겐과 스웨덴의 말뫼는 지난 2001년부터 외레순드 형성을 합의하고, 현재까지 성공적으로 유지해오고 있다.

외레순드는 그 형성과정에서 양 도시 사이의 산적된 여러 문제와 갈등도 있었으며, 적지 않은 문제점도 예상되었다. 그럼에도 불구하고 외레순드의 구축은 결국 양 도시와 시민들의 합의 하에 순조롭게 추진되었으며, 예상되었던 문제점도 그리 심각하게 표출되지 않은 성공적인 사례로 평가되고 있다.

북유럽 발트해 지역의 좁은 해협을 중심으로 덴마크의 셸란드(Sjaelland) 섬과 스웨덴의 스코네(Skane) 지역 사이의 광역권역을 해협의 이름을 본떠 '외레순드' 라고 부르고 있다. 구체적으로 외레순드 지역은 스웨덴 남부의 스코네(Skone) 지역과 덴마크 동부의 셸란드(Sjaelland), 로랄드 팔스터(Lolland-Falster), 뫼엔(Moen), 보른홀름(Bornholm) 등의 지역으로 구성된다. 외레순드는 덴마크어로 외레순드(Øresund), 스웨덴어로는 외레순드(Oresund), 영어로는 사운드(Sound)로 국제표기가 되고 있다. 외레순드 해협의 길이는 약 110km, 너비는 4.8km~27km, 수심은 약 7m~54m이다.

외레순드 해협은 발트해와 대서양을 잇는 덴마크의 세 해협 중 하

나로, 남쪽의 발트해와 북서쪽의 카테가트 해협을 연결하며, 세계에
서 가장 왕래가 빈번한 항로 중의 하나이다. 외레순드 해협에는 아마
게르(Amager, 코펜하겐 일부)·벤·살솔메라고 하는 3개의 큰 섬이 있
으며 이들은 해협을 드뢰그덴 수로(서쪽)와 플린테렌덴 수로(동쪽)로
나눈다.

〈그림 37〉 발트해 북부의 외레순드 해협

* 자료: Forening Øresund(2018), http://www.oresund.com

(2) 외레순드 네트워크의 역사적 배경

역사적으로 서기 약 800년 이후 바이킹 시대에서부터 외레순드 해
협은 북유럽 지역 주요 왕국들의 해전무대였고, 스웨덴의 헬싱보리

부근은 해적의 근거지로 유명하였다. 12~13세기에는 덴마크 유명한 역사가인 삭소 그라마티쿠스(Saxo Grammaticus)가 라틴어로 저술한 『덴마크의 역사』에서 "이 해협에서는 배가 노를 저을 수 없다"고 하였을 정도로 청어가 많았다. 조수간만의 차가 거의 없는 이 해협에서 추운 겨울에 얼음이 얼면 항해가 불가능해질 때도 있지만, 과거에는 대체로 연중 항해가 가능하였다.

이에 따라 중세 외레순드 지역의 청어잡이 어업은 덴마크령이었던 스코네(지금의 스웨덴)의 정기 시장과 함께 지금의 덴마크 영토와 독일의 뤼베크(지금의 독일북부 지역) 사이의 무역의 기초를 이루었다. 그러나 옛 독일과 발트해의 한자도시(Die Hanse)가 융성하게 되고 남부상인들의 북유럽 진출이 이루어지자, 이에 대항하기 위해 덴마크의 군주 아벨(Abel)은 유럽 각 나라의 모든 배가 이 해협을 통과할 때 일종의 통행료인 해협세(海峽稅, Sundtolden)를 징수하기 시작하였다. 과거에는 북쪽의 카테가트 해협에서 발트 해까지 가는 가장 빠른 지름길이었던 이 해협을 어느 한 나라가 정치적으로 장악하는 것이 곧 경제적 혜택을 의미했기 때문이다.

이러한 이유로 오래 전에 외레순드 해협권은 역사적으로 갈등과 대립의 시대를 겪었다. 1400년대 스칸디나비아 3국(덴마크, 스웨덴, 노르웨이)은 덴마크 여왕 마가렛 1세(Margrethe I)의 칼마르 연합(Kalmar Union)에 속했다. 이 지역은 공통의 문화와 역사를 처음부터 지녔던 셈이다. 그러나 1523년 스웨덴이 연합을 탈퇴하여 덴마크와 패권을 겨룬 끝에 1658년 스코네 지역을 차지하게 되고, 두 나라의 국경은 외레순드 해협으로 결정되었다.

구체적으로 덴마크는 1429년부터 헬싱괴르를 통과하는 모든 선박에 통행세를 부과하였고, 1567년에는 선적화물에도 과세하였기 때문에 이 해협세는 덴마크 국가수입의 약 70%를 차지할 정도로 엄청난 금액이었다. 이후 1429년~1859년 사이에 덴마크는 외레순드 양쪽 해안을 모두 장악하고, 항행하는 선박들을 장기간 통제하였기 때문에 유럽 여러 나라의 역사서와 사료에서 이 해협의 이름이 종종 등장하고 있다.

1645년 네덜란드는 덴마크 군주인 크리스티안 4세(Christian Ⅳ)에게 해협세를 감액하도록 협상하였고, 1855년에는 미국이 통행세 납부를 거부하였으며, 1859년에는 강압적인 세금에 시달려 온 유럽 각 나라의 요구로 해협세가 폐지되기에 이르렀다. 이어 1660년에는 코펜하겐 회의에서 채택된 외레순드 조약에 의하여 유럽 각 국가는 많은 보상액(약 6700만 kroner)을 덴마크에 지불하게 되었고, 반대급부로 외레순드 해협을 영구적으로 자유로운 항로로 만들었다. 이러한 해협의 역사적 기록은 오늘날 유럽경제사와 국제해운사의 중요한 사료가 되고 있다.

이후 수세기 동안의 긴장 완화와 함께 1800년대 통일대국을 향한 스칸디나비아주의(Scandinavianism)가 이념적으로 성장하면서, 더욱 넓어진 스칸디나비아 국가를 만들려는 북유럽 나라들의 움직임이 태동하게 된다. 특히 이는 제2차 세계대전이 끝나고서는 보다 다양화된 형태의 초국가적 월경협력이 북유럽에서 진행되게 만들었다.

(3) 외레순드 네트워크의 현재

역사적으로 유럽 내에서 오래된 영토분쟁과 그로 인한 분할 및 공유의 과정을 거친 스칸디나비아반도는 지역적으로 통합의 논리와 가능성이 크게 존재하고 있었다. 20세기 이후, 외레순드 지역에서도

1960년대에 접어들면서 월경협력과 통합의 요구가 커지게 된다. 이러한 결과로 인해 1964년에 외레순드 협의회가 설치되고, 1973년 덴마크와 스웨덴 두 나라 사이 접경지역의 물리적 통합에 이르는 전면적 협력관계를 만들어나가자는 취지의 협정이 체결된다. 원래 외레순드 해협에서 초국경 지역을 영구히 연결하려는 구상은 19세기 말경에 처음 제기되었다.

최초 외레순드 대교의 건설 구상과 계획은 1975년에 거의 결정되지만, 1970년대 말 당시 세계적인 오일쇼크와 경제위기의 여파로 덴마크에서 일단 계획을 전격적으로 보류하게 된다. 그러다가 다시 1980년대에 들어 유럽연합이 결성되고, 회원국들의 경계를 허물려는 신지역주의가 태동하면서 외레순드의 통합은 학계와 정치계의 지지를 받게 된다. 게다가 결정적으로 경제위기와 연안도시들의 몰락으로 인해 다리 건설에 더 적극적이었던 스웨덴이 1980년대 중반 다시 문제를 제기해 외레순드 초국경 통합은 원점부터 재검토되기에 이른다. 결국 1991년 양국정부가 외레순드 해협의 연결(link)에 합의하고, 다리 건설을 위한 합작회사를 설립하고 본격적인 추진을 하게 되었다.

현재 발트해 북부 스웨덴과 덴마크 사이의 외레순드 해협을 에워싼 지역으로서 가장 성공적인 해상월경협력이 이루어지고 있는 곳이다. 크게는 덴마크의 수도권인 코펜하겐광역권(Greater Copenhagen)과 그 주변의 셸란드광역권(Region Sjaelland), 스웨덴의 동남권인 스코네광역권(Region Skane) 사이의 초국경 협력 지역으로 유럽연합(EU) 내 국가 간 경제지역 중 가장 발전된 지역으로 손꼽히고 있다. 이러한 것을 가능케 한 원인의 한가운데에는 외레순드 대교(Oresundsbron, Oresund Link)가 자리하고 있다. 덴마크 코펜하겐과 스웨덴 말뫼를 잇는 외레순드 대교는 외레순드 다리, 외레순드 브리지로도 불리우며 세계적인 교량의 하나이다. 덴마크의 코펜하겐과 스웨덴의 말뫼를 연결하는 외레순드의 일부 구간에 해저터널도 같이 건설되었다.

외레순드 대교는 스칸디나비아반도와 유럽 본토의 원활한 물류 및 여객 운송을 위해 약 6년 간의 공사로 22개의 침매함을 연결한 끝에 개통되었다. 사장교에 더하여 길이 4.05km의 도로 및 철도 겸용 터널로 세계에서 가장 긴 침매(沈埋) 터널이다. 침매 터널은 지상에서 철근 콘크리트나 강철을 써서 만든 관을 물밑에 파놓은 기초에 차례로 놓아 연결한 다음 물을 퍼내어 터널을 완성하는 방식이었다. 이 사업에서는 해협의 횡단 구조물 길이가 16km에 달하기 때문에 해저터널 외에 4km 길이의 인공 섬과 8km의 현수교가 추가로 시공되었다.

외레순드 대교는 스칸디나비아반도와 유럽 본토의 원활한 물류 및 여객 운송을 위해 약 6년 간의 공사로 22개의 침매함을 연결한 끝에 개통되었다. 사장교에 더하여 길이 4.05km의 도로 및 철도 겸용 터널로 세계에서 가장 긴 침매(沈埋) 터널이다. 침매 터널은 지상에서 철근 콘크리트나 강철을 써서 만든 관을 물밑에 파놓은 기초에 차례로 놓아 연결한 다음 물을 퍼내어 터널을 완성하는 방식이었다. 이 사업에서는 해협의 횡단 구조물 길이가 16km에 달하기 때문에 해저터널 외에 4km 길이의 인공 섬과 8km의 현수교가 추가로 시공되었다.

2000년 7월 1일에 개통된 이 다리로 인해 유럽 대륙의 최북단 끝자락에 위치한 덴마크의 수도 코펜하겐은 북유럽의 관문으로 그 위상이 더욱 높아졌다. 이 다리를 통해서 덴마크 코펜하겐과 스웨덴 말뫼를 오가는 기차는 매시 20분 간격으로 오전 6시부터 자정까지 하루 수십 편이 운행되고 있다. 외레순드 대교를 통해 양국 간 인적·물적 교류가 활발하게 이루어지면서, 이제 덴마크와 스웨덴은 국경을 초월한 하나의 경제권을 형성하고 있다. 역사적으로 오랜 해협영토 분쟁으로

〈그림 38〉 발트해 외레순드의 네트워크 연결

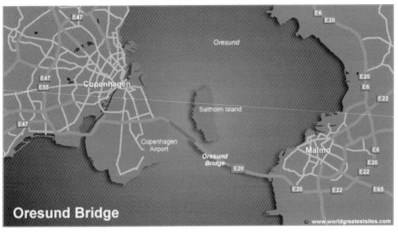

* 자료: Oresund Institute(2018), http://www.oresundinstituttet.org

전쟁을 치를 정도의 앙숙이었던 두 나라는 치열한 국제경쟁에서 살아
남기 위해 갈등의 역사를 뒤로 하고 초국경 지역을 중심으로 한 단일
경제권을 형성한 것이다.

(4) 외레순드 네트워크의 경과

원래 덴마크와 스웨덴은 탁월한 국가경제력을 갖춘 유럽의 선진국
중의 하나였다. 양 국가의 도시들도 현대적 부흥기를 구가하였으며,
지역에서도 시민들의 삶의 질과 모든 생활측면에서 전혀 불편함이 없
었다. 그러나 최근 지구촌 글로벌 경제체제의 재편과 산업환경의 급
속한 변화, 인구집중과 환경훼손, 사회적 양극화 문제가 근래 이들 국
가와 수도, 여러 해항도시들을 위기로 몰아넣게 만들었다. 결과적으
로 놓고 보면 북유럽에서 연안지역과 해항도시들의 위기상황은 이후
도시 간 초국경 협력의 동기와 촉매가 되었다고 볼 수 있다.

먼저 1980년대까지 스웨덴은 자동차와 조선산업의 세계적인 강국
이었으나, 그 이후 유럽경제가 하향세에 접어들고 글로벌 제조업의
대륙별 경쟁체제가 심화됨에 따라 문제가 발생하게 되었다. 즉 1990
년대 말뢰 지역의 주력산업이던 조선산업과 자동차산업이 국제경쟁
에서 밀려 하루아침에 몰락을 했다. 한 예를 들어 보면, 말뢰의 서쪽
항구 매립지대인 베스트라 함넨에는 대형 조선소와 사브(Saab) 자동
차 회사가 위치하고 있었다. 그러나 볼보(Volvo)와 함께 스웨덴의 세
계적인 자동차 회사인 사브가 파산하기 훨씬 이전에 이미 대규모 사
브 자동차 공장을 말뢰 지역에서 모두 철수시켰다.

게다가 유럽의 조선업계는 자동차보다 더욱 심각한 불황을 맞이하
고 있었다. 특히 이 지역에서 조선산업은 1980년대까지 지역경제의
핵심이었는데, 우리나라와 일본, 중국 등 아시아 조선산업의 부흥에
밀려 쇠락의 길을 걷게 되었다. 제조업에서 유럽의 높은 노동자 임금
은 상대적으로 낮은 아시아의 노동임금과 대규모 시설투자에 따른 자
동차, 조선 등의 가격경쟁력 격차를 도저히 감당할 수 없었던 것이다.

스웨덴의 자동차 공장과 조선소들은 막대한 피해가 발생해 도산과
설비축소가 줄을 잇게 되었다. 자동차와 조선산업 쇠퇴 후 산업위기
및 도시자체가 급격히 쇠락하여 폐허가 된 땅으로 버려지고, 약 30만
여 명의 인구 중 10%가 넘는 약 3만여 명의 일자리가 상실되었다. 이
에 말뢰는 폭격을 받은 도시(bombed city), 죽음의 도시로 불리게 되었
다. 이러한 당시의 엄청난 경제적 충격은 말뢰시 정부와 정치인들의
관심을 외부로 돌리게 만들었다.

다른 한편으로 덴마크는 국토의 면적이 우리나라보다 좁고 자원도
부족하지만, 1인당 연간GNP가 약 3만 달러가 넘는 강소국(强小國)이
다. 수도인 코펜하겐은 원래부터 지역경제의 구조가 전기, 통신, 계측

기기, 환경, 의약 등의 고부가가치 비교우위상품의 생산에 주력하였고, 자동차, 가전제품, 일반소비재 등의 비교열위 상품은 전량수입에 의존하였다. 그리고 유서 깊은 관광·문화도시였기 때문에 1990년대 이후 스웨덴의 말뫼보다는 상대적인 지역경제 침체의 충격이 적었다.

당시 코펜하겐은 높은 임금수준에도 불구하고, 도시경쟁력이 세계 상위권을 유지하고 있었다. 코펜하겐의 강점은 도시의 교육·문화도시로 많은 젊은 인구들이 유명대학에서 고등교육을 받고 있으며, 문화예술이 발달하였다는 것이다. 이 때문에 1950년대부터 인구의 도시 집중화 현상이 계속 확대되었다.

지금까지도 덴마크는 인구가 적은 농어촌 지역에서 도시지역으로 인구가 많이 이주하고 있으며, 이러한 현상은 코펜하겐에서 인구의 집중과 빈곤의 문제를 함께 야기하였고, 다른 지역에는 인구감소와 소득격차의 양극화라는 설상가상의 결과를 가져왔다. 코펜하겐 시민들은 소득수준이 세계 최고수준이지만, 세금도 가장 많이 내는 도시 중의 하나로 유명하다. 물론 세금부담이 높은 만큼 시민들이 정부로부터 질 높은 공공서비스를 제공받고 있지만, 반대급부로 정부에 대한 시민들의 기대치도 매우 높은 상황에 놓여 있다.

이에 코펜하겐도 1980년대부터 국가와 도시정부의 과도한 복지비용 지출로 인해 지역의 기업들이 국제경쟁력을 상실하였으며, 장기간 실업률이 연간 약 10% 이상을 기록하였다. 1990년대부터는 실업과 노숙자가 급속히 증가하였으며, 도시의 품격과 이미지가 악화되기 시작하였다. 특히 1800년대부터 유지된 보행자 중심의 도시구조가 자동차에 의해 장악되면서 기존의 광장 및 공공공간이 주차장으로 전용되고, 생태와 보행환경이 점차 열악해지는 등 거주환경이 악화되었다.

코펜하겐 시정부(City of Copenhagen Council)는 이러한 환경과 도심

쇠퇴의 문제를 극복하고자, 도시 외부와의 광역적 협력방안을 모색하게 된다. 즉 교통지체나 환경악화 문제를 해결하지 못한 채 있는 영국의 런던이나 프랑스의 파리 등의 선례를 답습하지 않기 위해, 초국경 연계를 통한 지속 가능한 광역적 다심형(多心型) 지역으로의 활로를 찾게 된 것이다.

원래부터 스웨덴과 덴마크는 외레순드 해협경계선을 중심으로 연안지역에 많은 인구가 밀집되어 있었다. 그 중에서 인구집중도가 가장 높고 서로 가까운 곳이 코펜하겐과 말뫼 지역이었다. 이 지역이 인구의 규모 상으로 큰 곳은 아니나, 두 지역을 묶을 때 발생하는 집적의 이익과 규모의 경제효과가 매우 큰 것으로 예상되었기 때문에, 일찌감치 통합의 공식추진체계로서 이른바 '외레순드 위원회(Oresund Committee)'를 구성하게 되었다. 이 위원회를 중심으로 하여 다양한 제도적 행위자의 협력이 만들어져, 외레순드는 통합의 결실을 맺게 된다.

외레순드 위원회는 지난 1993년에 만들어졌으며, 현재까지 약 20년 동안 외레순드 지역을 관리하는 유일한 정치·행정적 최고위 협력체이다. 이 위원회는 덴마크와 스웨덴 양국에서 각각 18명씩, 총 36명의 위원(민선정치인)으로 구성되며 1년에 두 차례 회동한다. 즉 정치인들을 중심으로 총 36개의 소조직이 단일화된 형태를 취하고 있으며, 18개는 스웨덴, 18개는 덴마크 지역에 속해 운영되고 있다.

여기에는 중앙정치인 뿐만 아니라 지방의원도 좌장이나 멤버로 고루 참여하고 있다. 이들의 임기는 각 개별 위원회의 임기에 따르며, 위원장은 1년씩 두 나라 소속 인물로 교대하여 담당하고 있다. 외레순드 위원회 아래에는 집행위원회(executive committee)가 있으며 위원회 멤버에서 각 국가 6명씩 총 12명으로 구성된다. 1년에 최소 4회 회합하며, 필요시에는 수시로 회합을 한다. 코펜하겐에 위치하고 있는 위원회 사무국(secretariat)은 두 위원회에서 결정한 사항들을 수행하는 실무기관으로 전체 상근 직원은 파견된 공무원을 포함하여 약 30명 내외로 구성되어 있다. 따라서 전반적으로 위원회를 구성되는 조직과 인력으로 보자면, 행정기관(GO)과 시민단체(NGO)의 중간 정도 성격을 갖는 것으로 파악된다.

외레순드 위원회는 그 활동방식에서 정치공학적 협상과 로비활동(lobbying)이 주류로, 다른 지역의 협의체들과는 다른 독특한 면모를 보이고 있다. 추진방식을 보면 흔히 생각하는 부정적 이미지의 음성적인 로비가 아니라, 공식적인 정책홍보과정이고, 기획 중인 정책에 대한 정책협의의 공론화의 장에 가깝다고 한다. 외레순드의 각종 프로젝트를 기획, 지원을 받을 수 있도록 위원회 구성원과 사무국이 양국의 중앙정부와 정치권, 유럽연합을 상대로 행하는 업무과정을 살펴보면 다음과 같다.

먼저 유럽은 각 지역마다 유럽연합에서 받은 예산을 나누어 지원받는데, 외레순드의 두 도시는 공동프로젝트를 기획하여 지원기금을 더 많이 받을 수 있도록 노력하고 있다. 또한 정치가들을 만나 프로젝트를 서로 공유하는 활동을 추진하거나, 도시마다 개별적으로 관련 분야 행정가, 정치인을 대상으로 공식적 로비와 설득활동을 실시한다. 이 때 로비는 컨퍼런스 등 외부활동 참여로 자신들의 목표를 대외적으로 공개하는 활동에 주력한다. 주요 논리는 위원회가 기존 기획한 프로젝트 중에서 성공한 사업의 경우가 유럽에서 가장 크고 최신이며, 상대적으로 다른 곳보다 고용창출 효과 등의 가시적 성과가 크다는 식의 설득이 많다.

현재 외레순드 위원회를 중심으로 한 협력체계는 월경협력을 촉진하고 복잡해진 이해관계를 외부에 대변하고 주변국가 및 유럽연합과 상시소통을 하고 있다. 위원회는 덴마크와 스웨덴의 중앙정부 및 다른 지방과 경쟁하는 구도가 아니라 광역권의 이점을 살려 서로 협력하는 관계인 것이다. 예컨대, 이 위원회에 관련된 정치가, 교수, 전문가들은 광역권 경제의 번영을 위해 활동해오면서 다양한 관련 기관과 정보교류를 하고, 지역발전전략을 오랫동안 수립해 왔다.

덴마크와 스웨덴의 중앙 정치인은 약 1주일의 회기로 연 1회 정도 전체 외레순드 부위원회 위원들과 정기 회의를 갖는다. 여기서는 경제, 건설, 기후변화 등 세부 주제별로 연간계획을 수립, 사전에 전달한 후 개인적 학습단계를 거쳐 밀도 높은 의견을 상호 교환하면서 새로운 정책을 개발하는 과정을 거친다. 이 외에도 양국의 국가예산에 영향력 있는 유력 정치인들과의 협력, 정보교류 등을 위해 세미나, 워크숍 등 다양한 교류협력 활동을 전개하고 있다. 최근 2010년부터 위원회는 새로운 기후변화 및 그린에너지로 더욱 활성화된 지역 만들기를 목표로 양국 간 효율적인 교류를 넓힐 수 있는 방법을 모색하기 위해 새로운 프로젝트를 준비하고 있다.

(5) 외레순드 네트워크의 전략과 구조

외레순드 지역은 1990년 초반부터 통합의 논의가 있었고, 2000년부터는 스웨덴 남부와 덴마크 동부에 걸쳐 있는 이 두 지역을 잇는 외레순드 대교가 건설되면서 본격적으로 두 국가 및 지역에 상생발전을 위한 다양한 초국경 경제협력이 이루어지고 있다. 현재의 성공이 있기 이전에 초기 통합논의에서의 첫 번째 쟁점은 외레순드 초국경 지역의 통합에 대한 뚜렷한 비전과 전략이 있으며, 미래의 청사진이 명확한가 하는 것이었다. 지금의 결과론으로 놓고 보자면, 만약 이것이 없었다고 가정하면 양 국가와 유럽연합 등 외부의 모든 지원은 기대할 수 없었을 것이다.

발트해 해협을 사이에 둔 양국 두 도시의 네트워크가 밝히고 있는 외레순드의 통합취지와 비전의 기본정신은 관련 문건에서도 다음과 같은 내용을 통해 확인되고 있다. 그것은 "국경을 초월하는 외레순드 지역의 정신과 역사적 경험을 드러내고, 도시 간 상생과 협력의 정신을 부활시키며 시민의 자긍심을 높인다. 지역의 공동협력활동을 발전시켜 경제적이고 문화적이며 사회적으로 통일된 네트워크를 활성화하고, 참여하는 도시들의 지속가능성과 정체성을 강화하며, 그럼으로써 시민들의 균등한 삶과 살아있는 생태 및 생활환경을 체험할 수 있게 한다." 등의 표현으로 나타나고 있다.

미래의 통합적 비전 실현을 위한 외레순드의 4대 핵심우선과제(key priorities)로는 교육과 혁신(knowledge & innovation), 문화와 여가(culture & leisure), 매력적이고 응집력 높은 노동시장(attractive & cohesive labour market), 접근성과 이동성(accessibility & mobility)이 있다. 상호 공동의제(interdisciplinary thema)로는 외레순드 도시들의 매력과 접근성(attractiveness & accessibility), 기후변화와 환경(climate change & environment), 시민의 삶과 건강(health) 등이다. 외레순드의 최상위 비전은 약 10년 단위의 장기로 수립하고 있으며, 이를 제외한 핵심과제와 하위전략은 3년에서 5년의 중기단위로 변화를 주고 있다.

외레순드의 비전과 발전전략의 체계는 기본적으로 국경을 넘는 다리를 활용하여 이동과 집적의 경제를 실현함으로써 역내 잠재력을 선순환적으로 증폭시키는 것이다. 즉 초국경 교량을 통한 산업, 지식, 노동이동의 증대를 통해 생산성 증대와 인구유입 및 노동력 증가를

〈그림 39〉 발트해 외레순드의 네트워크 전략체계

유발하고, 이를 다시 광역시장의 성장과 기업유입의 유인으로 사용하는 방식이다.

따라서 외레순드의 비전은 궁극적으로 스칸디나비아 지역을 대표하는 메트로폴리스이자, 고부가가치 첨단생태 클러스터의 구축을 실천적 미래상으로 지향하고 있다. 두 도시의 월경권역은 통합 10년이 넘은 현재 시점에서 국경을 초월해 하나의 경제권을 이룸으로써, 유럽에서도 변방이었던 스칸디나비아 전체를 첨단산업과 식품, 바이오, 낙농산업이 어우러진 고부가가치의 메디콘밸리(Medicon Valley)로 변모시켰다. 그리고 이러한 변화의 양상은 지금까지 외레순드 지역이 양국에게 지식기반 첨단산업을 지속 가능하게 유지시키는 인큐베이터 역할을 수행하도록 만들어 주고 있다.

한편, 발트해의 외레순드 네트워크 지역은 다중심 거버넌스(multi-centric governance)의 모범답안이라고 해도 과언이 아니다. 외레순드의 거버넌스에는 정부와 민간의 다양한 행위자들이 참여하고 있으며 긴밀한 네트워크를 구성하고 있다. 크게 정부, 시장, 시민사회의 섹터로 구분한다면 그 네트워크의 참여주체와 그 체계는 다음과 같이 구분될 수 있다.

먼저 정부와 공공기관 차원에서 외레순드 지역에는 양국의 중앙정부 간 국세청, 노동기관, 사회보장기관의 우선협력체인 외레순드디렉트(Öresunddirekt)가 있고, 코펜하겐과 스코네 광역정부가 중심이 된 광역협의회가 있으며, 예하의 코펜하겐과 말뫼 간의 도시협의회(Copenhagen-Malmo cities), 엘시노르와 헬싱보리 간의 도시협의회의(Elsinore-Helsingborg municipalities) 등이 도시 간 공공실무협의체로 운영되고 있다. 월경지역 공공협의체로서는 월경지역 총괄 행정책정자로서 외레순드 위원회(Oresund Committee)와 정보 및 마케팅의 공공조직으로서 외레순드 네트워크(Oresund Network)가 존재한다.

〈그림 40〉 발트해 외레순드의 네트워크 구조

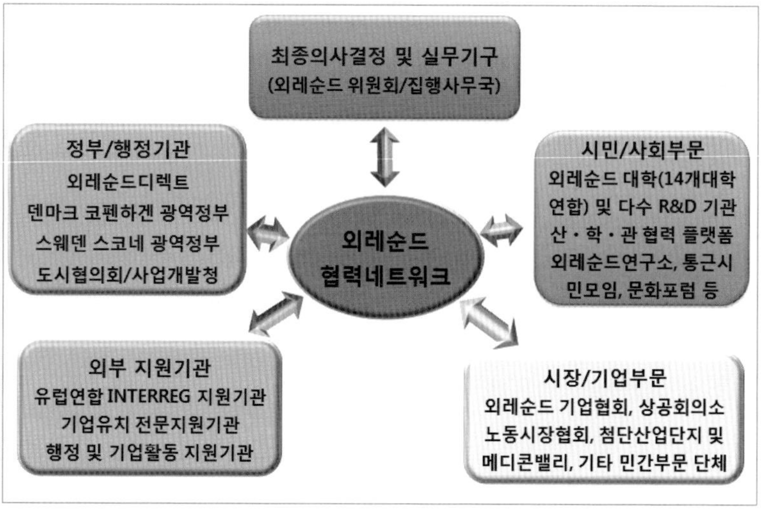

시장과 민간기업 차원에서 외레순드의 지역에는 외레순드기업협회
(Oresund Business Council), 외레순드 상공회의소(Oresund Chamber of
Industry and Commerce), 외레순드 노동시장협회(Oresund Labour Market
Council) 등이 통합적으로 운영이 되고 있다.

시민사회 차원에서 외레순드의 지역에는 우선 교육과 관련된 학교
네트워크가 두드러진다. 여기에는 총 14개 대학이 연합된 외레순드
대학(Oresund University)과 다수의 R&D 네트워크가 있으며, 이 외에도
외레순드 월경출퇴근시민모임(Oresund Cross-Border Commuter Organization),
외레순드 문화포럼(Oresund Cultural Forum) 등이 있다.

산·학·관의 협력체로서는 외레순드사이언스리전(OSR: Oresund
Science Region)과 외레순드 연구소 등이 있으며, 여기에는 메디콘밸리
아카데미(Medicon Valley Academy)를 비롯한 8개의 협력 플랫폼이 있
다. 특히 스웨덴 말뫼에 있는 외레순드 연구소(Oresund Institute)는
2002년 설립되어 최근까지 외레순드 초광역권 개발 프로젝트에서 싱
크탱크(think tank) 역할을 담당하고 있다.

또한 발트해의 외레순드 네트워크에는 양국의 중앙정부 간 최우선
협력체인 외레순드디렉트(Öresunddirekt), 엘시노르와 헬싱보리 간의
주요도시 협의회도 있어 주요 의사결정에 지역안배의 영향력을 행사
하도록 하고 있다. 즉 외레순드는 경제현안에서 공론의 장과 관련제
도의 재정비를 함께 논의, 의결하고 있다. 이런 점은 해양네트워크를
통해 초국경 협력을 시도하는 미래 동아시아 국가들이 확실히 배워두
어야 할 부분이다.

한편, 최근에는 발트해 외레순드 초국경 지역 사이에 필요한 사안
이 발생하면 탄력적인 제도개선으로 대응하여, 두 지역에 사는 주민
들이 생업과 생활과정에서 불편함이 없도록 최대한 노력하고 있다.

특히 위원회를 중심으로 지속적으로 증가하는 외레순드의 규모와 현안들에 대해 대의적 책임성을 갖고서 문제를 시의적으로 즉각 해결하고 있다. 초국경 지역에서만큼은 서로 다른 규제법들이 특별히 폐지되고 극소수 밖에 남겨 놓지 않았다는 것은 규제와 제도적 장벽에서 시민편의와 생활중심으로의 장벽해소를 시사한다.

이러한 장벽해소의 이슈에는 외레순드에 포함된 스웨덴 초국경 지역과 덴마크 초국경 지역 사이의 취업자격과 소득, 주택과 부동산 취득에서부터 교육과정과 학력인증, 레저와 소비활동, 노조가입과 언어문제에 이르기까지 다양하였다. 특히 외레순드 시민들은 자신에게 조금이라도 이익이 되는 부분이 있으면 둘 중의 한 나라의 제도를 그 부분만 선택할 수 있는 초국경적 특권(privilege)이 있다. 이것은 외레순드로 점점 더 많은 사람들이 모여들도록 만드는 가장 매력적인 부분으로 인식되고 있다.

세계 여러 선진국 중에서도 가장 최상의 사회복지제도를 자랑하는 곳이 북유럽 국가인데, 그 중에서도 덴마크와 스웨덴은 유난히 세금이 높기 때문이다. 대부분의 부과세가 약 25% 수준이고 소득세가 대략 26%에서 59% 수준까지에 넓게 걸쳐 있다. 자영업자의 경우, 부가가치세를 포함하면 세금이 최대 71% 수준이나 되는 경우도 있다. 가령 덴마크와 스웨덴에서 100원을 번다고 하면, 세금으로 나가는 돈이 최소 26원에서 많게는 71원까지 된다는 이야기인데, 개인적으로 절세를 할 수 있고 물건을 싸게 구입할 있다는 것만으로도 이 지역은 외부인들에게 충분한 매력을 가진다고 한다.

다만 내국세, 실업급여, 사회보장, 법률구조 등에서는 중앙정부와의 협상과 개선이 현재 진행형이지만, 이러한 모든 점들은 이른바 시민의 일상 생활적인 초국경 협력이란 관점에서 공동의 장벽해소 노력이 만든 훌륭한 성과인 것이다. 또한 초국경 대학연합과 교육부문이 공통의 비전을 갖고 각급 학·연·산 네트워크를 구축하여 언어와 문화의 장벽을 먼저 허물고, 이를 전체 부문으로 확산해 나간 것은 향후 동북아시아 주요 국가 및 우리나라 사이의 해양네트워크와 초국경 교류 추진에 있어서도 벤치마킹이 충분히 가능한 부분이라고 하겠다.

3. 발트해 해양네트워크의 특징

1) 발트해의 탈경계와 해석

오늘날 국민국가의 영토성과 주권의 약화는 비단 발트해 공간에서만 나타나는 현상이 아니며, 지구화가 몰고 온 보편적 현상이라 볼 수 있다. 따라서 우선은 이런 지구화 현상과 발트해 공간에서의 발전 양상이 서로 연관되어 논의될 필요가 있다. 하지만 오늘날 발트해 공간은 분명 여타 지역과는 다른 특수성도 보여주는바, 이러한 특수성은 유럽연합이란 형태를 취한 유럽 지역 공동체의 특성과 관계가 깊다. 따라서 발트해 공간의 해양네트워크 활성화의 요인 및 배경과 관련해서 유럽연합의 역사와 그 일반적 실행 원칙 및 통치 방식, 그리고 인터레그 사업 등이 비교적 상세히 논의될 필요가 있다.

현대로 넘어오면서 발트해 공간에서 국경을 초월하여 형성되는 다층적 네트워크들은 유럽 내 국민국가들의 영토성과 그 주권이 —지구상 다른 지역에 비해— 현저히 약화되고 있음을 시사하는 것이며, 이런 맥락에서 도시 및 소규모 지역이 국민국가를 대체 내지 보완하는 행위자로 부상하고 있음 또한 암시하는 것이라 할 수 있다. 그렇다면 발트해 공간에서 이처럼 소규모 지역과 도시, 특히 발트해 도시의 역할이 강화되고, 이들 사이의 네트워크가 국민국가의 경계를 가로질러 활발히 형성되고 있는 요인과 역사적 배경은 무엇일까? 그리고 현재 이뤄지고 있는 이런 네트워크적 발전의 구체적 양태와 성격은 어떤 것일까?

오늘날 발트해 공간에서는 권역적인 공동체 의식이 형성되고 있으며, 이는 이 공간을 유럽연합 내의 독특한 경제 · 정치 · 문화적 공동체로 가꾸려는 다양한 이해집단, 즉 유럽연합과 국민국가, 지방자체단체, 도시, 기업 및 여타 NGO 등의 노력 덕분이다. 이러한 노력은 이들 다원적 이해집단이 구성하는 다층적인 네트워크에서 표현될 수 있다.

주요 네트워크 구성의 예로는 발트해 의회협의회(BSPC)와 발트해 국가협의회(CBSS), 발트해 지방정부협의회(BSSSC) 혹은ー앞서 언급된 바 있는ー'발트해 관광위원회(BTC)'와 '발트해 지역 7개 최대 도서 협력기구(B7)', '발트해 지역 문화 통합 협의회(ARS BALTICA)', '발트해 항만협회(BPO)', 그리고 '발트해 상공회의소(BCCA)'와 '발트해 노동조합(BSTUN)' 등을 들 수 있다. 그밖에도 중세 한자의 계승을 표방하는 현대의 도시 네트워크인 '신한자'와 발트해 지역 100개 이상 도시의 초국가적 네트워크인 '발트해 도시 연합(UBC)'도 빠뜨릴 수 없다.

2) 유럽연합의 장기적 재정지원

발트해의 외레순드 해협의 두 지역은 외부 유럽연합의 장기재정지원을 통해 국경을 넘은 협력활동이 더욱 활성화된다. 즉 외부의 구체적 협력지원 프로젝트를 통해 양 해안의 시민과 기업, 기구나 조직들이 상호학습을 통해 새로운 발전가능성을 확인하게 된다. 유럽연합의 재정지원과 지침에 충실하여 국경장벽은 낮추고, 공동의 네트워크, 제도, 조직을 발전시켰던 것이다. 무엇보다 이것은 유럽연합의 장기 재정지원 프로그램인 인터레그(Interreg)의 구성취지와 장기적인 목적을 충실히 구현하는 것이었다.

이러한 상황에서 유럽연합은 지역교류지원 프로그램인 인터레그(Interreg)에 따라 Intereg Ⅱ-A를 통해 코펜하겐 광역권과 스코네 광역권에 총 2,900만 유로(유럽연합 1,350만 유로, 국가/지방정부 1,350만 유로, 민간 200만 유로)를 외레순드에 투입하였다. 이어서 외레순드에 대한 Intereg Ⅲ-A도 역시 유럽연합과 양국이 절반씩 분담하여 총 6천 180만 유로를 투입하였다. Intereg Ⅲ-A는 예산이 2배로 늘었고, 적용 범위 역시 외레순드 인접지역까지 망라하게 되었다. 또한 프로젝트 규모가 커지고, 내용이 여러 부문에 관계될 뿐만 아니라 지방과 민간 조직의 참여도 훨씬 커졌다.

발트해 지역은 Interreg Ⅱ-A와 Interreg Ⅲ-A를 통해 다리건설을 포함한 총 250개 이상의 세부 프로젝트가 재정지원을 받았으며, 총액으로는 9천만 유로(당시 약 1,100억 원) 이상이 투자되었다. 그리고 2000년부터 2006년까지 약 7년 동안에는 3천만 유로(당시 약 350억 원)가 특별지원으로 추가 투자되었다. 이중 거의 절반은 유럽연합으로부터 지원된 것이다.

초국경 교류지원 프로그램(Interreg)을 통한 유럽연합의 개입은 결과적으로 새로운 정부와 기업들의 투자동기를 적극 유발하는 촉매의 역할을 했다고 볼 수 있다. 뿐만 아니라 유럽연합의 공식적 재정지원을 받는다는 것은 이 지역의 위상에 긍정적인 이미지를 만들어 주는 등 교류 모범지역으로서의 부수적 외부효과도 가져온 것으로 평가된다.

3) 재정 분권과 선의의 공통투자

먼저 발트해의 독일, 스웨덴, 덴마크는 OECD에서도 가장 재정분권이 잘 이루어진 국가로서, 서로 비슷한 구조를 갖고 있다. 지방정부의 세출은 세입을 대략 20% 내외에서 초과하는데, 나머지는 중앙정부가 보전해주는 구조이다. 특히 덴마크의 경우 원래부터 국내총생산(GDP)의 20%를 기초행정구역에서 지출하고 있어서 지역 내에서의 자금순환을 활발하게 하는 측면이 있었다. 덴마크와 스웨덴의 지방이 코펜하겐 광역권과 스코네 광역권으로 개편된 2000년 이후에는 재정자율성이 더욱 강화되었다.

외레순드에 대한 투자재원의 마련은 지방정부와 중앙정부인 지역개발부(Ministry of Local Government and Regional Development)가 공동으로 한다. 지출의 세부적인 재원이 지역 내에서 어떻게 순환되는지를 정확히 알 수는 없지만, 해당 지방정부가 주도적으로 운영주체가 되어 각종 사무와 재원을 담당하고 있는 것은 확실하다. 양국에서 지방에 대한 중앙정부의 주요 지원사항은 기업투자, 금융지원, 기반시설 투자, 지역혁신 프로젝트 추진허가, 기업자금 지원 등에 한정된다. 또한 덴마크와 스웨덴의 광역정부는 외레순드 지역의 고용, 교통, 농/수산업, 교육, 의료, 연구 등의 여러 분야에서 지역발전정책을 조정할 1차적인 책임이 있다고 한다.

다음으로 발트해의 네트워크 공동사업에 대한 투자비율을 살펴볼 필요가 있다. 우선 재정이 가장 많이 소요된 외레순드 다리의 건설비용에 대해 덴마크와 스웨덴 지역의 공동투자비율은 외레순드 위원회에서 약 3년 이상의 장기적인 정치협의를 거쳐 정확하게 50%씩 분담하기로 합의하였다. 다리 건설 이후의 양국의 여러 정책사업에 있어서도 기본적인 투자비율은 50:50으로 기준을 삼았다.

현재 발트해에서는 현재까지 공동사업에 있어 해당 정책을 제안한 쪽이나 제안을 받은 쪽이나, 공공의 목적을 위한 것이라면 가급적 50:50의 비율을 유지하도록 정하고 있다. 이러한 기본원칙을 준수하면서 지금까지 지역 간 프로그램의 재정지원을 수행하고 있는 것이다. 발트해의 모든 연결SOC(도로, 철도, 이동통신, 네트워크 등)에는 상호 동등한 재정투자가 원칙이다. 2000년대 만들어진 외레순드 다리는 명실상부하게 연계협력의 기념비적인 시설로서, 실제로 초국경 권역의 광역경제와 공동발전을 위해 결정적인 가교역할을 하고 있다.

4) 발트해의 네트워크 평가

발트해 공간은 냉전으로 인해 유럽의 변두리가 되기 이전에는 정치·경제·문화적으로 활발한 교섭, 다시 말해 다양한 갈등과 충돌 속에 상생과 공존이 모색되었던 공간이다. 게다가 중세의 한자라는 탈경계적 네트워크 조직은 이 공간에 장기간 번영을 가져오기도 했다. 오늘날 발트해 공간은 유럽연합과 연계함과 동시에 중세 한자동맹의 전통을 계승하여 다양한 도시 및 지역 네트워크를 형성하고 있다. 이 지역의 도시 및 지역 네트워크 활성화는 지구화라는 시대적 흐름을 기회로 삼는 동시에 이 흐름이 가져오는 부작용을 권역 공동체의 힘으로 제거하려는 노력의 산물이기도 하다.

오늘날 발트해역을 하나의 경제적·문화적·정치적 공동체로 구성하려는 시도는 유럽연합, 국민국가, 지방자치체 내지 광역시 그리고 NGO의 차원에서 활발히 전개되고 있다. 이런 시도의 성과는 특히 교육과 환경, 문화, 노동, 정치 경제 분야에서의 통합이란 형태로 가시화되는 중이다.

발트해라고 하는 해역의 이런 탈영토국가적 변화는 이 해역에서 근대적 국민국가 형성 이전의 개방적 네트워크 체제가 회복되고 있다는 추정을 가능케 한다. 근대적 국민국가 형성 이전에 발트해역은 자율적이고 개방적인 네트워크 공동체의 성격을 갖고 있었다. 이곳에서는 다양한 사람들이 서로 만나면서 다층적인 문화를 형성해 나갔다. 이때 해항도시는 사람과 재화의 교류, 문화적 교섭의 핵심적 허브였다.

당시 해항도시는 역내 각 지역을 연결시킬 뿐 아니라 원거리의 역외 거점과도 연결되어 광범위한 네트워크를 형성했다. 중세 발트해역의 해항도시는 집결과 확산, 구심력과 원심력의 기능이 동시에 작동하는 공간이었던 것이다. 이렇게 볼 때, 오늘날 발트해에서 해항도시를 축으로 하여 전개되는 변화, 즉 탈국민국가적 네트워크 공동체의 형성 경향은, 전적으로 새로운 현상이기보다 역사적으로 실재했던 지역 공동체 모델의 복원이라 이해될 수도 있는 것이다. 그리고 이 모델은, 지방-국가-지역 차원의 다층적 협력 체제를 통해 국민국가의 영토성을 초월한 지역발전의 실현이 요구되고 있는 오늘날 하나의 중요한 전범의 의미를 지니고 있다.

4. 발트해 해양네트워크의 미래

1) 페마른 벨트와 초국경 지역의 확장

발트해에서는 지금 덴마크 정부가 새로운 파트너로서 유럽연합에서 가장 큰 국가이자 경제대국인 독일과 네트워크 구축을 진행하고 있으며, 독일의 거점도시 함부르크, 뤼베크 등과의 초국경 연계 및 경제교류를 시도하고 있다. 이른바 '페마른 초국경 지역 벨트(Fehmarn Belt Region, Femern Bælt Regionen)'라는 이름으로 유럽연합은 지금 해양네트워크의 새로운 미래를 개척하고 있는 것이다.

구체적으로 덴마크 정부와 코펜하겐은 외레순드 대교의 완성과 성공적인 운영을 바탕으로 지난 2004년에 초국경 페마른 벨트를 위한 덴마크와 독일 사이의 2차 교량 건설을 추진하였다. 소위 미래의 페마른 벨트(Fehmarn Belt)의 구축과 그 발전에 관한 실무적 구상은 이미 2000년대부터 있어 왔으며, 지속적인 논의와 협상이 전개되었다. 그리고 이는 덴마크와 독일의 발트해 접경지역 해협을 근간으로 하여, 기존의 외레순드 초국경 지역 벨트와 함께 새로운 페마른 벨트로의 확장을 도모하기 시작하였다. 이를 통해 지금 해당 도시들과 국가들은 미래 북유럽 초국경 통합지역의 지속적 확대와 발전을 상징적으로 표현하고 있다.

페마른 초국경 지역 벨트는 대략 1990년대 후반부터 논의를 시작하여 2022년 마무리까지의 초장기적 구상으로 프로젝트가 확정되었다. 이미 계획에서 실천으로 옮겨졌으나, 그 집행상황은 대략 2022년 완료까지 여전히 현재진행형이다. 페마른 벨트는 기존의 외레순드와 같이 외형적으로 아직은 초국경 벨트 인프라가 완공되고, 행정적으로도 발트해를 종단하는 해양네트워크 권역이 완성되지 못한 관계로 현지 전문가 및 지역학자들 사이에는 많은 논의와 담론이 진행 중에 있는 것으로 알려졌다.

유럽본토와 스칸디나비아반도 사이의 발트해를 수직으로 종단하는 페마른 벨트와 초국경 지역의 구축동기는 최초부터 엄청난 교통 및 이동상의 단축효과와 사회·경제적 파급효과 때문이었다. 이것은 곧 덴마크와 독일 사이에서 진행이 되어 온 페마른 벨트 해저터널 건설 비용분담 문제와 그 해결과정에서도 잘 나타나고 있다. 특히 핵심인 프라인 해저터널의 건설에서 나타난 아주 특이한 점은 지금의 추정치로 약 50억 유로 정도(한화로 약 7조 원 정도)에 달하는 막대한 총 공사비를 덴마크 정부가 거의 전액 부담하기로 했다는 점이다.

그 이유는 현재 유럽에서 덴마크의 대 독일교역은 무려 약 25%나 차지하는 반면, 독일에게 덴마크의 교역은 불과 약 1.5% 정도의 수준이었기 때문이다. 덴마크는 전통적으로 대외무역 의존도가 높은 개방경제 체제이고, 대외교역이 국내 GDP의 약 3/4이나 차지한다. 그렇지만 실상 독일은 약 16배 이상의 경제적 교역격차로 인해 덴마크에 비해 초국경 통합의 명분과 부담에서 상대적으로 아쉬움이 크게 없는 상황에 있었던 것이다.

이러한 각각의 상황에서 과거 양국과 도시들은 1990년대 중반부터 2008년까지 약 15년 동안 공사비 분담 문제로 장기간의 협상과 실랑이를 벌였다. 여기에는 페마른 벨트를 구축할 경우에 장기적으로 예상되는 경제적 파급효과, 지역발전의 효과의 상호 인식차이가 전제되고 있었기 때문이다.

그러나 스웨덴 쪽과 만든 외레순드 초국경 지역의 대성공으로 많은 재미를 본 덴마크 정부와 해당 인접도시들의 의회(council)는 새 파트너인 독일에 비해 상대적으로 조급한 위치에 처해 있던 것이 사실이었다. 즉 독일 국민들과는 달리 스웨덴 말뫼와의 초국경 외레순드 지역의 구축으로 이미 그 실익(fruit)을 몸소 체감한 것은 바로 덴마크 국민과 코펜하겐 지역에 사는 시민들이었던 것이다. 이에 최근 덴마크 남부 롤란드 섬(Lolland)과 독일 북부 페마른 섬(Fehmarn) 사이에 약 18km의 기나긴 구간을 연결하는 해저터널 공사를 덴마크 정부와 코펜하겐 의회는 대다수의 만장일치로 승인, 의결하게 되었다.

산술적으로 총 50억 유로에 이르는 막대한 페마른 해저터널 공사비는 덴마크 연간 국가 총 재정규모인 약 700억 유로의 7% 가량을 차지한다. 하지만 이것은 2014년 착공부터 2022년 완공까지 약 9년여 사이에 걸쳐 순차적으로 지출을 하도록 되어 있다. 해저터널 공사비의 연차별 분할지출은 덴마크 정부에게 재정지출 부담을 연간 1% 미만으로 크게 감소시키게 하였으므로, 결국 국가적으로 당장 큰 부담을 떠안게 된 것은 아니었다.

또한 이보다 더 근본적인 이유는 덴마크 정부가 2000년 이후부터 줄곧 흑자재정을 유지하고 있었으며, 유럽연합의 도시재정 및 국가경쟁력 순위에서도 항상 최상위에 랭크되어 있기 때문이었다. 무엇보다도 덴마크 정부와 코펜하겐의 지역여론이 최근 스웨덴과의 외레순드 초국경 지역의 성공과 실익을 선명하게 기억하고 있는 이유도 분명 있었다.

외부적으로는 이러한 비용부담의 명분에 있어서 덴마크가 막대한 비용이 들어가는 페마른 벨트 해저터널 공사를 시작하면, 독일도 자국의 기간 운송망과 더불어 남부 유럽을 연결할 광역도로 및 광역철도 추가 건설비는 부담하겠다며 덴마크 측에 우호적인 성의를 표시하기도 하였다. 독일 내에서도 외레순드 지역의 성공을 익히 잘 알고 있었기에 사회적 반대는 드러나지 않았다.

그리고 현재 유럽연합(EU)의 창립회원국이자 가장 큰 경제대국인 독일은 유럽연합 공동기금에도 가장 많은 부담을 하고 있는 나라이다. 최근 그 분담금 규모는 매년 약 260억 유로의 수준으로 유럽연합 전체 공동예산의 약 20%를 차지하고 있다. 그러므로 페마른 해저터널의 건설비용 문제에서 독일 정부는 이러한 유리한 명분도 가지고 있었기 때문에 덴마크 정부와 협상은 의외로 쉽게 막을 내리게 되었다.

2) 페마른 대교의 건설 구상

당초 발트해의 페마른 벨트 구상에서 가장 먼저 제안된 페마른 대교(Fehmarn Bælt-forbindelsen) 연결 프로젝트는 다리(사장교)를 만드는 것이었다. 이는 지리적으로 크게 유럽연합 지역에서 유럽의 본토라고 할 수 있는 독일 북부지역과 덴마크가 위치하고 있는 스칸디나비아반도를 연결하는 대공사를 골자로 하는 계획이었다. 최초부터 다리가 놓여질 해협의 길이는 약 18~19km 정도였으며, 만약 페마른 지역에 다리가 연결이 된다면 독일의 함부르크 및 뤼베크(유럽 본토)와 덴마크 코펜하겐(북부 유럽) 사이에서는 교통의 혁명이 일어나게 된다고 알려졌다.

현재는 함부르크와 코펜하겐 사이에서 육상과 배를 복합적으로 이용하여 발트해를 건너는 총 5시간 정도 걸리는 거리를 육상으로만 약 3시간 이내 정도에 충분히 주파할 수 있다고 예측되었다. 이 지역에서는 사람뿐만 아니라 자동차와 열차도 모두 해상운송수단인 페리(ferry)선 만을 통해서 발트해를 건너야 했었다. 이에 페마른 대교의 건설은 스칸디나비아와 유럽 본토 사이의 관광 및 각종 교역이 크게 늘어나게 할 것으로 주위로부터 많은 기대를 모았다.

최초에 페마른 대교의 기초 설계는 덴마크 정부 국유 건설회사(Sund & Bælt Holding A/S)의 2008년 원안에 의해서 확정되었으며, 덴마크가 전체 공사비 약 56억 유로(약 8조 9000억 원) 중에서 약 48억 유로를 부담하고, 2011년경에 착공하여 2018년경에는 완공할 예정이었다. 세부적으로 초국경 다리 건설의 예정지역과 공법으로는 독일의 페마른 섬과 덴마크 롤란드 섬을 잇는 '사장교(cable-supported bridge, cable stay bridge)' 건설의 방식을 채택하였다. 그리고 이는 2005년 덴마크와 독일의 양자 교통장관들의 전격적인 합의로 2007년까지 조금씩 진행이 되고 있었으며, 2008년에 이르러서는 거의 다리공사의 착공절차만을 남겨두었다.

그러나 얼마 지나지 않아, 최초 사장교 형태의 다리설계안에서 환경 및 경제성에 걸친 몇 가지 문제점이 발견되어 2011년 양국의 협의에 의한 최종 수정안(Fehmarn Belt Fixed Link: Tunnel Solution)이 다시 나왔다. 이 수정안에서는 다리(사장교)가 아닌 침매(沈埋)공법 방식을 이용한 해저터널(Undersea tunnel) 방식을 택하는 것이 주요 골자였다. 즉 이것은 독일 페마른섬의 푸트가르덴(Puttgarden)과 덴마크의 뢰드비 항구(Rodbyhavn)를 육로로 연결하려는 '페마른 벨트 해저터널(Fehmarn Belt Tunnel)'의 건설이었다.

〈그림 41〉 발트해 페마른 벨트 해저터널 조감도

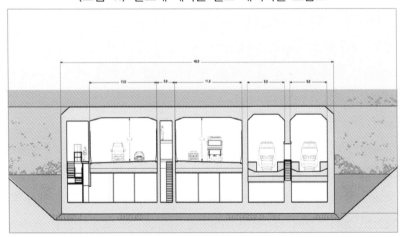

* 자료: Fehmarnbelt Fixed Link Design. http://www.femern.com

발트해를 수직으로 연결하는 새로운 페마른 벨트 해저터널(Fehmarn Belt Fixed Link)의 수정된 건설계획은 최초에 기존의 원안이었던 2008년 페마른 벨트 사장교 건설계획에 비해 경제적, 사회적, 환경적 측면에서 많은 장점을 가진다고 한다. 현재 덴마크 해저터널 설계기업(Femern Sund & Bælt Holding A/S, Fehmarn A/S)의 계획에 의하면, 일단 사장교 형태에 비해 해저터널은 페마른 해협에 건설되는 과정에서 여러 가지 이점을 가진다.

우선 공사비용을 놓고 볼 때, 그 물리적 길이가 혁신적으로 단축되는 동시에 침매공법으로 인해 사장교보다 시간과 비용 면에서 약간은 더 효율적일 것으로 예측되고 있다. 사장교에 비해 해저터널은 자연뿐만 아니라 기존 발트해를 오가는 수많은 배와 비행기의 항로를 전혀 방해하지 않는 방식이기도 하다. 즉 해저터널이 완공된 이후에는 사장교의 다리 교각이 해협에서 기존의 오고가는 여러 종류의 선박들과 충돌할 수 있는 잠재적 위험을 완전히 없애면서, 그 운영과 유지가 상대적으로 안정적이다.

그리고 해저터널은 사장교와 달리 왕복하는 각종 교통수단들이 자연적 기상상황인 눈, 비, 바람, 안개, 어둠 등의 영향을 전혀 받지 않는다는 이점이 역시 크다고 한다. 페마른 해협이 포함된 발트해와 유럽 북부지역은 특히 바람과 안개의 영향을 많이 받는 것으로 알려져 있다. 무엇보다 해저터널은 사장교에 비해 매년 유럽지역에서 이 해협을 자주 오가는 약 1억 마리 정도에 달하는 철새들의 생태적 이동을 전혀 방해하지 않는 등 매우 친환경적인 방식으로 결론이 내려졌다

2000년대 이후부터 최근까지 유럽연합에서 이루어지는 모든 개발의 이슈에서는 '지속 가능한 개발', '인간과 자연의 공존'의 슬로건이 포함되어 있으며, 모든 계획의 설계와 추진과정에는 환경보전의 의무

와 함께 생태계와 인공물의 조화를 규범적으로 강조하고 있다. 그리
고 이 모든 것들은 유럽연합(EU)의 '지역개발 및 환경규정'에 따라
2006년부터 이슈화되었으며, 2008년 덴마크와 독일 사이의 교통장관
회담 및 환경영향평가(EIA: Environment Impact Assessment)를 거친 후
에 최종적으로 페마른 벨트 연결사업에 대하여 그 수정이 이행, 확정
되었다.

3) 발트해의 종단적 연결과 개발

독일과 덴마크 사이에 위치하고 있는 페마른 벨트 접경지역을 지리
적으로 살펴보면, 가히 21세기에서도 초국경 통합에 쉬운 길은 없다
는 것이 다시 정설로 확인되고 있다. 덴마크와 독일은 발트해 해협을
사이에 두고 있으나, 그 지리적 간극이 결코 가까운 것은 아니다. 구
체적으로 페마른 벨트 구축의 지리적 거점은 덴마크 코펜하겐을 출발
하여 뢰드비 항구(Rodbyhavn)를 거쳐 독일 페마른 섬의 푸트가르덴
(Puttgarden)에 이르고, 이는 다시 독일본토의 뤼베크와 함부르크로 연
결이 된다.

이 페마른 접경지역의 발트해는 면적이 약 43만km²이고, 평균 수심
은 55m이며 가장 깊은 곳은 463m에 이른다. 발트해의 옛 이름은 호박
(琥珀)의 산지로서 알려진 마레수에비쿰(Mare Suevicum), 독일어로는
오스트제(Ostsee: 동쪽 바다)인데, 스칸디나비아반도와 유틀란트반도
에 의하여 북해와 갈라져 있으나, 두 반도 사이의 스카케라크 해협과
카테가트 해협으로 외양(外洋)과 통한다. 현재 발트해는 스웨덴과 덴마
크, 독일, 폴란드, 러시아, 핀란드 등의 국가들에 둘러싸여 있다.

독일 슐레스비히홀슈타인 주 연안과 덴마크 섬들 사이에 있는 만

(灣)을 킬 만(Bay of Kiel)으로 부르는데, 동쪽으로는 메클렌부르크만
(Bay of Mecklenburg), 북서쪽으로는 소벨트 해협(Little Belt), 북쪽으로
는 대벨트 해협(Great Belt)과 연결된다. 2개의 벨트 해협을 지나 발트
해를 드나드는 선박은 반드시 이 만으로 들어서게 된다. 즉 모든 배들
은 발트해를 통과하여 페마른 벨트(Fehmarn Belt)를 지나서 메클렌부
르크 만에 들어서게 되는 것이다.

〈그림 42〉 발트해의 페마른 지역과 독일 북부연안

* 자료: Fermern A/S website(2018). http://www.fehmarnbeltdays.com

구조적으로 발트해는 연안에는 섬들이 많아 다도해를 이루고 있는
데, 북해(北海)의 연장에 해당하는 천해(淺海)이며, 덴마크 동부의 여
러 해협 및 카테가트 해협으로 북해와 통하는 반면에 인공의 킬 운하

로 연결된다. 또한 러시아의 운하와 발트해 운하로 인해 예로부터 여러 방면으로 배가 통항(通航)하게 되었다. 북쪽에는 보트니아만이 만입(灣入)해 있고, 동쪽에는 핀란드만과 리가만 등이 위치하고 있다.

페마른 연결망이 관통하는 페마른 섬은 독일 최북단의 슐레스비히홀슈타인주(Land Schleswig-Holstein 州)에 딸린 섬이며, 현재 거주민은 약 13,000여 명 정도이다. 독일 북부와 덴마크 남부의 광역권을 지리적으로 잇는 페마른 섬은 해협을 사이에 낀 양국의 접경지역으로 문화적으로 다소 동질적이면서도, 다른 한편으로는 경계(border)로 인한 상이성이 부각되는 그러한 혼성적인 지역으로서 매력을 갖추고 있다.

전통적으로 발트해 페마른 섬은 독일 국민들에게 해양스포츠와 해양관광, 레크리에이션 및 휴양 지역으로 유명하다. 현재 페마른 섬은 친환경 지역구축을 표방하면서 바람이 많이 부는 지리적 특성을 이용한 신재생 에너지 자원으로서 해상풍력 발전과 섬 관광개발, 그리고 양자의 연계와 지역경제의 파급효과 확대에 주력하고 있다. 그리고 페마른 섬 지역 전체는 일단 2022년까지 공사가 진행되고 있는 해저터널 건설의 가장 핵심적인 구간이며, 육상과 해저터널 교통구간의 교차점으로 계획되어 있는 푸트가르덴 항구는 현재 페리 운항의 작은 기점이자 경제적 규모로서는 발트해와 북유럽에서도 비교적 미미한 지역이다.

다만 푸트가르덴 항구는 현재 소액의 배 운항 수입과 관광사업으로 살아가는 지역이지만, 미래 초국경 중간교통로의 거점지역으로 계획됨으로써 현재 개발이 한창 진행되고 있다. 그리고 앞으로는 페마른 벨트의 해저터널 구간의 결절점이 됨으로써, 막대한 액수의 육상교통 요금을 현지에서 징수할 수 있게 되었다. 게다가 유럽 전역의 관광객과 외부 인구유입의 증가로 인한 각종 부가가치의 상승효과를 기대하고 있기도 하다. 이로써 페마른 섬과 푸트가르덴은 전통적인 발트해 해상교통의 거점에서 벗어나, 향후 2022년 즈음에 완성될 해저터널의 개통과 함께 지역인구와 경제적 측면에서 다시 한번의 재도약을 꿈꾸고 있다.

〈그림 43〉 발트해의 페마른 네트워크 중심의 교통망

* 자료: Fehmarnbelt Fixed Link Design. www.femern.com

발트해 페마른 해저터널의 일차적인 종착지로서 계획되어 있는 함부르크(Hamburg)도 도시 자체의 의미가 매우 크다고 할 수 있다. 함부르크의 정식명칭은 함부르크 자유 한자 시(Freie und Hansestadt Hamburg)이다. 함부르크는 현재 독일 최대의 해항도시이자 인구로는 2번째로 큰 도시이다. 독일의 함부르크는 그 도시규모 면에서 유럽에서 네덜란드의 로테르담(Rotterdam)에 이은 두 번째로 큰 현대적 항만도시이기도 하다. 독일 정부는 함부르크 자체가 원래부터 지리적으로 중요한 것으로 보고, 다른 대도시인 베를린이나 브레멘처럼 독일의 한 주

(州)로 그 행정적 지위를 높게 취급하고 있다. 따라서 함부르크는 그 오래된 도시역사와 많은 인구, 산업적 중요성과 교역의 다양성 등에 의해서 유럽에서도 중요한 거점 해항도시의 성격으로 다루어질 수 있다.

발트해를 면한 독일 함부르크는 전통적으로 상업에 종사하는 인구가 독일에서 제일 많은 지역이고, 항구와 관련된 조선소, 정유소, 수입원료의 가공처리 공장 등이 많이 있다. 한자동맹(Die Hanse) 중심지역이었던 함부르크는 19세기까지만 하더라도 최첨단을 걷는 항구도시로서 관세자유지역으로 번성했었다. 그러나 제2차 세계대전 이후 항구의 물류, 선박시설들이 대부분 파괴되었으며, 이후 1960년대 현대화된 항구로 재건을 실시하면서 1990년대까지 그 명맥을 이어왔다.

함부르크는 국가적으로 대입을 시킬 경우, 우리나라 제2의 도시 부산과 매우 유사한 도시의 규모와 위치를 점하고 있다. 내륙의 수도권과 떨어져 있으면서도, 항구를 기반으로 하여 장기간 비슷한 도시발전의 양태를 보이고 있는 것이다. 게다가 독일 동부를 거쳐 북해로 진입하는 엘베 강 하류에 자리 잡고 있는 함부르크와 낙동강을 거쳐 남해바다와 태평양으로 진입하는 부산은 지정학적 입지 측면에서 매우 유사하다.

이러한 유사성은 발트해 초국경 통합의 측면에서도 역시 우리에게 많은 시사점과 교훈을 줄 수 있다. 예컨대, 함부르크가 중요한 국제적 문화도시로서 굳건한 토대를 닦을 수 있었던 것은 항구 및 수변도시가 지닌 다양하고 연성적인 입지요인 때문이다. 함부르크는 독일에서 해항도시의 형성 및 발달과정에서 쌓아온 다채로운 면모를 지니고 있을 뿐만 아니라, 현대의 지속 가능한 도시로서 존립하기 위해 그 기반이 과연 무엇이어야 하는가를 보여주고 있다.

4) 미래 발트해 네트워크 기대효과

발트해에서 현재 가장 크게 진행되고 있는 해양네트워크인 페마른 초국경 벨트의 당위성은 결과론으로 설명하자면 간단하다. 먼저 국가적 차원에서 미래에 덴마크와 함께 페마른 벨트를 구성할 독일은 주위에 가장 많은 이웃국가를 가진 큰 나라이고, 도시적 차원에서 코펜하겐과 함부르크, 뤼베크 등은 남/서유럽과 북유럽을 광역적으로 연결하는 거점도시이다.

특히 페마른 벨트가 확장될 독일은 페마른 섬을 기점으로 북으로는 덴마크와 소통하고 있고 서쪽으로는 네덜란드, 벨기에, 룩셈부르크, 프랑스가 위치하고 있으며, 남쪽에는 스위스, 오스트리아를 끼고, 동쪽으로는 폴란드, 체코와 국경을 접하고 있다. 유럽전역의 지도를 펼쳐 놓고 보면, 독일은 유럽연합의 심장부 가운데에 정확하게 위치하고 있다는 것을 눈으로 쉽게 알 수 있다. 이러한 사실은 앞으로 발트해에서 북유럽에 다소 치우친 외레순드 네트워크와는 또 다른 페마른 초국경 벨트 네트워크만의 잠재력과 위상을 우리에게 시각적으로 보여준다.

페마른 해저터널 공사로 인해 생기는 각종 사회·경제적 기대효과는 단기적으로만 판단해도 일단 매우 큰 것으로 예상되고 있다. 먼저 독일을 중심으로 한 유럽의 남쪽 대륙과 스칸디나비아반도 전체가 완전히 육로만으로 연결되는 소위 광역복합교통망의 구축이 크게 기대되고 있다. 페마른 벨트 구축계획의 확정 이후, 이미 볼프강 티펜제(Tiefensee) 당시 독일 교통장관은 페마른 해저터널의 구축은 독일과 덴마크 국민 사이를 이어줄 뿐 아니라 환(環) 유럽 교통인프라 구축에도 매우 중요한 의미가 있음을 밝혔다. 즉 이러한 유럽 본토 광역교통

망의 구축은 페마른 해저터널의 건설비를 조금만 부담하는 독일 쪽의
편익이 오히려 훨씬 더 큰 것으로 추산되고 있다.

구체적으로 페마른 벨트에서 사람과 물자의 이동에 대한 이니셔티
브가 적용된 비용-편익(B/C) 분석의 잠정 결과는 전문가들에 의해 정
해진 매우 보수적인 가정과 시나리오 상에서도 실제로 적용했을 때에
도 역시 그 순현재가치(net present value)가 높은 것으로 나타나고 있
다. 그 이유로서는 페마른 벨트의 구축완료로 나타나는 이러한 발트
해 연안에 위치한 주요 항구와 도시로의 전체적인 접근성 향상은 미
래에 추가적인 물동량의 상승분을 충분히 수용할 수 있게 하고, 유럽
연합의 광역교통 네트워크상에서 중요한 인프라시설의 결절점(node)
역할을 할 것으로 예상되고 있기 때문이다. 또한 사람들로 하여금 유
럽연합 각 지역에의 접근성을 향상시키고 현재 포화지경에 이른 해상
교통과 연안지역 인프라시설의 혼잡도를 경감시키게 할 것으로 내다
보고 있다.

지역전문가들에 의해 규범적으로는 수도권과 내륙에 비해 뒤떨어
진 덴마크 남부와 독일 북부의 지역적 불균형을 해저터널로 인해 크
게 해소할 수 있는 기회로 여겨지고 있다. 또한 페마른 벨트 해저터널
로 인해 덴마크의 국민과 코펜하겐 시민은 독일의 값싼 제품과 물건
들의 유입이 크게 늘어나, 유럽 전체 지역 중에서도 매우 높은 수준에
있는 자국의 물가가 크게 안정될 것으로 내심 기대하고 있다.

독일 북부지역에서는 어느 정도 기술과 인력상의 약점이 있는 일부
첨단과 바이오 산업들에 대한 보완적 효과를 역시 기대하고 있다. 부
수적으로는 2022년까지 대략 10년 이상 장기간이 소요되는 페마른 벨
트 해저터널의 건설과 개통과정에서 덴마크는 터널공사에 필요한 많
은 인부와 콘크리트, 건설자재 등을 대거 생산하는 다수의 공적 일자

리를 창출하여 페마른 섬의 푸트가르덴(Puttgarden)과 인접한 뢰드비
(Rodbyhavn) 등의 거점과 연안전체의 지역경제 발전에도 긍정적인 영
향을 미칠 것으로 기대하고 있다.

다만 아직 해저터널이 착공 중인 관계로 보다 구체적인 사회·경제
적 편익예측 수치는 2014년 이후 정도에 나올 전망이다. 같은 맥락에
서 현재 유럽연합 차원에서 페마른 벨트의 향후 구축으로 인한 사
회·경제적 기대효과는 소위 '범유럽 통합공간체계 전망 네트워크 프
로젝트(ESPON)'와 '광역교통 네트워크 프로젝트(TEN-T)'를 통해 추산
이 되고 있다. 이 프로젝트들에 의하면 2030년 미래의 유럽(Scenarios
on the Territorial Future of Europe)은 대부분의 지역에서 특화개발과
다핵화가 촉진되고 유럽 중앙지역 외부에도 몇몇의 지역적 경제통합
거점이 형성되며, 페마른 벨트는 점진적이긴 하나 발트해 연안에서부
터 전 유럽에 걸친 균형적 지역개발과 통합이 이루어지게 할 것으로
전망하고 있다.

거시적으로 유럽연합의 광역교통(TEN-T) 프로젝트에서는 회원국
사이의 국경(border)을 넘어 페마른 벨트와 같은 유럽 전체의 광역교
통 연결인프라에 대한 투자를 가속화함으로서 유럽경제를 재빨리 부
흥시키는 것을 목적으로 하고 있으며, 이를 위해 유럽위원회의 유럽
경제회복계획(European economic recovery plan)을 복합적으로 연동시
키고 있다. 이로써 페마른 초국경 지역을 기점으로 남유럽과 북유럽
전체 지역의 여객운송과 물류비가 대폭 절감되고 제조업의 서비스업
의 가격경쟁력이 커지며, 절대 운송시간이 단축되는 등의 수많은 경
제적 상승효과가 생기게 될 것으로 전망하고 있다.

유럽연합의 지리적 심장부인 발트해 지역에서 총 9개에 달하는 이
웃나라에 둘러싸인 독일과 그 거점지역을 통하여 만들어지는 페마른

〈그림 44〉 발트해 유럽 본토와 스칸디나비아반도의 연결

초국경 벨트는 유럽인들에게 분명 이전의 발트해 해양네트워크 및 초
국경 지역과는 또 다르게 다가올 수 있다. 단순하게는 소위 유럽 전역
에 대한 엄청난 교통과 경제적 파급효과를 가져올 것으로 현지 전문
가들은 기대하고 있다. 유럽연합 회원국에서도 가장 최강대국인 독일
은 유럽의 동유럽과 서유럽을, 그리고 북으로 스칸디나비아반도 국가
와 남쪽 지중해 연안 국가를 연결하는 유럽의 정치적, 경제적, 문화적
중심점이 되고 있기 때문이다.

　발트해 북부인 북유럽 지역에서 외레순드 링크를 중심으로 노르웨
이와 덴마크, 스웨덴을 횡적(-)으로만 이어주던 축선에서 이제 페마른
초국경 벨트가 가세함으로 인해 균형적인 십자(+) 형태로 그 축선이
발전되는 양상을 보여주고 있다. 이것은 유럽연합 전체에 걸친 초국

경 지역의 모양을 균형감 있게 잡아주는 역할을 하고 있다. 또한 이를 기반으로 월경한 인구와 문화의 이동을 도모하고, 궁극적으로 국경을 초월한 하나의 단일공동체 문화권 형성이라는 유럽의 원대한 목표를 실현하려 시도하고 있다. 이런 이유로 페마른 초국경 벨트는 지금도 전폭적인 발트해 주변국과 유럽연합의 지원 하에 한 걸음씩 현실로 나아가고 있다.

제6장

카리브해의 해양네트워크

제6장 카리브해의 해양네트워크

1. 카리브해의 지역적 개관

1) 카리브해의 현대적 의미

카리브해는 아직 우리 모두에게 낯선 바다임은 분명하다. 게다가 카리브해가 서구의 자본주의와 유럽의 열강이 과거에 자행한 민낯의 역사를 간직하고 있다는 사실을 아는 사람은 더더욱 없다. 카리브 중세시대로부터 약 500년이 지난 지금에도 주권국가로 독립하지 못한 식민지령 상태의 섬들이 그대로 존재한다. 정치적으로 카리브해의 현대(現代)는 제국주의의 지배체제에서 독자적인 노선을 추구하려는 '실험장'으로서의 의미가 있다. 경제적으로도 쿠바 등의 '사회주의 계획경제'와 '자본주의 시장경제'가 나라별로 뒤섞여 다양한 현상을 겪고 있다.

오늘날 카리브 해역의 도서국가들은 단순히 식민체제 대(對) 독립국가, 사회주의 대(對) 민주주의의 구도로 설명될 수 없는 복잡한 요인들을 가지고 있다. 이런 가운데 가장 흥미로운 점은 이미 약 반세기 전에 카리브해라는 해역공간을 중심으로 도서국가들 사이의 초국적 협력이 시작된 것이다. 그리고 현재까지 국경을 넘는 새로운 '초국경

지역공동체(Cross Border Regional Community)'는 성공적으로 유지되어
오고 있다.

이른바 '카리브공동체(Caribbean Community)' 혹은 '카리콤(CARICOM)'
이라고 불리는 이 초국경 해역네트워크는 최근 국제사회의 주목을 받
고 있다. 일단 지리적으로 카리브해를 둘러싼 연안지역은 북미와 중
남미시장 및 중추국가들의 중간지점에 위치하고 있다. 카리브해 도서
와 연안국들은 최근 식민지였던 과거의 기억을 떨치고 영국과 프랑
스, 네덜란드 등 유럽 주요국가의 전략적인 지원을 받고 있는 지역이
기도 하다.

현재 카리브해가 유럽에서 전폭적인 지원을 받고 있는 이유는 예전
부터 그 지역적 중요성이 컸음에도 불구하고 상대적으로 다른 신흥지
역에 비해 저평가 되어 왔던 지역이기 때문이다. 상대적으로 소규모
도서국가들이 밀집해 있고, 열악한 자연조건 등으로 오랫동안 성장이
지체되었던 카리브 해역과 연안지역은 최근 발전이 유망한 지역으로
새롭게 평가되고 있는 것이다. 앞으로도 이 지역은 자원과 경제, 그리
고 환경적 측면에서 지속 가능한 성장이 기대되고 있다.

카리브해에 식민지배의 경험을 가진 영국, 프랑스, 네덜란드 등 유
럽 주요국가 외에 미국과 아시아 강대국들의 관심도 뜨겁다. 최근 10
년 동안 미국의 오바마 행정부, 중국의 시진핑 정부, 일본의 아베 내
각 등이 카리브공동체와의 유대관계 형성을 위해 노력한 바 있다. 이
들 모두 대통령과 총리가 카리브해를 직접 방문했고, 현재까지 정상
회담 및 외교채널 구축에 여념이 없다. 우리나라도 2011년부터 카리
브공동체와 외교적으로 정례적인 소통을 하고 있다.

이런 현상의 이유로는 무엇보다 카리브해의 잠재력과 중요성이 국
제적으로 인정받기 때문일 것이다. 카리브해와 그 연안지역은 우리에

게 아직 생소하지만 향후 공동체를 중심으로 그 중요성이 점차 커질 것으로 확실시된다. 그런 점에서 이 장에서는 우선 해역(海域)의 관점에서 카리브해 소규모 도서국가들 사이의 초국경 공동체가 형성된 배경에는 뭔가 분명한 원인과 공통분모가 있을 것이라는 전제를 하고자 한다.

차제에 이 장에서는 현대적 관점에 입각하여 카리브해가 가진 여러 지리적 조건과 정치·경제·문화적 특성들이 해역공동체를 결성하는 데 작용했을 것이라는 가정에서 논의를 출발시키고자 한다. 오늘날 급변하는 세계 각 지역의 국제정세와 상황들은 카리브해의 네트워킹을 더욱 결속시키고 있기 때문이다.

그리고 아직 국내에는 생소한 카리브해에서의 해역네트워크 구축 사례에 대해 구체적으로 살펴봄으로써, 그 배경과 최근의 경과를 소개하고자 한다. 나아가 도서국가들 간의 지역통합이 갖는 특성과 운영논리를 이해하는 동시에, 이것이 우리나라의 카리브해 진출과 발전적 미래에 어떠한 시사점을 주는가를 알아보고자 한다.

현재 우리나라에게 카리브공동체는 국제무대에서 중요한 지지의 기반이자, 안정적인 무역흑자를 기록하고 있는 생소한 시장(Blue Ocean)으로서 의미가 있다. 또한 각종 인프라(SOC)와 에너지, 정보통신기술(ICT) 분야 등의 개발 수요가 높아 우리나라와의 협력적 잠재력도 적지 않다. 따라서 카리브해 지역과의 협력과 공조 강화는 우리나라의 신시장 개척과 외교적 기반을 확대하는 차원에서도 도움이 될 것이다.

2) 카리브해의 지리 및 경제

카리브해는 지형적으로 약 7,000개 이상의 섬과 암초로 이루어져 있다. 섬들은 지리적으로 크게 '대앤틸리스 제도(Greater Antilles)'와 '소앤틸리스 제도(Lesser Antilles)'로 나뉘며, 양자를 모두 아울러 '카리브 제도(영어: Caribbean, 네덜란드어: Caraiben, 독일어: Karibik, 프랑스어: Caraibes, 스페인어: Caribe, 포르투갈어: Caraibas)'라고 부른다. 카리브해는 '다도해(多島海)'이므로, 이 해역에 떠있는 수많은 섬들을 통칭하여 '카리브 제도' 혹은 '카리브해 제도'라고 부르는 것이다. 이 섬들은 현재 쿠바, 자메이카, 도미니카공화국 등 다양한 나라들의 영토이다.

원래 카리브해가 속한 라틴아메리카(Latin America)라는 용어는 프랑스 학자들이 만들었다. 카리브해 식민지였던 아이티를 잃고 1803년 미국에 루이지애나마저 매각한 프랑스가 19세기 중반에 지어냈다. 이 지역에 새로운 제국을 건설하려고 프랑스가 노력하던 때에 만들어진 것이다. 현재는 미국과 캐나다 등 북미를 제외한 모든 아메리카 지역을 아우르는 의미로 라틴아메리카라는 용어를 사용한다. 하지만 문화적으로 남미대륙과 카리브해가 있는 중앙아메리카는 일정한 차이가 있다.

카리브해에는 현재 유엔(UN)에서 투표권을 행사하는 주권국가 16개국을 포함하여 미국, 영국, 프랑스, 네덜란드의 해외 영토가 포함된다. 즉 카리브해에는 대략 23개에 달하는 섬이 있고, 17개는 독립국가이지만 과거 식민지 열강의 속령 상태인 7개의 섬도 있다.

이들 카리브해 지역의 모든 국가 및 속령 도서들의 면적은 총 235,000㎢ 정도로 한반도보다 조금 더 큰 수준이다. 인구의 총합은 약 4,500만 명으로 우리나라 인구보다 약간 적다. 그래서 학자에 따라서는 카리브해 전역을 '카리브 지역(Caribbean Region)'이라 부르기도 한다. 현재 카리브해는 국제사회에서 정치·외교·경제적으로 '카리브

〈그림 45〉 카리브해의 지리적 개관

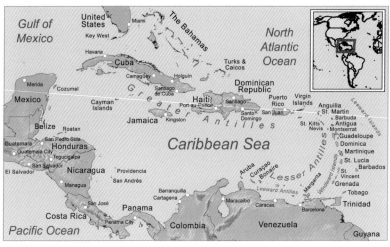

* 자료: 위키피디아 백과. https://commons.wikimedia.org

지역'이라는 하나의 정체성(Identity)을 가지고 활동하기 때문이다.

오늘날 카리브해는 천혜의 자연환경을 기반으로 관광산업을 부흥시켜 경제적 성장을 지속해오고 있다. 자연적 한계에도 불구하고 카리브해 소도서국들은 관광레저와 금융산업 등이 발달해 있으며, 많은 선박들을 보유하고 있다. 그래서 카리브해의 소도서국들은 태평양 소도서국들에 비해 경제적으로 안정된 편에 속한다.

유엔(UN) 카리브해지역위원회의 주장에 따르면, 실제 지난 10년 간 카리브해 소도서국들의 경제성장은 전 세계의 다른 소도서국들에 비해 높다. 전체가 연 평균 약 3.8% 수준의 지역총생산(GDP) 증가를 보였다. 트리니다드토바고와 벨리즈, 도미니카공화국은 약 6~8% 수준의 높은 성장을 기록했다. 그러한 근거는 역시 천연자원 개발과 3차 관광산업 위주의 고부가가치 경제구조이다. 물론 섬나라 별로 빈부격차와 양극화도 적지 않다. 국제사회는 1인당 국민총소득(GNI)에서 카리브해의 아이티, 벨리즈, 가이아나 등을 약 3,000달러 미만의 중저소득국가(Lower-Middle Income Countries)로 분류하였다. 반대로 바하마(25,800달러)와 트리니다드토바고(26,000달러) 등은 최상위소득국가(High Income Countries)로 평가했다. 소위 국제적인 '최빈국(最貧國)'과 '최부국(最富國)'이 서로 같은 해역에 이웃으로 공존해 있는 것이다.

원래 카리브해에서는 도서국이라는 지형적 약점으로 인해 협소한 경작지와 함께 자연재해가 심하다. 이런 사정 때문에 안정적인 경제구조를 갖기가 매우 어렵다. 이 지역은 최근 기후변화에 따른 자연재해 증가 및 환경악화에 가장 취약한 지역으로 알려져 있다. 자연재해 중에서는 특히 매년 6월부터 11월까지 허리케인에 취약한 위치에 놓여 있다. 카리브해 도서국들은 자신들이 겪고 있는 자연재해의 강도가 계속 심해지는 근본 이유를 기후변화에서 비롯된 것으로 보고 있다.

또한 대외무역에 있어 특징은 유럽연합(EU), 미국, 캐나다에 집중되고 있다는 것이다. 경제의존과 수출 편중도가 70%를 상회하면서, 선진국의 경제위기는 바로 카리브해에 직접적인 영향을 미치고 있다. 관광과 금융 위주인 산업은 지난 2008년 글로벌 경제위기로 인해 카리브해에 심각한 손실을 안겼다.

게다가 식량공급을 전적으로 해외에 의존하기 때문에 국제식량가격의 변동에 직접적인 영향을 받는 것도 지역적 난관 중의 하나이다. 현재 국제해양보호구역(MPAs: Marine Protected Areas)이 카리브해 전역으로 확대되어 있어, 섬나라들의 식량자급을 위한 수산업도 지속적으로 침체되어 있다.

3) 카리브해의 사회적 현황

사회·문화적으로 카리브해 지역의 기원 자체는 '식민지 이산(離散)과 이주(移住)'의 역사를 대변한다. 카리브해의 섬들은 대부분 신대륙 발견 이후, 제국주의 국가들이 식민지 확보 경쟁을 벌이며 장악한 곳이다. 즉 오늘날 카리브해의 섬나라들은 모두 과거 노예들의 이주지였다. 서아프리카 흑인 노예들은 대서양을 따라 대략 900만 이상이 카리브해로 온 것으로 추정된다.

그래서 카리브해 대부분의 섬들은 어두운 역사에서 파생된 부작용과 문제들을 현재까지 공유하고 있다. 오랫동안 영국과 프랑스 등 서구열강의 식민통치를 받은 카리브해 섬들은 오랜 기간 억압과 수탈을 당했으나, 근대 이후 자력으로 독립을 쟁취해 냈다. 하지만 속령 체제의 존속에서 보듯이, 일부 지역은 여전히 과거의 열강에 그대로 종속된 상태를 선호하고 있기도 하다.

20세기 초까지 카리브해에는 프랑스령, 영국령, 덴마크령, 네덜란드령, 스페인령 서인도 제도가 만들어져 있었다. 특히 영국은 제해권(制海權)과 해상에서의 영향력을 장악했다. 하지만 제2차 세계대전으로 영국은 독일과 대서양 전투를 치르면서 구축함이 부족해졌다. 이에 미국에게 섬을 할양하고 잉여 구축함들을 영국이 넘겨받으면서 카리브해의 제해권은 미국에게 완전히 넘어갔다.

덴마크 등은 미국에게 자신들의 식민지를 팔기도 했고, 현재 미국령 버진아일랜드가 되었다. 게다가 카리브해의 독립운동으로 인해 영국령 13개의 섬들도 9개의 주권국가로 해체되었다. 그로부터 현재까지 카리브해는 위치적으로 가까운 미국의 영향력이 명확해졌다. 적어도 유럽열강의 손에서는 벗어나 평화가 유지되고 있는 것이다.

20세기 중반 카리브해의 해방과 독립은 우연이 아니다. 일단 설탕과 노예무역의 수익률이 떨어지기 시작한 뒤에야 카리브해의 노예폐지는 현실화되었다. 이익이 줄어들자, 열강의 관심도 떨어진 것이다. 다만 200년이 넘게 식민지를 운영했던 유럽 열강들이 얼마를 벌었는지에 대해서는 의견이 분분하다. 노예무역이 이동에 드는 비용이 많아 수익성이 낮았다는 주장도 있고, 내국보다 높은 이윤을 보장했다는 의견도 있다.

하지만 카리브해 식민지배가 이윤을 남겼다는 점은 확실하다. 그래서 카리브해 도서국가들은 과거 유럽열강들에 대해 원주민 학살, 노예제에 대한 사과와 보상을 유엔(UN)을 통해 끈질기게 요구하고 있다. 하지만 영국과 프랑스 등은 여기에 대한 확실한 청산과 정리를 하지 못하고 있다. 이는 우리나라의 과거 일제 강제동원 위안부 문제와 매우 비슷한 것으로 보인다.

결과적으로 카리브해 대부분의 섬나라들은 식민지배 시절부터 비롯된 경제적·사회적 모순에 지금도 시달리고 있다. 20세기 초에 대부분의 카리브해 국가들은 해방을 맞았지만, 황폐해진 땅 위에 아무것도 없이 내던져진 상황이었다. 몇 백년에 걸친 이주와 착취는 카리브해 지역에 피해와 절망을 남겼으나, 회복과 희망의 가능성은 심지 않았다.

현재도 절반 이상의 카리브해 도서국가들은 독재와 폭력, 자연재난과 빈곤이 결합된 고통을 겪고 있다. 하지만 이는 카리브해 도서국가들이 초국경 공동체를 만들고, 월경적 협력관계가 성공적으로 유지되는데 큰 작용을 했다. 적어도 아픈 역사적 경험과 열악한 상황은 공통의 가치관과 이익의 전제를 가진 카리브해 국가들이 강한 네트워크 관계를 지탱할 수 있는 동질성을 확보해준 것으로 보인다.

2. 카리브해의 해양네트워크 형성

1) 카리브공동체(CARICOM)의 구축

카리브공동체(Caribbean Community, 약칭: 카리콤 CARICOM)는 카리브해를 기점으로 해역에 접해 있는 국가들의 해양네트워크이다. 카리브공동체는 1973년 8월에 바베이도스, 자메이카, 가이아나, 트리니다드토바고 등 4개 도서국가들 사이에서 '카리콤(CARICOM) 설립협정(Treaty of Chaguaramas)'이 체결되면서 정식으로 출범하였다.

이는 1965년에 이미 출범한 카리브 자유무역연합(CARIFTA)을 전신으로 하고 있다. 카리브공동체는 카리브해 지역의 경제통합을 목표로 출범한 지 40년이 넘은 다자 간 초국경 협의체로서, 오늘날 해역의 도서국가들간 협력의 구심점 역할을 수행하고 있다. 2001년부터는 조약을 개정하여 카리콤 단일경제시장(CSME: CARICOM Single Market and Economy) 구축 및 공동사법재판소도 운영하고 있다. 현재 공동체는 15개 정회원(14개국 1개 속령), 5개 준회원(5개 속령), 8개 참관회원으로 구성되어 있다.

카리브해 해양네트워크로서 카리브공동체의 구성원과 가입시기는 다음과 같이 소개할 수 있다. 첫째, 카리브공동체의 15개 정회원국은 다음과 같다. 앤티가바부다(Antigua and Barbuda: 1974년 7월), 바하마(Bahamas: 1983년 7월), 바베이도스(Barbados: 1973년 8월), 벨리즈(Belize: 1974년 5월), 도미니카연방(Dominica: 1974년 5월), 그레나다(Grenada: 1974년 5월), 가이아나(Guyana: 1973년 8월), 아이티(Haiti: 1998년 7월 준회원국, 2002년 7월 정회원국), 자메이카(Jamaica: 1973년 8월), 몬트세랫(Montserrat: 영국령, 1974년 5월), 세인트키츠네비스(Saint Kitts and

Nevis: 1974년 7월), 세인트루시아(Saint Lucia: 1974년 5월), 세인트빈센트
그레나딘(Saint Vincent and the Grenadines: 1974년 5월), 수리남(Suriname:
1995년 7월), 트리니다드토바고(Trinidad and Tobago: 1973년 8월) 등이다.
   둘째, 카리브공동체의 5개 준회원국은 다음과 같다. 버진아일랜드
(British Virgin Islands: 영국령, 1991년 7월), 터크스케이커스제도(Turks
and Caicos Islands: 영국령, 1991년 7월), 앵귈라(Anguilla: 영국령, 1999년
7월), 케이맨제도(Cayman Islands: 영국령, 2002년 5월), 버뮤다(Bermuda:
영국령, 2003년 7월) 등이다.
   셋째, 카리브공동체의 8개 참관국(옵서버)은 다음과 같다. 콜롬비아
(Colombia), 도미니카공화국(Dominican Republic), 멕시코(Mexico), 베네
수엘라(Venezuela), 푸에르토리코(Puerto Rico: 미국령), 아루바(Aruba:
네덜란드령), 퀴라소(Curacao: 네덜란드령), 신트마르턴(Sint Maarten:
네덜란드령) 등이다.
   당초 카리브공동체의 설립은 카리콤 단일시장(CARICOM Single
Market)과 공유시장(Common Market) 형성을 위한 경제적 이유가 가장
컸다. 즉 최초의 목적은 시장권역의 통합과 역내 협력의 증진, 대외정
책의 상호 조율 등이었다. 이후에 해역의 조화롭고 균형 잡힌 발전을
위한 회원국간 통상관계를 강화하고 있으며, 경제활동의 지속적 확
대·통합 및 이로 인한 혜택의 공정한 공유를 강조하고 있다.
   또한 역외국가에 대한 회원국의 경제적 독립 성취, 회원국 국민을
위한 공동의 공적 서비스를 도모하고 있다. 최근에는 카리브해 국민
간 이해 제고 및 사회적·문화적·기술적 발전 성취 등을 포함한 기능
적 협력을 확대하고 있다. 최근의 가장 핵심적인 관심사는 해상무역
과 운송, 관광, 자연재해에 대한 대비 등이며, 국제사회에 대한 공동
의 협력지대를 구축하는 것이다. 현재 카리브해에서 공동체 도서국가

〈그림 46〉 카리브공동체(CARICOM)의 회원국 분포

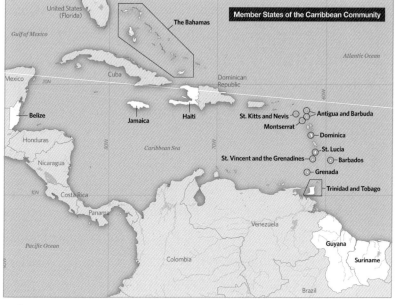

* 자료: Caribbean Community(2018). http://www.caricom.org

에 포함된 나라의 시민이라면, 적어도 카리브공동체 전역에서 자유롭
게 이동과 여행을 하고 사업도 할 수 있다.

2) 카리브공동체(CARICOM)의 주요 현황

카리브공동체는 현재 주요 협력기구로서 정상회의, 각료회의, 의회,
사무국과 사안별 위원회 등을 구성해 놓고 있다. 정상회의(Conference
of Heads of Government)는 최고 정책수립 기관으로 공동체 주요 사안
이나 핵심정책을 각 도서국가의 정상들이 직접 모여 결정한다.
각료회의 혹은 각료이사회(Community Council of Ministers)는 정상

회의에서 결정된 사항을 집행하기 위한 예산 등 제반 행정사항에 대한 장관급 결정기구이다. 카리브공동체의회(ACCP: Assembly of Caribbean Community Parliamentarians)는 각 회원국 자치의회에서 선출 또는 임명된 정치대표(의원)들로 구성된다. 여기서는 카리브공동체 내의 주요 현안이나 긴급한 문제에 대해 회원국간 의견을 정치적으로 조율하는 역할을 한다. 사무국(CARICOM Secretariat)은 이 모든 기구들에 대한 행정적, 실무적 지원을 한다.

주목할 것은 카리브공동체의 주요 산하기관이다. 주요 기관으로 법률 부문의 카리브사법재판소(CCJ: Caribbean Court of Justice), 행정부문의 카리브행정발전센터(CCDA: Caribbean Centre for Development Administration), 경제부문의 카리브개발은행(CDB: Caribbean Development Bank), 환경부문의 카리브기후변화센터(CCCCC: Caribbean Community Climate Change Centre), 재해재난부문의 재해재난비상관리청(CDERA: Caribbean Disaster Emergency Response Agency) 등이 있다. 이들 기구는 모두 카리브공동체의 가장 중요한 현안이 되는 부문이며, 최근 회원국들간 협력활동이 가장 왕성하게 진행되는 조직들이다.

카리브공동체 내부 회원국들 간의 기타 협력기구로서는 조세행정기구(COTA: Caribbean Organization of Tax Administrators), 기상기구(CMO: Caribbean Meteorological Organization), 교육평가위원회(CXC: Caribbean Examinations Councils), 어업기구(CRFM: Caribbean Regional Fisheries Mechanism), 통신기구(CTU: Caribbean Telecommunications Union), 식량공사(CFC: Caribbean Food Corporation), 표준기구(CROSQ: Caribbean Regional Organization for Standards and Quality), 농업개발연구소(CARDI: Caribbean Agricultural Research and Development Institute), 환경보건연구소(CEHI: Caribbean Environmental Health Institute) 등이 운영되고 있다.

〈그림 47〉 카리브공동체(CARICOM) 내부의 조직구조와 관계

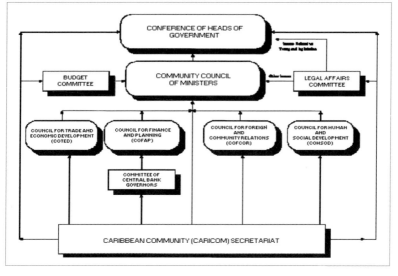

* 자료: Caribbean Community(2018). http://www.caricom.org

또한 카리브해 안에서의 소규모 지역기구로 카리브국가연합(ACS: Association of Caribbean States)과 동카리브국가기구(OECS: Organization of Eastern Caribbean States)가 서로 다층적, 중복적으로 운영되고 있는 것이 특징적이다. 이들 기구는 적어도 외형상으로는 카리브공동체와는 별도로 분리되어 운영되고 있다.

3. 카리브해 해양네트워크의 특징

1) 카리브공동체(CARICOM)의 배경

카리브공동체(CARICOM)는 최근 국제사회와 외교무대에서 남다른

결속력을 보여주고 있다. 카리브공동체는 현재 유엔(UN)에서 투표권
을 행사하는 주권국가, 이른바 '소도서국(SIDS: Small Islands Developing
States)' 지위에 있는 16개국을 갖고 있다. 이외에도 미국, 영국, 프랑
스, 네덜란드의 해외 속령(Dependencies)을 두루 포함한다. 물론 이들
카리브해의 도서국가를 모두 합쳐도 전체 인구나 경제적 규모 면에서
는 크지 않다.

하지만 정치적으로 유엔(UN)의 총 193개 회원국 중에서 카리브해의
16개 국가는 전체 투표권의 8.3%를 차지하는 중요한 네트워크이다.
그래서 카리브공동체는 세계 강대국들의 지대한 관심을 받고 있으며,
인권과 기후 등의 국제사회 현안에 대해서도 적극 나서고 있다. 카리
브공동체가 가진 네트워크의 배경과 조건은 다음과 같이 설명된다.

첫째, 물리적으로 대부분의 카리브해 국가들은 섬 지역으로 육로를
통한 외국과의 교류가 불가능하다는 한계가 있다. 그래서 이동과 교
통에 불리한 자연조건은 서로 가장 가까운 도서국가들끼리 뭉칠 수
있는 계기를 만들었다. 카리브공동체에서 현재 육로를 이용하여 월경
이 가능한 국가는 거의 없다. 주변의 멕시코, 중남미 국가들과 같이

〈그림 48〉 카리브공동체(CARICOM)의 상징(엠블럼)

* 자료: Caribbean Community(2018), http://www.caricom.org

수출산업이 발달하지 못한 근본적 요인은 자연조건과 접근성 문제였다.

물리적 제약에 더해진 도로, 공항, 항만 등 운송 인프라의 부재는 미국과 유럽지역에 인접한 위치적 장점과 저렴한 인건비 등의 경쟁력을 무력화시켰다. 각 국가의 국내 교통 인프라는 더욱 열악하다. 섬 안에서의 도로는 열대우림기후와 산악지형, 부서지기 쉬운 화산암 지반 등의 지형성 특징으로 인한 기술적, 비용적 어려움이 있어 연결망이 협소하다.

카리브해 연안 전체를 살펴봐도 유일하게 철도를 이용하는 국가는 쿠바 정도이다. 바하마, 세인트빈 센트그레나딘, 세인트키츠네비스, 앤티가바부다, 트리니다드토바고와 같은 국가들은 여러 섬들로 이루어져 있어 섬과 섬 사이의 교류가 고속선 등을 통해 이루어지지만 제한적이다. 섬들 간 페리선과 국내선 항공을 운행하고는 있지만, 수상교통에 비해 요금이 비싸고 편리하지 않다는 단점이 있다. 반대로 카리브해의 도서국가들에게 있어 해양경계와 해양영토는 서로에게 무척 중요하다.

현재 카리브공동체는 육지 면적보다 훨씬 넓은 해양영토를 보유하고 있다. 카리브해 경제에서 큰 비중을 차지하는 관광산업은 섬 해변과 산호초 등 바다가 제공하는 해양자원에 전적으로 의존한다. 섬 사이의 바닷길은 정기적인 물류선적과 운송업의 핵심이다. 그래서 일찍부터 해양경계의 획정과 갈등예방은 공동의 협의체를 통해 스스로 해결할 수밖에 없었다.

둘째, 열악한 교통환경으로 인한 경제·산업적 지체는 카리브해 도서국가들의 연합에 많은 영향을 미쳤다. 도서지역이 가진 운수와 물류의 제한은 해역 내의 무역을 제약했으며, 지금도 경제발전을 저해하는 중요한 요인이 되고 있다. 카리브해 섬나라들은 원래 인구가 적

고 경제총량이 적었다. 산업도 단순하고 경제구조가 단일하여 발전격
차가 큰 편이다. 카리브해는 도미니카공화국, 자메이카, 트리니다드토
바고 정도를 제외하고는 경제규모가 매우 열악하다. 즉 연합된 지역
공동체를 형성하지 않으면 규모의 경제를 실현하기가 거의 불가능하다.

널리 알려진 바와 같이 관광산업, 역외금융업 중심이거나 광물, 농
수산물 수출에 의존하는 경제구조 탓에 외부 충격에도 취약하다. 주
요 에너지원인 석유에 대한 수입 의존도가 높고, 전기 등의 생산비용
도 높아 에너지 자립도도 낮다. 카리브해 도서지역은 에너지 비용이
세계에서 가장 높은 지역 중의 하나이며, 청정에너지 개발 및 에너지
효율 제고가 절실하다. 그래서 개별 국가들은 단독으로 무역협상을
하거나, 대외경쟁에서 우세를 차지하기가 무척 어렵다. 이런 이유 때
문에 도서국가들 간의 월경협력은 카리브해 지역 전반의 발전을 도모
하는 거의 유일한 선택지가 되었다.

셋째, 카리브해의 도서국들은 공통적으로 자연재해, 수질오염, 산림
파괴 등으로 인해 상당한 어려움을 겪어 왔다. 이는 비단 한 국가의
힘으로 해결될 수 없었기에, 재해재난비상관리청(CDERA) 및 기후변
화센터(CCCCC) 등과 같은 공동의 초국경 대응기구를 구성하도록 만
들었다. 물론 소도서국들은 저마다 재해와 재난의 우선순위에서 차이
가 있기는 하다. 하지만 섬의 지리적 위치와 기후로 인한 환경의 부침
은 그 인식과 문제를 공유케 하고 있다.

구체적으로 카리브해 소도서국들의 가장 큰 환경적 문제는 빈번한
자연재해(허리케인, 폭우, 산사태, 홍수, 산사태, 지진, 화산), 기후변
화로 인한 해수면 상승 등이 있다. 이 밖에 카리브해의 환경문제로는
생물다양성 관리, 산호초 백화현상, 자연담수자원 부족, 토양 소실 등
이 있다. 인위적인 문제로는 부적절한 개발 관행으로 인한 환경자본

〈그림 49〉 카리브공동체(CARICOM)의 참가회원의 확대

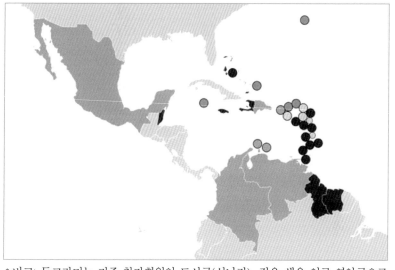

* 비고: 동그라미는 기존 참가회원인 도서국(섬나라). 짙은 색은 인근 연안국으로
  확대를 진행하고 있음.
* 자료: Caribbean Community(2018). http://www.caricom.org

감소, 무계획적 개발 및 무단점거, 개발관행 관리와 폐기물 처리 미숙,
내수의 수로와 연안역 오염, 농약 및 비처리오수로 인한 토질저하, 실
질적 개발계획 부재 등이 산적해 있다. 특히 기후변화에 대한 공동대
응 및 이와 관련된 협력의 수요는 거의 모든 카리브해 국가들에서 발
견되었으며, 면적이 적은 소도서국에게는 절실한 과제가 되어 왔다.

넷째, 카리브해 지역은 정치적 질서와 행정적 체제가 서로 유사하
여, 상호의 이해도가 높은 편이다. 이는 공동체 네트워크 형성의 제도
적 기폭제가 되었다. 카리브공동체의 회원국가들은 대부분 식민지 독
립 이후에 열강의 내정간섭과 쿠데타, 정치적 폭력을 겪기도 했다. 그
럼에도 현재는 비교적 제도적 민주주의와 정부의 역할이 확립된 지역
으로 평가된다. 일단 영국 식민지배의 영향으로 많은 카리브해 국가

들이 영국의 정치체제를 모방해 의회민주주의를 채택하였다.

대통령제인 가이아나, 아이티, 수리남을 제외하면 모두 의원내각제를 채택하고 있다. 권위주의 국가로 분류된 앞의 소수 정도를 제외하고는 국제사회에서 자유국가(Free Nations)로 좋은 평가를 받고 있다. 특히 이들은 선거과정 및 다원성과 시민의 자유, 개방성 등의 부문에서는 높은 점수를 받고 있다.

같은 맥락에서 카리브해의 여러 도서국가들은 서로 인구격차가 매우 큰 상황이다. 인구 10만 명 이하 나라부터 1,000만 명 이상까지 다양하다. 그런데 국가는 크기에 상관없이 입법부, 사법부, 행정부를 갖추어야 한다. 특히 행정부의 경우에는 최소한의 지역별, 업무분야별 조직이 필요하다. 그래서 카리브해 대부분의 도서국가는 공공부문의 비효율이 심각한 수준이다. 이를 초국경적 연합을 통해 공동의 행정기관과 사법부, 공공은행을 만들어 해결하고 있는 것이다. 카리브사법재판소(CCJ), 카리브행정발전센터(CCDA), 카리브개발은행(CDB) 등이 대표적인 예이다. 정치에 더해 행정적으로도 초국경 공동체 구축은 서로 비슷한 정부기관 운영의 효율성을 높일 수 있다는 점에서 긍정적이었다.

다섯째, 영어가 공용어인 13개국 중심의 카리브공동체는 문명적 동질성으로 인해 그 결속을 강화할 수 있었다. 식민지 시대 동안 유럽열강들은 흑인노예를 카리브해로 강제 이송시켜 연안과 섬의 플랜테이션 농장에 몰아넣고 공동작업을 하도록 했다. 이런 역사적 상황에서 식민 종주국의 언어였던 영어, 프랑스어, 포르투갈어, 네덜란드어의 자취가 남았다.

하지만 20세기 이후 미국의 영향력을 받으면서, 영어가 공용어로 확산되었다. 카리브해 현지민의 약 70% 이상은 영어를 구사하며, 이는 대외 경쟁력으로 작동하고 있다. 다만 영어권과 스페인어권의 차이를 극복하려는 노력은 아직도 진행 중이다. 그렇지만 언어는 확실히 카리브해 섬들 간 제도적 동질성을 높이고 협력의 반경을 넓히는데 보이지 않는 영향을 주었다.

이상의 논의를 전반적으로 정리해 보자. 우선 카리브공동체의 구성원들은 현재 국제사회에서 '군소도서개발국(SIDS: Small Island Developing States)'으로 정의된다. 쉽게 말해 유엔(UN)과 선진국들이 말하는 '지속가능한 개발(Sustainable Development)'과 관련된 제반 문제를 안고 있는 작은 섬나라들이다. 이들은 영토가 작지만 계속 증가하는 인구, 자연자원의 제약, 대륙에서 멀리 있는 위치적 제약, 빈번한 자연재해, 높은 대외 의존도, 외부의 경제충격에 대한 취약성, 국제 무역의 보호주의 추세 등과 같은 공통의 문제를 안고 있다.

또한 해역 간의 통신, 에너지, 수송 등 기반시설의 취약성, 산업과 에너지 비용이 많이 든다는 점, 불공정한 국제무역의 악조건도 감수해 왔다. 이는 지난 수십 년 동안 카리브해에서 성장의 기회를 박탈시켰다. 하지만 역설적이게도 개별 도서국가들에게는 이것들이 발전의 제약요소였지만, 초국경 협력과 공동체 구성에는 긍정적인 환경을 조성한 것으로 풀이된다.

2) 협력의 특징과 최근의 경과

카리브공동체의 네트워크에서 그 협력이 갖는 특징은 크게 두 가지로 요약된다. 그 하나는 '내부적 협력의 다층성과 자율성 허용'이다. 다른 하나는 '외부의 강대국과 국제사회에 대한 강력한 공조'이다. 이러한 협력의 특징과 최근의 경과에 대한 구체적인 논의는 다음과 같다.

244 바다의 경계를 넘다

우선 카리브공동체의 네트워크는 내부적으로 다층적 지역관계(Multi Layered Interregional Relations)를 형성하고 있다. 공동체의 멤버십 (Membership) 운영에 있어서 자격이 정회원(Full Members), 준회원 (Associate Members), 참관국(Observers)으로 구분되어 있는 것이 그 증거이다. 이러한 다층적 구조 안에서 해역을 중심으로 도서국가들의 결속을 강화시킨 후, 하나의 단일한 공동공간을 형성하고 있다.

또한 회원국가들이 대체로 카리브해의 '소국(小國)'과 '도서(島嶼)'들이라는 특성을 감안하여 정부 주도의 하향식(top-down) 방식을 취하고 있는 것도 특징이다. 규모가 작은 섬들의 산업과 민간부문은 네트워크에 다소 느슨하게 참여하는 분위기로 보인다. 이는 도서와 넓은 해역의 특성상 유럽연합(EU)처럼 일상적 교류와 강한 결속은 할 수 없는 환경이 반영된 것으로 풀이된다.

카리브공동체 구성원의 지역적 배열도 이른바 '닫힌 협력(closed cooperation)'에서 '열린 협력(open cooperation)'으로 변화해 왔다. 즉 공동체 안에 중복적인 네트워크와 소규모 지역적 연합을 허용하고 있다. 카리브국가연합(ACS: Association of Caribbean States)과 동카리브국가 기구(OECS: Organization of Eastern Caribbean States)가 그러한 예이다.

카리브국가연합(ACS)은 카리브공동체를 모태로 1995년에 설립된 네트워크이다. 25개 정회원국 외에 11개 준회원, 29개의 참관국을 가입시켜 외형상으로는 카리브공동체보다 더 큰 연합이다. 이들은 '대카리브협력지대(Greater Caribbean Zone of Cooperation)'를 만들어 해역 공간의 정체성을 보다 정확하게 획정했다. 무역과 운송, 자연재해 등에서 협력하며, 카리브해 국가들의 지속 가능한 발전을 지원한다. 하지만 기존 카리브공동체와 기능이 많이 겹친다는 지적에서 자유롭지 못한 상황이다.

동카리브해국가기구(OECS)는 섬과 바다환경에 대한 특수한 지속가능성을 확보하기 위한 모임으로 1981년에 발족되었다. 카리브해 동쪽에 있는 6개 국가와 2개 속령이 회원인데, 과거 영국 연방 군소도서 개발도상국이라는 역사적·지리적·경제적 동질성에 기초한다. 이들은 동카리브 바다의 환경관리계획(EMS: Environmental Management Strategy)을 개발, 각 국가전략 및 지역정책으로 연계시키기 위해 노력하고 있다.

특히 단일통화인 동카리브달러(Eastern Caribbean Dollar: XCD)를 사용하여, 강력한 단일경제권(Economic Union)을 형성하고 있다. 동카리브 회원국 별도의 지역공동경제권(Subregional community)은 인적개발 및 경제성장을 도모하면서 환경 분야에 대한 지속가능한 개발을 추구하고 있는 것이다.

한편, 카리브공동체의 구축과 협력은 유엔(UN) 등의 국제사회에서 회원들의 영향력을 크게 높이기 위한 목적도 있었다. 자신들의 문제를 갖고서 국제정치에 참여하려는 소도서국들의 열성이 높았기 때문이다. 가장 눈에 띄는 것은 과거 '식민지 및 노예제 역사에 대한 청산과 배상요구'의 문제이다. 식민시대의 유산, 이른바 "학살 및 노예제도 운영 등의 배상에 관한 후속조치 합의"는 지난 20년 동안 카리브공동체의 꾸준한 공식 안건이다.

카리브공동체는 국제사회에서 과거 유럽 열강들이 그들의 역사적 잘못을 바로 잡기 위해 반드시 사과와 배상에 나서야함을 요구하고 있다. 특히 18세기부터 19세기 초까지 가장 심했던 "카리브 노예제도 피해자를 위한 정의 실현 및 배상"을 추진하기 위해 공동체는 하나의 목소리를 내고 있다. 소위 '카리콤지역배상위원회(Caricom Regional Commission on Reparations)'를 강력한 초국가적 상설기구로 운영하고 있는 것이다.

이 위원회를 기점으로 카리브 공동체 각 회원국에서는 별도로 하위의 '국가배상위원회(National Committee)'를 갖고 있다.

2014년부터 이 위원회는 '카리브 노예제 배상 프로그램'을 채택, 운영하고 있다. 이미 카리브공동체에서는 인종청소, 노예제도, 노예무역, 인종차별 희생자에 대한 배상적 정의(reparatory justice)의 실현을 위한 '10가지 실천방안(10-point plan)'을 통과시켰다.

여기에서 과거 유럽식민국가에게 요구하는 구체적 내용으로는 공식사과(full formal apology), 배상 및 희망자 재정착지원(reparation and resettlement), 원주민 개발프로그램(indigenous peoples development program), 문화재단 설립(cultural institutions), 공공보건문제 해결(public health crisis), 아프리카계 후손을 위한 교육프로그램 제공(African know-ledge program), 노예제도 트라우마 극복을 위한 심리치료(psychological rehabilitation), 기술전수(technical transfer), 카리브해 국가들의 부채탕감(debt cancellation) 등이 있다.

최근 카리브공동체 정치인들은 역사학자와 경제학자들의 도움을 받아 과거 영국, 프랑스, 네덜란드가 저지른 노예매매와 집단학살 등에 대한 배상 액수를 결정한바 있다. 이미 영국은 1834년 노예제도를 폐지할 때 카리브해 노예주인들에게 당시 2,100만 파운드(현재가치로 약 350조 원)를 배상금으로 지불했었다. 이를 근거로 카리브공동체 국가들은 2013년부터 국제적 배상소송에 함께 나섰다. 만약 몇 년 동안 소송이 성공적이지 못할 경우, 장기적으로 유엔(UN) 최고 사법기관인 국제사법재판소(ICJ)에서 이 문제를 끝까지 해결할 작정이다. 또한 역사적 범죄에 대한 배상금을 카리브공동체 사회와 국민들 모두의 이익을 위한 발전에 사용할 계획도 세워 놓았다.

최근 자신의 몸값을 높이기 위해 카리브해공동체는 외교적 다각화

도 모색하고 있다. 카리브해는 근대 이후 미국과 영국의 독점적 영향
이 강했던 지역이다. 과도한 이들의 영향력과 그 문제점으로 인하여
도서국가들은 최근 회의감이 높아졌다. 이에 새로운 대안으로 중국과
일본 등의 아시아권을 외교적 동반자로 의미 있게 받아들이고 있다.
물론 우리나라도 여기에 포함된다.

　다수의 카리브해 국가들은 미국, 영국과의 오래된 종속관계를 축소
시키는 수단으로 그에 버금가는 중국, 일본과의 관계를 강화하고 있
는 것이다. 특히 국제사회에서 미국의 대항마로 급부상한 중국과 카
리브공동체 사이의 무역과 투자규모는 급격하게 증가하고 있다. 1990
년대 이후 중국과 카리브해 지역의 협력은 대부분 원조, 차관, 투자를
기초로 하고 있다. 또한 경제력을 바탕으로 한 중국의 외교경쟁은 경
제외교에서 문화외교로 나아가고 있다. 이 지역의 중국계 거주자와
화교들은 친선관계를 발전시키는 데 큰 도움이 되고 있다.

　일례로 중국은 최근 소프트파워의 확산 차원에서 카리브해에서 가
장 권위 있는 '서인도제도대학(UWI: University of West Indies)'에 공자
학원(孔子學院, Confucius Institute)을 설립하여 중국 및 동아시아 문화
를 급속히 확산시키고 있다.

　서인도제도대학은 카리브공동체가 함께 운영하는 초국경 종합대학
(Cross-Border University)이다. 현재 트리니다드토바고에 본교가 있으
며, 자메이카와 바베이도스에도 캠퍼스가 있다. 이 대학은 카리브해
국가들의 공동발전을 위한 초국적 인재양성을 목표로 1962년에 설립
되었다. 그리고 명실상부하게 카리브해 지역에서 가장 규모가 크고
유서 깊은 고등교육기관이다.

　서인도제도대학은 카리브해 공동체 통합의 상징적 존재이다. 주로
영어권 18개 카리브해 국가를 중심으로 운영되며, 대학 및 대학원 과

정의 고등교육을 공동으로 제공한다. 현재 약 5만여 명의 학생이 재학하고 있으며, 1만여 명의 졸업생을 매년 배출하고 있다. 역대 졸업생 중에는 카리브해 여러 나라의 정치·경제부문에서 두각을 나타낸 리더가 많고, 국제적으로 저명한 학자들도 다수이다.

또한 지역의 현안에 부합하는 연구와 정책개발 및 혁신을 지원함으로써 카리브해 전체의 발전에 기여하고 있다. 2017년부터는 우리나라 외교부의 노력으로 이 대학 안에 한국어 강좌도 개설되었다. 2018년부터 우리나라 몇몇 대학과 학생교류도 본격적으로 진행 중이며, '한류(韓流)' 문화도 최근에 지구 반대편인 카리브해에서 확산되고 있다.

4. 카리브해 해양네트워크의 발전과제

1) 다층적 협력관계의 결속력 강화

카리브공동체에서는 규모의 경제를 실현하고 국제사회에서의 영향력을 높이기 위한 초국경적 통합이 오래 전부터 추진되었다. 그러나 회원국 사이의 지리환경, 경제수준, 이해관계 차이 등으로 인해 질적인 결속력을 높이는 과정은 지체되었다. 적어도 일체화로 가는 속도에서는 전 세계의 다른 초국경 블록에 비해 상대적으로 진척이 느리다. 즉 유럽연합(EU)이나 동남아시아연합(ASEAN)과 같은 높은 수준의 실질적인 공동체 구축에는 시간이 많이 걸리고 있는 것이다. 그러한 이유를 보다 근본적으로 들여다보면, 다음과 같이 설명이 가능하다.

먼저 앞서 논의한 바와 같이 카리브공동체(CARICOM) 안에는 정책 조율, 협력 강화 등 기본 목적이 같은 기구가 다층적 구조로 허용되어 있다. 즉 소도서 회원국들의 구성을 다르게 하여 다소 중복적으로 설립되어 있는 양상을 보인다. 예컨대, 카리브국가연합(ACS)과 동카리브국가기구(OECS)가 대표적인 예이다.

〈그림 50〉 카리브공동체 회원국가들의 다층적 네트워크

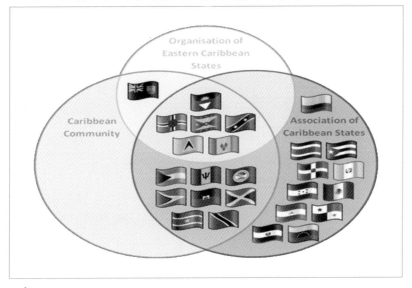

* 자료: Caribbean Community(2018). http://www.caricom.org

카리브국가연합(ACS)은 멕시코, 중미 국가들 및 카리콤에 포함되지 않은 도미니카공화국, 쿠바를 포함하는 기구로 정치적 협력에 초점을 맞추고 있다. 그러나 카리브해 소도서국들과 중남미 주요국들 사이의 의견 차이로 협력의 실질적 성과는 저조한 상황이다. 회원국이 카리브해 동쪽 국가들로 축소된 동카리브국가기구(OECS)도 그 결속력은 강한 편이나, 경제적 수준이나 상대방을 바라보는 시각의 차이로 시너지 효과가 잘 나지 않고 있다.

유럽연합(EU)처럼 단일시장으로서의 협력도 고착상태에 있으며, 카리브사법재판소(CCJ)를 최고법원으로 인정하는 회원국도 적다. 이에 기능적 중복에 대한 회의론이 대두되어, 최근 카리브공동체와 동카리브국가기구 사이의 통합을 위한 노력이 진행되고 있다. 효율성 때문에 다층적 구조를 일원화하려는 시도가 최근 힘을 얻고 있는 것이다.

최근 카리브공동체는 동질적 특성을 가진 여러 국가의 연합이라는 주장도 있지만, 오히려 다양한 역사·문화적 경험을 가진 국가들의 조화로운 연합이라는 반론도 있다. 즉 '동질성(Homogeneity)'을 유일한 전제로 하지 말고, 오히려 섬들 사이의 '이질성 극복(overcome differences)'을 전제로 공동체를 운영해야 한다는 새로운 시각이 확산되고 있다.

실질적으로는 분열된 협력관계를 효과적으로 통합하고, 소규모 도서국가의 의견을 균형적으로 반영할 수 있는 방향으로 다층제를 줄여나갈 필요성이 커졌다. 그 이유로 기존 규모의 경제 실현과 리스크 완화 등의 경제적 이슈 이외에도 재해대응, 운송협력, 환경보전 등 다양한 분야에서의 협력수요가 급증했기 때문이다. 따라서 다층적 협력관계의 결속력을 질적으로 강화하고, 민주성과 다양성보다는 협력의 효율성과 성과에 더 집중하는 것이 향후 카리브공동체에 남겨진 과제일 것이다.

2) 소득과 발전의 지역격차 완화

앞서 논의된 바, 카리브공동체는 도서국가들 사이에서도 국민의 소득수준이나 경제발전의 격차가 적지 않다. 도시와 농·어촌의 격차도 큰 편이고 인종과 민족의 다양성으로 사회가 이질적으로 구성되었다는 점에 대해 국제사회와 전문가들 사이의 이견은 없다. 각종 소득과 사회 불균형으로 야기되는 교육과 인재개발의 격차도 상당한 수준이다. 이러한 모든 부문의 발전격차를 극복하는 것은 카리브공동체가 시급히 풀어야 할 숙제인 것이다.

우선 카리브공동체의 평균 국민소득은 약 5,600달러 수준으로 남미의 절반 수준이다. 경제수준이 중간 정도로 중소득국은 되는 셈이며, 열악한 수준은 아니다. 카리브해의 식수, 전력, 교육, 보건 등 각종 사회적 개발지표도 개발도상국가 정도는 된다. 그런데 문제는 일부 국가들의 격차가 심각하다는 점이다. 예컨대, 공동체에서 가장 못사는 나라는 아이티로 국민소득이 1,000달러 미만이다. 가이아나도 카리브해 평균에 못 미치는 빈곤국에 속한다. 도미니카공화국은 빈부격차가 크고 빈곤율이 높기로 유명하다. 게다가 이들 중산국과 빈곤국 사이의 경제력 격차가 지난 20년 사이에 더욱 커졌으며, 빈곤국의 실질소득은 오히려 줄어들었다.

경제적 격차가 벌어져 있는 상황에서 도미니카공화국과 아이티는 서로 국경을 맞대고 있는 탓에 아이티 쪽에서의 불법 밀입국이 많아 갈등이 계속되고 있다. 그럼에도 불구하고 빈곤과 소득불균형을 개선하기 위한 국제사회의 지원은 주로 역내 최빈국인 아이티 정도에만 집중되어 왔다. 실제로 그 외의 국가들은 구체적인 현황이나 통계조차 제대로 제공되지 않는 상황이다. 그래서 카리브공동체 전체에서 빈곤과 소득불균형에 대한 거시적이고 장기적인 대책은 아직 요원하다.

산업과 소득, 경제적 격차 외에 인종과 민족 갈등도 카리브해의 통합을 완성시키기 어렵게 하는 요인이 되고 있다. 그것은 주로 역사적 배경에 기인한다. 과거 식민지 종주국들은 카리브해에서 초기 플랜테이션을 운영하기 위해 아프리카 흑인노예를 이주시켰다. 하지만 19세기 노예제도가 폐지된 이후에는 인도와 중국 등으로부터 노동자를 공급했다.

이러한 역사적 배경으로 인해 카리브 지역에는 아프리카계 흑인과 인도계, 동아시아인 등이 공존하는 다인종 사회(Multiethnic Society)가 만들어졌다. 가이아나, 수리남, 트리니다드토바고가 대표적인 곳이다. 의원내각제가 카리브해 정치체제의 대부분을 차지하기 때문에 민족집단의 이익을 대변하는 정당들은 서로의 이익을 위해 경쟁과 갈등을 반복하고 있다. 민주정치의 틀 안에서 다양한 민족과 인종의 의견이 협상과 조율을 거치면 상관이 없다. 하지만 그렇지 않다면 정치 불안과 사회적 혼란으로 치달을 상시적 가능성도 배제할 수 없다.

전반적으로 카리브해 소도서국은 산업인프라가 부족해서 경제성장의 변동성도 심하다. 이는 앞에서 충분히 논의했지만, 특히 고질적인 사회적 불평등과 빈부격차를 더욱 심화시킬 개연성이 높다. 또한 도시와 농촌간의 격차, 섬과 섬간의 격차 및 인종간 격차 등 다양한 불균형 요인이 상존하는 지역이 카리브해이다.

공통적으로 높은 정부부채와 재정취약성으로 인해 사회개발 부문에 대한 투자가 소극적이라는 점은 포용적 성장을 어렵게 하는 요인이다. 이에 초국적 협력을 통해 사회경제적 인프라 및 기회에 대한 접근성을 보다 적극적으로 확대하고 보장할 필요가 있다.

최근 국제사회에서 카리브공동체에 권고한 정책은 생산적 개발정책, 교육과 직업훈련 분야의 투자를 확대하는 것이다. 일단 도서국가에서의 3차 관광산업과 1차 농업의 산업간 소득격차, 도시와 농·어촌의 지역격차를 줄이는 것이 중요하다.

우선적으로는 공공정책이 관광과 도시지역에 치우치지 않고 농·어촌지역에 할당되는 것이 필요하다. 카리브해 도서국가들에 외인투자와 무역만으로는 이 같은 섬과 지역 간 빈부격차를 해소하기 어렵기 때문이다. 즉 소모적인 투자와 외자유치만 하지 말고 보편화된 기술과 지식을 각 도서지역의 조건에 맞게 효율적으로 활용해야 한다고 전문가들은 권고하고 있다.

3) 국제사회에서의 전략적 관계 형성

카리브해에 대한 강대국들의 관심과 간섭은 어제오늘의 일이 아니다. 우선 미국은 이웃한 카리브해 지역에 자유와 민주주의를 확립한다는 명분으로 각 도서국가들의 내정에 깊이 관여해 왔다. 대다수의 카리브해 섬나라들은 강대국이자 최대 원조국인 미국의 방침에 어느 정도 동조해 왔다. 카리브공동체에 있어서도 미국은 가장 중요한 외교적 파트너이자, 최대 무역국 및 원조국이다.

물론 이런 배경에는 미국이 19세기 초부터 유럽의 중앙아메리카에 대한 간섭을 적극 견제해 온 이유가 크다. 카리브해에서 영향력을 확대하고자 한 미국은 정치·군사적으로 많은 일을 했다. 경제적으로는 인접지역의 장점을 살려 자유무역지대(FTA)를 만들었고, 막대한 공적개발원조(ODA: Official Development Aid)를 제공하고 있다. 따라서 향후에도 카리브공동체의 최우선 파트너가 미국이라는 점에는 큰 이견이 없다.

1898년 미국-스페인 전쟁(Spanish-American War), 즉 미서전쟁(美西戰爭)에서 승리한 미국은 카리브해 패권국가로서의 공고한 입지를 확보했다. 이후 미국은 약 100년 동안 쿠바에 대한 독립전쟁 지원과 군정, 아이티 점령과 내정간섭, 도미니카공화국의 군정 등을 실시했다. 2016년 이후 미국은 카리브해 국가들의 베네수엘라 석유에 대한 의존도를 낮추기 위해 에너지 협력을 적극 추진하고 있다.

2010년 이후의 지속적인 인플레이션으로 베네수엘라 경제가 어려워짐에 따라 원유 공급조건이 높아져 장기적으로 카리브해 국가들에 상당한 경제적 부담이 되고 있기 때문이다. 이른바 '페트로카리베(Petrocaribe: 카리브해 도서국가들이 베네수엘라와 2005년부터 맺어온 석유공급동맹)'에도 불구하고, 카리브해의 석유에너지는 그만큼 부침이 심하다. 이에 지리적으로 인접한 미국은 적어도 2025년까지 북미의 셰일가스(Shale Gas) 개발과 에너지 공급을 무기로 카리브해에서의 영향력을 다시 확대해 나갈 것으로 예상된다.

영국도 카리브해의 기존 12개 속령 영토(British Overseas Territories)를 기반으로 전통적인 강세를 띄는 국가이다. 식민지였던 역사를 이유로 카리브공동체와 유대관계를 유지하고 있는 것이다. 이는 프랑스와는 대조되는 부분이다. 20세기에도 영국은 문화적·언어적 유대를 바탕으로 카리브해에 일찍 진출했다. 특히 민간부문의 협력이 두드러지는데, 주로 관광업과 호텔업, 건축업, 금융업 등이 활발하다.

최근에는 매 2년 주기로 개최되는 영국-카리브 장관급 포럼을 통해 카리브 국가들 및 영국의 해외영토와 긴밀한 협력을 추구하고 있다. 2016년 영국은 3억 6천만 파운드(약 5,200억 원) 규모의 카리브 인프라 투자를 약속하는 등 정례적인 채널을 통해 협력을 진행하고 있다. 그러나 영국은 식민지 시절의 노예제 및 원주민 학살의 배상문제가 여전히 얽혀 있어 명암이 교차하고 있는 상태이다.

카리브해 국제협력의 강화에 있어, 최근 중국의 행보가 심상치 않다. 중국은 카리브해와 1970년대에 수교를 하고 비교적 늦게 출발했다. 그렇지만 2000년대 이후 가장 왕성한 관심과 활동을 보이고 있다. 정치, 경제, 문화, 안보의 4가지 부문에서 원조와 협력을 표방하는 중국은 2011년에 30억 위안(약 5,400억 원)의 원조성 차관을 카리브공동체에 안겨 줬다.

현재 중국은 카리브개발은행(CDB)의 외부회원으로 약 6% 정도의 지분도 갖고 있으며, 막대한 인프라개발원조(ODA)도 제공하고 있다. 그래서 경제적이고 실리적인 투자라기보다는 카리브해에서 기존 패권국가를 견제하고 정치·외교적 위상 제고에 주안점을 두는 것 같다. 이러한 중국의 영향력 확대는 장기적으로 미국과 유럽의 입장에서는 새로운 도전이 될 수 있다. 중국의 카리브해 협력은 원래 대만과의 외교경쟁 때문에 시작되었다.

하지만 중국은 대만과 외교가 개선되고 국력 차이가 벌어지자, 이제 카리브해에서 미국과 본격적인 경쟁을 하는 것으로 풀이된다. 그래서 기존 미국과 영국 등은 근래에 소홀했던 카리브해에 보다 적극적으로 다가가기 위해 다양한 시도를 고민하고 있다. 중국의 가세로 과거와 같이 카리브해 영향력 경쟁에서 일방적인 승리를 거두는 일은 점점 더 어려워질 수밖에 없기 때문이다.

현재 미국과 중국이라는 두 강대국은 카리브공동체와 적극적인 군사협력관계를 맺고 있으며, 이 지역에서 서로의 영향력 확대를 경계하는 모습을 보여준다. 최근에는 러시아도 군사협력을 통해 카리브해 헤게모니 경쟁에 관심을 보이고 있다. 다만 중국은 내정불간섭 원칙을 통해 내정간섭을 자주 했던 미국과 차별화된 모습을 보여주려 노력하고 있다. 미국과의 경쟁과 대립이 아님을 설명하면서, 카리브해 모든 지역을 조건 없이 포용하려는 중국의 작전은 일단 공동체 안에서 상당한 호응을 얻고 있다. 상대적으로 소극적이지만 일본도 카리브공동체를 초청하고, 총리와 장관이 직접 방문하는 등의 꾸준한 교류를 유지하고 있다. 이는 카리브공동체에 대한 국제사회의 변화를 상징적으로 보여주는 것이라 할 수 있다.

유엔(UN), 세계무역기구(WTO) 등의 주요 국제기구에서 16표를 보유한 카리브공동체는 결코 무시할 수 있는 대상이 아니다. 그래서 국제사회는 기존 미국과 영국 등 패권국가들이 독점하던 카리브공동체의 빈틈을 공략하면서, 그 현안과 수요를 수시로 체크하고 있다. 카리브해 공동체 통합과 네트워크 형성은 기존 강대국들이 소도서국들을 하나씩 겨냥해서 손쉽게 공략하려는 시도를 더욱 어렵게 만들고 있다는 점에서 긍정적이다.

다만 지정학적 중요성과 국제무대에서의 역할이 증대되면서 최근의 관계도 다양한 형태로 전개되는 것은 자연스러운 일이다. 카리브공동체 역시 이들의 관계 속에서 향후 더욱 정비되고 준비된 관계의 설정이 필요하다. 예컨대, 일단 강대국들 사이에서 등거리 외교(Equidistance Diplomacy)를 견지하는 것을 목표로 해야 한다.

나아가 전략적 동반자(Strategic Cooperative Partnership), 포괄적 동반자(comprehensive partnership) 관계 등으로 강대국의 관심을 네트워크와 지역발전의 기제로 활용해야 한다. 물론 국익을 위해 우리나라도 앞으로 이에 대한 보다 적극적인 관심과 참여를 해나가야 할 것이다.

5. 카리브해 해양네트워크의 함의

여기서는 결론적으로 해양네트워크와 해역공동체로서의 카리브공동체(CARICOM)의 특성과 함께, 여기서 우리가 받을 수 있는 함의와 시사점을 정리하고자 한다.

첫째, 이 장에서 소개한 카리브해의 네트워크 사례에서 알 수 있는 사실은 비교적 분명해 보인다. 그것은 물리적으로 왕래가 편리하거나 경제적으로 선진화되어 있지 않은 해역에서도 국경을 초월한 협력과 지역통합이 충분히 가능하다는 것이다. 일단 도서국가라는 조건으로 육로가 전혀 없이 원거리로 연안이 서로 떨어져 있는 카리브해는 자연적, 지리적 조건이 그리 양호하지 않다. 카리브해를 둘러싼 모든 도서국가는 자연조건, 국토와 인구의 크기, 인종 구성, 경제발전 정도 등에서도 차이가 많다. 과거에 식민지 역사와 노예제의 상처도 공유하고 있다.

하지만 이 장에서 다룬 '카리브해 연안(Caribbean Sea Region)'에는 이미 반세기 이전부터 해역과 역사적 정체성을 기반으로 국경을 넘은 네트워크가 형성되어 있다. 그리고 카리브공동체는 최근 국제사회에서의 위상 제고와 강대국의 관심 등으로 많은 변화를 겪고 있었다. 이는 개별 '도서국가'가 아니라, '해역네트워크'였기 때문에 가능했다. 즉 바다를 건넌 공간적 통합은 궁극적으로 사회·문화적 통합을 이루게 한다는 해역네트워크의 명제를 다시 한번 증명해 주고 있다.

둘째, 국경을 넘은 네트워크의 배경에서 카리브공동체는 지역이 가진 장점의 극대화보다는 단점을 극복하기 위해 통합했다는 것이 특징이었다. 즉 바다를 낀 섬 지역이라는 물리적 한계, 이동과 교통에 불리한 조건, 그로 인한 경제·산업적 지체, 빈번한 자연재해는 약소국들을 서로 뭉치게 만들었다. 초국경 공동체를 형성하지 않으면 강대국들과 마주하는 국제사회에서 규모의 정치, 규모의 경제가 불가능했다. 초국경 카리브 해역공동체의 구축은 스스로의 생존과 발전을 도모하는 거의 유일한 선택지였던 것이다. 물론 과거 식민지 경험과 언어권의 유사성, 정치적 질서와 행정적 체제의 동질성도 공동체 통합에 긍정적으로 작용하고 있었다.

셋째, 카리브공동체가 더욱 성공적인 네트워크로 발전하기 위해 남겨진 과제들도 발견할 수 있었다. 그것은 다층적 협력관계로 실질적인 공동체가 되기에는 시간이 많이 걸리고 있다는 점, 소득과 경제적 격차 및 인종과 민족갈등의 상존, 섬들간의 지역격차 등이었다. 기존 미국이나 유럽 일부 국가들과의 협소한 원조 및 협력관계도 확대시킬 필요가 있다. 따라서 앞으로는 공동체의 결속력을 강화하고, 민주성과 다양성보다는 협력의 효율성과 성과에 집중해야 함을 시사했다. 국제사회와 강대국들의 관심에 대한 카리브공동체 특유의 준비된 관계 설정도 풀어야 할 숙제였다.

넷째, 최근 국제사회의 협력과 신흥시장 개척 등에 힘을 쏟고 있는 우리나라에게 과연 어디에 새로운 관심을 두어야 할지 그 해답은 분명해 진다. 즉 카리브공동체의 해역네트워크는 앞으로 우리가 전략적으로 소통해야 할 필연적 대상이 될 것으로 예상된다. 이미 외교부의 주도로 우리나라는 2006년 카리브공동체와 상호협력협정(MOU)을 체결했다. 협정에서는 상호 이해의 증진, 협의 강화, 통상 및 투자흐름 확대 및 다양화, 투자 및 관광 진흥, 시장 접근성 개선, 기업·과학·기술 및 인적교류 증진 등을 약속했다.

2011년부터 매년 '한국-카리콤 고위급 포럼'을 정례적으로 개최하고 있으며, 카리브공동체의 다수 고위급 인사들을 초청하고 협력을 논의했다. 현재까지의 주요 의제는 환경과 에너지, 관광부문이다. 민간차원의 경제협력과 인적교류 역시 소폭 증가하고 있으며, 이들의 네트워킹 기회를 제공했다는 점에서는 긍정적이다. 하지만 양자간 의제가 아직 빈곤하고 후속조치가 미흡한 것도 사실이다. 현재까지 우리나라의 카리브해에 대한 통상적 접근은 '국제사회에서의 지지에 비례한 원조와 지원'이라는 단선적 구조였다고 해도 과언이 아니다.

결론적으로 카리브해의 해양네트워크인 카리브공동체의 구축은 3면이 바다로 둘러싸인 우리나라와 동북아시아의 장래 발전에 충분한 교훈을 제공한다. 그래서 우리나라는 카리브해 국가들의 유사성을 바탕으로 상호협력을 계속 확인하는 한편, 카리브해의 주요 현안인 기후변화와 식량안보, 해양문제, 정보통신기술 등에서 다양한 협력방안을 만들어 나가야 한다.

카리브해 관광투자를 특화시킨 미국과 스페인, 물류기지와 항만을 확보한 네덜란드 등과 같이 비교우위에 입각한 협력을 창출하는 것이 바람직하다. 인프라(SOC)와 문화협력에 집중하는 중국과 같이 핵심목표와 외교수단을 총체적으로 동원하는 접근도 필요하다. 지리적 거리로 인해 무역보다는 현지의 직접투자가 실리적으로 좋을 것이며, 장기적으로 교육과 인재개발에 협력하여 이미지를 제고시키는 전략도 고려할 가치가 있을 것이다.

협력의 방식으로는 카리브공동체의 군소 도서국가를 아우르는 보다 포괄적인 협력이 요구된다. 개별 도서국가보다는 카리브공동체가 가진 지역프로그램을 통한 일괄적 접근이 효과적이기 때문이다. 강대국들과 같이 공동체 내의 핵심조직인 카리브개발은행과 동카리브국가기구에 우리나라가 참여하여 다자협력을 확산시키는 것도 좋은 방안이 될 수 있다. 끝으로 이런 논의들을 토대로 카리브해가 국제협력의 동반자로 우리에게 새롭게 인식되고, 향후 해외시장 개척과 공동번영의 지평을 열어 가는 계기가 되기를 기대한다.

제7장

북극해의 해양네트워크

제 7 장 북극해의 해양네트워크

1. 북극해의 개관과 의미

1) 북극해의 지리적 개관

북극해(北極海, Arctic Ocean)는 우리에게 아직 익숙한 곳은 아니다. 널리 알려진 바와 같이 북극해는 북극점을 중심으로 유라시아와 북아메리카로 둘러싸인 거대한 바다로서, 이른바 '북빙양(北氷洋)'이라고도 한다. 지리적 좌표로는 그린란드 인근 북위 67° 이상, 베링해 인근 북위 60° 이상에 있는 북극권의 바다이다. 즉 북극해는 '북극권(Arctic Circle)'의 바다지역이면서도 대개 유라시아 대륙, 북미 대륙, 그린란드 등으로 둘러싸인 모양을 나타낸다.

북극해는 5대양의 하나로, 지중해 크기의 4배에 달하는 대양이기도 하다. 해양학(Oceanography)에서는 북극해를 대서양의 일부로 보기도 하는데, 실제 그 넓이는 약 1,400만km²로 다섯 대양 중에서는 가장 작다. 넓은 지역이 만년 해빙(海氷)으로 덮여 있으며, 매서운 추위로 인간의 발걸음을 쉽게 허락하지 않는 자연환경으로 둘러 싸여 있다.

북극해 권역은 지구 면적의 약 6%를 차지하며, 총 2,100만km²의 면적 중 800만km²는 대륙, 700만km²는 수심 500m 이하의 대륙붕으로 이루어져 있다. 북극해는 수심 1,000m를 넘는 해역이 무려 70%에 달하며, 나머지 30%는 육지 연안의 광대한 대륙붕으로 이루어져 있다. 북극해의 해수는 그린란드와 노르웨이 사이의 해역을 통해 대서양과 연결되며, 그린란드 동쪽에 있는 프람 해협을 통해 북극해 해수와 해빙이 대서양으로 유출된다. 또한 캐나다의 메켄지강, 시베리아의 오비강 및 예니세이강, 레나강 등을 통해 민물들이 북극해로 유입되고 있다.

과거 혹독한 자연조건으로 사람이 살지 않았던 변방으로서의 북극해 연안지역은 1980년대까지 국제적으로 별다른 주목을 받지 못했다.

21세기에 접어들어서도 북극해는 상당기간 동안 세계의 이목과 관

〈그림 51〉 북극권의 지리적 영역

* 자료: Arctic Circle(2018). http://www.arcticcircle.org

심의 사각지대에 놓여 있었다. 북극해 주변에는 사람이 살지 않고 누구에게도 소유권이 없는, 규제나 지배가 전혀 없는 '미지(未知)의 지역'이라는 오해가 있었다. 그러나 이미 약 4백만 명 이상의 사람들이 북극권에 거주하고 있다. 게다가 시간이 지나면서 북극해 지역에 상당량의 석유와 천연가스가 매장되어 있다는 사실이 알려지면서, 에너지 안보 및 수송차원에서 연안에 대한 중요성이 부각되기 시작하였다. 그래서 북극해 지역에서의 연근해 대부분은 지금 미국, 러시아, 캐나다, 노르웨이, 그린란드와 덴마크 등 주요 5개 북극 연안국가가 정한 배타적 경제수역(EEZ)에 속해 있다.

지금 북극해의 해양경계는 경계가 획정된 지역과 미획정되지 않은 지역으로 나뉘어져 있다. 해양경계가 비교적 정확하게 획정이 완료된 지역은 미국과 러시아 간의 북극해와 베링해(Bering Sea), 러시아와 노르웨이 간 바렌츠 해(Barents Sea), 캐나다와 덴마크 간 한스섬을 제외한 배핀 만(Baffin Bay), 덴마크 혹은 그린란드와 노르웨이 간 북극해 지역이다.

이들 지역은 모두 양자 간 협정에 의해 해양경계가 명확하게 획정되어 있다. 그러나 미국과 캐나다 간 보퍼트해, 러시아와 캐나다 간 북극해, 캐나다와 덴마크 혹은 그린란드 간 북극해, 러시아와 노르웨이 간 북극해 일부는 해양경계가 획정되지 않은 상황으로 조금이라도 넓은 해양영토를 확보하기 위한 연안국 사이의 경쟁이 치열하게 전개되고 있다.

한편, 북극해의 해역권은 혹독한 기후조건으로 인해 연안의 거주지역이나 해항도시의 숫자는 극히 제한되어 있다. 북극해 주변의 극한 환경에서 거주를 하거나 개발을 하는 것은 결코 간단한 일이 아니기 때문이다. 다만 영해확보 전략상의 거점이나 자원개발상의 거점, 과

학연구기지 및 관측거점들이 간헐적으로 분포하고 있으며, 과거부터
북극지역에 살던 소수민족 거주지도 산재하고 있다. 그래서 북극해
연안에 약 70여 개의 항만이 있지만 대부분 시설이 낙후된 소규모 어
항이며, 북극항로와 연동하여 러시아 극동지역에 20여 개의 북극해
물류항만을 개발할 필요성이 최근 제기되고 있기도 하다.

러시아 북극해연안에서의 대표적인 해항도시(海港都市)이자, 경제·
산업권은 군사거점이면서 부동항이기도 한 '무르만스크(Murmansk)'가

〈그림 52〉 북극해의 지리적 범주

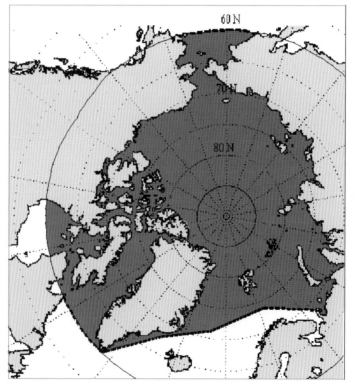

* 자료: Arctic Circle(2018). http://www.arcticcircle.org

있다. 무르만스크의 인구는 약 35만여 명으로 북극해 연안에서는 가장 인구가 많은 해항도시이며, 인구 10만이 넘는 도시 중에서는 세계 최북단에 위치하고 있다.

무르만스크 항구는 따뜻한 북대서양 해류의 영향으로 일년내내 동결하지 않으므로 어업과 해운업이 발달해 있으며, 북극해 트롤어업의 주요 기지이기도 하다. 이 외에도 북극해 연안에는 예니세이강(Yenisey River) 유역의 광물자원개발 중핵도시인 '노보시비리스크(Novosibirsk)'가 있고, 과거부터 물류거점이며 역사적인 해항도시로 알려져 있는 백해(白海, White Sea)의 '아르한겔스크(Arhangelsk)' 등이 있다.

이러한 북극해의 주요 도시들은 역사적으로 러시아의 바다무역에 중요한 역할을 해왔으며, 소비에트 연방의 해군기지와 잠수함 기지로써의 역할을 했다. 노보시비리스크에서는 세계 최대급의 니켈광산이 있으며, 생산물의 적출과 개발관련 기자재, 물자수송은 북극해 항로를 이용하여 매년 세계 각지로 나가고 있다.

2) 북극해의 현재적 의미

오늘날 온실가스와 지구 온난화 현상으로 인한 기후변화는 인류에게 대체로 좋지 않은 징후로 간주되고 있다. 그러나 우리나라를 비롯한 동북아시아 지역에 있는 나라들 입장에서는 근래에 예기치 못한 흥미로운 결과를 받아들게 되었다. 그것은 북극의 빙하가 녹으면서 아시아에서 유럽으로 가는 새로운 해상통로가 생기게 되었다는 사실이다.

현재 진행형인 북극의 '해빙(解氷)'은 지구에서 극지 자연환경의 변화를 넘어서 미래 인류의 생태적인 위기를 초래하고 있지만, 이와 동시에 새로운 북극항로 및 에너지 자원도 제공하고 있다. 그리하여 글로벌 국가 사이의 위기와 편익을 동시에 증가시키고 있는 소위 '북극해의 역설(The Paradox of the Arctic Ocean)'이 나타나게 된 것이다.

2000년 이후부터 북극해 항로의 상용화 및 북극해 연안지역 자원개발 가능성이 현실화됨에 따라 주요 국가들의 북극개발에 대한 관심도 점차 증대되었다. 북극해는 엄청난 자원의 보고(寶庫)이자, 무한한 경제적 잠재가치를 가지고 있기 때문이다. 최근 북극해에서는 해빙(解氷)으로 원유와 가스 등 자원개발의 소위 '콜드러시(Cold Rush)'가 진행되고 있으며, 혹자는 이를 새로운 '신북극시대(The New Arctic Age)'의 도래로 보기도 한다.

최근 20년 동안 북극해에서 기후변화의 영향으로 자원, 항로이용 등 경제적 이권을 둘러싼 경쟁이 치열하게 전개되어 온 점은 이러한 주장을 더욱 지지하고 있다. 하지만 현재 북극해는 여러 가지 정치·외교적 요인으로 인해 해역과 항로의 국제법적 성격이 명확하지 않으며, 북극해 연안과 자연환경에 대한 종합적인 정보 및 인프라도 부족한 상황이다.

그럼에도 불구하고 1990년대부터 북극해를 선점하다시피 하고 있는 주요 해양강국들의 움직임은 최근으로 올수록 심상치 않은 것으로 알려지고 있다. 이들의 북극해 연안에 대한 정책은 초기부터 정부지원 하에 통합적이고 강력한 방향으로 수립되었으며, 무엇보다 국익증진에 기반을 둔 국제적인 교섭과 제한적 협력을 추진하고 있다. 그런 점에서 이미 북극해 활용은 더 이상 관련 연안국의 문제가 아닌 국제적 관심사이자, 전 지구적으로 논의되어야 할 이해충돌의 사안이 되고 있는 것이다. 하지만 다양한 분야와 연계되어 있는 북극해 문제의 복잡성으로 인해 효과적인 협력구조나 거버넌스 체제를 구축하기 쉽지 않은 것이 현실이다.

이러한 상황에서 지금껏 북극의 변화에 따른 국제 거버넌스의 변화에 대한 압력은 계속 증가하고 있으나, 현실에서 초국경 협력보다는 경쟁과 분쟁의 양상으로 치닫고 있는 모양새가 자주 나타나고 있다. 게다가 북극해에서는 러시아, 덴마크 및 그린란드, 캐나다, 노르웨이, 미국 등 주요 연안국간의 해역경계 획정이 서로의 이익충돌로 인해 아직도 상당 부분 지연되고 있다.

〈그림 53〉 북극해의 해양영토 분쟁 가능성

* 자료: 북극지식센터(2018), http://www.arctic.or.kr

기존의 협력적 거버넌스를 구성하는 국제사회의 규범이 불명확하거나 부재한 관계로 전체적인 해양관할권 및 해양거버넌스가 미성숙한 점도 남아 있다. 그래서 북극해에서는 연안국가들 간의 소위 '빙하냉전(ice-cold war)'이라 불리는 갈등현상이 종종 나타난 바 있다. 천연자원과 항로개설 등을 통해 북극해의 경제적 가치가 재조명되자, 영유권을 둘러싼 국제사회의 분쟁 가능성도 점차 현실화되고 있는 것이다. 북극해 연안국들이 먼저 치열한 경쟁을 벌이자, 이제 북극해 일원에 자국영토가 없는 인접국들까지 경쟁에 가세할 움직임을 보이고 있다.

이상의 여러 가지 점들에 비추어 우리는 일단 최근까지 북극해를 둘러싼 다국적 경쟁구도의 전개가 기존의 확실한 제도적 장치와 거버넌스 기제가 상대적으로 부족했기 때문이라는 전제를 해야 한다. 그리고 북극해 확보경쟁을 유발시킨 기존 초국경 거버넌스의 구조와 문제점을 살펴보고, 북극해 연안의 장기적 해양네트워크 구축 및 협력기제와 그 성공 가능성을 이 장에서 전망하고자 한다.

또한 우리나라와 동북아시아 지역을 포괄하는 광역적인 북극해 협력과 네트워크 전략을 한번 추론해보는 것도 부차적인 목적이 된다. 최근 국제사회의 여러 정황들에 근거하여 보면, 경쟁적으로 영해와 자원확보가 선언되고 있는 북극해 연안의 초국경적 상황전개는 해마다 급변하고 있다. 우리나라와 동북아시아 지역의 미래 발전을 논의하는 데에도 적지 않은 영향을 줄 것으로 생각된다. 북극해와 동북아시아 지역은 지리적으로 결코 멀지 않은데다, 유럽으로 나아가는 우리나라와 중국, 일본의 새로운 '동북항로(Northeast Passage)'가 될 수 있기 때문이다.

우선적으로 이 장에서는 북극해 지역에서의 해양네트워크의 형성 배경과 진행상황, 그리고 전반적인 협력의 사례에 대해 살펴본다. 그럼으로써 그 과정, 특성, 운영논리를 이해하는 동시에, 동아시아에서 함께 살아가는 우리나라와 여러 국가들의 발전적 미래에 어떠한 시사점을 주는가를 알아보기로 한다. 이는 향후 북극해 개발과 이용에 있어 우리나라의 새로운 성장사다리로서의 가능성과 활용성을 파악할 수 있는 토대가 될 수 있을 것이다.

2. 북극해를 둘러싼 초국적 경쟁과 협력

1) 새로운 항로의 확보

지금 왜 많은 국가들이 북극해에 대해 높은 관심을 나타내고 있을까? 그 해답은 간단한데, 그것은 북극해 선점에 따른 이익이 막대하기 때문이다. 북극해 선점의 전리품은 기본적으로 항로이용 뿐만 아니라 천연자원과 수산자원 확보 등으로 그 효과를 상상하기 힘들 정도로 많다.

그 중에서 항로확보는 국제적으로 가장 많은 이해관계가 얽혀 있다. 원래 북극해는 일반적으로 바닷물이 얼어서 형성된 해빙(海氷)으로 뒤덮여 있으며, 이 해빙의 평균 두께가 무려 2~3m에 이르기에, 배의 항해가 여의치 않은 한계점을 가지고 있었다. 그러나 지구온난화로 인해 최근 얼음으로 덮여있던 연안이 녹았고, 새로운 항로로서의 이용 가능성이 활발히 거론되고 있다.

최초 북극해를 경유하여 유럽과 극동을 연결하는 국제항로의 개척은 유럽 국가들이 극동무역에 관심을 갖기 시작한 15세기부터 시작되었다. 포유류의 포획, 귀금속을 비롯한 천연자원 탐사와 탐험과 같은 극지의 여러 활동을 통하여 서서히 항로가 열리게 되었다. 북극해의 혹독한 자연환경으로 말미암아 상업적인 항해는 조선기술 및 항법의 발전이 이루어진 19세기 말과 20세기 초에 걸쳐 비로소 가능하게 되었다.

북극해 항로는 유럽의 탐험가들이 먼저 개척하기 시작했으며, 그후 상업적으로 활용되기 시작했다. 1878년 스웨덴의 노르덴시욀드(Nordenskjold)는 베거(Vega) 호를 타고 노르웨이 트롬소(Tromso)를 출

항한 후 빙해에서 1년의 항해를 거쳐 1879년 9월 일본 요코하마에 입
항하여 최초로 동쪽 북극항로를 완주하였다. 그 후 노르웨이 출신의
탐험가 아문센(Amundsen)은 그린란드 북서해안에서 유아(Gjoa) 호를
타고 1903~1905년까지 3년에 거쳐 서쪽을 완주함으로써, 북극지역 동
쪽과 서쪽의 2개 상업항로가 개척되었다.

〈그림 54〉 북극해의 북동항로와 북서항로

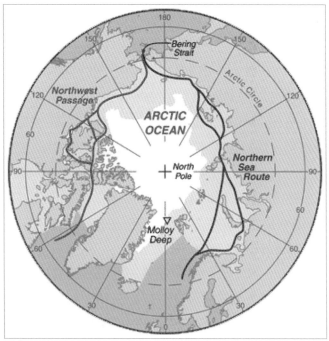

* 자료: Arctic Council(2018). http://www.arctic-council.org

　현재 북극해 항로는 동아시아와 북대서양의 양안시역을 잇는 최단
의 해상경로이다. 기존 항로보다 거리는 약 30% 정도 짧고, 시간은 6
일 이상 단축되는 이점이 있다. 북극해 항로를 이용할 경우에 아시아

의 해상관문인 우리나라 부산항과 유럽의 해상관문인 네덜란드 로테르담항 사이의 거리는 기존 약 22,000km에서 약 15,000km로 30% 이상이 줄어들며, 일수는 10일 정도 단축된다.

그리고 군사문제와 인위적인 장애위험이 없어 해상운송보험료 부담도 감소되어 거리와 안전성 및 비용 등에서 기존 항로보다 훨씬 경제적인 것으로 평가받고 있다. 북극해 항로는 기존 항로보다 대형선박의 운항이 가능하고 기존 항로의 문제점인 혼잡, 정체, 해적, 정치·외교적 충돌을 피할 수 있다는 장점도 있다.

그래서 우리나라와 중국, 일본 등은 현재 북극해 항로에 대해 2014년에 시범운항을 마치고 2018년 이후부터 상용화를 눈앞에 두고 있다. 동아시아와 유럽국가들에게 있어 북극항로의 개척은 운송거리 단축에 따른 경제적 효과는 물론, 한계에 이른 기존의 수에즈항로(수에즈 운하↔말라카 해협↔남중국해)를 대체하는 효과도 있다. 특히 지난 2012년부터 러시아의 원자력 쇄빙선 이용료 인하정책이 시행되자, 동아시아 국가들의 북극해 북동항로 이용이 2015년 이후부터 급격히 증가하기 시작하였다.

2009년 이후부터 최근 약 10여 년 동안 해빙기 도달 시점이 점차적으로 앞당겨지고 있어, 북극해 항로의 상용화 기대는 점차 높아지고 있다. 적어도 2021년부터는 보통 북극해 얼음이 최소치를 나타내는 9월이 아닌 7월에도 쇄빙선을 제외한 북극항로 항해가 가능해지고 있는 것이다. 그리고 약 10여 년 뒤인 2030년경에는 하절기 동안의 북극해의 얼음이 완전히 사라질 것으로 예측되고 있다. 즉 2020년경에는 항로의 이용기간이 6개월 이하, 2030년경에는 연중 상시적으로 일반 항해가 가능할 것으로 예상되고 있다.

2017년부터 이미 발효된 '국제해사기구(IMO: International Maritime

Organization)'의 극지해역 운항선박 안전기준(Polar Code)에 대비하여, 우리나라와 동아시아 주요 국가들은 적어도 2019년까지는 북극해 항해안전시스템을 개발, 완성하고 있는 상황이다. 참고로 바닷길뿐만 아니라 우리나라에서도 북미와 유럽으로 가는 최단 비행기의 항공로도 북극상공이어서, 여러 측면에서 중요한 의미가 있다.

〈그림 55〉 세계의 주요 항로와 북극해 항로

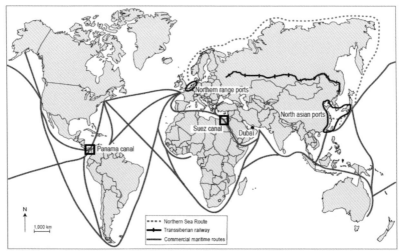

* 자료: Arctic Council(2018). http://www.arctic-council.org

궁극적으로 세계 어느 나라이든지 북극해 항로이용의 경제적 이익은 상당하며, 북극항로의 상용화는 전 세계 글로벌 물류지형의 변화를 초래할 것으로 예측되고 있다. 특히 북극해 주변국가와 조기에 협력체제를 구축한 국가와 기업이 상당한 혜택을 누릴 것으로 전망되고 있다. 그런데 미래에 북극항로가 개척되면 지금의 세계의 주요 해항도시와 항만순위가 완전히 뒤바뀔 수밖에 없다.

세계 최고 수준의 화물량을 기록하는 중국, 일본, 우리나라, 대만 등의 동아시아 국가들은 유럽지역으로 화물선을 보낼 때 지금처럼 싱가포르항이나 홍콩항을 경유하지 않을 가능성이 높기 때문이다. 이에 북극항로 상에 위치하지 않는 현재의 아시아 최고 항만인 싱가포르, 홍콩은 장기적으로 쇠퇴할 가능성이 많은 것이다. 최근에서야 이런 가능성을 주지한 동아시아 주요 국가들은 2025년까지 대책 마련을 서두르고 있다.

다른 한편으로 북극해에서 온난화로 해빙이 급격하게 감소함에 따라 해상운송이 더 용이할 것으로 생각하고 있지만, 실제로는 향후에 해결이 필요한 문제들이 많이 존재한다. 우선 해빙이 일 년 내내 사라지는 것이 아니기 때문에 겨울철 해빙 형성기간 동안에는 북극항로 이용이 거의 불가능하고 하계 동안에도 다양한 해빙의 변화양상에 대한 이해가 필요하다. 즉 항로 이용을 위한 북극해 해양·해빙시스템, 기후와 날씨예측 등에 관한 지식정보가 부족한 관계로 아직은 항로의 안전문제와 추가적인 비용이 소요되고 있는 문제가 남아 있다. 당분간 북극해는 위험해역으로 간주되고 있어 높은 보험료가 책정되고, 선박의 결빙해역 통과를 위한 호위 및 도선 비용이 발생하고 있는 것이다.

또한 북극해의 내수, 영해, 배타적경제수역(EEZ: Exclusive Economic Zone) 및 빙해역을 둘러싼 통항제도, 관할권 및 영유에 대한 견해차이와 갈등도 존재한다. 현재 북극해의 국제항로는 크게 2개인데, 하나는 캐나다 북부 해역을 통한 '북서항로(Northwest Passage)'와 시베리아 북부해안을 통한 '북동항로(Northeast Passage)'가 있다.

이에 북극해 항로의 연안국인 캐나다 쪽의 북서항로 및 러시아쪽의 북동항로는 자국의 해안을 지나는 북극항로에 관할권을 적용하고 있다. 그런데 미국, 유럽연합(EU), 중국과 우리나라 등을 포함한 동아시아 주요 항로 사용 국가들은 항로의 완전한 개방과 자유로운 운항을 주장하여 서로 갈등을 겪고 있다. 따라서 북극해에는 1994년 유엔해양법협약(UNCLOS: United Nations Convention on the Law of the Sea) 발효를 통한 국제적 항행 규범의 형성기를 통해 현재 환경변화에 따른 경제적 이용이 증대되고 경쟁이 본격화되는 변화기에 있다고 볼 수 있다.

2) 천연자원의 개발과 확보

북극해와 그 연안지역에는 석유와 가스, 광물 등 많은 양의 천연자원이 매장되어 있어, 마지막 남은 천연자원의 보고로 알려져 있다. 북극해는 전 세계 미발견 석유·가스자원의 약 25%가 부존되어 있으며, 그 경제적 가치는 대략 15조 달러에 달할 것으로 평가되고 있다. 이는 약 900억 배럴로 세계 석유 매장량의 약 13%에 해당하고, 약 47조 3,000억㎥의 천연가스는 세계 총 매장량의 약 30%에 달한다.

북극해 연안지역에는 화석연료 이외에도 고부가가치의 광물자원들이 풍부한데, 무려 2조 달러 상당의 철광석, 구리, 니켈, 금, 다이아몬드, 은, 아연, 납, 우라늄, 희토류 등이 매장되어 있는 것으로 추정된다.

북극해에서 석유는 1962년에 러시아 타조브스코예(Tazovskoye) 유전에서 처음 발견되었으며, 1967년에는 미국 알라스카 프르드호 만(Prudhoe Bay)에서 대규모 유전이 발견되었다. 현재까지 북극권에서 61개의 대형유전 및 가스전(매장량 5억 배럴 이상)이 발견되었는데, 이 중에서 러시아에 43개, 캐나다에 11개, 미국 알래스카에 6개, 노르웨이에 1개가 존재한다.

〈그림 56〉 북극해 연안의 석유, 천연가스 자원 분포

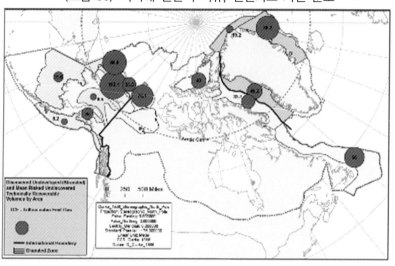

* 자료: International Arctic Science Committee(2018). http://iasc.info

　총 61개 발견 유전 중 15개는 아직 본격적인 생산이 되지는 못하고 있다. 그러나 북극해에서는 전 세계가 3년이나 쓸 수 있는 원유가 매장된 것으로 추정된 점과 더불어 해빙(解氷)으로 시추비용도 감소된 이유 때문에 근래 글로벌 원유개발업체들이 탐사작업에 본격적으로 나서고 있다.

　북극해에는 석유·가스와 같은 전통적 에너지 자원뿐만 아니라 석탄층 메탄가스(CBM), 가스 하이드레이트(gas hydrate), 오일 셰일(oil shale) 등의 비전통적 자원들도 풍부히 매장되어 있을 것으로 추정된다. 이에 러시아, 알래스카, 캐나다 북서지역 및 노르웨이 등의 연안국들을 중심으로 다수의 대형 매장지가 개발되어 생산단계에 진입하였다. 러시아에서 현재 운영 중인 북극해 연안의 극지광산은 25개에 달하며, 그린란드의 경우 희소금속을 비롯한 매장 광물자원의 종류와 양이 풍

부한 것으로 알려져 최근 개발이 급속도로 이루어지고 있다.

북극해의 천연자원이 더욱 중요한 의미를 갖는 이유는 광물, 가스, 원유 등을 이 연안지역의 국가들이 개발하여 수요지인 유럽과 아시아까지 수송하고자 하는 계획들이 구체화되고 있다는 것이다. 기존 컨테이너 화물선의 경우는 거리상으로 아시아와 유럽으로의 접근성이

〈그림 57〉 북극해 연안의 광물 자원 분포

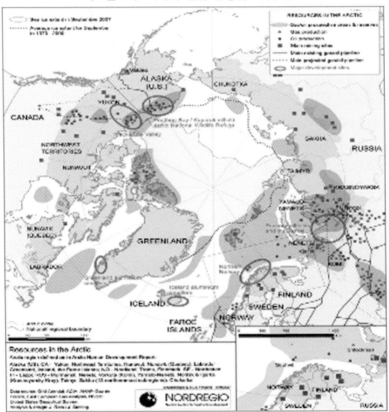

* 비고: 주요 광물은 인회석, 니켈, 구리, 인산염, 티타늄 등이고, 점선은 수송경로, 동그라미는 주요 개발거점을 의미한다.
* 자료: International Arctic Science Committee(2018). http://iasc.info

높아지는 것이 비용적인 측면에서 장점으로 작용할 수 있겠지만, 아직 엄청난 경제성을 갖는 수준까지는 도달하지 못했다.

그러나 북극해와 그 연안의 각종 천연자원은 개발과 동시에 다른 곳으로 반드시 이동을 해야 한다. 인구가 없는 극지 안에서 소비될 일은 거의 없다. 그렇기 때문에 천연자원은 글로벌 차원에서 다른 지역의 자원보다 많은 경제적 수요를 창출할 것으로 전망되고 있다. 이렇듯 북극해의 풍부한 천연자원을 개발하기 위해서는 수많은 기술적, 경제적, 환경적 문제 해결과 함께 물리적인 기반 인프라 구축 등이 우선적으로 이루어져야 한다. 즉 북극해의 천연자원 개발은 다른 지역과 동일한 방식으로 접근해서는 안 된다는 주장이 지배적이다.

그래서 기존에 수행되고 있는 육상자원 개발과는 다른 방식의 인프라 구축, 환경영향 평가 등을 통해 차별화된 개발전략 수립이 필요하다. 그리고 전문화된 기술력 축적과 항만이나 도로, 통신 등에 걸쳐 상당한 인프라 구축을 위한 투자도 수반되어야 한다. 그렇지 않으면 최근 몇몇 사례와 같이 많은 반대와 비용을 감수해야 하는 상황도 생길 수 있다.

그런 점에서 최근 그린피스(Greenpeace), 세계야생동물기금(World Wildlife Fund) 등의 국제환경단체와 학계는 북극 자원개발의 전면중지를 주장하고 있다. 북극에서 주요 기업들은 환경재난 발생과 그에 따른 비용 및 기업이미지 하락들을 이유로 자원개발사업을 보류하는 경향이 최근 늘고 있다. 또한 북극의 극한환경을 감당할 수 있는 비싼 특수장비들 및 운송설비를 마련해야 하는 것은 기업들에게 큰 부담이 되고 있다. 고비용으로 인한 채산성이 떨어짐에 따라 북극 자원개발 프로젝트를 포기하는 사례도 종종 발생하고 있다.

3) 수산자원 확보

북극해는 연안국들에게 현재의 수산업 핵심거점이자, 미래 수산자원의 '보고(寶庫)'로 인정되고 있다. 국제식량기구(Food and Agriculture Organization of the United Nations)의 주장에 따르면, 북극해와 인접해역에서의 어획량은 연간 3,400백만 톤으로 전 세계 어획량의 약 5%에 달한다. 또한 북극해 주요 어장은 한류성 어류의 지속적인 증가로 인하여 2020년경에는 세계 수산물 생산량의 37%를 차지할 것으로 예상된다.

향후 북극해의 어업자원의 밀도(species richness)는 현재보다 약 2.5배가 증가할 것으로 예측되고 있다. 최근 북극해는 명태, 대구, 대게,

〈그림 58〉 북극해 해역의 어장과 이동로

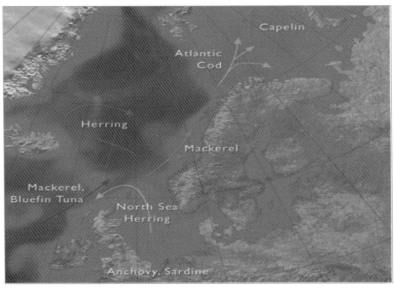

* 자료: 북극지식센터(2018). http://www.arctic.or.kr

연어, 북방새우, 왕게, 각시가자미, 넙치와 같이 새로운 고급어종의 서식지로 부상하고 있기 때문이다. 그리고 지구 온난화에 따른 냉수성 어종이 지속적으로 북상할 경우, 북극해는 상업적으로 중요한 어종을 중심으로 세계 수산물 생산량의 약 37%를 담당하는 최대의 어장으로 떠오를 것으로 예측되고 있다.

현재 북극해 어장은 크게 4개로 동대서양(바렌츠 해와 노르웨이 해), 중앙 북대서양(아이슬란드와 동그린란드 해), 북동캐나다(뉴펀들랜드와 래브라도 해), 북태평양(베링 해)으로 구분된다. 일단 북극해는 공해수역이 대양 가운데 위치하고 있어, 연안 근접 위험성이 상대적으로 적으면서 조업이 가능한 시기도 6개월 이상이어서 매력도가 높다.

참고로 같은 극지어장으로서 남극의 주변 바다는 어장이 남극대륙 근접 및 섬 주변으로 형성되어 있어, 유빙과 결빙의 위험성이 높은 편이다. 현재 북극해 조업과 관련 배타적 경제수역(EEZ) 조업의 경우, 기존의 '유엔해양법협약(UNCLOS: United Nations Convention on the Law of the Sea)' 제62조(생물자원의 이용에 있어 연안국의 주권적 권리)에 의거해서 연안국과의 협력을 통한 조업이 가능하다. 공해조업의 경우에는 동 협약 제87조에 따라 원칙적으로 조업의 자유가 보장되고 있다.

하지만 어업의 자유를 누구에게나 보장함에도 불구하고, 실질적으로는 관련 지역기구(Regional Organizations)에 가입되어 있지 않을 시 조업이 거의 불가능한 것이 현실이다. 북극해의 대부분 해역은 연안 5개국인 러시아, 캐나다, 미국, 노르웨이, 덴마크의 영토로부터 배타적 경제수역으로 인정받을 수 있는 200해리보다 멀리 떨어져 있다.

그렇지만 이들 연안국들은 육지가 해저의 대륙붕으로 이어져 있으면 200해리 이상에서도 배타적 권한(exclusive sovereignty)을 확보할 수 있다는 유엔 해양법의 예외조항을 이용하여 서로의 영유권을 주장하고 있다. 게다가 유엔 해양법협약은 국가 수역들 사이의 분쟁해결 절차를 상세히 규정하고는 있지만, 북극해와 같은 특수한 환경에 적용가능한 정치적 수단이나 방법을 규정하고 있지는 않다.

〈그림 59〉 북극해 해역의 주요 어족자원

* 자료: 북극지식센터(2018). http://www.arctic.or.kr

그래서 북극해에서의 수산자원 확보 및 조업활동과 관련하여 많은 나라들이 북극해 관련 지역기구에 가입하여 활동하고 있다. 이와 더불어 북극해 어장을 실질적으로 장악하고 있는 러시아와 노르웨이와의 수산분야 협력을 도모하고 있다.

최근에는 미국의 북극해 상업적 어로금지 결정에 이어, 캐나다와 덴마크 사이의 북극해 어업분쟁도 발생하여 여러 나라들의 국제적인 이목을 끌고 있다. 이에 수산분야에서 우리나라는 2016년부터 '북태평양수산위원회(NPFC: North Pacific Fisheries Commission)'에 가입하여

'총허용 어획량(Total Allowable Catches)' 설정 논의에 적극적으로 참여하는 한편, 북극해 연안국 수산정보 공유 등을 위한 초국경적 활동을 전개하고 있다.

3. 북극해의 해양네트워크 형성

1) 북극이사회(Arctic Council)의 형성과 운영

북극은 남극과 자연환경은 서로 비슷하면서도, 실제 사람에 의한 국제관계와 초국경적 관할조건들은 많이 다르다. 지난 1959년에 체결된 남극조약(Antarctic Treaty)에 의거하여 영유권 주장이 이미 동결된 남극지역과는 달리, 북극과 북극해는 생물자원의 지속 가능한 이용 및 관할권 문제에 관한 소수의 국제협약이 체결된 후, 1980년대 말까지 이렇다 할 협약이 거의 이루어지지 않았다. 즉 북극해는 남극조약과 같은 포괄적 규범의 부재로 인해, 연안국 간 해상경계 및 대륙붕 한계설정을 둘러싼 갈등의 가능성은 언제나 존재하고 있었다.

그런데 약 30년 전만 해도 북극해의 일부 해역의 영유권 분쟁이 문제가 될 것이라 인식되고 있었지만, 실제로 최근까지는 그렇지 않았다. 북극의 대부분은 해양인 북극해로 이루어져 있어 유엔해양법협약이 암묵적으로 적용된 것이다. 북극해도 세계의 다른 해역들과 같이 1994년부터 발효된 유엔해양법협약에 따라 과학적 연구를 근거로 해서 상당 부분의 문제들이 자연스럽게 해결되어 왔다. 처음부터 미국을 제외하면, 모든 북극의 해역권 국가들이 유엔 해양법 협약에 참여하고 서명한 당사국들이었기 때문이다.

그러면 구체적으로 현재 북극해의 항로와 자원개발 아젠다에서 적용되고 있는 유엔해양법의 주요 조항을 살펴보면 다음과 같다.

우선 각 국가는 영해기선으로부터 12해리(nautical mile) 이내의 영해를 가지고, 영해에 대해서는 연안국이 주권을 행사할 수 있다(제1-3조). 아울러 연안국 및 도서 국가들은 영해기선으로부터 200해리의 배타적 경제수역을 가질 수 있으며, 수역 내에서 수산자원의 어획 및 천연자원의 탐사, 개발 및 보존에 대한 배타적 권리를 가진다(제81조). 그리고 대륙붕은 자국 영토의 자연적 연장으로 간주되어, 존재 시 영해기선으로부터 최장 350해리까지 경제수역을 인정받을 수 있다(제76조).

〈그림 60〉 북극해 해역의 주요 개발 거점

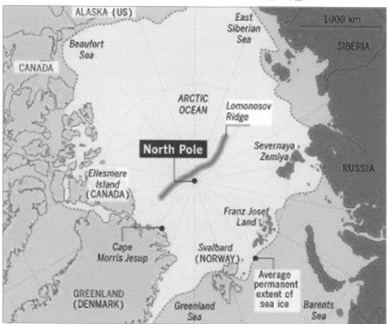

* 자료: 북극지식센터(2018). http://www.arctic.or.kr

이 때, 연안국이 대륙붕의 존재에 따라 배타적 경제수역의 연장을 주장하기 위해서는 자국 영토와 대륙붕의 연결을 입증하는 자료들을 유엔의 대륙붕한계위원회(CLCS: Commission on the Limits of the Continental Shelf)에 제출하여 입증을 받아야 하며, 배타적 경제수역이 연안국 간에 겹치는 경우에는 국가 사이의 합의에 따르도록 하고 있다. 그러던 와중에 1987년에 당시 소련의 고르바초프(Mikhail Gorbachev) 서기장에 의래서 작성, 발표된 소위 '무르만스크 선언(Murmansk Initia-tives)'은 세계의 이목을 북극해에 다시 집중시켰다. 이 선언은 북극해를 전 세계에 조건 없이 개방한다는 혁신적 내용이었기 때문이다.

이어 1989년 알래스카 연안의 엑슨발데즈(Exxon Valdez) 유조선 기름유출사고는 북극해의 환경문제에 국제적인 공동대응이 필요함을 인식시켜주는 계기가 되었다. 또한 1991년에 나타난 소련과 사회주의 붕괴로 국제정치 구도가 복잡해짐에 따라 북극권 관할에 대한 논쟁도 급격하게 대두되기 시작하였다. 1990년대 이후 북극해의 전체 해역 중에서 약 82%(1,147만km²)가 연안국들의 영해 및 배타적 경제수역(EEZ)으로 선포되었다는 점은 이를 대변한다.

보다 구체적으로 북극해는 1990년대 중반부터 국제적 헤게모니와 힘의 균형이 변화하였고, 2000년대 이후 북극연안 회원국들이 괄목할 만한 경제성장을 이루면서부터 그 결속력이 더욱 강화되었다. 북극해의 충분한 활용을 위해서는 북극해항로(NSR: Northern Sea Route) 이용뿐만 아니라 외교, 자원개발, 환경, 지역문화 등 다양한 측면에서의 국제협력이 필요한 상황에 있었다. 북극해 연안권역에 있는 여러 국가들은 이 지역의 생태와 환경문제 이외의 관심사와 문제를 다룰 조직의 필요성에 대하여 공감대를 가졌으며, 이에 1996년 9월 오타와 선언(Declaration on the Establishment of the Council, Ottawa)을 통하여 정식으로 북극이사회(Arctic Council)를 설립하기에 이르렀다.

1996년 설립된 북극이사회는 초기 북극권의 환경보호와 지속가능한 발전 등 북극정책을 논의하기 위해 창설한 정부 간 협의체의 성격을 갖는다. 즉 북극이사회는 북극해 문제에 대한 북극해 연안국 및 국제적인 이해관계를 조정하여 북극의 지속 가능한 개발을 추구하는 북극해 연안국들의 공식적인 정부 간 관계(Inter-Governmental Relationship) 포럼이다. 회원국은 캐나다, 덴마크, 핀란드, 아이슬란드, 노르웨이, 러시아, 스웨덴, 미국 등 북극해 관련 주요 8개국이다.

이 중에서 연안국은 미국, 캐나다, 러시아, 노르웨이, 덴마크(그린란드)이며, 비연안국으로 스웨덴, 핀란드, 아이슬란드가 있다. 상시적인 참여그룹으로서는 먼저 북극지역 원주민 대표그룹 6개가 상임참가단체(Permanent Participants)로 있으며, 환경문제 중심의 북극개발 관련 현안을 논의하는 고위급 정부 간 포럼과 북극 모니터링 및 환경 관련 6개의 워킹그룹(Working Group)이 있다. 원주민과 워킹그룹이 중요한 이유는 현재 북극해 연안 420만 명의 인구 중에서 50만 명 이상이 원주민이기 때문이며, 이들은 대부분 환경변화 및 자연보전에 깊은 관심을 갖고 있기 때문이다.

현재 북극이사회 워킹그룹(Working Group)에는 환경오염물질 배출제한 및 감축을 위한 ACAP(Arctic Contaminants Action Programme: 북극환경오염물질조치프로그램), 북극 오염문제 모니터링 및 평가를 위한 AMAP(Arctic Monitoring and Assessment Programme: 북극모니터링평가프로그램), 북극 생물자원의 지속성 유지와 기후변화 문제 논의를 위한 CAFF(Conservation of Arctic Flora and Fauna: 북극동식물보전), 북극의 환경 비상사태에 대한 대응·관리·평가를 위한 EPPR(Emergency Prevention, Preparedness and Response: 비상사태예방준비대응), 북극

〈그림 61〉 북극이사회(Arctic Council)의 조직과 구조

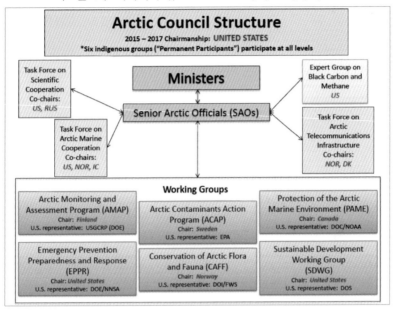

* 자료: Arctic Council(2018). http://www.arctic-council.org

해양환경정책을 전반적으로 기획하면서 오염예방·통제조치를 시행
하는 PAME(Protection of the Arctic Marine Environment: 북극해양환경
보호), 북극공동체의 경제·사회·환경적 개선을 위한 실무작업반인
SDWG(Sustainable Development Working Group: 지속가능개발실무단)
등이 상시적으로 편제되어 활동하고 있다.

북극이사회의 의장국은 2년 주기로 회원국 간 순환을 하는데, 2017
년까지의 의장국은 미국이었다. 2018년부터는 핀란드가 2020년 중반
까지 북극이사회 의장국을 맡는다. 초창기 북극이사회는 원래 사무국
을 두지 않았으나, 북극에 대한 세계적 관심의 증가로 2013년부터 노
르웨이 트롬소(Tromso)에 상설사무국을 두게 되었다.

특히 우리나라는 지난 2008년부터 임시옵서버(Ad-hoc Observer) 자격을 처음 획득하였고, 2013년에는 북극이사회 제8차 각료회의에서 회원국 만장일치의 지지로 '정식옵서버(Permanent Observer)'의 지위를 획득하였다. 정식옵서버는 의사결정권을 가지고 있지는 않으나, 북극이사회의 각종 활동을 감시하거나 모니터링을 할 수 있다. 현재 정식옵서버는 프랑스, 스페인, 독일, 영국, 폴란드, 네덜란드, 한국, 중국, 일본, 인도, 싱가포르, 이탈리아 등 12개 국가이다. 최근 북극해 개발에 대한 세계 여러 나라들의 관심이 고조되면서, 이제는 옵서버 지위를 얻는 것도 점차 어려워지고 있다.

북극이사회의 당초 설립 목적은 네 가지 규범으로 요약된다. 첫째, 북극 주변 거주민들의 복지와 원주민 및 지역커뮤니티의 전통을 보호하는 것이다. 둘째, 북극의 지역환경 및 거주민의 건강과 생태계를 보호하는 등의 생물다양성을 유지시키는 것이다. 셋째, 북극 자연자원의 지속 가능한 이용과 남용을 방지하는 것이다. 넷째, 북극 지역의 지속 가능한 개발을 추구하는 것이다. 이와 같은 일련의 목적을 실현하기 위해 2년마다 회원국간 의 장관급 각료회의(Ministerial Meeting)가 개최되고, 연 2차례 고위관리회의 혹은 최고실무자회의(SAO: Senior Arctic Officials)와 워킹그룹(Working Group) 회의가 정기적으로 열리고 있다(Byers, 2010; Witschel, 2010; Arctic Council, 2017).

특히 장관급 각료회의에서는 북극이사회 의장국의 순환 변경 및 매년의 활동을 주기적으로 평가하고, 향후 2년간의 활동계획을 담은 각료선언문을 전원합의체 형식으로 채택한다. 반면에 고위관리회의에서는 보다 실무적으로 북극이사회 산하에 있는 실무작업반(6개) 및 TF팀(4개)의 업무추진상황을 점검하고, 향후 활동방안을 승인·권고한다. 그러므로 북극이사회의 이런 다층적 성격은 법적 구속력은 없

지만, 지금까지 북극과 관련된 다양한 활동과 연안국들의 강력한 결
속력을 가진 모임이라는 측면에서 북극문제를 해결 및 조정하는 주도
적인 기구로서 자리 매김하고 있음은 분명하다.

지난 2016년을 기점으로 창설 20주년이 지난 북극이사회는 이제 창
설 30년을 향해서 가고 있다. 이에 10년의 새로운 비전에서 북극이사
회는 북극해에 대한 국제사회의 다양한 시각을 포함하였으며, 향후
2030년까지의 초국경적 노력과 협력의지를 포함하고 있다. 북극의 새
비전은 평화로운 북극, 북극 거주환경 개선, 번영하는 북극, 안전한
북극, 건강한 북극환경, 북극의 지식 확장, 강력한 북극이사회의 위상
등으로 구성되어 있다.

최근 북극이사회에서는 2020년부터 본격적으로 실천할 중·장기 세
부계획을 발표했다. 이 계획에는 북극해 안전사의 관리를 촉진하고,
북극의 경제·주거환경 개선, 기후변화로 인한 영향을 시의적으로 대
응하기 위한 다음과 같은 이니셔티브들이 구성되었다. 그것은 수색구
조, 해양환경보안, 해양보안지역, 해양산성화, 클린에너지 접근권, 수
자원과 위생시설, 정신적 건강과 웰빙(Well-Being), 기후변화 탄력성과
적응력, 통합보건(One Health), 북극해의 지역환경관찰자네트워크, 기
후변화지표시스템, 수치표고모델, 담수통합연구, 북극해 수자원 취약
성 지수, 통신기동대, 북극해 과학연구 협력, 블랙카본연구단체 운영,
메탄전문연구단체 운영 등이다.

2) 북극이사회(Arctic Council)의 한계점

북극이사회는 분명 북극해를 관장하는 가장 강력한 거버넌스 기구
임에는 틀림이 없지만, 그 한계점도 많이 노정하게 되었다. 지금 북극

해 지역은 외교적으로 국제협력의 모범지역이라는 주장이 있는 반면에, 향후 초국적 경쟁이나 영유권 분쟁의 가능성이 가장 높은 지역이라는 양면적 평가가 동시에 존재한다.

북극해 연안국들과 비연안국들 간의 이해상충과 갈등하는 의제들이 조금씩 증가되고 있는 것도 부정할 수 없는 최근의 현실이다. 구체적으로 북극해의 현재 통치기제로서 북극이사회가 가진 한계와 문제점은 다음과 같이 지적될 수 있다.

첫째, 북극이사회 회원국들은 표면적으로 외부의 새로운 참여를 제한한 상태에서 다소 폐쇄적인 협력체제와 배타적 운영구조를 점차 강화시키고 있는 것이 가장 큰 문제점이다. 그래서 진정한 의미의 북극해 거버넌스 수준은 북극이사회 때문에 오히려 낮은 것으로 종종 평가되고 있다. 최근 20년 동안 북극해 연안국들은 폐쇄적인 동맹체제를 강화하면서, 이사회 내부에서조차 비연안국들과의 갈등을 심화시켜 오고 있다. 북극해 인접 8개국인 러시아, 미국, 캐나다, 노르웨이, 스웨덴, 덴마크, 핀란드, 아이슬란드로 구성된 북극이사회는 지금도 신입 회원국에게 정식회원이 아닌 옵서버 자격만 부여하고 있다. 그나마 이러한 선택조차도 자신들 바깥에 있는 통제불능의 경쟁자들보다는 예측 가능한 새 파트너를 얻는 것이 낫다는 입장에서 비롯되고 있다.

오히려 북극이사회는 2008년 북극에서 새로운 국제법의 시행을 반대하고, 북극해 인접국의 배타적 권리강화 등을 골자로 한 '일룰리사트 선언(Ilulissat Declaration)'을 채택하였다. 이로써 북극해 자원개발을 비롯한 경제적 이슈에서 철저히 자신들만의 입장을 강화하겠다는 의도를 공공연히 밝히기도 했다. 나아가 2014년을 기점으로 이들은 옵서버 국가의 수가 회원국보다 오히려 많아지게 되면서, 옵서버 자격규정을 제정하여 추가적인 참여확대를 제한하기 시작했으며, 옵서버와의 교류를 활용한 북극해 이슈들의 과점적 해결(oligopolistic solving)을 표방하고 나섰다는 점도 특징적인 부분이다.

참고로 남극의 거버넌스를 북극과 비교해 보면, 현재 남극조약협의당사국회의(ACTM: Antarctic Treaty Consultative Meeting)가 북극이사회 기구와 유사하다. 그런데 남극 거버넌스는 남극조약 28개 협의당사국뿐만 아니라 21개 비협의 당사국, 관련 국제기구, 시민단체(NGO)를 포함한 개방형 논의(open discussion) 구조이다. 반면에 북극이사회는 오직 이사국 위주의 엄격한 자격제한이 적용되는 폐쇄형 논의(closed discussion) 구조이다.

둘째, 북극해를 둘러싼 현재 세부적이고 강력한 규범이 부족하여, 남극조약의 경우와 같이 통일된 법적 질서가 없다는 점은 장기적인 문제로 지적되고 있다. 사실 북극이사회는 북극의 해양환경을 보호할 법적 구속력 있는 조약 만들기를 주저하고 있는 상황이다. 자국의 이익과 직결되는 북극해의 각종 자원개발에 걸림돌이 되기 때문이다.

그래서 북극해가 세계적인 관심과 다국적 이해관계의 초점이 된 이래로, 많은 학자들은 남극조약과 동일하게 북극해에도 법적 구속력이 있는 제도적 장치를 수립할 필요가 있다고 주장한다. 여전히 북극해를 둘러싼 초국경 거버넌스 체제에서는 해양관할권 및 대륙붕 한계선·해양경계 등의 합의가 지연되고 있기 때문이다. 무엇보다 북극이사회 안에서조차 자국의 이익을 포기할 만큼의 강력한 강제규정이 지금으로서는 없기 때문에, 미래에 발생할 것이 확실한 이권분쟁과 갈등도 해결하지 못할 것이라는 지적이 설득력을 얻고 있다.

셋째, 북극이사회의 기능은 아직 환경문제에 국한되어 있으며 북극해의 정치·경제 분야의 포괄적인 관리기제나 거버넌스 기구로서의

기능은 결여되어 있다는 지적이 있다. 예를 들어 북극이사회는 북극
해의 환경보호와 생물종 다양성 보존을 다룰 때 핵심이 되는 '어업문
제(fisheries problem)'를 중점적으로 다룰 수 없다. 왜냐하면 다른 북극
해 자원과 마찬가지로 어업문제에 대해서는 회원국들의 심각한 이해
관계가 얽혀 있기 때문이다.

다만 북극이사회는 2015년부터 '북극경제이사회(Arctic Economic
Council)'를 내부적으로 출범시켜 그동안 우회적으로 논의하던 환경과
개발의 상충적 이슈를 본격적으로 다루고 있기는 하다. 그밖에도 북
극이사회는 스스로 북극해에서의 해상운송평가(shipping assessment)
를 수행하지만, 법적으로 구속력 있는 해상운송 국제규정을 채택할
권한이 없다. 모든 국가를 구속할 수 있는 해상운송규정은 오로지 국
제해사기구(IMO)'에 의해서만 만들어지기 때문이다. 같은 맥락에서
북극이사회는 자체계획이 제대로 수행되고 있는지, 가이드라인이 지
켜지고 있는지를 사후적으로 확인할 추진기제(follow-up) 및 준수장치
(compliance)가 미흡한 것도 문제점으로 인식되고 있다.

넷째, 북극이사회는 정부 간 협의체이기는 하지만 법인격을 지닌
공식적인 국제기구는 아니므로, 제도나 거버넌스의 실질적인 효과성
이 높지 않다는 한계도 있다. 그동안 결의된 각종 선언문(Declaration)
을 볼 때, 앞으로도 각종 제도나 통제장치는 북극이사회 회원국들의
집단적 이익에 따라갈 가능성이 높다. 북극이사회의 모든 결정은 여
전히 구성원의 자발적 참여 및 협력에 기대고 있으며, 강제성이나 법
적 구속력은 존재하지 않는 선언적 효과에 불과한 것이다.

또한 북극해 오염방지를 위한 기준 마련도 지연되는 상황에서 이용
개발의 초점이 맞춰 지고 있어, 실효성 있는 보전대책이 취약한 상태
라는 지적도 많다. 지금 북극이사회를 바라보는 다수의 시각은 기존

의 제도적 장치들에 더해서 법적으로 구속력이 있는 새로운 조약이 체결되기는 현실적으로 어렵다고 판단한다.

다섯째, 북극이사회 회원국들 사이에서조차 북극해에 대한 입장이 통일되어 있지 않고, 이해관계가 상당히 복잡한 문제점이 최근 드러나고 있다. 우선 러시아는 북극해가 자국 대륙붕임을 강조하면서 주도권에 대한 강한 의지를 드러내고 있다. 그 이면에는 미국의 셰일가스(shale gas)에 대항하기 위해 북극해 가스개발 및 항로이용을 활성화시켜야 한다는 절박함이 숨어 있다. 러시아와 함께 최근 가장 실속을 챙기는 나라는 노르웨이로 보인다.

노르웨이는 러시아와 해양경계를 확정짓는 등의 선린관계를 유지하여, 최다 항로를 보유하고 있을 뿐만 아니라 정부 차원에서도 물류기지건설을 추진하고 있다. 이에 반해 미국의 입장은 다소 소극적이다. 그 이유는 자국 본토의 셰일가스 개발에 부정적인 영향을 미칠 수 있어 북극해 자원개발에는 적극적으로 나서지 못하고 있기 때문이다. 또한 미국은 유일하게 유엔 해양법 협약을 비준하지 않은 관계로 북극해 항로이용에도 제약을 받고 있다. 캐나다도 북극해 연안지역에 거주하는 자국 원주민의 영향으로 개발에 적극 뛰어들지 못하고 있으며, 주로 환경보호에만 주력하고 있는 상황이다.

이상과 같이 북극해를 규율하는 북극이사회는 여러 한계와 문제점을 노정한 것으로 평가된다. 특히 국제규범의 부재와 회원국들의 기득권 보호로 말미암아 근래 북극이사회 중심의 북극해 거버넌스는 글로벌 공유재(global commons)의 관점에서 다소 비효율적, 비민주적인 것으로 치부되고 있다. 특히 북극이사회는 다소 독단적인 그간의 각종 결정으로 인해서 비북극해 지역 국가들의 많은 지적과 비판을 받고 있다.

그럼에도 여전히 북극이사회는 북극해 인접국가들 사이의 권리강화에만 치중하고, 비연안국에 배타적인 움직임을 보이고 있다. 그리고 그 결과, 북극해의 거버넌스 체제에 있어서 연안국의 일방적 입법이나 폐쇄적인 양자적·지역적 거버넌스를 벗어나기 위한 각종 노력들이 2010년 이후부터 나타나고 있다.

가장 대표적인 사건은 북극이사회의 독점적 거버넌스 구조를 깨는 대항마로서, 2013년에 '북극서클(Arctic Circle)'이 새로이 창설되었다는 것이다. 또한 북극해 연안도시와 지방정부의 결속체로서 '북방포럼(Northern Forum)'이 강화되었고, 민간과 학계의 글로벌 네트워크가 확산된 점은 가장 최근에 일어나고 있는 주목할 만한 변화 현상으로 보인다.

4. 북극해의 해양네트워크 확대와 변화

1) 북극서클(Arctic Circle)과 글로벌 거버넌스

'북극서클(Arctic Circle)'은 아이슬란드에서 창설된 북극해 관련 초국경 거버넌스 기구로서, 북극권에 관심 있는 각 국의 산·학·연·NGO·정부 관계자의 공식협의체이다. 이 기구는 2013년에 처음 창설된 이후, 이듬해 아이슬란드 정부로부터 독립된 비정부·비영리 민간조직이다. 그리고 북극서클은 북극해의 항행·자원·에너지·수산·북극규범 수립 등에 관하여 광범위한 이슈를 논의하는 새로운 네트워크이자, 국제적 협의기구이다.

북극서클의 주된 임무는 국제사회 다양한 이해관계자그룹들과 회의를 연례적으로 갖도록 하고, 북극권의 도전과제에 대한 관계를 구축하고 이해관계자들 사이의 대화를 촉진시키는 것으로 정하고 있다. 실제로 북극서클의 창립비전 전문(preamble)에서는 "우리는 하나의 열린 천막(open tent) 아래서 가능한 많은 북극권 국가 및 국제적 파트너들과 의사결정과정을 강화하는 것을 목적으로 한다"라고 밝히고 있다. 북극서클은 세계 주요국의 기업과 시민단체(NGO)와 전문가, 정책결정자, 오피니언 그룹이 참여하여 북극 관련 다양한 이슈를 논의하는 이른바 '북극의 다보스 포럼(Davos Forum)'을 표방하고 있다.

특히 북극개발에 관심이 지대한 중국은 아이슬란드와 약 6년 동안의 협상 끝에 최근 자유무역협정(FTA)을 체결했는데, 그 공동 성명에는 '양국이 북극지역과 관련하여 실질적인 협력을 높인다'는 조항이 있다. 이러한 사실에 비추어 중국이 새롭게 구성되는 북극서클을 통해 북극해 아젠다에 대한 발언권을 확대하려는 시도로 국제사회는 관측하고 있다. 북극서클은 매년 10월 즈음에 정기회의가 열리고 있으며, 2018년에는 제6차 북극서클이, 2019년에는 제7차 북극서클이 개최

〈그림 62〉 북극서클의 공식 엠블럼

* 자료: Arctic Circle(2018). http://www.arcticcircle.org

된다. 2022년 경에는 창립 10주년을 맞을 전망이다. 북극서클 창립총회부터 우리나라는 외교부 차원에서 매년 공식적인 참석을 하고 있으며, 북극해의 이슈에 대한 폭넓은 대화 및 협력의 장을 마련하기 위해 노력하고 있다.

북극문제와 관련한 현재까지의 주도적 기구인 북극이사회와 별개로 북극서클은 새로운 초국경 모임이 결성되었다는 것에 중요한 의미가 있다. 북극서클은 북극이사회와 다르게 희망하는 모든 국가가 참여할 수 있기 때문이다. 2013년 당시 아이슬란드의 그림손(Grimsson) 대통령은 북극서클이 기존 북극이사회 활동을 상호보완하기 위한 성격의 국제포럼이라고 공표하였지만, 다른 한편으로 비북극권 국가들에게 북극관련 이슈에 대한 국제적 협력기회를 제공하는 새로운 비영리 기구를 설립한다고 밝혔다. 즉 북극서클은 북극이사회와 별도로 중국, 인도, 싱가포르 등 북극에 관심이 큰 비북극권 국가들을 규합하여 이슈들에 대한 새로운 영향력을 행사하려는 움직임으로 풀이된다.

그럼에도 불구하고 아직 북극서클은 신생기구로서의 티를 완전하게 벗지는 못했다. 이제까지는 주로 기후변화, 생물다양성, 해양환경 등의 환경문제를 중점적으로 다루어 왔다. 그러나 최근 북극의 개발가능성 및 경제적 가치가 높게 평가되고 있는 추세에 따라 논의되는 의제의 유형들도 많은 영향을 받고 있다.

개방형 협의기구로서 회원국 역시 북극서클 안에서 점점 증가함에 따라 향후에는 자원 및 항로개발 등의 주요 이슈들을 중점적으로 다룰 것으로 예상된다. 특히 개방적인 북극서클의 정식멤버가 된 많은 비북극권 국가들은 유엔(UN) 총회에서 북극권 국가들, 즉 북극이사회가 갖는 기존의 자원과 경제적 특혜에 이의를 제기할 공산이 크다. 이렇게 되면 장기적으로 북극대륙붕에 대한 영토권 인정신청을 유엔

〈그림 63〉 북극서클의 연차 총회

* 자료: Arctic Circle(2018). http://www.arcticcircle.org

(UN)에 상정할 계획인 러시아와 노르웨이도 상당히 곤란한 상황에 처하게 될 것으로 예측된다.

또한 이는 지금까지 북극의 개발과 보전, 항로의 이용 등에 있어 북극 연안국 중심의 지역 거버넌스로 기능해 오고 있는 북극이사회의 혁신적 변화와도 긴밀하게 관련된다. 예를 들어 북극서클의 창립으로 적지 않은 자극을 받은 기존 북극이사회는 새롭게 우리나라를 비롯한 비북극권 6개국을 2013년 정식옵서버로 받아들이면서 변화를 선택하였다. 즉 북극이사회에 대한 독점과 독단이라는 비판에서 벗어나면서, 일종의 국제적 위상과 명분상의 '안전장치(safety)'를 마련하는 전략을 선택했다. 배타적이었던 북극이사회의 연안 8개국이 다른 지역의 회원을 전격적으로 받아들인 것은 현재까지도 상당히 큰 사건으로 평가되고 있다.

지금도 북극이사회에서는 북극해 주요 의제들의 글로벌 개방과 공유화는 자칫 강대국들 사이의 경쟁과열을 초래하거나, 다국적 갈등의 현장으로 북극지역이 새로 추가될 위험도 있다는 논리를 개발하여 국제사회에 강력하게 내세우고 있다. 그럼에도 불구하고 북극서클과 같은 새로운 거버넌스 기제에 대해서 국제사회 대다수는 이것이 북극해의 기존 독점적 거버넌스 구조에 추가로 더해진 것을 하나의 분명한 사실로 인정하고 있다. 따라서 북극서클의 창립은 기존의 폐쇄적인 북극이사회의 거버넌스와 의사결정 구조에도 일대 변화를 일으킨 것으로 평가될 수 있는 것이다.

2) 북방포럼(Northern Forum)과 지방정부 간 결속

새로운 북극서클의 출범을 비롯하여 북극지역 초국경 협력에 관한 거버넌스 제도 및 관련 기구는 최근으로 올수록 다층적이고 광범위해진 특징을 보여 왔다. 즉 북극해의 연안국가 간 대표적인 협력기제인 북극이사회와 북극서클 외에도 현재 많은 제도와 기구들이 존재하고 있다. 이는 기존의 개방성과 효율적 거버넌스의 수준이 낮은 북극해의 특성에 기인한다.

북극해 거버넌스를 다층적으로 구성하는 단위로서, 먼저 지역적 하위국가 기구로서는 북방포럼(Northern Forum), 북극지역 의원 위원회(Standing Committee of Parliamentarians of the Artic Region) 등이 있다. 그리고 비정부 간 레짐 및 기구로서는 바렌츠 위원회(Barents Euro-Artic Region), 노르딕 이사회(Nordic Council), 스발바르 레짐(Svalbard regime), 렌츠해 어업 레짐(Barents Sea Fisheries Regime), 베링해 어업 레짐(Bering Sea Fisheries Regime), 나다-미국 북극 협력 협정(Canada-US Arctic

Cooperation Agreement) 등이 있다.

북극해 주변에 거주하던 원주민이 관여된 협의기구로서는 알레우 국제학회(Aleut International Association), 이누이 극지회의(Inuit Circumpolar Conference), 러시아 북극원주민협회(Russian Association of Indigenous Peoples of the North), 사미 이사회(Saami Council) 등이 있다. 기타 비정부 기구로서는 국제북극과학위원회(International Arctic Science Committee), 극지보건을 위한 국제동맹(International Union for Circumpolar Health), 극지 대학협회(Circumpolar Universities Association), 북극대학네트워크 (University of Arctic) 등이 있다.

북극해에서 현재 거버넌스 구조의 중요한 개선의 방법은 양자·지역·다자간의 협력이 유기적으로 연계되어 단기적 현안해결을 도모함과 동시에, 궁극적으로 국제협력을 통한 여러 방식의 기여로 북극해 논의구조가 확장되어야 한다는 규범에 따른 것이다. 현재 북극해의 여러 다층적 협력기구들 중에서 가장 왕성한 활동을 보여주는 곳은 연안도시와 지방정부의 결속체인 '북방포럼(Northern Forum)'이다.

북방포럼은 현재 북극해의 지역과 도시수준의 초국경 거버넌스를 공식적으로 대표하는 네트워크 기제이다. 북방포럼은 먼저 북극권에 접한 지역들이 공동의 관심사에 대한 협력해결 방법을 모색하려는 의도에서 결성된 '지방정부 간 결사체(association)'로 정의된다. 북방포럼은 북극권을 중심으로 소위 '북방지역의 목소리(Voice of Northern Regions)'를 대변할 수 있는 상설기구 설치에 관한 합의내용을 담은 '북방포럼 설립에 관한 의향서(Written Memorandum of Northern Forum)'를 1991년에 처음 채택하면서 설립되었다.

북방포럼은 국제적 상호작용의 기본주체가 '지방정부(도시)'라는 점에서 여타의 국제협력 기구들과 구분되는 특성을 가지고 있다. 포럼

의 이러한 특성은 확산되고 있는 북극해 거버넌스의 변화 단면을 포
착할 수 있는 좋은 증거를 제공해 주고 있다.

우선 북방포럼은 북극권의 발전과 원주민들 간의 유대 및 연대감
강화에 기본적인 활동목적을 두고 있다. 즉 북극해 연안권 지도자들
이 함께 모여 그 지역에 공통된 과제들에 대한 그들만의 지식과 경험
을 공유할 수 있는 기회를 제공함으로써, 지역의 지속적인 발전과 협

〈그림 64〉 북극해 북방포럼의 관할지역

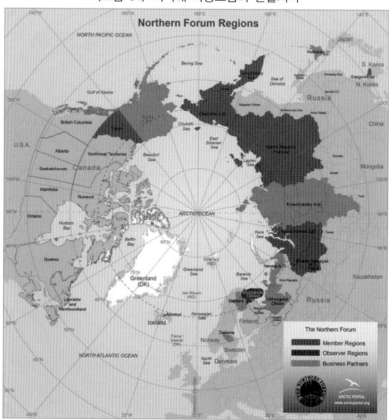

* 자료: Arctic Portal(2018). http://arcticportal.org

력적인 사회·경제적 개시들을 국제토론을 통해 지지하고 있다. 이에
기본적인 가입주체는 북극권에 위치하고 있거나 근접해 있는 지역의
지방정부들이고, 국가범주로서는 우리나라, 러시아, 캐나다, 일본, 미
국, 중국, 핀란드, 아이슬란드 등 8개국으로 구성이 되어 있다.

구체적인 지역범주로는 우리나라의 강원도, 러시아의 추코트 자치
구와 한티만시스크 자치구, 사하공화국, 야말네네츠크 자치구, 무르만
스크주, 캐나다의 퀘벡주와 유콘주, 일본의 홋카이도, 미국의 알래스
카주, 중국의 헤이룽장성, 아이슬란드의 아쿠레리시 등 18개 지역과
도시들이다. 정회원인 지역회원(Regional Member) 외에 북방포럼은
비지니스 파트너(Business Partners)로 불리는 준회원제를 운용하고 있
다. 비즈니스 회원은 지역회원과 달리 일종의 옵서버 지위이므로 총
회에서 투표권과 결정권은 없다.

북방포럼의 내부 거버넌스 구조로는 최고의사결정 기구로서의 '총회
(General Assembly)'와 최고 집행기관으로서의 '이사회(Board of Governors)'
가 있고 그 아래 '집행위원회(Executive Committee)'와 각 지역의 실무를
담당하는 '지역조정관(Regional Coordinators)'이 있다. 그리고 포럼의 일
반 사무를 책임지는 '사무국(Secretariat)'이 설치되어 있다.

총회는 2년마다 회원지역을 순환하며 개최된다. 이사회는 가입한
지방정부의 대표(시장, 주/도지사)들로 구성된다. 북방포럼은 지방정
부가 주체가 되는 '북극권의 지역거버넌스(Local Governance)'라는 특
성 때문에 논의되는 의제가 지역밀착형이며 실질적인 내용들이 많다.
또한 지방정부 외에 기업, NGO, 연구소 등 여러 유형의 사람, 단체,
기구 등의 참여가 폭넓게 보장되고 있어 비교적 개방성이 높은 형태
의 협력조직이다.

최근 북방포럼의 운영 목적은 북극권 지역 주민의 삶의 질 향상과

지속 가능한 발전을 위한 경제, 환경, 사회, 문화 등 분야별 협력프로
젝트를 수행하거나 학술활동을 진행하는 것이다. 이에 관해 크게는
지속가능 개발(Sustainable Development), 사회문화(Society and Culture),
환경(Environment) 등의 3개 분야에 걸쳐 다각적인 월경 프로젝트를
추진하고 있다.

현재 북방포럼은 지속가능 개발 분야에서 농촌 발전, 에너지 기술
과 지역개발 프로젝트를 진행하고 있으며, 사회문화 분야는 약물남용
에 대한 치료, 전염병 관리, 원격의료, 자살방지 등의 프로젝트를 진
행하고 있다. 환경 분야에서는 불곰연구, 청소년 환경포럼, 홍수 워킹
그룹, 북극권지역 동물원 협력, 보호구역관리 협력사업, 들소관리 프
로젝트 등을 진행하고 있다.

그래서 현재 북극권 지역과 원주민의 가장 충실한 대변자는 지방정
부 주도의 협력기구인 북방포럼이라고 보아야 한다. 앞으로 북극항로
와 자원개발이 진행되면 북극해 연안지역의 사람들은 대부분 피해자
가 될 가능성이 높음에도, 글로벌 수준의 쟁점들에 대해 이들이 자신
의 목소리를 전달할 유효한 통로는 북방포럼이 제일 유력한 상황이다.

북방포럼은 현재 북극이사회나 북극서클의 국가적 이익과는 별개
로 북극해와 연안권 지방정부 간 초국경적 결속을 강화하고, 중앙정
부 간 관계를 보완하는 역할을 하고 있다. 북극이사회와 같은 기존의
거버넌스 기구는 국가적 이익의 절충이 어렵기 때문에 북극해의 이권
을 둘러싼 합의에 이르기가 쉽지 않다. 하지만 일단 합의가 이루어질
경우에는 강제성 수준이 높은 규칙을 만들어 낼 수 있다는 장점이 있다.

반면에 북방포럼과 같은 지방정부 주도의 기구는 비교적 합의에 이
르기는 쉽고 지역의 입장을 좀 더 직접적으로 대변할 수 있다는 장점
이 있다. 그러나 북방포럼에서의 합의는 각 나라의 국가적 정책방향

과 배치되지 않을 경우에만 실질적인 효력을 가질 수 있기 때문에 강성규칙(hard law)을 산출해 내기는 쉽지 않다는 약점이 여전히 남아 있다.

그런 맥락에서 북방포럼은 보편적 구속력을 갖는 협정을 체결하고 그에 기초해 행동하기를 기대하는 성격의 공식성이 강한 거버넌스는 아니다. 실상 지역과 도시는 국가의 일부이며, 국제적 북극레짐을 주도할 수 있는 적절한 주체는 아니기 때문이다. 다만 북방포럼 운영의 가장 중요한 의의는 북극해 권역에 대한 밑바닥 이슈의 제기와 문제의 사전적 예방에 있다.

이러한 이슈의 제기는 북극이사회나 북극서클과 같은 중요한 의사결정기구들에게 해당 지역문제에 대한 관심을 촉구하고 주의를 환기시킴으로써 입장을 수정하게 하는 효과를 가진다. 이 역할이 결코 사소한 것은 될 수 없으므로, 현재 북방포럼은 북극해의 해양네트워크와 초국경 거버넌스에서 상당히 중요한 하나의 축을 차지하는 것으로 평가될 수 있다.

3) 민간부문과 학계로의 네트워크 확산

현재 북극해의 거버넌스는 정부중심에서 민간부문과 학계의 네트워크로 확산되고 있는 것이 특징적이다. 특히 이러한 움직임은 환경과 과학분야에서 가장 두드러지고 있다. 최근 대두되기 시작한 북극권 지역의 대기, 해양, 토양 등의 오염문제는 대체로 해당 지역에 사는 원주민들이 유발한 것이 아니기 때문이다.

특히 북극의 개발이 현실화됨에 따라 환경보호에 대한 국제사회의 관심이 집중되면서 북극해의 개발 반대여론이 확산되었다. 북극해의 경우, 일단 오염이 되면 대류에 의한 급속한 확산으로 인하여 생태계 파괴가 급속도로 일어나는 경우가 다반사이다. 한편, 극지로서 미비한 인프라 시설 및 열악한 기후조건으로 인하여 환경적인 복구가 쉽지 않다는 문제점이 겹쳐 있다.

또한 북극권은 남극지역과 달리 해역(海域)이 포함된 지리적 분포가 더욱 광범위하다. 그리고 관할 주권도 여러 국가에 분산, 귀속되어 있다. 더구나 오래 전부터 사람이 살아, 각각 독자의 관습과 문화가 형성되어 있는 상태이다. 그래서 북극권은 남극과 달리 인간이 거주하는 지역임을 인식하여 원주민의 지문화적 가치를 중심으로 수많은 학술적 주장들이 등장하여 세계적 이목을 집중시켰다. 현재 비북극권 지역에서 필요로 하는 북극의 자료나 현황의 대부분은 민간단체와 시민단체, 학계 및 전문가들의 손에 의해 만들어지고 있다. 물론 이것은 북극해 보전과 개발을 둘러싼 국가, 산업계 및 환경단체 사이의 갈등을 중재하는 중요한 기준이 되고 있다. 주요 역할을 하는 초국경 단체는 다음과 같이 소개될 수 있다.

첫째, '북극프론티어(Arctic Frontiers)'는 노르웨이 외교부 후원으로 2007년부터 개최되고 있는 북극관련 연례 국제회의체이다. 북극프론티어는 북극권 및 비북극권 국가의 정부, 학계, 업계, 언론계 등에서 참여하고 있으며, 매년 1월에 노르웨이의 트롬소(Tromso)에서 약 5~6일간에 걸쳐 진행된다. 북극프론티어는 현재 북극의 환경과 과학에 관한 가장 활발한 국제회의체로서, 학자와 정부당국자 및 사업가들 간의 국경을 넘은 정보가 다양하게 교류될 수 있는 장을 마련하고 있다.

특히 북극프론티어는 지속 가능한 북극 발전에 대한 관심증대 및 기여, 북극지역과 관련된 분야와 세대 및 민족간의 파트너십 구축, 대중에게 최신과학 정보 제공을 위한 포럼 및 북극관리를 위한 정치, 경제, 사회적 프레임에 관한 과학의 관심유도 등을 주요 활동목적으로 하고 있다. 따라서 가장 최근에 나타나는 북극해의 변화는 항로이용, 자원개발, 해양관할권 관련 경쟁과 갈등이 존재함과 동시에 북극프론 티어를 통한 북극해의 환경보호와 과학조사를 매개로 한 초국적 협력 이 동시에 진행되고 있는 것이다.

둘째, 북극과학단체들의 정기모임인 '북극과학최고회의(ASSW: Arctic Science Summit Week)'는 북극이사회가 추인한 북극과학위원회(IASC: Inter-national Arctic Science Council)가 주도하고 있는 협의체이다. 이 기구는 상당히 다양한 협력단체를 가지고 있어, 북극해의 자연과 환 경, 생물과 보전 등에 대한 다양한 학제적 논의가 가능하다.

주요 협력단체로서는 북극해양과학위원회(AOSB), 북극연구운영자 회의(FARO: Forum of Arctic Research Operators), 유럽극지위원회(EPB: European Polar Board), 태평양북극그룹(PAG: Pacific Arctic Group), 니알 슨과학운영자회의(NySMAC: Ny-Alesund Science Managers Committee), 북극연구과학자위원회(SCAR: Scientific Committee on Antarctic Research), 극지과학신진연구자학회(APECS: Association of Polar Early Career Scientists), 국제북극사회과학자학회(IASSA: International Arctic Social Sciences Association) 등이 있다. 즉 북극과학최고회의는 북극해 연구를 위한 국제기구 및 학술단체들이 참여하는 대규모 연구관련 회의체이다.

여기서는 북극과 북극해에 대한 과학연구 동향과 공동연구 등을 논 의하면서, 이 지역에 대한 학제적 관심과 협력을 제고시키고 있다. 이 중에서 북극과학위원회는 북극권 및 비북극권 국가들이 참여하는 대 표적인 조직으로 알려져 있다. 이 위원회는 1990년에 설립되었으며, 북극권 8개국 외에 일본, 프랑스, 영국, 독일, 중국 등 비북극권 국가 들이 추가로 가입하여 현재 18개국이 참여하고 있다. 참고로 우리나

라는 지난 2002년 북극다산기지의 개소와 함께 북극과학최고회의에
가입하여 활발한 활동을 전개하고 있다.

셋째, '북극대학네트워크(University of Arctic)'는 2001년에 설립된 협
력기관으로, 북극해 연안을 아우르는 '다국적 초국경 대학 및 연구기
관의 연합체(network of universities, colleges, research institutes)'로 정의
될 수 있다. 현재 북극권 14개국의 172개 대학 및 연구기관이 이 네트
워크에 가입해 있고, 활발한 협력활동을 전개하고 있다. 즉 북극대학
네트워크(UArctic)는 북극권 연구 및 교육역량을 강화하고, 정보와 인
재 및 인프라 협력을 통한 공동의 발전을 목적으로 하고 있다.

다만, 북극권 이외의 국가에 속한 기관은 북극 이사회의 승인을 받
아 이 네트워크에 준회원으로만 가입할 수 있다. 아시아 지역에서는
중국, 일본, 몽골 등 12개 대학 및 기관이 북극대학네트워크에 가입되
어 있고, 우리나라는 국책연구기관인 한국해양수산개발원(KMI)이 2014
년에 가입을 하였다.

북극대학네트워크에서는 현재 비즈니스, 정치 및 법률, 문화와 사
회과학, 공학 및 기술, 의료 및 교육, 인문 및 예술, 자연과학 등에 걸
친 27가지의 주제네트워크를 구성하고 있다. 이들 주제네트워크에서
는 학제 간 협력을 통해 교육과 연구를 촉진하고, 특히 지역원주민의
교육문제와 그들의 관점을 모든 개발활동에 포함시키는 중요한 장치
로서의 기능을 담당하고 있다.

이상과 같이 북극해 및 북극권 관련 민간단체의 활동과 학술·연구
조사는 활발하게 진행되고 있다. 그러나 글로벌 해양환경 거버넌스와
같은 북극해 환경보호 및 과학조사 국제협력에 관한 수많은 민간협의
체가 존재함에도 불구하고 실무적 기능의 중복 및 상충, 국가들 간의
협력지원 미흡, 실질적 이행수단의 부재 문제들은 여전히 상존하고

있다. 그래서 민간부문과 학계 네트워크에서는 현재 북극해 오염방지나 정주여건 개선, 지속 가능한 발전을 위한 통일된 국제기준 마련이 지연되고 있다.

오히려 북극해에서는 향후 국제사회 공동의 이용과 관리 · 개발 문제에 초점을 두고 있는 것이 최근의 현실이다. 민간단체의 조사와 학계의 연구가 북극해의 경제 · 기업활동에 필요한 중요한 생산기반이자, 사회적 기여통로로 활용되고 있는 것이다. 결국 이것은 북극해 거버넌스에서 민간단체나 학계네트워크의 활동이 국가나 정부의 보완적 역할에 머무르고 있기 때문으로 풀이된다.

5. 북극해 해양네트워크의 전망

1) 북극해 해양네트워크의 진단

앞으로 북극해를 둘러싼 해양네트워크 및 초국적 거버넌스는 크게 두 갈래의 갈림길을 걷게 될 것으로 보인다. 그 하나는 '분쟁과 갈등의 길'이요, 다른 하나는 '조정과 협력'의 길이다. 향후 어느 쪽으로 흘러가게 될지 정확하게 예측할 수 없으나, 현재의 북극해 거버넌스가 그리 완전하고 공고해 보이지는 않는다는 점에서 장밋빛 청사진만 제시할 수는 없다는 것이 이 책에서의 잠정적인 결론이다. 또한 그러한 진단과 전망을 할 수 있는 구체적인 이유는 다음과 같다.

첫째, 지금까지 북극해 해양네트워크의 협력을 확대시켜 온 거버넌스는 합리적, 계획적이라기보다 시의적 필요에 따른 국제제도와 기구들이 임의로 혼합되는 특성을 보이고 있다. 기존의 북극이사회에 대비하여 북극서클과 같이 독자적 성격의 기구가 생겨 거버넌스가 확산되고 있는 반면, 북방포럼이나 민간네트워크와 같이 국가단위의 연계가 없는 거버넌스 제도들도 속속 생겨났다.

이러한 가운데 북극해에 대한 총괄적인 협약이나 특별규정은 아직도 부재한 상태이며, 민감한 사안은 연안국의 일방적 입법이나 양자조약을 통해 규정되고 있다. 특히 북극이사회를 비롯한 여러 거버넌스 기구나 제도적 이니셔티브는 아직 모호한 성격도 가지고 있어, 북극해를 둘러싼 통치제도와 기구 사이의 균형에 혼란을 주고 있다. 북극이사회의 경우, 설립선언 상으로는 일종의 고위급 포럼(high level forum)으로서 이사회의 성격과 지위를 설정하였으나, 그 역할과 지위가 불분명하고 혁신적 변화의 필요성도 인정되고 있다.

둘째, 최근까지 북극해 해양네트워크의 국제협력을 이끌어 내려는 이니셔티브들은 대부분 법적 구속력이 없는 '연성법(soft law)'의 형식이다. 심지어 북극이사회의 협력도 기본적으로 회원국의 국내의 비준이나 이행이 필요하지 않는 각료선언(Ministerial Declaration) 형식을 통해 이루어지고 있다. 물론 연성법 형태는 변화가 빠른 북극해 문제와 관련해서 시의 적절한 대응을 할 수 있고, 보다 많은 행위자들의 참여를 이끌어 낼 수 있다는 장점이 있다.

그러나 법적 구속력 없는 단순 선언이나 협정의 경우 회원국들이 이행의 필요성을 느끼지 않을 수도 있다. 그래서 연성법에 근거한 북극해의 거버넌스는 향후 안정성과 지속성을 고려한 여러 제도적 보완수단을 필요로 한다. 환언하면 북극해 초국경 협력의 기초수단으로 연성법이나 비공식적 수단들은 효과적이지만, 장기적으로는 구속력이 높고 확실한 경성적 거버넌스 제도가 반드시 정착되어야 한다는 것이다.

셋째, 향후 포괄적인 북극해 거버넌스가 남극의 경우처럼 조기에 형성될 가능성은 다소 낮을 것으로 전망한다. 앞으로 법적 구속력이 보다 높은 조약이나 제도적 장치를 만드는 과정은 많은 협상과 조정의 시간을 요구하기 때문이다. 그러나 거버넌스의 제도화와 관련하여 새로운 방향과 문제점들을 검토하는 것이 중요하다는 공감대는 국가들 사이에 형성되어 있다.

그런데 점진적인 협력을 통한 제도적 공고화를 도모하는 접근방식이 자기 이익만 고집하는 개별 국가들의 국내 정책을 강화하는 방식으로 전개되지 않아야 한다는 전제가 더 중요하다. 최근 많은 전문가들은 북극해에서 최근 벌어지고 있는 상황과 비교할 만한 역사적인 전례가 없고, 북극해의 이용과 관리문제를 해결할 만한 국제사법기관이나 정치기구가 없으며, 모든 나라는 자국의 권익을 위해서만 움직이기 때문에 자칫 무력분쟁으로 발전할 수 있다는 점을 상기시킨다. 따라서 북극해 거버넌스의 참여자들은 이런 우려에 특히 유의해야 할 것으로 보인다.

넷째, 단기적으로는 북극해에서 해양네트워크와 거버넌스 지배구조 및 협력의제의 변화도 적지 않을 것으로 예상된다. 2015년부터 북극이사회의 의장국으로 미국이 선임되었고, 북극해에서 개발의 이슈가 약화되면서 북극이사회 중심의 지배구조도 약간씩 변화가 감지되고 있다. 지금 북극해에서는 해빙이 급속도로 진행되고 있으나, 최근 글로벌 경기침체와 유가하락 등으로 정작 항로이용과 자원개발 실적이 감소하는 역설적 상황에 놓여 있다. 이러한 가운데, 2017년까지 북극이사회의 의장국인 미국은 경제나 개발보다는 환경보호, 원주민 복지 등 전통적 의제를 한층 중요하게 다루고 있고, 당분간 이런 경향은 지속될 것으로 전망된다. 이는 기존에 생태와 환경문제에 치중하고 경제교류와 비즈니스 의제를 다루지 않았던 북극이사회 체제의 특성과 유사하다. 하지만 이런 현상이 북극해 이용과 관리의 실질적 협력은 별도의 양자간 협력이 추가로 필요했었다는 과거 경험을 무색하게 만들고 있음은 분명해 보인다.

다섯째, 국제사회에 여전히 배타적이고 민감한 북극해 해양네트워크의 현실을 감안하면, 그나마 우리나라가 북극해에서 활동영역을 넓히기 위해서는 북극이사회의 지속적 참여가 필수적이다. 무엇보다도 여러 워킹그룹 내에서의 지속적 활동과 기여도가 중요해 보인다. 즉 우리나라가 북극이사회 내에서 활동을 강화하고 이사회의 여러 작업반이나 프로젝트 참여로 실질적인 기여를 하는 것이 북극해 진출을 통한 국익확보의 선결요건이 될 것이다. 장기적으로는 북극이사회 회원국과의 양자협력을 강화해 나가는 한편, 새로운 거버넌스 기구인 북극서클과 북방포럼에 대해서도 적극적인 참여와 활동을 전개해야 할 것이다.

우리나라와 중국, 일본은 2013년에 함께 북극이사회의 상임 정식옵서버가 되었으며, 북극항로의 허브항 경쟁이나 자원개발에서 경쟁적 관계에 놓이게 되었다. 북극이사회의 옵서버 지위는 4년마다 갱신되며, 우리나라는 2017년까지의 활동을 평가받아 2019년 정도에 지위유지나 갱신 여부가 결정된다. 북극이사회 회원국들과의 관계나 성과로 보면, 아마도 긍정적인 결과를 받을 것으로 보인다. 이에 따라 북극이사회의 관심사항을 반영한 이슈와 의장국이 표방하는 현안들에 대한 능동적인 참여가 필요하다. 북극이사회에서는 북극해에 대한 관심이 일시적이거나 활동의 폭이 일정치 않은 옵서버 회원은 배제해야 한다는 보이지 않는 공감대가 있기 때문이다. 또한 우리나라의 경우에는 양쪽 모두에 가입하고 있는 북극이사회와 북극서클 양자기구 사이의 상대적 참가수위 조절 및 균형적 이해관계 조율도 매우 중요할 것으로 보인다.

2) 북극해 해양네트워크의 전망

지금까지 북극해를 둘러싼 초국경 거버넌스의 전개양상과 그 의미들에 대해 살펴보았다. 이 장에서는 최근까지 북극해를 둘러싸고 진행된 국제사회의 환경 및 상호관계를 분석하고 종합함으로써, 새로운 학술적 관점과 종합적 지식의 틀을 제공하고자 하였다. 결론적으로 여기에서 밝힌 북극해 해양네트워크와 거버넌스의 주요 특징은 그 임의성과 비공식성이 높은 편이며, 연성적인 이니셔티브로 인하여 구속력과 효과성이 낮아진 상태로 유지되고 있다는 점이다.

또한 초기 북극이사회를 중심의 해양네트워크와 초국경 거버넌스의 한계가 드러남에 따라, 북극서클이나 북방포럼과 같은 대안적인 월경 네트워크들도 등장하게 되었다. 무엇보다 북극해 거버넌스 구조에서 기존 북극권 국가들의 배타적이고 이기적인 움직임이 있어온 것은 누구도 부정할 수 없다. 북극해의 혹독한 자연환경을 극복하고, 개발과 관리상의 위험과 부담을 최대한 분산시키기 위해서, 이들이 외부와 공동의 노력도 충분히 병행하고 있음에 우리는 더욱 주목해야 한다.

지금의 북극해 거버넌스는 북극항로가 열리는 시대에 미리 대비해야 한다는 규범뿐만 아니라, 우리나라 미래의 운명을 좌우할 수 있는 생존전략을 동시에 강요하고 있다. 우리나라는 2008년 이명박 정부가 북극해 진출을 선언한 이후, 북극항로 상용화 사업을 핵심국정과제로 추진해 왔다.

우리나라는 2013년부터 북극이사회와 북극서클에 참석하여 북극권

국가와 기본적인 네트워크 및 협력기반을 구축하였다. 즉 우리나라는 북극해의 연안국은 아니지만 북극권 자원개발에 이미 관여하고 있으며, 향후에도 크게 참여를 늘릴 것으로 보인다. 또한 북극해 항로에 의한 유럽과의 항로단축에 의해 국제물류를 포함하여 여러 영향을 받을 가능성이 높은 이유에서 이런 현안들과 밀접한 관계를 가지고 있다.

최근 북극해에서는 국익과 직결되고 손에 잡히는 사업들이 나와 있는 만큼, 지금 우리나라는 쇄빙선과 특수선 건조 · 기자재 제작 · 북극해 경유선박의 국내항만 유치 등 자체 경쟁력을 가지고 있는 분야의 역량을 높이는데 중점을 두고 있다. 북극해 진출에 대한 이러한 일련의 정책과 조치들은 규범적으로 옳으며, 시기적으로도 매우 적절한 것으로 평가된다.

단지 앞으로 생길 문제들의 대부분은 여전히 북극해가 우리나라와 지리적으로 떨어진 공간에 위치하여 정책적 수단이 많지 않다는데서 기인할 것이다. 북극해에 대한 가장 기초적인 정보제한과 접근장애를 해결하기 위해 북극이사회 정식옵서버가 된 지금에서는 과거보다 많은 점들이 달라졌다. 이 장에서 자세하게 고찰한 북극해의 해양네트워크와 거버넌스 변화도 비교적 가장 최근에 파악된 현상들이다. 그래서 여기에 대한 대책들은 이제 우리 스스로 하나씩 만들어 나가야 하는 시작단계로 생각된다.

다만 현재 우리나라의 북극해 활용은 항로와 선박에 국한되어 있어, 사업의 다양성이 부족하고 이에 따라 정책적 효과가 반감될 우려가 남아 있으므로, 이를 빠른 시일 안에 해결해야 한다. 예를 들어, 북극해 항로나 해운뿐만 아니라 외교, 자원개발, 환경, 지역문화 등 다양한 측면에서의 국제적 거버넌스 협력이 필요하다. 이런 사실은 다른 나라의 경우에서 북극해 정책이 해운, 수산, 조선, 해양환경 등을 포함한 통합적인 방향으로 추진되고 있는 사례를 보면 잘 알 수 있다.

결론적으로 우리나라는 북극해를 둘러싼 초국경 거버넌스 기구와 최근의 동향을 바탕으로, 이해관계자들 사이에서 양자·지역·다자적 초국경 협력을 강화해 나가야 한다는 점은 명백해 보인다. 그런 점에서 우리가 북극이사회 및 북극서클, 북방포럼 등과 실질적인 협력관계로 발전하기 위해서는 회원별 특성을 고려한 전략적인 협력방안과 맞춤형 접근법이 마련될 필요가 있다.

그런 의미에서 우리나라는 북극이사회에서 가장 영향력 높은 나라들인 노르웨이, 러시아와 북극권 양자협의를 각각 정례화 하였다. 반면에 아이슬란드가 주관하는 북극서클에서는 2016년부터 한국소개행사와 '북극협력주간(Arctic Partnership Week)' 개최를 추진하는 등의 다각적 협력을 진행한 점이 긍정적이다. 다만 여러 방면으로 협력기반을 구축하려는 노력에 비하여 아직 가시적인 성과는 초기단계에 머무르고 있다는 지적을 할 수 있다.

초국가적 해양네트워크의 관점에서 이러한 문제제기를 하는 학자들이 국내에 부족한 것도 우리의 현실이다. 따라서 장기적인 안목으로 북극해 권역의 해양네트워크 및 초국경 거버넌스가 우리에게 요구하는 책무를 성실히 수행하면서 본격적인 북극시대 도래에 대비한 준비를 철저히 해야 할 것이다. 그 선도적인 역할은 인문과 사회과학에서 정부의 정책, 글로벌 지역, 국제관계 등을 연구하는 학자들의 몫이 되어야 할 것임은 규범적으로도 확실하다.

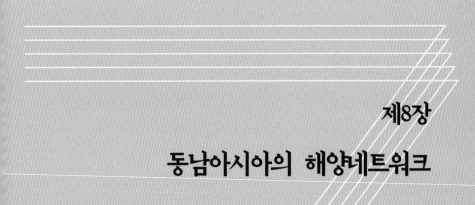

제8장

동남아시아의 해양네트워크

제 8 장 동남아시아의 해양네트워크

1. 지리적 개관과 배경

1) 지역의 지리적 개관

지리적으로 남지나해와 말라카 해협에 사이에 인접해 있는 싱가포르·말레이시아·인도네시아는 근래 동남아시아에서도 국경을 넘어선 초광역 경제권역이 형성된 대표적인 곳이다. 이것은 도시국가로 알려진 싱가포르(Singapore)와 인접해 있는 말레이시아의 남부 지역인 조호르(Johor)주, 인도네시아의 리아우(Riau)주가 주요 거점이 된다. 즉 싱가포르를 중심으로 보면 북쪽에는 조호르 해협이 있고 남쪽에는 싱가포르 해협이 있는데, 중간에 해항도시이자 도서국가인 싱가포르가 끼어있는 형국이다.

동남아시아 지역의 성장삼각지대는 싱가포르를 중심으로 말레이시아의 남부 조호르 주와 인도네시아의 리아우 제도(바탐섬, 빈탐섬 등)를 연결하는 초국경 경제협력지대를 일컫는 말로, 이들 지역에는 1990년대 이후 국경을 넘어선 광역경제권과 월경네트워크가 형성되어 있다. 즉 학술적으로는 싱가포르(SI), 조호르(JO), 리아우(RI) 각 접경지역의 이니셜을 조합하여 일명 '시조리(SIJORI) 성장삼각지대'라고 한다.

또한 이 성장삼각지대는 현재 국제적으로 여러 정부의 공식문건과 각
종 공공개발계획에서는 이 해양네트워크 분포 지역에 대해 'IMS-GT
(Indonesia-Malaysia-Singapore Growth Triangle)'라는 공식명칭이 부여되
어 있다.

〈그림 65〉 동남아시아 해역과 말라카 해협

하지만 공식적으로 성장삼각지대(IMS-GT)의 총 인구는 약 900만 이
상, 면적은 약 6,594km²에 달하는 거대한 초국경 월경경제권이다. 그
리고 이 지역은 동남아시아에서 세계 주요 항로 중의 하나인 말라카
해협과 직접 맞닿아 있기 때문에, 역사적으로도 매우 다양한 인종 및
종교, 문화적 분포를 보여준다.

특히 성장삼각지역의 한 축인 인도네시아는 동남아시아 해역에 널

리 퍼져 있는 크고 작은 섬들로 이루어진 세계 최대의 도서국가로서, 말레이 제도(諸島)에서 필리핀을 제외한 대부분의 권역을 차지한다. 즉 싱가포르-조호르-리아우 성장삼각지대는 환태평양 지역과 동·서 교통의 요지에 위치하고 있기 때문에, 과거에 역사적으로나 오늘날 각 방면에서 문화적·민족적인 교류와 이동이 가장 두드러지게 나타나고 있는 지역이기도 하다.

2) 해양국가 싱가포르

먼저 동아시아 대표적인 해양국가인 싱가포르는 세계적인 항만 및 무역도시이자 소비도시, 관광도시, 식민도시, 혼합도시, 금융도시 등의 다양한 별칭으로 일컬어진다. 오늘날 싱가포르는 곧 아시아 해항국가의 상징으로 여겨지고 있으며, 이와 같은 번영의 비결은 곧 경제와 문화적 다양성에서 비롯된다.

싱가포르는 제주도 면적의 1/3 크기밖에 되지 않지만 1인당 국민소득이 우리나라의 2배가 넘는 자본이 충족된 경제강소국(經濟强小國)이다. 싱가포르의 다민족은 중국계가 약 74%, 말레이계가 약 13%, 인도계가 약 10%, 기타 약 3% 정도로 구성이 되어 있다. 물론 다민족 국가이므로 내부적 갈등도 없지는 않을 것이지만, 종교적으로 기독교, 불교, 이슬람교, 힌두교를 녹여내고, 각 인종과 문화를 포용하는 국제적 관용이 있는 곳이기도 하다.

싱가포르는 일찍부터 좁은 국토에 부존자원이 거의 전무한 여건을 극복하기 위해 정부 주도로 대외 개방형 경제를 추구함으로써 세계적인 비즈니스 중심지로 발전하였다. 먼저 싱가포르는 1960년대 초부터 노동집약 수출산업 육성하여 섬유산업, 신발산업 등으로 빈곤과 실업률 해소에 주력하였으며 1960년대 후반부터는 외국인 투자 촉진 정책을 펼쳐 다국적 기업을 유치하기 시작하였다. 1970년대와 1980년대 시기에는 자본집약산업인 금융분야 투자유치와 반도체, 전자, 기계산업으로 경제적 발전의 새 방향을 찾아가게 된다. 즉 1970년대까지 싱가포르는 주로 역외자본과 외자를 이용한 수출주도형 공업화를 추진하여 높은 경제성장을 이룩하였으나, 1980년대 들어 그 제조업 중심의 경쟁력이 점차 약화됨에 따라 전자, 기계, 제약 등에 걸친 고부가가치 산업으로의 구조조정을 전격적으로 빠르게 추진하였다.

비교적 소규모 도시이자 그 경계자체가 국가이기도 한 싱가포르는 상당기간 우리나라 부산과 비슷한 경제성장의 패턴을 보였으나, 1990년대 이후부터는 지식기반, 고부가가치 메디컬, 교육, R&D 등에 싱가포르가 주력함으로써 그 성장의 양상이 부산과는 엇갈리게 되었다. 그리고 2000년대 이후에 싱가포르는 글로벌 비즈니스의 중심지 및 신규 경제 클러스터 구축 정책으로 경제선진국의 반열에 오르게 되었다.

싱가포르는 중개무역항이라는 입지조건을 활용하기 위해 무역자유화에 나서는 한편, 지속적인 투자환경 개선과 인센티브 제공을 통해 외국자본을 적극 유치한 것이다. 또한 제조업과 금융, 물류, 통신 등 제반 서비스가 통합된 국제적 비즈니스 도시가 될 수 있도록, 제조업과 서비스업의 공동발전전략(two track)을 추진하였다. 이러한 이유들로 인해 싱가포르는 20세기 이후 세계에서 가장 빨리 성장한 해항도시이자, 독립국가가 되었다.

최근 아시아 외환위기와 글로벌 금융위기 이후, 싱가포르는 장기적인 성장을 위해 지식기반 위주의 경제구조를 추구하며 정부가 적극적으로 미래산업 개척전략을 마련하고 있다. 특히 연구개발(R&D), 교육, 의료분야에서의 세계적 허브(Hub)화 전략을 중점적으로 추진하고 있으며 복합리조트 건설을 통한 관광산업 육성에도 노력하고 있다.

최근 세계은행(WB)과 세계경제포럼(WEF) 등에서 나온 의견들에 따르면, 완전개방체제인 싱가포르는 기업들이 비즈니스하기 좋은 국가, 국가경쟁력, 경제자유도 등에서 최근 몇 년 동안 최상위권을 유지하고 있다. 싱가포르는 세계 최대의 컨테이너항만으로 연안 3,000만 TEU 이상의 컨테이너를 처리한다. 이는 우리나라 최대 항만인 부산항의 약 3배에 달하는 규모이다.

게다가 싱가포르는 세계 물류 환적량의 약 1/4 이상을 담당하고 있으며, 무역액이 국내총생산(GDP)의 3.6배로 약 40% 이상이 중개무역이다. 이에 수입품목은 수출품목과 거의 일치하며, 주류 등 일부 품목을 제외하고는 파격적으로 수출·입 품목 전부가 무관세(customs free)이다. 이 외에도 싱가포르는 연간 1,000만 이상의 관광객이 방문하는 세계적 관광지이고, 뉴욕, 런던에 이은 세계 3대 원유거래시장이며, 근래 외환거래 및 자산운용분야에서도 두각을 나타내면서 국제적 금융중심지로도 인정받고 있다.

최근 20년 동안 싱가포르는 말레이반도 남단의 도시국가라는 이점을 최대한 활용하여 산업구조를 적절하게 변화시켰으며, 초국경 투자기업의 집적거점으로서 경제성장 방향을 수정하였다. 특히 인접한 말레이시아와 조호르 해협을 건너 초국경 육상교통망을 연결하고 활발한 투자와 왕래를 하고 있다. 그리고 현재 싱가포르는 성장삼각지대를 넘어 중국·인도차이나반도 등지에까지 다양한 해외개발사업을 추진 중에 있다. 앞으로도 싱가포르에는 각종 첨단·지식산업의 집적이 진행되고, 인구도 지속적으로 증가할 것으로 예측되기 때문이다.

결론적으로 싱가포르는 지금도 여전히 성장삼각지대에서 가장 주도적이고 중추적 역할을 하면서도, 동시에 여기에 불가피하게 의존하

고 있기도 하다. 물론 그러한 것은 도시 자체가 국가라는 물리적 협소
함 때문에 국가 내에서 미래 경제성장과 발전의 완결성을 기대하기
어려운 실정에 있는 이유 때문이다.

<그림 66> 싱가포르의 해역과 위치

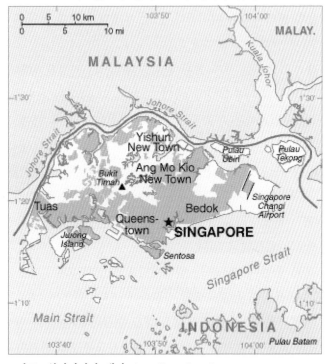

* 자료: 위키피디아 백과. http://ko.wikipedia.org

3) 말레이시아 조호르

조호르는 싱가포르 북쪽에 근접한 말레이시아의 최남단 지역이다.
조호르(Johor)는 말레이 현지어로 '보석'이라는 뜻으로, 예로부터 자연

환경과 자원적 측면에서 아주 풍요로운 곳이었다. 말레이시아에서 차지하는 조호르 전체 지역의 면적은 약 18,987km²이고, 연안지역의 거주인구는 대략 300만여 명이다. 말라카 해협과 남지나해를 따라 400km 가량 뻗은 해안선이 싱가포르 공화국의 북쪽 국경과 이웃하며, 연안 앞 바다에는 작은 섬들이 있다.

이 지역의 초국경 개발의 핵심거점은 주도(州都)인 조호르바루(Johor Baru City)를 비롯하여, 탄중 펠레파스 항만(Tanjung Pelepas Port), 누사야야(Nusajaya) 신도시, 세나이(Senai) 국제공항, 조호르 항만(Johor Port) 등 5개 지역을 포함하는 조호르 남부의 이스칸다르(Iskandar) 지역이다. 이스칸다르 접경지역의 면적은 약 2,217km² 일대이며, 여기에만 국한을 해도 인접한 싱가포르 국토의 약 3배 면적에 달한다.

특히 조호르바루(Johor Bahru)는 말레이반도 최남단에 위치한 말레이시아 조호르의 주도(州都)이자, 유라시아 대륙의 최남단의 도시이기도 하다. 현재 조호르바루는 싱가포르와 지리적으로 인접해있을 뿐더러, 물가가 싱가포르에 비해 저렴한 편이라 싱가포르 사람들이 주말을 이용하여 이곳에 많이 방문한다.

이러한 이유로 조호르 해협을 사이에 두고서 싱가포르와 조호르-싱가포르 코즈웨이(causeway)로 연결되어 있지만, 교통체증이 심했기 때문에 조호르바루 서쪽 탄중쿠팡(Tanjung Kupang)에서도 싱가포르 서부를 연결하는 다리인 말레이시아와 싱가포르 보조적 교량이 1998년에 완성되었다. 그래서 싱가포르와 직접 맞닿아 있는 조호르바루 지역은 말레이시아 영토이지만, 말레이시아의 언어보다 싱가포르 영어가 더 많이 통용되는 곳이기도 하다.

조호르 주 남쪽 지역의 연안항만은 수심이 얕기 때문에 큰 화물선박이 다니기에는 제한이 있다. 그래서 대외무역은 대부분 싱가포르

쪽의 대규모 항만시설에 의존을 해야만 한다. 이런 이유로 조호르는 행정적으로는 말레이시아에 속하지만 지금 현재 실질적으로는 싱가포르의 배후지 역할을 하고 있으며, 오히려 북쪽 자국의 파항주 지역과 경제적으로 거리를 더 멀게 느끼고 있다. 말레이시아의 조호르 주는 1990년대 초반까지만 해도 투자자가 없어 대다수 토지들이 불모지였거나 허허벌판이었지만, 1990년 후반부터는 곳곳에 초국경 산업단지가 조성되면서 글로벌 공업지역으로 빠르게 변모하고 있다.

〈그림 67〉 말레이시아 조호르의 개발과 네트워크 거점

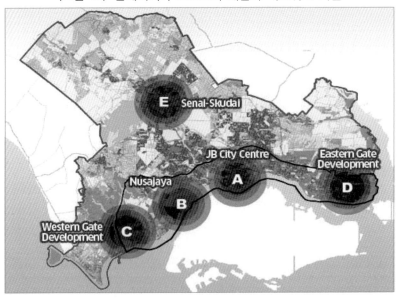

* 자료: 대한민국 외교부(2018). http://www.mofa.go.kr

이런 이유로 지금 조호르 지역에 지정된 이스칸다르(Iskandar) 경제특구에서는 서비스 및 지식기반산업을 중심으로 초국적 개발이 이루어지고 있다. 조호르 주정부는 항만, 도로, 공항, 전기 등 하드웨어적

인 산업단지를 공급하고 행정서비스 및 투자관련 제도 등의 소프트웨어를 재정비하고 있다. 여기에는 물론 말레이시아 산업진흥청(MIDA: Malaysian Investment Development Authority)에 의한 싱가포르의 기술력과 금융인프라를 적극적으로 유치하기 위한 국가적 노력도 있었다.

지금은 인접 싱가포르 공항을 통한 외국인 관광객의 흡수와 유치노력도 활발하다. 최근에 이스칸다르에 대한 중점적인 개발투자 부문은 사이버 시티 조성 등 ICT 첨단산업, 농업 및 할랄푸드(Halal Food) 중심의 식료가공산업, 공항 및 항만을 활용한 물류 관련 서비스, 수변 리조트, 테마 파크조성 등의 관광산업, 메디컬 파크와 메디컬 시티 조성, 국제학교, 연구센터 등의 교육산업, 이슬람 금융을 중심으로 하는 금융서비스, 지식창조 및 엔터테인먼트 산업 등으로 알려져 있다.

또한 현재 조호르에는 싱가포르뿐 아니라 일본과 유럽, 미국, 우리나라 등 전 세계 기업들이 진출해 있다. 즉 싱가포르를 포함한 다국적 기업들의 지속적 투자로 인해 1990년대 황무지에 가까웠던 조호르 주는 2010년 이후 곳곳에 산업공단이 조성되며 글로벌산업 지역으로 변모하였다. 말레이반도 남부 조호르 지역의 산업화는 거의 전부가 싱가포르 기업의 월경과 초국적 산업의 집적과 공장 입지의 결과물인 것이다.

마찬가지로 싱가포르에서 나온 투자자본도 주로 싱가포르에 소재를 둔 글로벌 기업과 다국적 회사의 투자를 포함하므로, 실제 미국, 일본 등 주요 선진국의 투자는 훨씬 많은 것으로 추정된다. 지금도 조호르 지역에서는 기반시설, 도로 및 지하철 건설, 인도네시아 리아우 도서지역들과의 고속보트셔틀(speed boat shuttle) 운항 등 다양한 인프라 구축을 통해 초국경 지역의 이동과 연계성을 강화하려는 노력이 계속 진행되고 있다.

4) 인도네시아 리아우의 도서들

바탐섬과 빈탄섬 등 인도네시아의 여러 섬들로 구성된 리아우(Riau) 주 역시 싱가포르와 월경경제권으로 통합돼 가파른 성장세를 보이고 있다. 현재 이곳은 1990년대 초반부터 성장삼각지대의 선포 이후, 인 도네시아와 싱가포르의 공동개발로 성장하기 시작해서 지난 2007년 에는 양국이 함께 리아우 특별경제구역으로 지정, 현재까지 초국적 개발이 진행되고 있다. 리아우 제도는 인도네시아에서 가장 많은 섬 으로 이루어진 주(state) 정부이지만, 성장삼각지대에 우선적으로 포함 된 곳은 바탐섬과 빈탄섬 두 지역이다.

먼저 바탐섬은 인도네시아 리아우 제도(Kepulauan Riau)에 속해 있 는 섬이다. 행정구역 상으로는 리아우 제도 주에 속하며 지리적으로 는 싱가포르 바로 남쪽에 위치하고 있다. 바탐섬은 리아우제도 가운 데 싱가포르와 가장 가까운 20km 거리에 위치해 있다. 바탐섬이 포함 된 리아우 제도에서는 인도네시아에서 천연자원이 가장 풍부한 지역 이며, 현재 다량의 석유와 천연가스, 천연고무와 라텍스, 팜유 등이 생산되고 있다.

인도네시아가 지난 1970년대 수출산업기지로 개발하기 시작한 바 탐섬은 1980년대 말에 개발가속화를 위해 외자유치와 선진기술이 절 실했다. 인도네시아의 바탐섬은 1978년 이미 자유무역지역(free trade zone)으로 지정되었지만, 1989년 인도네시아 정부가 100% 수출을 조 건으로 100% 외국인투자기업을 허용하고, 외국인 투자자가 공업용지 를 매입할 수 있도록 허용한 후에야 외국인투자자들로부터 관심을 끌 게 되었다.

〈그림 68〉 인도네시아 리아우 해역과 도서들

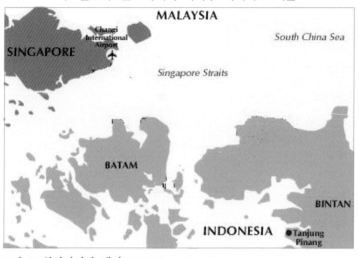

* 자료: 위키피디아 백과. http://ko.wikipedia.org

바탐섬의 대표적인 산업은 조선산업인데, 그 이유는 세계에서 가장 많은 선박이 오가는 말라카 해협과 싱가포르 바로 옆에 위치하고 있기 때문이다. 그리고 이 외에도 바탐섬의 대표적 경제특구인 바탐인 도산업단지(Batamindo Industrial Park)에는 필립스, AT&T, 시바비전, 엡손, 파나소닉(마쓰시타), 산요, 슈나이더 등 전 세계의 다국적 기업의 생산공장들이 입지하여, 첨단기술부문과 전자산업 및 통신산업을 주도하고 있다. 물론 여기에서 생산된 완제품은 거의 전량이 싱가포르 항만을 통해 세계 각지로 수출되고 있다.

국제적 차원에서 신흥성장지역으로 각광받고 있는 바탐섬의 잠재력은 무엇보다도 지리적, 자연환경인 장점과 함께 인도네시아 중앙정부의 막대한 행·재정적, 정책적 지원을 받고 있다는 점이다. 구체적으로 바탐섬 인근 접경지역에서 제조업을 하는 기업들은 수출·입 관

세와 부가가치세가 면제되는 매력적인 투자환경을 제공받고 있다. 바
탐섬 현지 진출하는 다국적 기업은 2000년 이후 해마다 폭발적으로
증가하여 최근 1000개가 넘은 숫자를 기록하였다. 바탐섬의 주요 투
자국들은 싱가포르, 미국, 일본에서부터 중국과 유럽국가들로 점차
다양화되고 있다.

특히 바탐섬이 실질적으로 싱가포르를 위한 제조업과 인력기지로
급부상한 것은 2004년부터 발효된 싱가포르와 미국 간 자유무역협정
(FTA)이며, 섬 전체가 우리나라의 경제자유구역과 비슷한 특별경제구
역(special economic zone)으로 지정되어 있다. 리아우 제도의 산업단
지개발은 이러한 바탐섬의 산업단지와 자유경제지역을 시범모델로
하여 인근 다른 섬들에 대해서도 광범위하게 확대, 추진되고 있다.

바탐섬 옆의 빈탄섬은 상대적으로 면적이 더 큰 지역으로, 이 섬도
역시 1990년대부터 싱가포르의 외자가 활발하게 유치되어 지금은 대
규모 해양관광 리조트 단지로 변모했다. 약 20년 전만 해도 소규모 어
촌과 밀림 숲 밖에 없던 빈탄섬은 지금 우리나라에서도 휴양지로 매
우 유명한 섬이 되었다.

마양사리 리조트(Mayang Sari Beach Resort), 니르와나 리조트(Nirwana
Resort), 라군 리조트(Bintan Lagoon Resort) 등의 대형 해양관광리조트
만 약 7곳이 빈탄섬에 들어서 있다. 해양관광 리조트 밀집지역은 지
리적으로 인도네시아에 속하지만, 왕래하는 사람들은 대부분 싱가포
르 시민과 전 세계의 다국적 관광객들이다. 즉 빈탄섬은 제조업의 바
탐섬과 달리 해양관광산업을 축으로 하여 성장삼각지대의 일부를 구
성하고 있다.

싱가포르 여객항에서 페리선(ferry)을 타면 각각 30분과 40분 정도
밖에 소요되지 않은 곳이 바탐섬과 빈탄섬이기 때문에, 이들 각각의

산업과 관광을 주제로 하여 차별화 된 개발이 이루어지고 있는 것이다. 따라서 현재 바탐섬과 빈탄섬을 거점으로 한 리아우 제도는 싱가포르와의 항공·해상교통과 물류·통신 네트워크가 잘 구축되고 관광·레저·부동산·서비스업이 활발해 인도네시아에서도 가장 살기 좋은 곳으로 각광받고 있다.

2. 동남아시아 해양네트워크의 형성

1) 동남아시아의 해양네트워크 배경

21세기에 접어든 지금, 세계 각 지역에서는 접경지역 간의 경제개발협력이 활발히 이루어지고 있다. 유럽연합 등 선진국을 위시한 세계 각 지역은 스스로의 경쟁력 향상 및 영향력 확대를 위하여 초국경협력과 월경개발에 대한 논의를 활발히 진행하고 있다. 특히 이러한 개발과 협력은 아직까지 지역발전이 제대로 이루어지지 않은 중남미와 아프리카를 중심으로 하고 있으며, 여러 개의 소규모 발전도상국가 및 연안, 도서지역들이 산재한 동남아시아의 경우도 예외가 아니다.

특히 동남아시아 지역은 근대 국민국가의 경계가 형성된 이후, 약 50년 이전부터 월경적 지역연합과 국제적 결속의 필요성이 제기되어 왔다. 예를 들어 동남아시아 권역에서 만들어진 초국경 국가연합체인 동남아시아국가연합(ASEAN: Association of Southeast Asian Nations), 즉 아세안은 1967년에 설립된 동남아시아의 정치, 경제, 문화적 월경공동체이다.

국제정치의 역사적인 배경을 보면, 1980년대 후반 미국과 소련 사이의 냉전체제가 종식되면서 동남아시아 여러 나라들은 지역 내에서 정치적 독자성을 추구하기 시작했는데, 그 결과 1990년대 들어서서 지역 내 교역과 안보에 관한 주도권을 행사할 수 있게 되었다. 그리고 당시 아세안 회원국들의 상황은 대부분 국내정치 중시형으로서, 자국의 경제적 자립과 산업시스템의 복원에 몰두했던 상황이었다.

게다가 세계적인 경기변동과 선진국의 보호무역주의 강화, 경제개발의 후진성 등으로 당시 동남아시아 지역은 대부분 경제적 궁핍에 처해 있어 상호협력의 필요성을 절감하고 있는 형편이라는 점도 중요한 상황적 이유 중의 하나였다. 이에 1990년대 시기의 동남아시아는 강대국의 지역적 헤게모니 쟁탈전을 견제하여 중립을 보장받고, 자국 내 경제적 고충을 해결하며, 나아가 전체 동아시아 지역과의 폭넓은 협력을 통하여 발전을 도모한다는 새로운 거시적 목표를 설정하였다.

동남아시아국가연합(ASEAN)의 회원국은 미얀마, 라오스, 태국, 캄보디아, 베트남, 필리핀, 말레이시아, 브루나이, 싱가포르, 인도네시아 등이며, 준회원국으로 파푸아뉴기니, 동티모르가 있다. 물론 역사와 문화적으로 동남아시아의 범위설정에 있어, 학계에서는 이러한 국민국가 이후의 국제정치와 외교적 경계가 중심이 되는 공동화 현상에 대해 반대하는 경향도 있다.

그럼에도 불구하고 실제적으로 지금의 아세안은 10개의 회원국과 2개의 준회원국을 가진 인구 6억 명 이상의 거대한 초국경 국가연합체로서, 2015년 정도까지 유럽연합(EU)과 맞먹는 정치·경제적 통합체를 지향하고 있다. 초기에는 다소 느슨한 초국적 결합체로 존재했으나, 베트남 전쟁과 냉전체제의 종식 이후 동남아시아 지역에서 국제적 헤게모니와 힘의 균형이 변화하였고, 1970년대 중반부터 회원국들이 괄목할 만한 경제성장을 이루면서부터 그 결속력이 더욱 강화되었다.

여기서 가장 중요한 점은 이러한 국민국가적 결속력이 바탕이 되어, 다시 또 다른 지역적 월경결속의 진행을 가능케 하는 동인(motivation) 이 되고 있다는 것이다.

〈그림 69〉 동남아시아 해양네트워크의 지리적 위치

* 자료: 위키피디아 백과. https://commons.wikimedia.org

현대 동남아시아의 다소 복잡한 시대적 배경과 상황 하에서, 최근 싱가포르를 중심으로 하여 말레이시아의 조호르(Johor)주와 인도네시아 리아우(Liau) 제도에 걸쳐 구축된 성장삼각지대(Growth Triangle)의 출현을 우리는 동남아시아의 새로운 해양네트워크와 월경지역 모델로서 주목할 필요가 있다.

이것은 동남아시아 연안의 접경지역에서 자연스럽게 나타난 소규모 협력 이니셔티브로서, 국가 최고지도자들의 정치적 제안과 수용을 통해 다소 소박하게 출발을 하였다. 그리고 싱가포르와 조호르, 리아우 사이에 형성된 성장삼각지대(Singapore-Johor-Riau Growth Triangle)가 가진 초기 목적은 각기 서로 다른 접경지역에 산재되어 있는 인구, 자원, 기술, 자본 등의 상호보완성을 이용·결합해 보기 위해 형성이 되었다.

그리고 그로부터 약 20년이 지난 지금 현재, 이 접경지역은 글로벌 경쟁력 강화와 수출확대 등의 시너지 효과를 획기적으로 높이고 있다. 즉 지금 인접지역 해항도시와 지방정부들이 주체가 되어 민간의 시장메커니즘을 토대로 한 초국경적 경제협력지대를 운영하고 있는데, 많은 전문가들로부터 최소한 동남아시아에서는 가장 성공적인 협력모델로 평가되고 있다. 이들 해항도시와 연안지역은 경제와 산업중심의 지역특성을 살려 다방면에서 국경을 넘은 교류와 협력을 하면서도, 접경지역의 경쟁력을 키워 각각 그 나라의 수도권과 선의의 경쟁을 펼치는 동시에 지역경제도 획기적으로 발전시켜 오고 있다.

따라서 이 장에서는 동남아시아 지역에서의 초국경 성장삼각지대의 형성사례에 대해 살펴봄으로써, 그 배경과 과정, 특성, 운영논리를 이해하는 동시에, 동아시아에서 함께 살아가는 우리나라의 미래에 어떠한 시사점을 주는가를 동시에 생각해 보자.

2) 동남아시아의 해양네트워크 형성

동남아시아에서 싱가포르-조호르-리아우 사이의 접견된 성장삼각
지대는 해안선을 따라 띠 모양의 지리적 형태를 갖춘 회랑(corridor)
지역으로서, 다양한 연안과 해항도시, 섬들이 상호 연계되어 동질적
이고 발전적인 특성이 가미된 광역적 월경삼각벨트이다. 여기에서는
싱가포르↔말레이시아→인도네시아 사이의 사람과 물자에 걸친 월경
이동이 매일 활발하게 이루어지고 있다. 왜냐하면, 싱가포르가 서비
스·정보·금융 등의 중추적 경제기능을 분담하고, 상대적으로 저숙
련, 저임금 생산활동을 말레이시아나 인도네시아 연안 및 섬으로 배
치함으로써 새로운 거대도시권역을 형성시키고 있는 상황에 있기 때
문이다.

특히 초국경 권역이나 접경지대에서 나타나는 회랑(corridor)은 교
통로, 지형적 특징 등을 따라 띠(band) 모양으로 발전을 유도하거나
발전된 지대로서, 발전의 방향을 축으로 설정하는 그러한 형태적 측
면의 의미가 강하다. 이는 성장삼각지대의 권역에서 산업발전과 고도
화의 계층성에 따라 기능적 권역이 차별적으로 형성되며, 이런 계층
성 내에서의 상호작용에 의해 조직된 구조로서 회랑이 형성된다. 회
랑의 형성에는 교통적 이용조건과 비용(transportation cost), 물리적 접
근성(accessibility)이 중요한 요인으로 작용하며, 회랑을 따라 인구와
물자의 전반적인 접근성 수준이 높아지기 때문에 광범위한 초국경 시
장이 형성된다는 특징이 있다.

이에 따라 현재 성장삼각지대가 네트워크형으로 나아가는 단계로
나타나고 있는 싱가포르와 조호르바루 지역과의 도시회랑(corridor
city)은 전형적인 초광역 벨트체계 안에서 해협 사이에 구축된 교통로

를 따라 형성되고 있다. 이 도시회랑 사이에서는 인구, 상품, 재화의.
상호작용이 활발하여 상호연계성이 높은 지역들이 분포하는데, 성장
삼각지대 해협에서는 주로 월경 교통로를 축으로 사람과 물자의 이동
경로가 발달하고 있다. 여기에 대한 보다 구체적인 설명은 다음과 같다.
  우선 싱가포르에서 말레이시아 조호르 국경을 넘어가는 길은 두 가
지가 있는데, 모두 양쪽 지역사이에 놓여진 다리(bridge)를 통제하고
있다. 하나는 싱가포르 서쪽의 투아스 검문소(Tuas Checkpoint)이고, 다
른 하나는 싱가포르 북쪽의 우드랜즈 검문소(Woodlands Checkpoint)이
다. 이들 육상통행로는 현재 매일 아침 말레이시아에서 싱가포르로
출·퇴근하는 인구로 번잡한 편인데, 말레이시아 정부의 주장에 의하

〈그림 70〉 동남아시아 해양네트워크의 월경이동과 회랑

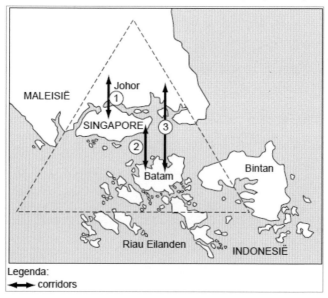

* 자료: Pries & Sezgin(2013), Cross Border Migrant Organizations in Comparative
Perspective(Migration, Diasporas and Citizenship)

면, 2010년 이후부터 최근까지 월경이동을 하는 사람들은 하루 약 60만여 명 이상으로 추산되고 있다.

이들은 대부분 거주와 소비생활은 말레이시아에서 하고, 생산활동의 현장이나 직장은 싱가포르에 있는 사람들이다. 조호르 지역에 거주하는 말레이시아 노동자들은 매일 싱가포르로 통근을 하고 싱가포르에서는 시영버스(공공버스)가 말레이시아에서 싱가포르 도심부의 터미널까지 운행하고 있다. 시민들의 발이 되는 대중교통망의 확충 이후 싱가포르와 조호르 간 통근량이 급격히 증가한 것은 어찌 보면 당연한 현상이다.

현재 이 지역에 접경한 성장삼각지대에서 싱가포르는 새롭게 출현하는 국제적인 대도시권으로 발돋움하였고, 내부적으로도 다핵도시(multiple nuclei city)형 구조를 띠게 되었다. 이것은 조호르 지역과의 상호보완성과 육상교통망 구축을 통한 접근성 제고를 달성한 덕분이며, 1990년 이후 동남아시아 지역에서 싱가포르가 좁은 공간을 극복하고 중심적 거점대도시로의 성장을 지속적으로 뒷받침하도록 만들어 주었다.

3) 해양네트워크 지역의 월경 상황

조호르 지역으로부터 싱가포르를 오가는 통근자 유입은 해마다 증가하였으나, 근래에 들어 싱가포르의 다수 기업들이 조호르 지역으로 입지를 직접 이동하면서 일시적으로 감소하기도 하였다. 그러나 최근 조호르 주정부는 월경시민들에게 종래의 여권 대신 스마트 신분증(I·D카드)을 사용하게 하고, 세관에서도 특별출입구를 설치함에 따라 버스나 오토바이를 이용하여 싱가포르에 간편하게 입국하고 있다.

특히 싱가포르 취업비자가 있는 조호르 지역주민은 출·입국 검사의 절차가 전혀 없고, 출·퇴근용 신분카드 하나를 이용하여 원스톱으로 간단하게 국경을 통과할 수 있다. 이제 이들에게 버스와 승용차, 오토바이를 이용하여 매일 국경을 통과하는 것은 스스로에게 큰 의미가 없고, 단지 양국 사이 좁은 해협 사이에 놓여진 다리를 건너간다는 개념만 남아 있을 뿐이다.

싱가포르는 원래 다민족 도시국가였기 때문에 말레이시아 조호르 사람들은 출근을 해서 일하면서도 의사소통에 큰 불편함이 없고, 주중의 일상에서도 서로 다른 나라와 지역으로 느끼지 않는다고 한다. 또한 싱가포르 도심의 시내와 조호르 지역간 고속버스터미널이 설치되어 있으며, 이미 10년 넘게 대중교통 수단들이 상시적으로 운행하고 있어 양 국경지역의 시민과 여행객들이 이러한 것을 매우 편리하게 느끼고 있다.

지금 현재 이 지역에서는 비록 민족·문화·언어가 서로 다르기는 하지만 본래의 산업단지 개발에서 시작하여 관광 및 리조트개발로까지 시야가 확대되고 있으며, 싱가포르를 핵으로 하는 초국경 지역 단일체와 문화공동체 형태로 통합되어 가는 움직임이 나타나고 있다. 결국 근대 이후 싱가포르와 인접한 해역은 바다와 국경으로 오랫동안 나뉘어 있었지만 근래에 산업과 자본을 매개한 노동력이 뒤섞이면서 변화가 나타났다. 싱가포르와 말레이시아반도의 끝 부분인 양 지역 사이에는 이미 전통적인 국경선의 의미가 의식적으로 사라져 버린 것이라 볼 수 있다. 그리고 이러한 인구이동과 시민의식의 변화양상은 최근 더 넓은 바다인 인도네시아의 리아우 제도의 도서지역으로도 점차 확산되고 있다.

3. 동남아시아 해양네트워크의 동력

1) 싱가포르의 성장한계와 위기극복

기존 아세안 회원국이었던 말레이시아와 인도네시아는 이미 오래 전부터 자연자원이 풍부하고 문화적 동질성이 있는 말라카 해협을 중심으로 지역을 단일 경제권으로 묶는 개발계획을 거시적으로 구상해 왔다. 그러나 그것이 현실로 실현되기에는 다소 무리가 있었다. 예를 들어, 오래된 아세안 회원국가들 사이에서조차 여전히 자국의 이익을 우선시하거나 종교와 문화적으로 소통을 가로막는 보이지 않는 장벽이 존재하고 있었다.

그러나 지금으로부터 약 20년 전에 등장한 시조리 성장삼각지대 (The SIJORI Growth Triangle)는 싱가포르와 말레이시아의 조호르 연안 주(Johor), 인도네시아의 리아우 제도(Riau Island) 사이의 국제적 경제 및 산업, 개발협력을 위한 전격적이고 획기적인 파트너십의 결과이다. 이것은 동남아시아의 이미지를 국경을 넘어선 월경사회, 경제적 협력으로 지역 간 초국경적 연계성을 극대화한 지역으로 만들었다.

이렇듯 동남아시아에서 새로운 초국경 삼각지역이 형성된 배경으로는 각 지역과 국가의 시대적 상황이 크게 작용했다. 먼저 경제적으로 가장 발전된 싱가포르의 시대적 상황을 들 수 있다. 지금의 싱가포르는 세계 선진국 대열에 합류한 국가이자 일류 항만이지만, 그 이면에는 좁은 국토와 부존자원이 없다는 근본적인 한계가 있었다.

특히 아시아의 신흥도상국가로서 경제적으로 본격적인 발전을 시작하던 1980년대 후반에 들어 제조업과 수출 중심의 산업구조는 이러한 한계를 더욱 부각시키게 만들었다. 즉 싱가포르의 고도성장기에 불과 약 300만여 명에 불과한 적은 인구와 좁은 국토는 인력난과 더불어 임금과 생산비 상승, 산업용지의 부족 등 산업전반에서 여러 구조적 문제를 초래하였다.

원래부터 싱가포르 발전의 정치적 동인은 전통적으로 지정학적 위치를 최대로 활용한 완전개방형의 도시경쟁력 제고전략이었으며, 이것은 곧 정부와 총리가 월경한 성장삼각지대의 형성을 가장 먼저 구상하고 주도하는 촉매가 되었다.

보다 구체적으로 당시 싱가포르에서는 1959년부터 리콴유(李光耀), 고촉동(吳作東) 총리가 속했던 보수정당인 인민행동당(PAP: People's Action Party)이 장기 집권하고 있었다. 야당으로 싱가포르노동자당, 싱가포르민주당, 싱가포르민주연합 등이 있었으나, 여당의 30년 이상 초장기 집권과 강력한 정권의 힘으로 그 존재감은 미미하였다.

싱가포르는 성문헌법을 가진 영국식 의회정부의 공화국으로 행정권은 내각에 있는 내각책임제로서 총리가 모든 정무를 주도하게 되며 대통령은 상징적인 존재로서 일부 거부권을 행사할 수 있다. 1990년 싱가포르 초대 총리인 리콴유의 결정으로 고촉동은 전체 내각 구성원의 투표를 통해 제2대 총리에 취임하였다.

고촉동 총리는 이러한 리콴유의 과거 정치적 성공과 안정된 정치적 후계기반을 바탕으로 취임과 거의 동시에 인근 국가에 혁신적인 초국경 발전의 제안을 하게 된다. 비록 리콴유의 자리를 승계하기는 했으나, 새로운 시대에 다른 최고지도자로서 등장한 고촉동은 싱가포르의 미래 발전적 비전을 시민, 국민들에게 이전과는 확실히 다르게 제시해야만 했던 것이다.

섬나라이자 도시이면서도 국가적 위상을 가진 싱가포르는 예전부터 실업문제를 해결하기 위해 비교적 엄격한 인구정책을 추구해 왔지

만, 지속적인 경제성장이 이루어지면서 노동력 부족현상이 발생한 것
이었다. 1980년대까지 외국인의 이민과 유입을 제한하여 고용확보를
도모하였던 정책도 다시 성장에 부메랑이 되어 돌아오게 되었다.

1980년대에 지속적 경제성장에 걸림돌이 속속 나타난 상황에서 싱
가포르는 1989년에 이르러 인근 말레이시아와 인도네시아에 노동집
약형 산업을 분산, 이전하기 위한 첫 구상을 밝힌다. 최고지도층은 이
른바 싱가포르형 공업단지를 역외에 건설하기로 하고 말레이시아의
조호르 주, 인도네시아 리아우 제도의 바탐섬과 연계한 성장삼각지대
개발방안을 내놓은 것이다.

이후 싱가포르는 전통적인 제조업종들을 인접 접경지역인 조호르
와 리아우 지역으로 이전하는 대신에 새로운 정보통신(IT), 바이오, 의
학, 화학 등 지식형 고부가가치산업 육성과 하이테크 기업 및 다국적
회사의 유치로 새로운 발전방향을 잡게 되었다. 지금의 싱가포르가
반도체와 정보기술, 생명과학, 석유화학, 조선, 물류, 금융, 관광, 전
시·컨벤션 산업 등에 걸쳐 각종 2차, 3차 산업이 매우 고르게 발달한
것은 바로 이러한 이유 때문이다.

또한 싱가포르가 공용어로서 영어를 통용하고, 세계 물류의 허브로
서 외국자본이 대거 몰리는 섬으로 발전한 이유도 바로 여기에 있다.
지금 싱가포르는 세계적인 항만(sea port), 공항(air port), 정보통신망
(tele port) 등 해항도시의 주요 성장기제(3 port)로 갖춰진 양질의 인프
라에 힘입어 중단 없는 발전을 거듭하고 있다.

2) 말레이시아 조호르의 전략적 개발

말레이시아는 싱가포르 토지면적의 약 500배에 달하는 광대한 땅을

가지고 있었으나, 1980년대만 해도 여전히 개발은 거의 되지 않은 상태였다. 그런 와중에 싱가포르와 인접한 조호르 지역에서는 1989년 성장삼각지대의 구축에 관한 제안과 발표 이후, 기존 싱가포르 내국에 있던 공장을 새로 옮겨오는 싱가포르 제조업체가 급증하게 되었다.

이러한 가운데, 조호르 지역에는 외부자본의 수혈과 인력의 유입, 기술의 이전이 급속도로 이루어지게 된다. 그리고 1991년부터 1995년에 이르는 짧은 기간 동안에 이 지역에서는 폭발적인 지역경제의 성장이 일어나게 된다. 게다가 조호르 지역의 주정부는 보다 적극적으로 모든 외국기업들에게 각종 인센티브를 제공하는 제도를 잇따라 도입하게 된다. 특히 싱가포르에서 육로로 출퇴근이 가능한 근접성을 적극 활용하여, 기업과 투자자들에게 월경출입과 국경에 대한 각종 통관절차를 대폭 간소화하였다. 이러한 상황은 이 지역에 대한 국가적 균형개발시책과도 매우 밀접한 연관이 있었다.

보다 구체적으로 살펴보면, 성장삼각지대의 구상이 싱가포르에서 먼저 발표된 직후에 때마침 말레이시아는 신경제 정책(New Economic Policy)을 수립, 추진하고 있었다. 이러한 가운데, 1990년대부터는 지역 간 격차를 해소하고 말레이반도의 주변부로 산업지역을 확대하고자 공업단지 조성계획을 추진하였으며, 단지의 입지는 산업기반의 정비가 가능하고 싱가포르에 인접한 말레이시아 남부 조호르 지역을 가장 유망한 입지로 선정하였다. 즉 싱가포르와 연접한 말레이시아 남부 조호르 주를 서비스 및 지식기반산업을 중심으로 개발함으로써, 말레이시아 정부는 국토의 균형개발을 촉진하고자 하였다.

실제적으로는 당시 말레이시아 정부에서는 쿠알라룸푸르 수도권과 북부의 페낭섬에 집중한 공업지역을 다른 여러 주 지방으로 분산시키기 위하여 주경제개발공사(SEDC: State Economic Development Corporations)

와 지역진흥청(RDA: Regional Development Authorities)을 새로 설립하고 전국에 공업단지를 분산하여 건설하였으며, 이후 집중적 지원을 받은 남부 조호르 지역은 신흥공업단지의 최대 거점 역할을 수행하게 되었다.

특히 이 시기에 생긴 조호르의 자유투자지역(FIZ: Free Investment Zone)은 현재 말레이시아 산업진흥청(MIDA: Malaysian Investment Development Authority) 및 대외무역개발공사(MATRADE: Malaysia External Trade Development Corporation)와 연계하여 수출위주 기업에게 통관절차, 면세수입, 수출절차 간소화의 혜택을 주는 최대의 대외산업 특구단지로 성장하게 되었다.

또한 말레이시아 중앙정부와 조호르 주정부에서는 각각 도로와 철도, 전기, 상수도 등의 활발한 사회간접자본(SOC) 확충 및 공공건설공사(public construction)를 추진하여 지역경제 직접 파급효과가 가장 큰 것으로 알려진 건설경기를 적극적으로 부양하였다. 연이어 초기에 빠른 성장을 견인할 수 있는 핵심 프로젝트에 공적 재정(public finance)을 집중적으로 투자하여 파급효과를 유도하고, 개발을 총괄하는 고유 기구인 조호르 내의 이스칸다르 특구지역진흥청(IRDA: Iskandar Region Development Authority)을 별도로 설립하여 국가 연방정부와 지역 주정부, 그리고 민간부문 사이의 긴밀한 네트워크와 상호협조를 도모하였다.

결과적으로 이러한 노력은 인근 싱가포르 이외에 글로벌 다국적 기업들의 외자유치에도 성공적인 성과를 이끌어 내는 보증서이자 촉매제가 되었다. 최근에는 제조업 외에도 싱가포르와의 동반적인 관광진흥정책에 따라 싱가포르 국민을 상대로 한 골프장과 리조트 등 관광·레저산업이 활기를 띠면서 조호르는 말레이시아 남부지역 전체의 경제발전을 크게 견인하고 있다.

3) 인도네시아 바탐섬의 자연조건

인도네시아 바탐섬의 경우에는 지리적으로 싱가포르와의 해협간격
이 말레이시아보다 넓었고, 기존의 월경교류가 크게 없었던 이유로
초국경적 삼각지역의 형성에 가장 늦게 등장하였다. 그러나 말레이시
아 조호르 지역보다 상대적으로 미개발 토지가 훨씬 많고, 인구도 비
교적 많아 인건비와 생산비용이 가장 저렴하다는 매력이 있었다. 인
건비와 지가(地價)가 무척이나 높은 싱가포르에게 인도네시아 바탐섬
및 리아우 제도는 시간이 지날수록 인근 말레이시아의 조호르 지역을
능가하는 가장 값싼 토지와 가장 낮은 저임금 노동인력의 대체공급지
로 떠오르게 되었다.

이러한 이유로 고촉동 총리의 1989년 제안 직후인 1990년 초반, 싱
가포르와 인도네시아 간에 개발촉진을 위한 경제·투자보호협정이
체결되었고 산업파크 조성을 위한 합작벤처도 설립이 되었다. 이러한
정부 간 협정은 인도네시아가 바탐섬의 경제개발에 필요한 싱가포르
기업의 투자자산을 보호하는 한편, 사회간접자본(SOC)의 건설과 민간
투자·물류·금융·세제·출입국 등 분야의 수속을 간소화하고 이중
과세를 없앤 것으로 외국기업 및 다국적 투자자들의 신뢰도를 높이는
방식을 택하였다.

현재 바탐섬 내부의 8개 공업단지와 빈탄섬 공업단지에서 생산된
경공업제품은 싱가포르를 통해 세계로 수출되고 있다. 특히 1991년부
터 싱가포르와 인도네시아 정부는 바탐섬 인근의 빈탄섬에 대해서도
대규모 리조트 단지를 조성키로 합의한 것을 비롯하여 개발협정을 렘

팡·가랑·카리뭉섬 등 리아우 제도 전역으로 확대하여 협력적 개발
을 급속히 진전시켰다.

   산업유형의 관점에서 싱가포르 순수 내국기업들의 인도네시아에
대한 투자는 주로 농산물, 가축, 관광, 의류, 기타 생필품을 위주로 다
시 싱가포르 내국시장에서의 소비를 목표로 생산되고 있다. 반대로
싱가포르 소재의 다국적 기업과 글로벌 회사들은 주로 이 지역에 첨
단산업과 전자산업 분야로 투자하여 글로벌 해외시장을 목표로 생산
활동을 하고 있다.

   최근 싱가포르와 인도네시아 간 체결된 향후 새로운 해수담수화 용
수공급 계약으로 인해, 이 지역에 대한 역내시설 투자는 안정적으로
늘어나고 있으며, 인도네시아 쪽의 성장삼각지대는 바탐섬과 빈탐
섬 뿐만 아니라 리아우 제도의 다른 섬들인 싱켑(Singkep)과 카레문
(Karemun) 등으로 시설투자는 계속 확대되는 과정에 있다. 관광산업
에 있어서도 1990년대부터 최근까지 싱가포르는 아름다운 자연환경
과 천혜의 자원을 가진 리아우 제도 지역에 막대한 자본과 기술을 투
입하여 리조트, 호텔, 골프장 등의 우수한 해양·레저 인프라를 구축
하였다. 그리고 싱가포르의 기존 유명한 축제·쇼핑·요식산업과 연
계한 새로운 초국적 관광벨트를 조성하여 세계적인 관광명소로 만들
었다.

   최근에 들어서 싱가포르는 인도네시아 중앙정부와 기존의 리아우
일부에 국한된 성장삼각지대를 다른 인근 지방으로 넓히는 문제에 대
해 총리를 정점으로 하여 최고지도자들끼리 협상, 논의하고 있다. 성
장삼각지대 안에서 각각의 중앙정치권과 기업인, 원주민들까지 지금
껏 초국경 협력의 효과를 충분히 체감하고 있기 때문에, 싱가포르의
투자확대나 인도네시아의 반대급부 제공에 각각 거부감은 적은 편이다.

이렇듯 성장삼각지대에서 이루어지는 산업활동과 협력의 외연확장 및 내용의 순차적 확대는 인접지역으로의 산업활동 유입을 활성화시 켰을 뿐만 아니라, 두 나라에 산적한 정치적 숙제를 넘어서서 개발과 경제성장을 최우선 순위에 두게 함으로써 성장삼각지대의 발전이 아 직도 지속되고 있는 상황을 유지하게 만들고 있다.

4. 동남아시아 해양네트워크의 성과와 과제

1) 경제적 발전과 통합의 성과

동남아시아 해역의 성장삼각지대 안에서 조호르 지역의 인력과 기 술, 시설은 싱가포르 보다 상대적으로 약하지만, 인도네시아 리아우 지역보다는 질적으로 높은 수준에 있다. 반숙련 노동이 필요한 제조 업이 많고, 싱가포르와 가장 가깝기 때문에 조호르의 위치는 특히 중 요하다. 그렇지만 극단적으로 저렴한 인건비의 강점은 인도네시아가, 첨단기술과 부가가치의 강점은 싱가포르가 전적으로 가지고 있다. 경 제와 산업을 위한 이러한 인력과 기반시설의 공간적 불일치(spatial mismatch) 상황은 역시 다른 관점에서 성장삼각지대 초국경 협력의 가장 중요한 동기이자 특징으로 간주된다.

그리고 이는 간단히 말해 산업과 경제공정을 두고서 인위적으로 나 눈 초국적 월경분업현상(trans-border manufacturing network)으로도 해 석할 수 있다. 이것은 최근 유럽연합 등에서 나타난 월경분업 현상과 는 다른데, 근대 이후 유럽지역에서는 산업의 발전단계가 여러 지역 간에 유사한 업종 및 품목을 특화함으로써 수평적 분업의 형태를 취하는 동시에 자연스레 월경적 지역통합이 이루어졌다.

이런 점에서 동남아시아에서의 초국경적 통합과 분업화는 유럽연합에서의 그것과는 일정한 차이점이 존재하고 있는 것도 사실이다. 같은 맥락에서 선진적 산업구조와 고도경제 중심의 유럽식 해양네트워크 경우와 달리 동남아시아의 성장삼각지대는 비교적 저개발, 후진적 지역 간에 이루어진 초국경 분업과 통합의 전형을 보여주고 있다는 점에서도 어느 정도 색다른 의미를 둘 수 있다.

유럽지역과 동남아시아 지역의 해양네트워크 형성동기와 그 과정의 차이를 주장하는 또 다른 논거도 있다. 그것은 실상 동남아시아 성장삼각지대의 개념이 공식적으로 도입되기 훨씬 이전부터 나타나고 있는데, 말레이시아 조호르 지역과 싱가포르가 상당히 오랫동안 밀접한 정치·경제적 밀월관계를 가져왔다는 점이 증거가 된다는 것이다. 그리고 이것은 서로의 국경과 체제를 인정하면서도, 협력을 통해 함께 더불어 살아가려는 동아시아적 공동체 문화의 전형적인 특징을 보여주기도 한다.

일례로 1962년 이후부터 1990년까지 약 30년의 기간 동안 조호르 지역은 싱가포르에 대해 식수 및 산업용수를 국경을 넘어서 꾸준히 공급해 오고 있었다. 연간 강수량은 많지만 빗물저장이 되는 땅이 부족하여 만성적인 물 부족 국가로 손꼽히는 싱가포르는 말레이시아 연안으로부터 이미 엄청난 양의 생활용수 및 산업용수를 수입하고 있었다.

이 과정에서 싱가포르와 말레이시아 연안지역에서의 정부 간 협상경험과 물리적 이동의 편의성 구축은 이미 많은 진전이 되어 있었다. 또한 공업용지 및 노동력 부족에 따른 생산비용의 상승으로 인해 싱가포르 몇몇 기업들은 자연스레 조호르 지역으로 공장을 역외 이전하는 경우도 종종 있어, 민간부문에서의 월경에 대한 익숙함도 차곡차

곡 쌓이고 있었다.

이에 따라 1990년 이후에는 오히려 말레이시아 조호르 지역에서도 그간 저렴했던 인건비와 생산비용이 점차 상승하기 시작하였으며, 성장삼각지대 안에서는 인도네시아 바탐섬과 빈탄섬 등의 리아우 제도 지역이 이제 새롭게 저임금 노동인력의 대체 공급지로 떠오르게 되었다. 이것은 연이어 자연스레 세 지역이 하나의 경제단위로 통합되게 하는 보이지 않는 원동력이 되었던 것이다.

특히 이러한 경제요소들의 상호보완적 이동과 협력은 기존에 싱가포르에 존재했던 노동집약적 산업들을 국경과 해협을 넘어 주위 월경 지역에 효과적으로 재배치함으로써, 주변 국가의 경제적 발전과 함께 싱가포르 산업구조를 지식집약적인 고도화 산업으로 전환시키는데 결정적인 역할을 했다.

또한 넓은 부지확보가 용이한 조호르와 리아우에 공업단지, 관광단지를 건설한 것은 전 세계 선진국의 주요 다국적 기업들이나 막대한 글로벌 자본도 함께 유입되어 오도록 함으로써, 고용창출과 경제성장을 동시에 달성하게 하였다. 이것은 싱가포르, 인도네시아, 말레이시아가 공동경제권으로 묶이지 않았다면 기대할 수 없었던 경제발전의 효과를 누리게 만든 현상으로 평가된다.

2) 말레이시아 지역격차와 사회갈등의 해결

현재 동남아시아에서 시조리 성장삼각지대는 재화이동뿐만 아니라, 서비스와 노동력 이동의 자유, 규제 및 유인 등의 정책적인 조화가 이상적이라고 보여짐에도 불구하고 여전히 현실적인 우려와 숙제들도 남아 있다. 그것들은 여러 가지 측면에서 차차 현실로 나타나고 있는

데, 우선 싱가포르가 성장삼각지대의 형성과 운영에 가장 적극적이었고 인도네시아도 어느 정도 정책적으로 지원을 하고 있지만, 말레이시아는 적극적인 월경개발과 지원행동에 대해서는 최근에 들어서 다소 조심스러운 접근법을 견지하고 있다는 점이다.

이는 국가적으로 말레이시아 경제체제에 있어서 조호르 지역이 차지하는 비중이 인도네시아에서 리아우가 차지하는 비중보다 훨씬 크고, 조호르와 다른 지역에서 인종적인 갈등과 함께 소득과 부(富)의 분배적 불평등의 문제가 새로운 사회적인 문제로 대두되었기 때문이다.

같은 맥락에서 싱가포르는 다국적기업의 동남아시아 집적거점으로서 향후 지속적인 경제성장이 기대되고 있으나, 시민의 소득수준 상승과 함께 나타날 급격한 생활수준과 삶의 질 변화는 싱가포르와 나머지 인접지역, 특히 조호르 지역과의 소득에 따른 생활수준 격차를 기존보다 더욱 심화시킬 것으로 예상되고 있다.

흔히 초국경 지역에서 경제적 순환논리는 솔로우와 스완(Solow-Swan) 경제성장모형에 의해 제시된 생산요소의 공간적 배분과 생산요소배분 및 기술변화 간에 존재하는 상호관계에 근거하고 있다. 이는 곧 신고전파 이론(neoclassical growth theory)에 따른 지역성장 전략으로 볼 수도 있다. 신고전파 이론은 경제성장의 가장 중요한 요인으로써 자본의 증가가 제일 중요하다는 종래의 주장에서 기술변화가 가장 중요함을 주장한다. 집적의 이론과 신고전파의 이론은 모두 생산과 자본의 선순환 논리와 같은 맥락이고, 이것은 월경한 성장삼각지대 형성의 가장 중요한 경제적 논리였다.

그렇다 하더라도 선진국이 아닌 개발도상국가였던 말레이시아에서는 성장삼각지역에 포함된 지역과 다른 지방권역과의 갈등문제가 제기될 소지는 있었다. 국가 내에서도 지역별 경제성장의 차이는 초국경 성장삼각지대와 같은 역외권과의 인위적 통합에 의해 결정될 수 있기 때문이다. 물론 초국경 역외통합의 명분이 되었던 현대 경제학의 주요 논리들은 그 이후 개발의 이익을 지역별로 재분배하고 사회적 격차를 해소하는 문제까지에는 큰 관심과 대안이 없었다.

게다가 현실적으로 근래 말레이시아에서 수도권과 비수도권, 성장삼각 포함지역과 비포함 지역 간의 차이와 갈등의 발생은 날로 증가하고 있다. 이는 지역총생산(GRDP) 및 주민소득의 차이와 더불어, 특정 지역이 정부의 예산지원 및 보조금 등을 더 수혜 받는 정책적 편중에 의하여 자주 발생하고 있다.

그리고 특히 싱가포르에 대한 이민정서가 확산되면서 말레이시아에서는 지역갈등과 사회적 비용이 추가로 발생할 가능성도 남아 있다. 이러한 말레이시아 사회의 내부적 문제는 향후 성장삼각지대의 파트너들이 같이 고민하고, 공동으로 극복해야 할 중요한 과제 중의 하나로 보인다.

3) 싱가포르를 제외한 상보적 관계의 강화

정치적으로 동남아시아 해역에서 지금까지의 초국경 성장삼각지대의 구축과정은 그 환경의 우호성과 공동의 이해, 협력, 상호신뢰 등을 강조하고, 여기에 따른 단계적인 접근을 하고 있는 것이 특징적이다. 즉 제1단계로는 협력을 통한 문제제기와 해결방법 모색 단계에서 출발하여, 제2단계로 협력을 통한 문제해결을 위한 자원과 제도적 조건 검토하는 단계를 거쳤다. 그리고 제3단계에서는 실질적 협력을 위한 협의체 구성과 협력내용을 구체화시키는 과정을 거쳤다. 마지막으로 제4단계에서는 협력효과를 발생시키고 확산하는 단계로 볼 수 있는

데, 현재 시조리 성장삼각지대는 제도적 정비와 시스템을 구축하고 실제적 운영이 상당기간 진행하였으므로 네트워크의 마지막 단계에 들어서 있는 것으로 보인다.

그러나 다른 한편으로 현재 시행중인 제도의 양적 확대와 내실화된 체계의 정비도 필요하다. 1990년 이후부터 최근까지 동남아시아에서 시조리 성장삼각지대에 관한 인도네시아와 싱가포르, 말레이시아와 싱가포르 사이에는 IMS-GT계획을 제외하면 각각 두 가지 정도의 개별 월경협정이 존재하고 있다. 그런데 문제는 인도네시아와 말레이시아 사이의 개별 혹은 단독협정은 존재하지 않는다는 점이다. 오랫동안 자연환경과 부존자원, 경제상황과 생활수준이 서로 비슷했던 두 지역 간에는 무역과 투자관계도 당초의 생각보다 아직 긴밀하지 못하다.

조호르 연안과 리아우 제도만 놓고 보면, 경제수준과 자연자원, 저임금 노동의 유사성으로 인해 싱가포르의 자본과 기술을 유치하려고 최근까지 서로 적극적인 구애를 하고 있다. 즉 현존하는 성장삼각지대에서 싱가포르의 존재를 제외시킨다면, 말레이시아와 인도네시아 지역들은 서로 보완적인 관계라고 하기보다는 오히려 서로 경쟁적인 관계라고 볼 수도 있는 이유도 바로 이러한 점 때문이다.

환언하면, 싱가포르와 조호르 사이, 싱가포르와 리아우 간의 연계는 매우 강한 반면에 리아우와 조호르 간의 연계는 상대적으로 미약한 수준에 있다. 말레이시아 중앙정부나 인도네시아 중앙정부는 각각 자국의 연안과 섬 주변 접경지역이 싱가포르의 막대한 자본과 경제력을 등에 업고서 많은 개발이 되는 것을 희망하고 있기는 하다. 하지만 동시에 지역의 민주주의와 자치권이 미약한 개발도상국가의 특성상 중앙정부의 통제를 받아 개발을 진행하도록 방향을 설정하여, 말레이시아와 인도네시아의 상호교류는 다소의 어려움이 존재하는 것도 엄연한 사실이다.

게다가 역사적으로 인도네시아와 말레이시아는 같은 말레이계 민족이며 비슷한 문화와 종교, 언어를 배경으로 동질감을 지니면서도 미묘한 경쟁관계를 가진다. 근대 서구 식민세력이 동남아시아에 진입해 각자 영역을 두고 경계선을 마련하기 전까지, 양국은 스리위자야(Srivijaya) 등 숱한 왕국들의 동일한 통치영향권에 있었던 적이 많았다. 지금에 와서는 말레이시아가 동남아시아 역내에서 싱가포르 다음으로 많은 경제발전을 이룬 나라이고, 1인당 GDP도 1만 불이 넘어 인도네시아와 3배가량 차이가 난다.

또한 말레이시아는 인도네시아와 주변국의 이주노동자를 200만 명 이상 받아들이고 있으며, 이들 중 절반 이상이 인도네시아 이주노동자이다. 양국의 국어가 소통에 아무런 지장이 없을 만큼 비슷해 인도네시아 사람들이 주로 말레이시아의 플랜테이션이나 가정에 들어가 일을 많이 한다. 이런 이유로 인도네시아 사람들은 말레이시아 중산층 이상의 사람들에 대한 막연한 부러움과 열등감을 동시에 갖고 있으며, 간혹 영토와 영해, 민속과 전통문화 등의 문제에서 지극히 정서적, 감정적 대립이 나타나기도 하였다.

확실히 현재 시점에서는 정치적 제안으로 시작된 성장삼각지대가 최초 정치적인 상황으로 만들어진 태생적 한계를 노정하고 있고, 다시 이것은 초국경 지대의 발전이 일정수준에서 억제될 수 있는 요인을 제공하고 있다. 그리고 현실적으로 그것은 불확실한 집적경제와 다소 빈약한 산업인프라의 불안함, 나아가 민족과 문화의 일부 충돌로까지 나타나고 있기도 하다. 그렇지만 공교롭게도 말레이시아 조호르와 인도네시아 리아우 쪽의 두 초국경 지역은 모두 싱가포르의 국제적 인프라와 다국적 글로벌 기업의 유치에 지역경제를 전적으로 의

존하고 있어, 이들이 어느 날 갑자기 철수를 한다면 하루아침에 동시
적 위기에 봉착할 가능성도 있다.

따라서 싱가포르에 비해 단기적으로 외국기업을 유치하고 이들의
부가가치 생산에 의존하고 있는 조호르와 리아우 지역은 성장삼각지
대에서 지금보다 투자제도와 기업운영환경을 내실화하고, 두 지역 간
연계된 생산과 유통망을 시급히 확충할 필요가 있다. 결국 성장삼각
지대의 장밋빛 미래는 싱가포르를 제외한 말레이시아 조호르 연안과
인도네시아 리아우 섬 지역 간의 보다 긴밀한 연대의 확립과도 밀접
한 관련이 있는 것이다.

4) 외부지역과의 연계와 협력시스템의 확장

1990년대 이후 성장삼각지대의 작동과 운영을 통해 그동안 싱가포
르는 축적된 산업 및 경영기술·기획·정보능력을 바탕으로 제품디자
인과 마케팅을 위한 경영본부 역할을 했으며, 말레이시아 조호르와
인도네시아 리아우는 싱가포르가 부족한 저렴한 노동력과 공장부지,
자연환경 등 자원을 제공하며 서로의 목적을 어느 정도 달성했다.

이에 동남아시아 해역에서는 지금 초광역적 범위에서 지역 간의 상
호보완성을 극대화하여 국가 경쟁력을 높이는 전략을 추진하면서 동
시에 인접한 접경지역들과의 월경적, 초국적 협력을 활발하게 진행하
고 있다. 거대한 경제력을 기반으로 다국적 기업·초국적 기업·도
시·국가 등의 관계가 복잡하게 전개됨으로써 국경을 넘어 월경지역
개발사업이 진행되고 있는 것이다. 특히 해항도시이자 소규모 국가인
싱가포르는 최근 30년 동안 매우 급속한 경제성장을 달성함으로써,
거시적인 아세안자유무역지역(AFTA) 또는 동아시아경제협의체(EAEC)

의 구상에 대응하여 다시금 장기성장전략의 변경이 필요한 단계에 진입한 상황이다.

최근 싱가포르-말레이시아 조호르-인도네시아 리아우 성장삼각지대(IMS-GT)는 이 초국경 경제협력지역의 확대를 시도하고 있다. 이는 현재의 지역협력에 관한 협정들을 그대로 유지시키면서, 주요 역외국가들에게 다시 성장삼각지대에 대한 시장적 진입을 신규로 허용하는 것을 골자로 하고 있다.

〈그림 71〉 동남아시아 해양네트워크의 단기적 확장 지역

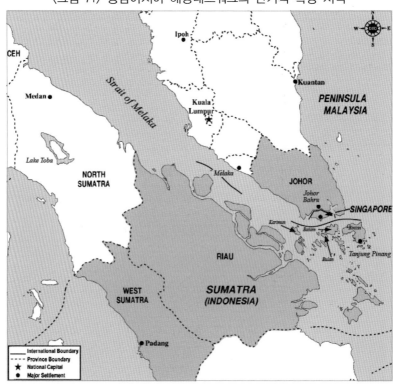

* 자료: Wadley, D. and Parasati, H.(2000). Inside South East Asia's Growth Triangles. Geography. 85(4): 323-334.

이러한 성장삼각지대의 초광역 확대협력사업에는 자연자원 및 공유자원의 활용 및 이용에 대한 사업 확대, 발전적 시너지 효과 극대화를 추진하는 사업으로의 유형화, 비선호시설 및 혐오시설의 분담 설치, 공공시설의 공동설치·운영, 관광개발 연계사업, 지역정보 네트워크 구축, 연구개발과 학술연구거점 구축 등의 다양한 사업들이 강구되고 있다.

물론 이러한 외연확장의 가장 핵심적인 외부조력자는 동남아시아 국가연합(ASEAN)과 아시아개발은행(ADB)이다. 이들은 저개발 지역의 경제변화를 촉진하기 위해 각 정부기관의 역량지원을 제공하고 기술 및 재정을 동원뿐만 아니라, 민간기업의 개발을 위한 투자환경까지 조성해주는 역할을 하고 있다. 이로 인해 현재까지 접경된 성장삼각지대는 소개한 사례지역 뿐만 아니라, 동남아시아 각 지역에서 국경을 초월하는 협력으로 긴밀한 경제활동이 이루어지는 그러한 보다 다양화된 모습으로 나타나고 있다.

단적인 예로, 지금 동남아시아 역내에서는 싱가포르, 말레이시아 조호르(Johor), 인도네시아 리아우(Riau)의 시조리 성장삼각지대(SIJORI Growth Triangle)를 기점으로 하여, 다른 여러 초국경 개발이 동시 다발적으로 진행되고 있다. 인도네시아, 말레이시아, 태국 접경지역 사이의 새로운 북부성장삼각지대(IMT-GT)의 출현, 필리핀, 말레이시아, 인도네시아, 브루나이 접경지역 사이의 BIMP 동아세안성장지대(BIMP EAGA: BIMP East ASEAN Growth Area) 등의 구상은 근래 10년 사이에 새롭게 논의되었거나 구체적인 실행계획의 추진을 이미 시작하고 있다.

나아가 이것은 기존 동아시아 전체의 여러 초국경 개발 프로젝트와 다시금 재연계를 시도하는 것으로 보인다. 예컨대, 홍콩, 타이완, 중국 양안지역을 기점으로 한 남중국 성장삼각지대(South China Sub region),

대메콩강 성장지대(Greater Mekong Sub-region), 보하이(渤海)만 지대
와 두만강 개발계획이 연계된 동북아시아경제지대(Bohai Sub region)
등이 그것이다. 물론 이것은 미래에 각 초국경 개발지역의 내실화가
이루어진 뒤에 동아시아 전체의 관점에서 장기적으로 추진될 과제로
여겨지고 있다.

〈그림 72〉 동남아시아 해양네트워크의 장기적 확대 범위

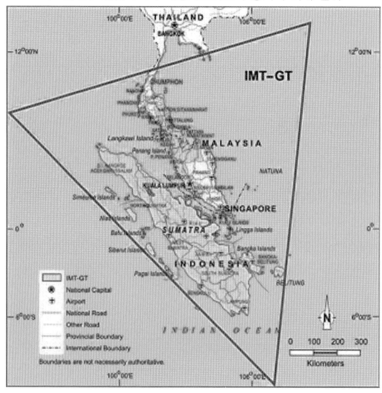

* 자료: Sparke, M., Sidaway, J. D., Bunnell, T. and Grundy-Warr, C.(2004). Triangulating
the Borderless World: Geographies of Power in the Indonesia-Malaysia-Singapore
Growth Triangle. Transactions of the Institute of British Geographers. 29(4):
485-498.

이러한 동남아시아에서 출발한 해역 기반의 성장삼각지대에 대한 단계적 확대 구상은 확실히 역동적이면서 혁신적인 구상으로 평가되고 있다. 향후 30년 이상을 바라보는 구상으로 아직 잠정적이기는 하지만, 이미 동남아시아와 동북아시아, 중국, 인도, 호주 연안까지를 포괄하는 범위까지 장기적 비전이 제시되어 있다.

이 뿐만 아니라, 동남아시아 국가들 간에 만들 해양네트워크의 미래 비전의 실천은 지금 21세기 많은 학자와 전문가들로 하여금 유럽연합(EU)과 아메리카(NAFTA)의 블록화에 대응한 세계적인 수준의 동아시아 초국경 블록화를 꿈꾸게 하고 있다. 나아가 이것은 근대 이후 동아시아에서 획정된 국민국가의 경계를 허물고, 미래 새로운 글로벌 월경 공동체 사회로 나아가기 위한 이상을 제시하고 있기도 하다.

동남아시아 해양네트워크인 접경성장지대, 일명 '시조리(SIJORI) 성장삼각지대'는 궁극적으로 여기에 속한 시민들의 삶의 질 향상과 원활한 경제발전을 기본목적으로 하고 있으며, 성장삼각지대 접경지역 간 무역과 투자를 증가하는 것을 단기목표로 정하고 있다. 그리고 장기적으로 미래의 번영과 평화를 슬로건으로 하는 초국경 지대의 구축을 계획 중이다.

이와 더불어 현실적으로는 공공부문과 민간부문 사이의 협력, 도시정부와 주정부, 국가적 참여의 로드맵을 순차적으로 실현하고 있다. 이것은 동남아시아에서 보다 거시적인 2020년 ASEAN 경제공동체의 실현에도 크게 기여할 것으로 기대되고 있다. 서로의 이점을 살리기 위해 연안과 섬, 그리고 도시에서 시작된 작은 삼각형 모양의 월경네트워크는 이제 동남아시아 전체의 초국가적 이념과 영역으로 확대, 재생산되고 있는 것이다.

그런데, 확실히 앞에서 살펴본 동남아시아 지역의 해양네트워크는 유럽의 그것과는 다르게 보인다. 해양네트워크 시스템 상에서 우선되는 것은 연안지역과 항구를 가진 대도시가 주는 다양성과 경제활력과 더불어 경쟁력 있는 산업클러스터이며, 이것들이 서로 결합된 경제의 국지화와 재생성 과정이 진행된다. 그리고 다시 이는 다른 지역의 동반 도시화에 의해 형성 및 유지가 계속되고 있다.

이런 점에서 동남아시아에서 성공적으로 성장한 성장삼각지대의 사례는 기존 유럽에서 나타난 해양네트워크의 근본적 가정에 대한 몇 가지 흥미로운 변형을 보여준다는 점에서 의미가 남다르다. 이들은

〈그림 73〉 미래 동아시아의 거대 해양네트워크 구상도

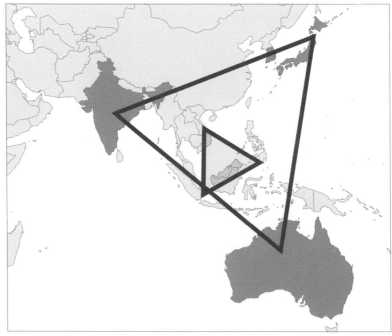

* 동남아시아를 중앙에 두고 동북아시아(한중일)와 오세아니아(호주), 서아시아 (인도)를 잇는 해양네트워크 거대 삼각축을 형성하자는 초장기적 구상.

아시아적 조건과 문화적 환경에서 해양네트워크가 어떻게 생기고 유지될 수 있는지를 보다 현실적으로 알려주기 때문이다. 그래서 오히려 아시아권인 우리나라의 입장에서는 먼 유럽보다 동남아시아 모델의 정합성이 클 수 있다는 조심스러운 결론을 내려본다.

5) 동남아시아의 해양네트워크가 주는 시사점

동남아시아 말라카와 싱가포르 해협에서 이루어진 사회간접인프라 구축과 자본의 교류는 물론 싱가포르의 우수한 인재와 노하우를 조호르 지역과 리아우 제도의 풍부한 자원 및 값싼 노동력과 결합시키기 위한 여러 가지 실질적 시도들을 계속 실험하고 있다.

이에 동남아시아 초국경 성장삼각지대는 지역과 범위가 크고 복잡한 국가들 사이의 FTA(자유무역협정) 실현을 위한 경제협력의 중간단계에 적합한 모델로서, 앞으로 대표적인 해항도시인 우리나라 부산이나 인천 등이 일본·중국 연안도시와의 협력과 교류에 참고할 가치와 여러 함의를 가지고 있다.

첫째, 동남아시아 초국경 성장삼각지대의 사례는 월경한 국지경제권이 성공적으로 만들어지기 위해서는 대형 프로젝트보다는 작고 실질적인 사업에서 시작해 우선 경쟁관계를 벗어나고, 이후 점진적인 상호협력 강화를 통해 주변지역으로 그 효과를 확산시켜야 한다는 점을 제안하고 있다. 점차 증가하는 전 지구적 경쟁과 보호주의 환경정책 하에서 성장삼각지대는 그들 스스로 시너지 효과를 발생시키기 위한 사업으로 가장 먼저 비교우위를 통해 서로의 보완요소를 찾아낸 것에서 출발을 하였다.

유럽과 달리 동아시아에서는 아직 초국가적 개발기구 또는 포괄적

추진체계가 부재하였음에도 불구하고 동남아시아의 성장삼각지대는
각각 해항도시(싱가포르)와 연안지방(조호르), 섬(리아우) 지역차원의
필요성에 의해 초국경적 협력과 개발이 자발적으로 이루어졌다는 점
에서 충분히 주목할 만하다.

  둘째, 초국경 통합지역의 형성과정에서 공공·민간부문의 기능과
역할이 제각각 혼재되어 있을지라도, 궁극적으로는 민간부문이 주도
적으로 경제성장을 위한 엔진기능을 담당해야 한다는 것을 성장삼각
지대는 우리에게 중요하게 알려주고 있다. 즉 자본주의 세계에서 월
경한 새로운 경제권역의 형성은 기존 민간부문의 투자협상 경험, 기
업의 탄탄한 자본과 기술력이 뒷받침된다면, 정부와 정치권의 지원이
초기에 다소 적더라도 장기적으로 그것이 성공할 수 있음을 이 사례
는 보여주고 있다. 물론 강력한 정치적 결단과 그 이행도 그 시작에는
중요한 매개체가 됨을 이 사례는 우리에게 동시에 말해주고 있기도
하다.

  셋째, 월경한 국지경제권 형성과 외자유치를 위해서는 제도적 정비
가 선행돼야 하며, 이러할 경우에는 중앙정치권의 결단과 제안이 있
거나, 아니면 오히려 도시와 지방으로 중앙정부의 협상권한이 이양되
는 모양새가 나타나야 함을 이 사례는 강력하게 시사해 주고 있다.

  또한 동남아시아 초국경 성장삼각지대는 해협을 사이에 둔 상황에
서 해항도시와 연안지방, 섬들 사이의 협상과 교류역량 이외에도 추
가적으로 시의 적절한 국가적 뒷받침이 있어야 하며, 정부의 행정적
지원은 규제와 통제가 아니라 오로지 이익창출과 개발촉진을 위한 기
반조성 역할에만 충실해야 함을 시사해 준다.

  넷째, 인접지역과의 경제협력과 교류의 긴밀성을 높이려면 성장삼
각지대의 사례에서 보듯이 수도권 집중체제 탈피와 출입국 간소화,

교통편 확충 및 고속화, 외국인과 관광객의 이동편의성 등이 필수적이라는 점도 지적할 수 있다. 지금 말레이시아의 조호르 남부는 싱가포르의 월경배후지라는 장점을 십분 활용하고 있다.

현재는 싱가포르에 직장이 있는 60만여 명 정도가 바다를 건너 매일 월경을 하고 있으나, 가까운 미래에는 여행자들도 여권 대신 스마트 카드로 신속하게 국경간 출입국이 이루어질 계획이다. 특히 말레이시아 조호르 연안과 싱가포르 간 산업투자와 물류의 해결을 위한 공유도로, 공유항만, 공용철도 등의 초국경 인프라 연결은 매우 빠른 속도로 강화되고 있다. 이는 역내 글로벌 투자와 세계자본을 유치하기 위한 중요한 전제조건도 된다는 점을 동남아시아의 성장삼각지대 사례에서 다시 한번 재확인시켜주고 있는 것이다.

다섯째, 동남아시아 초국경 성장삼각지대는 싱가포르, 말레이시아, 인도네시아 참여지역과 국가들의 선제적 독점은 인정되고 있지만, 궁극적으로 이곳은 '하나로서의 동남아시아'를 외치고 있다. 즉 이 곳에서 생기는 모든 외부경제의 효과는 동남아시아 여러 회원국들이 골고루 혜택을 볼 수 있고, 다시 이 성장삼각지대가 경제협력의 다른 형태로 들어가려는 새로운 참가지역이나 도시들을 차단하도록 구성되지도 않은 개방형 연결시스템(open network system)을 지향하고 있다. 그렇게 함으로써 성장삼각지대는 미래 동남아시아 전체 아세안 초국경 지역통합의 축소판(microcosm)이자, 촉매자의 역할(catalyst) 임을 자처하고 있는 것이다.

바다를 사이에 둔 해양네트워크, 해역간 경제통합의 궁극적 목표는 경제적 이익이다. 그러나 언제까지 현재와 같은 좋은 상태가 유지될 수는 없다. 이에 성장삼각지대의 대외개방과 확장의 이슈는 앞으로 동아시아 전체의 해양네트워크 연계에 큰 변수가 될 수도 있을 것으로 전망된다.

결국 이것은 역외지역을 포함하는 더 넓은 월경적 지역개발의 가능성과 함께 초국경적 투자논의와 실제 생산활동에서의 국지적 협력가능성을 열어두는 것으로, 우리나라 및 동북아시아가 앞으로 새로운 성장삼각지대 형성을 논의, 실행할 경우에 긍정적인 참고를 할 만한 대목이다.

마지막으로 바다를 넘는 초국경적 해양네트워크를 다루는 데 있어서 월경연계가 가져올 사회환경적 차원의 결과는 중요하게 논의되어야 한다. 예컨대, 동북아시아의 해항도시는 최근 급격한 성장과 쇠퇴의 변화를 경험하고 있다. 동아시아 전체에서도 기존의 주요 해항도시들은 과거 유럽의 경우처럼 경제적 역성장이 이미 진행되었거나, 조만간 포화상태로 인한 인구감소를 경험할 것으로 예상이 된다. 또한 외국인 노동자와 결혼이민자의 증가로 인해 다문화 사회로의 이행 현상이 빠르게 심화되고 있다.

이에 미래의 동남아시아 해양네트워크는 결국 생활의 정주성(settlement)과 환경적 우수성(livability)이 초국경 지역으로서의 경쟁력을 좌우할 것으로 예상되고 있다. 따라서 각 해항도시는 지역사회 차원에서 삶의 질과 인간생활의 유익함을 가지지 못한다면, 초국경적 네트워크 연계의 의미는 퇴색하게 된다. 따라서 이러한 사회환경적 변화들과 동아시아 연안과 항만, 도시의 연계가 어떻게 관련되는지 앞으로 학자와 전문가들은 보다 진지하게 응답을 해야 할 것이다. 미래에 새롭게 형성될 해양네트워크의 이상은 사람들에게 최소한 국민국가 시절보다 더 나은 삶과 권리를 가져다주는 것에 있기 때문이다.

1990년대부터 지금까지 성장삼각지대의 형성과 운영이 보여준 그간의 성과는 이것이 동남아시아에 국한되지 않고 동아시아 전체 연안에 주는 시사점이 매우 크며, 향후에 이 지역의 시스템을 다른 지역에서 보다 적극적으로 도입하여 활용해야한다는 의견도 많다. 즉 동남아시아의 성장삼각지대를 기반으로 동북아시아의 우리나라와 일본, 중국, 호주, 인도까지를 포괄하는 거대한 초국경 성장삼각지대의 단계적 확대 구상도 최근 학자들로부터 제안되고 있다. 그렇지만 우리에게는 우선 동북아시아 연안에서 성장삼각지대의 동남아시아 벤치마킹 모델을 도입하려는 제안이 현실적으로 받아들여지고 있다.

구체적으로 우리나라 부산, 중국 상해, 일본 후쿠오카 등의 3개 해항도시와 연계한 부샤후 협력체를 만들자는 구상(BuShaFu Plan)이 각 나라의 도시전문가 및 학계에서 제기된 바 있다. 즉 동남아시아와 같은 삼각형 모양으로 동북아시아에서 부산과 상해, 후쿠오카 사이에 학자들에 의해 새롭게 구상된 바 있는 이른바 '부샤후 성장삼각지대(Busan-Shanghai-Fukuoka Growth Triangle)'는 부산의 생산 및 항만인프라 능력과 후쿠오카의 자본 및 기술력, 상해의 값싼 노동력이 합쳐지면 엄청난 경제적 시너지 효과를 낼 수 있다는 미래 초국경 지역통합의 구상이다.

이러한 구상은 동남아시아의 사례를 교훈 삼아 미래에 세 지역이 협력관계로 나아가야만 살아남을 수 있다고 판단하고, 아주 가깝게 위치한 거대한 시장권 속에서 각 도시가 독립적인 경제체제에 갇혀 있을 필요가 없다는 인식에 토대하고 있다. 크게는 우리나라와 중국 및 일본과의 삼각벨트 형성을 통한 학술·인적교류확대와 세계화 시대에 걸맞은 새로운 동아시아적 가치형성을 위한 토대를 마련하는 데 목적을 두고 있다.

현재 부산과 일본의 후쿠오카는 지난 2009년에 초광역 경제권 형성을 합의하였고, 중국의 상해에는 부산과 후쿠오카의 많은 기업들이 이미 진출해 있어, 장기적으로 부샤후 성장삼각지대 구축을 위한 실천적 자양분은 조금씩 축적이 이루어지고 있는 것으로 평가할 수 있다. 그리고 이것은 향후 언젠가 이루어질 한·중·일 사이의 국가 간 자유무역협정(FTA)에 앞선 선험적 모델이 될 가능성도 충분하다. 미래에 국경 해협을 사이에 둔 성장삼각지대의 형성은 우리나라가 속해 있는 동북아시아에서 유용한 해양네트워크 모델이 될 수 있다는 결론도 충분히 허락된다.

제9장

동북아시아의 해양네트워크

제9장 동북아시아의 해양네트워크

1. 동북아시아 해역의 개관

1) 동북아시아 해역의 지정학적 의미

동북아시아 해역은 크게 우리나라를 중심으로 동해, 남해, 서해가 자리하고 있다. 특히 동해와 남해를 기점으로 우리나라는 북한, 일본과 마주하고 있으며, 서해(황해)를 기점으로는 중국과 마주하고 있다. 이 장에서는 이 동북아시아의 주요 해역을 중심으로 해양네트워크의 현재와 미래를 진단해 본다.

우선 최근 동북아시아에서는 동해와 남해를 중심으로 미국과 중국의 패권 대결이 가시화되면서 이른바 '신냉전(新冷戰)의 기조'가 높아지고 있다. 외견상으로 동해와 남해는 중국과 러시아 중심의 대륙세력과 태평양을 장악한 미국 및 우방인 일본 중심의 해양세력이 서로 만나게 되는 첫 번째 해역이자 관문이기 때문이다. 특히 지정학적으로 최근 동해가 매우 중요하게 부상하고 있다. 북한과 중국, 러시아, 몽골 등에게 동해는 큰 바다(大洋)로 나아가는 중요한 출구이다. 반대로 미국과 일본에게는 광활한 아시아 대륙으로 들어가는 중요한 길목이자 입구이기도 하다.

 이런 이유로 지난 2010년부터 미국은 중국의 급격한 부상을 견제하기 위하며 아시아로의 회귀를 천명하고, 동아시아 전 해역에서 해군력 증강을 포함한 군사력 배치를 강화했다. 그런데 막대한 경제성장을 바탕으로 빠르게 부상한 중국도 역시 해군력을 강화하면서, 이제 아시아를 넘어서 전 세계로 영향력을 확대하려 하고 있다. 일본 역시 동해를 '일본해(日本海)'라고 부르면서 자국의 해양세력을 확장하고 있다. 이러한 경쟁구조 속에서 동해는 과거 냉전시대처럼 강대국들의 패권 경쟁을 위한 '전략적 해양'으로서의 의미마저 커지고 있는 상황이다.

〈그림 74〉 동북아시아 해역권의 지리적 범주

* 자료: 동해안권경제자유구역. http://www.efez.go.kr

　다른 관점에서 청정하고 깨끗한 바다로서의 동해는 동북아시아 5개
국(우리나라, 북한, 일본, 중국, 러시아)에 둘러싸여 있어, 최근에는
'환동해권'으로 명명되어 있다. 그러나 이 다섯 나라의 동해 연안은 모
두 자국의 다른 지역에 비해서 저개발 상태이다. 우리나라의 강원도,
북한의 함경도, 중국의 동북지방이 그렇고, 러시아의 연해주와 일본
의 서북해안권도 마찬가지 상황이다. 특히 우리나라, 중국, 일본의 주
요 항구들은 모두 태평양으로 나가는 방향에만 쏠려 있어, 동해 연안
의 항구와 도시들은 상대적으로 발전이 지체된 '주변부(fringe)'로서의
성격이 강했다.

〈그림 75〉 동북아시아 환동해권의 인구와 경제

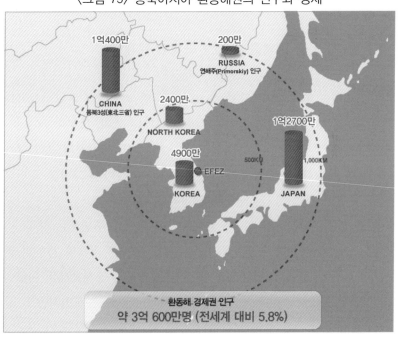

* 자료: 동해안권경제자유구역. http://www.efez.go.kr

그렇지만 환동해 지역은 최근 세계경제의 위기에도 불구하고, 21세기의 세계경제를 주도하는 중심지로 부상할 가능성이 높은 것으로 점쳐지고 있다. 두만강 주변 북·중 접경지역, 우리나라의 강원도와 동해 및 남해 일부연안을 포함하는 환동해 지역은 극동러시아의 풍부한 천연자원과 중국과 북한의 노동력, 우리나라와 일본의 우수한 기술과 자본력에 더하여 전략적으로도 유리한 입지여건을 갖추고 있다. 각 나라의 인구도 3억 명 이상이 환동해권에 관계될 수 있으며, 막대한 경제력(GDP)을 바탕으로 다양한 교역들이 진행될 수 있다. 그래서 현재는 동북아시아의 다른 해역(海域)들보다 저개발된 지역임에도 불구하고 앞으로 초국경 사업과 경제협력의 높은 시너지 효과가 기대되는 지역이기도 하다.

2) 동북아시아 해역을 둘러싼 국제적 관계

유럽연합(EU)이 제도적으로 공고화된 유럽 지역이나 동남아시아국가연합(ASEAN)이 건재한 동남아시아 지역과는 달리, 동북아시아에서 지방정부와 지역 간의 초국경 협력이나 월경개발은 아직 걸음마 단계에 있다. 우리나라·중국·일본이 있는 동북아시아는 그만큼 국민국가의 경계와 민족주의의 성향이 강하기 때문이다.

예를 들어 아직도 한반도와 동북아시아 해역의 주변에는 중국, 러시아, 일본 등의 정치·군사적 이해관계의 첨예한 대립과 북한의 핵 문제가 해결되지 않고 있다. 그리고 역내국가들의 경제체제의 이질성 및 발전단계의 다층성과 안보·경제 분야에서의 높은 대미의존도, 중국의 경제적 급속한 부상과 일본의 침략 및 과거사 문제 등이 복잡하게 얽혀 있다. 이런 상황은 동북아시아 연안의 국제질서를 항상 불안

정하게 하는 요인들이었고, 초국경적 협력과 경제공동체 구축의 장애
가 되어 왔다.

앞서 논의된 바와 같이 환동해와 그 해역권에 대한 여러 긍정적 전
망에도 불구하고, 최근 환동해 해역에서의 국제정세는 주목할 만한
변화를 보이고 있다. 앞서 논의했듯이 환동해 지역은 남북한 간 긴장
고조와 대치, 중국과 러시아의 상호경쟁과 견제, 이들과의 협력에 대
한 일본의 상대적 소극성 등 국제정치와 외교정책 상의 변수를 상시
적으로 가지고 있다.

예컨대 동해를 둘러싸고 나타나는 국가들 사이의 영향력 확대시도
와 패권 경쟁은 육지에서의 대립뿐 아니라, 해양에서의 경계획정 및
영토문제에서도 치열하게 전개되고 있다. 즉 동해에서 독도, 사할린
등의 영유권 분쟁을 포함하여 해양경계를 둘러싼 여러 갈등의 이면에
는 영토확보, 에너지 자원 확보, 힘의 추구라는 서로 상이한 세 차원
에서의 지정학적 요인들이 작용하고 있다. 특히 이들 요인은 서로 밀
접하게 연관되어 있어 갈등이 더 심화되는 경향이 있다. 지금 동해 상
에서 여러 나라들은 자국의 경제적·전략적 이익을 추구하며 배타적
주장을 되풀이하게 되고, 이런 상황은 다시 대립과 갈등을 더 심화시
키며 상호협력을 어렵게 하고 있는 것이다.

또한 이를 제외하더라도 환동해권 지역 내 경쟁력을 갖춘 연안지역
혹은 해항도시의 숫자가 적고, 네트워킹에 대한 참여가 부족한 상황
에서 기존의 중심과 변경의 상호작용이 원활하게 이루어지지 못하고
있는 것은 명백한 현실이다. 이러한 가운데, 동북아시아에서는 동해
라는 해역권을 사이에 두고 그나마 상황적 부침이 적은 국가 단위의
헤게모니가 주로 교섭을 진행하고 있다. 특히 중국과 러시아는 지속
적인 발전을 위해 동해를 통하는 새로운 경로가 필요하고, 북한은 이

를 이용하여 낙후된 경제의 실리를 취하려는 것이 최근의 모양새이
다. 그래서 이를 감지한 미국은 경쟁국인 중국과 러시아를 견제하기
위해, 태평양과 동해를 필두로 한 일본과 연합하여 동해의 새로운 해
양세력으로서의 역할을 자처하고 있다.

〈그림 76〉 동북아 해양게이트웨이 구상과 교통망 연결

* 자료: 일본해학추진기구. http://www.nihonkaigaku.org

결국 지금의 동북아시아는 과거에 비해 중국의 부상과 미국의 상대
적 약화 현상이 맞물리는 무대가 되었다. 현재의 동해는 이를 이용하
거나 저지하려는 북한·중국·러시아의 전략적 협력의 장소이자, 이
를 지켜보는 우리나라·미국·일본이 서로 협상의 게임을 벌이고 있

는 장소이기도 하다.

하지만 현실적으로 두만강 접경지역을 둘러싼 환동해 전략과 협상의 테이블에서 정작 영해를 가진 우리나라의 목소리는 아직까지 크게 들리지 않고 있다는 점이 아쉬운 대목이라 할 수 있다. 미래 우리나라가 환동해권, 환태평양권, 유라시아 대륙권의 중추국가로서 위상을 높이기 위해서는 반드시 지정학적 관점에서 요충지에 대한 전략적 분석과 선점대안이 필요하다. 그런 점에서 중국과 러시아, 몽골 등 대륙세력의 해양출구이자, 일본과 미국 등 해양세력의 대륙입구로서 두만강 주변 북·중 접경지역은 가장 최적화된 장소인 것이다.

2. 동해의 창·지·투 네트워크

1) 동해 네트워크의 개요

지난 2009년 중국은 두만강 주변 북·중 접경지역에 이른바 '창지투(長吉圖)선도구 개발'을 선언하였고, 비슷한 시기에 북한은 '나선(나진·선봉) 특구 개발'을 발표하였다. 이는 중국이 두만강 접경지역인 창춘~지린~투먼~훈춘을 전진기지로 삼고, 북한의 나진항과 선봉항의 사용권을 얻어내어 환동해 해역으로의 네트워크 확장을 기도한 하나의 커다란 사건이었다. 이러한 이유로 2010년 이후부터 현재까지 창지투선도구와 나선특구는 각각 동북아시아의 경제협력 뿐만 아니라, 새로운 국제정치질서 및 세력 재편의 무대로 부상한 상황이다.

예로부터 두만강 주변 북·중 접경지역은 동해를 중심으로 남·북한, 중국, 러시아, 몽골, 일본 등을 포함하는 동북아시아의 새로운 개발 중심지역 등장하고 있으며 대륙국가는 해양으로, 해양국가는 대륙으로 진출하는 게이트웨이로서 관련 국가들의 상당한 관심이 모아져왔다. 최근 이 지역의 변화는 표면적으로 북한이 나선특구를 통한 중국의 동해에 대한 이른바 '출해권(出海權)' 확보에 협조하는 대신, 중국은 북한의 경제를 대대적으로 개선시켜 남한에 의존하지 않겠다는 계산이 엿보인다. 그러나 이는 시간이 지날수록 중국과 북한, 양자만의 문제는 아닌 것이 되고 있다.

해역(海域)의 새로운 관점에서 생각하면, 지금 중국의 동해 출해권을 손에 쥐고 있는 북한과 러시아는 중국의 창지투 계획의 궁극적인 목표를 넌지시 들여다보고 있다. 반대로 중국이 생각하는 동북지역과 접경지역의 발전은 동해로의 출항을 필요조건으로 삼고 있다. 여기에 러시아, 일본, 미국, 우리나라 등은 색다른 관심을 가지고 본격적인 참여와 문제개입의 기회를 엿보고 있다.

이러한 점에 근거하여 '환동해(環東海) 해역의 핵심적 출구(出口)'로서의 의미를 갖는 두만강 주변 북·중 접경지역을 둘러싼 초국경 개발의 관점에서 볼 필요가 있다. 즉 두만강 유역 접경에 위치한 중국의 창지투(長吉圖)선도구와 북한의 나선특구 개발을 사례로 하여, 최근까지의 경과와 주변국들의 입장을 우선 살펴본다. 그리고 이를 둘러싼 인접국가들의 국제적 경쟁과 협력의 상황을 분석하고, 우리에게 주는 현재적 시사점을 도출하는 것은 중요하다.

두만강 주변 북·중 접경지역에 걸친 중국의 창지투와 북한의 나선특구 개발이슈가 표면적으로는 분명 '지방정부 및 지역 간 초국경적 연계개발'이다. 하지만 이 사례가 향후 우리나라의 대북정책과 환동해권의 경제지형, 동북아시아의 국제정세와 안보상황 등에 미치는 중요성은 적지 않다. 이를 감안할 때, 현 단계에서 이를 둘러싼 국제세력들 간의 경쟁 및 협력의 본질을 검증해 보는 것은 상당히 중요한 의미가 있다. 또한 다국적 경쟁과 협력의 공간으로 동북아시아에서 '해역(海域)'이 갖는 현대적 중요성과 그 의미를 재음미하는 기회도 새로운 의미를 갖는다. 즉 이 장에서는 동해를 '영해(領海)'로 관장하고 있는 우리나라가 취해야 할 자세와 올바른 명제를 국제해양질서의 관점에서 규명하여, 향후 국익을 위한 보다 현실적인 처방과 대안을 다 같이 생각해보고자 한다.

2) 동해 네트워크의 현재적 의미

여기서 동해의 해영네트워크에 대한 분석의 관점은 두만강 주변 북·중 접경지역 개발이라는 하나의 사례를 두고서, 이에 대해 다국적 경쟁과 협력의 구도와 입장을 균형 있게 논의해 보는 것이다. 그 이유로는 우선 근래에 들어서 중국, 러시아, 일본, 미국 등 한반도 주변 강대국들이 한반도 문제에 대한 영향력의 확대를 위해 경쟁하면서, 환동해를 둘러싼 문제의 국제화 정도가 점차 심화되고 있기 때문이다.

세계에서 유일한 한반도의 이념과 체제 분단의 상황은 이를 단적으로 말해준다. 최소한 동북아시아에서만큼은 여전히 자국의 이익을 중심으로 주변의 강대국들이 유기적으로 연결되는 국제질서가 아직까지 안정적으로 형성되지 못한 것이다. 그리고 그 중심에는 지금의 '동해(東海)'가 자리하고 있다.

이미 동해를 경계로 미국의 태평양 함대와 일본의 자위대는 중국과 북한, 러시아의 무력과 대치하고 있는 상황에 있다. 그래서 동북아시아의 소위 '환동해(環東海) 해역'에서 일단 이들은 상호협력을 약속하는 한편, 동북아시아의 미래에 상대방이 미칠 영향에 대해서는 서로 신중한 입장을 보이고 있다. 이러한 현상은 최근 국제정세와 지역개 발에 관한 국내·외의 여러 문헌에서 보고되고 있다.

구체적으로 한반도를 둘러싼 중국, 러시아, 미국, 일본 등이 원래부 터 서로의 견해차가 크고, 동북아시아의 미래에 대한 소위 '동상이몽 (同床異夢)'의 간극이 있었다는 점에서, 현재 어느 특정한 사안에 대한 국제적 민감도 역시 적지 않은 상황이다. 최근 여러 가지 복잡한 상황 이 전개되어 온 가운데, 아직 두만강 주변 북·중 접경지역을 둘러싸 고 있는 창지투와 나선특구, 환동해권에 대한 논의 구도는 각 나라별 로 극명한 시각 및 입장 차이를 드러내고 있다.

예컨대, 두만강 주변과 동해의 출구를 둘러싼 중국의 동북3성, 북한 의 함경도, 러시아의 극동연해주, 일본의 서해안지역은 각기 새로운 발전구상에 따라 초국경 개발의 프로젝트가 가동되고 있다. 그리고 각 나라들은 여전히 모두 자국의 중심에서 상대적으로 발달이 지연되 거나 저개발된 지역으로 이 곳의 대외 정책의제를 다루고 있다. 미국 은 경제개발 보다는 동해 연안을 새로운 동북아시아 안보전략의 거점 으로 바라보고 있다.

이러한 상황에서 두만강 주변 북·중 접경지역은 동북아시아 자원 물류의 거점 및 환동해권의 경제중심 지역으로 부상할 가능성이 점차 커지고 있다. 이미 이 지역에는 2010년 이후부터 우리나라의 기업 전 용공단이 개발되어 있어 중국시장으로의 진출로뿐만 아니라 러시아 및 북한시장 진출에도 용이한 상황이 조성되고 있다. 이에 중국의 창 지투(長吉圖) 선도구와 북한의 나선특구를 중심으로 한 두만강 접경 지역의 개발은 이미 성공궤도에 오르고 있으며, 이것이 동북아시아와 주변국에 미치는 영향력 및 그 파급효과가 어느 정도가 될 것인가는

〈그림 77〉 동해의 북-중 접경 네트워크를 둘러싼 국제적 구도

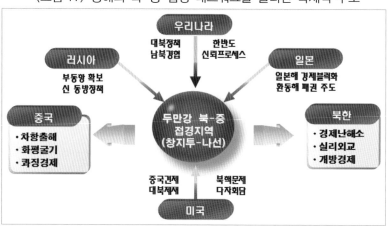

우리나라 국내에서도 중대한 관심사가 될 수밖에 없다.

특히 중국의 '차항출해(借港出海)'와 '화평굴기(和平崛起)' 전략, 러시아의 '신동방(新東邦) 정책', 일본의 '환일본해(日本海) 경제권' 정책 등의 일환으로 추진되는 두만강 주변 북·중 접경지역의 개발은 우리의 대북 경제정책에 중국과 러시아, 일본 등을 활용해야 할 당위성을 시사하고 있다. 게다가 우리나라는 대북정책과 남북경협에 관한 정책을 이들 나라들의 입장과 연계된 다자적 협력 및 동반자적인 관계를 전제로 수립해야 함도 말해주고 있다. 즉 두만강 주변 북·중 접경지역의 개발은 국제질서 상에 이미 형성되어 있는 다자주의(multilateralism) 공간을 활용하여 동북아시아 정세의 균형적 복원을 일국적 관점이 아니라 지역공동의 차원에서 접근한다는 점에서 시사적 의미를 갖는다.

기존의 이론과 현실에서 나타난 복잡한 국제정세상의 프레임에 따라, 장기적으로 우리나라는 남·북 경협과 북·중 경제협력의 상호 경쟁을 지양하면서 서로의 정책을 보완·협력하는 구도로 추진해야 한

다는 새로운 명분을 얻게 된다.

공교롭게도 최근에 등장한 '유라시아 이니셔티브'는 한반도와 유라
시아 단일 교통, 물류, 에너지 인프라 구축은 포함한 거대 단일시장
형성의 실행계획을 담고 있다. 이와 같은 현 정부의 한반도 신뢰프로
세스와 동북아 평화협력의 구축을 위한 유라시아 이니셔티브 정책은
러시아 푸틴 정부의 유라시아 연합구상을 포함한 신동방 정책, 중국
의 21세기 일대일로(一帶一路) 및 신실크로드 정책과도 묘한 교집합
을 형성하고 있다.

이에 궁극적으로는 한반도에 위치한 우리나라가 적극 개입하여 앞
으로 두만강 접경의 북·중 경제협력 사업을 다자간 국제협력 사업으
로 확대·발전시켜야 한다는 명분과 당위성을 가질 수 있다. 그래서
우리나라는 중국과 북한이 국가전략 차원에서 전개하는 두만강 주변
북·중 접경지역 이니셔티브에 직접 대응하기보다는 이익의 균형점
을 세밀하게 모색할 필요가 있다.

여기서 두만강 주변 북·중 접경지역의 초국경 연계와 개발에 대해
다국적 경쟁과 협력의 입장을 균형 있게 논의해 보려는 이유가 바로
이것이다. 북·중 두만강 접경지역의 개발에 대해서 우리나라가 어떠
한 대책을 강구해 나가야 할 것인가 하는 문제는 향후 다국적 협력과
경쟁의 게임에서 우리나라가 배제된 상태를 만들지 않게 한다는 점에
서도 상당히 중요한 국익차원의 의제가 될 것임은 분명하기 때문이다.

3) 중국과 북한의 동해 접경지대 개발

중국은 자신들의 동북지역과 두만강 주변 북·중 접경지역에 대한
개발의 관심을 오래 전부터 가져 왔다. 특히 두만강 유역과 인접한 중

국 동북지방의 지린성은 랴오닝성과 헤이룽장성의 중간에 위치하며, 북한 및 러시아와 접경하고 있다. 또한 풍부한 산림자원과 광물자원을 보유하고 있으며, 자동차산업을 비롯해 석유화학산업, 식품산업, 제련산업이 발달해 일찍부터 중국의 대표적인 중공업기지로 자리 잡았다. 그런데 중국 동북지방은 과거 근대화의 효자노릇을 했던 중화학 산업이 몰려 있었으나, 1980년대 이후 개혁개방의 과정에서 상대적으로 낙후되었다.

구체적으로 동북지방의 소위 '노공업(老工業)' 지대는 2000년대부터 오히려 중국 경제의 부담으로 작용하기 시작했고, 지속적인 고도성장을 위해 이 지역의 풍부한 천연자원을 적극 활용할 필요성이 제기되기도 했으나, 전반적으로 낙후된 교통과 수송인프라가 걸림돌로 부각되었다. 또한 대련(大連)을 제외하고는 동북지역 전체에서 항구가 전혀 없다는 점도 발전에 치명적인 약점이 되었다. 이에 중국은 국경을 넘은 발상의 전환을 꾀하였고, 그 중심에는 동북지역 끝자락의 창지투와 북한 두만강 접경지역이 자리하고 있다.

1860년 연해주를 잃은 중국은 오랫동안 동해로 나가는 부동항을 얻기 위해 노력을 기울여왔는데, 부강해진 지금 동북지역과 남부를 연결하는 해상수송로를 확보할 경우에 한반도 주변의 환동해권과 환황해권을 마치 내해(內海)처럼 사용할 수 있기 때문이다. 그래서 원래 두만강 접경유역과 창지투 개발사업은 동북3성 가운데 경제규모가 가장 작은 지린성 중심의 지역단위 개발전략으로 구상되었다. 초기에 동북 지린성과 창지투선도구는 내장된 천연자원이 풍부하고 기술력이 뛰어난 데 비해서 인건비가 저렴하다는 점, 유럽과 아시아 육로운송의 대륙종착역으로 발전시킬 수 있는 전략적 위치라는 점, 유럽에서 극동지역을 잇는 에너지 수송로역할을 한다는 점 때문에 많은 전문가들의 주목을 받았기 때문이다. 그러나 창지투를 중심으로 한 지린성의 발전구상은 2009년에 갑자기 국가급 개발사업으로 승격되어 그 추진이 가속화되었다.

　1990년대까지 중국은 북경, 상해, 대련 등 대도시 개발로 여력이 없어, 동북지역과 두만강 접경에 대한 관심은 가질 수조차 없었다. 그러던 중국이 2000년대에 들어 그간의 개혁개방을 통해 무역흑자와 경제 국력이 대폭 상승하고, 막대한 재정적 여력이 생긴 것은 2009년 창지투 개발이 두만강 주변 북·중 접경지역에서 본격적으로 진행된 또 다른 배경으로 생각할 수 있다. 최근의 이 지역의 다수 전문가들은 중국의 경제가 성장가도를 달리는 범위에서 이 지역에 대한 중앙의 막대한 투자는 계속 이어질 것으로 내다보고 있다.

　중국은 두만강 유역의 접경지대를 향후 동북아시아 최대의 자유무역지대로 키우겠다는 야심을 보이고 있다. 그래서 중국 입장에서 초국경 사업의 관건은 북한, 러시아 접경과의 원활한 월경협력이다. "우리는 항구를 빌려 바다로 나아갈 것이다(借港出海)"라는 선언은 이를 잘 말해준다. 따라서 중국이 두만강 유역의 접경지대 개발의 의미를 과거 민감했고 해결되지 못하던 접경지역의 정치와 안보문제를 경제문제로 전환시켜 새로운 돌파구를 마련한 것으로 전문가들은 평가하고 있다.

　한편, 두만강 접경지역의 나선특구는 원래 지정학적으로 중국, 러시아, 북한의 3각 무역이 가능한 국경지대이며, 중국이 북한을 통하여 동해로 나갈 수 있는 유일한 지리적 요충지라는 점에서 유리한 입지조건을 가지고 있다. 그래서 북한은 이미 1995년부터 나진·선봉시를 직할시로 통합하여 승격시켰고, 1997년에는 환율 현실화 조치와 외화 사용 규제를 폐지하였다.

〈그림 78〉 북·중 두만강 유역 접경지대의 연결과 개발현황

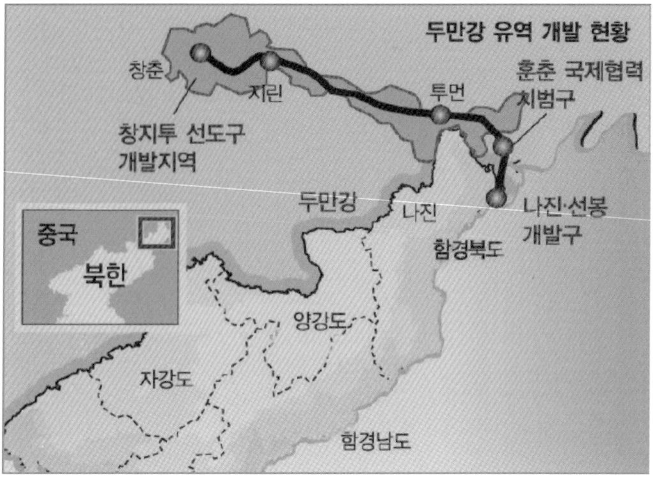

* 자료: 통일뉴스. http://www.tongilnews.com

1998년에는 자본주의식 자영업 허용과 국제자유시장을 개설했다. 또한 제도적으로 북한은 대외경제협력을 담당할 중앙노동당의 '대외경제협력추진위원회'를 설립하고 외국인투자법·자유경제무역지대법 등 57개 항목의 외자유치법령을 제정하였다.

그러나 이러한 노력에도 불구하고 외국인 투자는 매우 저조했고, 2000년대 중반부터 나선특구 개발은 소강상태에 진입했다. 이에 북한은 2005년 나선경제무역지대로 개칭하고, 경제특구에 대한 통제를 이전보다 강화하였는데, 이런 조치들로 상당한 기간동안 이 지역은 활성화의 길을 찾지 못했다.

두만강 접경지대에 위치해 있는 나선특구가 대외적으로 새롭게 각광을 받기 시작한 것은 2009년 중국의 창지투선도구(長吉圖先導區) 개발의 공식발표와 2010년 김정일의 두 차례의 중국 방문이 기점이 되었다. 즉 2009년에 중국의 접경개발 정책발표에 화답하는 북한의

행보에 따라 북·중 경제협력은 강화되기에 이르렀다. 북한은 2010년 창지투 지역과의 연계된 개발전략으로 나선특별시 승격과 함께 '나선 경제무역지대법'을 개정했다. 개정된 이 법에는 북한 지도기관 및 지방기관의 자율성과 권한 확대, 투자기업 인센티브 및 세제혜택 강화, 상품가격에 대한 국가의 개입 축소 등 특구개방을 확대하는 혁신적 내용이 대거 포함되었다. 특히 우리나라 기업의 나선경제특구 참여를 전격적으로 허용하는 내용도 담겨 있었다.

북한은 최근 나선특구에 대해 새로운 기획을 구상하고 있다. 일단 내부적으로 나진은 관광, 상업중심으로 특화시키고, 선봉은 공장을 주체로 해서 제조업과 기간산업 중심으로의 육성을 표방하고 있다. 특히 나선특구가 중국의 창지투 개발과 연동됨으로 인해, 지금은 북한은 중국에게 많은 지원을 요구하고 있는 형국이다. 예를 들면 나선 지구에 중국으로부터의 전력 공급, 훈춘과 북한 선봉간 교량 및 철도 건설, 나선 시멘트 공장 건설, 나진항의 항만 추가 건설, 나진항을 통한 대외 금강산 관광사업 활성화를 시도하고 있다.

현재 나선특구는 나진항을 중심으로 인접한 선봉항, 웅기항 등이 종합적으로 연계된 개발이 진행되고 있으며, 중국의 투자와 연동하여 개발이 느린 속도로 진척되고 있다. 일단은 2000년부터 2021년까지 약 20여 년에 이르는 장기구상 아래 개발이 추진되고 있다. 중국과 러시아의 부동항 확보와 북한의 경제난 타개를 위한 나선특구 개발이라는 상호간의 필요·충분조건이 형성되어, 현재 이 곳에서는 중국과 러시아, 북한과의 삼각협력이 공고해지는 형국이다. 게다가 중국과 러시아 정부의 적극적인 지원 아래 나선특구에 대한 독점적 지위를 얻기 위한 민간투자도 늘고 있으며, 이러한 현상은 당분간 지속될 것으로 전망된다. 그러나 여전히 북·중 관계의 외교적 부침이 심하다는 점,

중국과 북한정권의 내부 기류의 변화에 따라 이러한 개발의 진척은 많은 영향을 받을 것으로 분석되고 있다.

4) 동해 네트워크에 대한 국제적 시각

(1) 중국의 시각과 입장

중국은 2009년 창지투 개발사업을 국가적 사업으로 승격시키면서, 이미 항구를 빌려 동해로 나가는 전략을 선언하였다. 오래 전부터 중국은 두만강 하구가 북한·러시아의 공유수면인 탓에 동해와 직접 연결된 뱃길이 없었고, 경제발전으로 동북지역의 물류비 부담이 커지자 북한의 동해 항구를 외교적으로 이용하는 방안을 적극 타진해왔다. 이에 처음부터 중국으로서는 창지투 개발과 나선특구의 연계방안을 북한이 어떻게든 받아들이도록 해서, 러시아로부터는 기대하기 어려운 출해권(出海權)을 확보하려는 심산이었다. 즉 중국 쪽에서 먼저 시작하고 지원해서 좋은 환경이 성숙하게 되면, 연이어 접경지역의 러시아와 북한도 자연스럽게 참여하게 될 것으로 전망하였고 이러한 예측은 그대로 현실화된 것이다.

원래 창지투 지역과 두만강 접경유역의 개발은 중국이 독창적으로 처음 만든 구상은 아니었다. 이것은 당초 1991년부터 국제사회의 손에 의해 만들어진 유엔개발계획(UNDP) 산하의 광역두만강협력이니셔티브(GTI, Greater Tumen Initiative) 및 두만강개발프로그램(TRADP: Tumen River Area Development Program)으로 기획, 추진하려던 사업이었다. 물론 유엔의 의도는 접경지역의 교역과 교류를 통한 동북아시아의 항구적 평화유지를 도모하는 것이었다.

그러나 1990년대 중반 북한 핵실험과 미사일 발사 위기로 국제사회의 관심과 지원은 전면 중단되었다. 이후 거의 진행되지 못했던 이 사업을 2009년 중국이 앞장서서 부활시키고 추진한 이유는 두만강 개발로 동해로의 출구를 확보하게 되면 스스로가 가장 큰 이익을 얻을 수 있었기 때문이다. 그리고 크게는 '화평굴기(和平崛起)'에 입각한 강대국 외교전략을 통해 미국과의 대립을 우회하면서, 러시아 및 북한과 우호적인 주변관계를 형성하기 위한 구상도 포함된 것으로 보인다. 중국이 창지투과 나진항을 연결해 미래의 군사거점으로 이용할 수 있다는 안보상의 지적도 무리는 아니다.

이보다 현실적인 관점에서 중국은 약 1억 명 이상이 살아가는 동북지역 전체의 물류가 유일한 항구인 대련 쪽으로만 집중되는데 큰 부담을 느끼고 있다. 물류와 교통의 분산을 위해 국가적으로 두만강을 이용한 동해 출구가 절실한 가운데, 지린성 역시도 해외로 나가는 통로가 없어 오랫동안 지역발전에 어려움을 겪어 왔다. 심지어 동북지역은 통로가 막힌 내륙의 고립된 지역으로 인식되어, 중국 자체의 개발정책에서도 장기간 소외되어 왔다. 이에 중국은 창지투와 나선특구의 활성화된 해상운송을 통해 상대적으로 발전된 자국의 남부연안, 우리나라, 일본 연안과의 교류가 활발해지기를 기대하고 있다. 또한 최근 10년 동안 중국은 초국경 경제활동인 이른바 '과징경제(跨境經濟)'를 표방하면서, 동해로 나가려는 의도를 북한에서 극동 러시아 지역으로 빠르게 확장하고 있다. 즉 북한의 나진항과 러시아 자르비노항을 이용한 동해 진출을 동시에 추진하고 있는데, 자르비노항은 부동항이 아니기 때문에 상대적으로 가치가 높은 나진항에 더욱 집중하고 있다.

〈그림 79〉창지투 프로젝트의 개요와 영향권

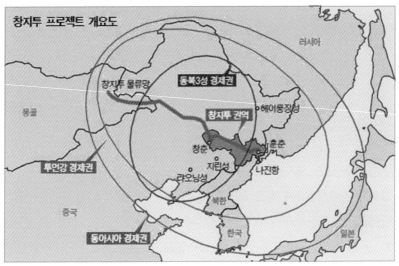

* 자료: 통일뉴스. http://www.tongilnews.com

　실제적으로 2012년 중국 동북지역 지린성의 석탄, 곡물을 북한의 나진항에서 배에 실은 후에 상하이까지 운행한 결과, 내륙철도는 15일이 걸렸지만 동해의 바닷길로는 3일이면 충분하였으며, 물류비용도 1/3 수준으로 줄어들었다. 이미 중국은 영토 안에서 '내내(內內)' 수송보다 동해를 통한 '내외내(內外內)' 수송이 경제적인 것으로 검증을 마친 것이다. 이에 동해로 나가려는 목적은 국제적 교역의 목적도 있었지만, 장기적으로는 국토가 광활한 중국 자국 내의 원활한 물류와 지역균형발전의 목적도 상당부분 차지했던 것이다. 중국이 지금 '일대일로(一帶一路)' 전략에 따라 육로보다 해양실크로드 개발에 박차를 가하고 있는 것도 이와 무관치 않다.

　중국이 2013년 발표한 '일대일로(一帶一路; One belt, one road)' 전략은 과거 융성했던 유라시아의 육상 및 해상 무역로를 중국을 중심으로 재건하는 것이다. 일대일로는 중앙 및 서부 아시아를 통해 중국과 유럽을 연결하는 신 실크로드 경제벨트와 중국, 동남아시아, 아프리카 및 유럽을 연결하는 21세기 해상 실크로드를 통합적으로 의미한다. 일대일로를 통해 연결된 나라들의 규모를 살펴보면, 총인구는 약 44억여 명으로 세계 인구의 63%를 차지하고 있으며, GDP는 약 2조 1000억 달러로 글로벌 GDP의 29%를 차지하고 있다.

이미 중국은 일대일로의 추진을 위해 이미 2015년에 '아시아인프라투자은행(AIIB: Asian Infrastructure Investment Bank)'을 전격적으로 설립하였으며, 아시아 주요국은 물론 유럽국가들까지 다수 끌어들였다. 이에 고무된 중국은 일대일로 선상에 위치한 국가들과 정치, 경제, 문화 등을 포괄한 이익공동체, 운명공동체, 책임공동체를 실현해 단일 경제권 형성을 추진하겠다는 방침도 발표를 한 바 있다.

최근 중국은 우리나라와 북한 사이의 천안함 침몰사건, 연평도 포격사건, 지뢰도발, 핵개발 및 탄도미사일(ICBM) 발사 등으로 우리나라와 미국의 지원이 끊어지고 국제사회의 압력이 거세지면서, 외교적으로 막다른 골목에 내몰리고 있는 북한을 다소 중립적으로 지켜보고 있다. 현재 시진핑과 김정은 집권 초반기에 다소 냉랭해진 관계를 토대로 중국은 사정이 더 급한 북한을 압박해 두만강 접경지역에 대해서 소위 중국식 개혁개방시스템을 주입, 이식할 수 있는 기회를 엿보는 것으로 풀이된다.

특히 최근의 행보를 보면 두만강 유역의 창지투 지역과 연계한 나선특구를 중국식 개혁개방모델로 만들고자 하는 의도가 다분하게 드러난다. 중국은 이미 나선시에 대사관 형태의 '경제대표부'를 설치했고, 통행, 통신, 통관 문제를 유리한 방향으로 타결한 것으로 전해진다. 그리고 지금 중국은 두만강 유역에서 훈춘과 나진 간 고속도로 유지보수 비용을 전액 부담하고 있을 뿐만 아니라, 나선시의 모든 전력을 공급하는 시스템까지도 고려하고 있다.

이런 상황에서 중장기적으로 중국은 북한의 대중의존도를 더욱 심화시킬 의도도 없지 않은 것으로 해석된다. 두만강 북·중 접경지역의 창지투선도구에 대한 중국 국무원과 중앙의 최근 일방적 시책들이 막대한 자금력을 앞세운 자원확보 트랙을 답습하고 있기 때문이다. 이는 중국이 베트남, 중앙아시아, 미얀마 등의 여타 접경지역 및 소수민족지구에 취한 개발정책과 크게 유사한 측면을 가지고 있기도 하다.

이를 안보적으로 재해석하면, 중국은 창지투를 통한 나선특구와 동해 진출을 통해 북한에 급변사태가 발생했을 때 우리나라, 미국, 일본이 이 해역에 접근할 것을 대비한 장기적 포석을 깔았을 수도 있다. 이는 20세기 초 러시아(구 소련)가 나진항을 군사기지로 적극 활용한 선례를 볼 때도, 그 가능성을 완전히 배제할 수 없다. 특히 지난 몇 년간 중국이 창지투와 나선특구에 기반시설만 계속 마련해 나가고, 그 이용을 본격화하지 않은 것은 단지 북핵문제와 정권세습 때문으로 추정된다. 유엔 안보리 상임이사국으로서 중국은 국제사회 차원의 대북제재에 참여한 상황이기 때문에, 조용한 투자만을 계속 해온 것이다. 이는 러시아의 입장도 크게 다르지 않다.

이런 점에서 중국이 앞으로 나선특구 이용과 동해로의 항로 개척을 본격화한다면, 이것은 곧 북한의 핵보유와 김정은 정권을 어느 정도 받아들인다는 의미가 될 것이다. 또한 우리나라와 미국 주도의 기존 대북정책은 그 효력이 떨어진다는 의미도 될 것이고, 역시 최대 수혜자는 중국이 될 것이다.

따라서 여전히 중국 입장에서는 두만강 유역과 창지투 지역의 장기적인 성공을 위해서 북한정세의 안정과 기다림이 필요하고, 이를 위해서 향후 대북투자의 전체 규모도 2025년 정도까지는 보이지 않게 확대할 것으로 전망된다. 무엇보다 지난 2015년에 중국이 비교적 조용하게 '아시아인프라투자은행(AIIB: Asian Infrastructure Investment Bank)'을 만들어 전 세계를 놀라게 한 전례를 볼 때 그 가능성은 충분하다.

(2) 북한의 시각과 입장

북한은 과거 중국과 일방적 지원과 원조를 통한 수혜적 관계에 기초하고 있었으나, 창지투와 나선의 연결을 통해 자의 반, 타의 반으로 경제적 밀월관계를 심화시키고 있다. 일단 북한은 대외무역의 약 80% 이상을 중국에 의존하고 있으며, 정치·군사적인 우방국임을 자처하고 있다. 그럼에도 불구하고 북한은 과거 중국과의 교류에 적극적인 자세를 취하지는 않았다. 북한은 이미 중국과 러시아가 겪은 개혁개방의 명암(明暗)을 지켜보았고, 이에 따른 딜레마를 잘 알고 있었으며, 정권 자체의 폐쇄성도 심했기 때문이다.

그리고 북한은 과거 중국과 러시아와 사회주의 이념에 함께 묶여 있었지만, 중국과 러시아가 서로 경쟁과 견제를 하던 시절부터 이런 상황을 정치적으로 잘 활용해 왔다. 과거 북한의 김일성과 김정일은 소위 '민족자주외교'의 명분을 내세워 근 50년 동안 어느 한쪽의 편에 서지 않은 채, 양자의 틈바구니 사이에서 실리적 외교를 했던 것이다.

이런 이유로 지금의 창지투 개발과 나선특구에 대하여 북한은 중국과 이른바 '동상이몽(同床異夢)'식의 해석을 내리고 있다는 것을 쉽게 예상할 수 있다. 일단 외견상으로 중국의 2009년 창지투 국가사업 승격에 대해 화답하듯 북한은 2010년에 함경도의 나선(나진-선봉)시를 특별시로 승격, 지정하였다. 그러나 창지투 계획의 근본 목적은 동해로 나

가는 두만강 하류의 항구를 확보하는 계획이며, 나진항의 이용권을 중
국에 넘겨주는 것이 핵심이라는 점을 북한 당국은 잘 파악하고 있다.

실제로 최근 10년 간 중국은 북한 접경지역의 모든 도로, 철도 인프
라 건설을 전액 부담하고, 그 대신에 북한 영토 내의 채굴권을 갖는
방식으로 막대한 자원을 획득하였다. 2000년대 중반에 이미 중국은
북한 내 20여 곳 이상의 무연탄, 금, 은, 동, 철, 아연, 몰리브덴 광산개
발과 운영권, 채굴권 계약을 맺고 있는 상태이다. 게다가 북한은 중
국, 러시아의 물동량을 나선특구의 항구들로 끌어들이기 위해 수송인
프라 개선과 신항로 개설에 박차를 가해야 하지만, 장기적으로는 제
조업 분야의 투자 유치를 활성화시킬 필요가 있음을 잘 알고 있다.

이런 상황에서 향후 50년 동안이나 북한이 나선의 항구이용권을 가
진 중국, 러시아 등이 자신들에게 어떤 영향을 미칠 것인지에 대해 아
직은 내부적으로 찬반양론이 엇갈리는 것으로 추정된다. 즉 나선특구
가 단기적 관점에서 북한에 경제적 이익을 주면서 선진자본주의를 실
험하는 계기가 될지 모르지만, 가장 중요한 체제유지의 관점에서는
대체로 부정적 결론을 내려두고 있다. 환언하면, 최근 북한은 국제적
고립이 가속화되고 극심한 경제난을 겪고 있는 가운데, 중국에 대한
경제의 예속화 우려를 잘 알면서도 창지투와 나선특구의 개발 행보를
대외적으로 함께 하면서 경제난 타결의 해법을 찾고 있는 것이다.

결국 북한은 김정은 3대 세습체제의 안정적 구축, 대북 경제제재와
국제사회의 압박 하에서 부족한 재화를 마련해야 하는 절박성, 우리
나라와 중국의 친분으로 냉랭해진 중국과의 최근 관계 등을 볼 때, 지
금까지 고수해왔던 '필요에 따른 선택적 수용'의 입장은 점점 한계에
봉착하고 있다.

이에 북한 김정은 정권의 정치적 장래 및 경제회복에 대한 중국의

지원과 동해로 나가는 출해권을 서로 맞바꾸는 거대한 '외교적 거래 (big deal)'의 가능성도 완전 배제할 수는 없다. 그리고 우리는 실제로 그런 거래가 앞으로 이루어 질 가능성을 대비해, 그 대응책은 무엇인가를 미리 생각해두어야 할 것이다. 동해의 해양네트워크는 그래서 우리에게 중요한 의미를 갖는다.

(3) 러시아의 시각과 입장

러시아는 중국 측의 창지투 개발에 대해 일단 '외교적 수사(外交的 修辭)'로는 찬성과 찬사를 보내고 있다. 그러나 중국과 러시아는 동해로의 출해권에 대한 사안을 두고서는 양보 없는 갈등을 빚어 왔다. 예컨대, 1860년 베이징 조약으로 연해주를 잃은 중국이 동해로의 통로가 막힌 것은 이미 잘 알려진 일이다. 그런데 러시아는 이를 빌미로 약 30년 동안 중국이 동해로 나갈 수 있게 자국의 접경지역 항구를 언젠가 이용할 수 있게 해주겠다는 지키지 않을 약속을 반복했었다.

심지어 1950년대 중국이 '건항출해(建港出海)' 전략을 세우고 훈춘에 항구를 만들어 동해로 나가려고 했을 때도 러시아(구 소련)는 북한과 공조하여 이를 좌절시켰다. 물론 오랜 세월동안 중국과 러시아 사이의 구애와 반목, 협상은 계속 되었고, 사정이 급했던 중국은 점점 지쳐 갔다. 그리고 이는 중국이 막대한 예산을 투입해 먼저 북한 쪽으로 창지투 개발을 시작하게 만든 하나의 이유도 되었다.

냉전 시대가 끝난 후 러시아는 극동 아시아 지역 개발에 관심을 가지기엔 경제사정이 너무 어려운 형편이었다. 이런 이유로 중국이나 북한에 비해 두만강 접경지역의 개발에 별로 적극적인 태도를 보이지 않았다. 단지 중국의 세력을 견제하기 위한 목적으로 장기적인 나진항 사용권을 확보하는 쪽으로 전략을 선회하였다. 환언하면, 러시아의 중앙정부 입장에서는 두만강 유역이 수도에서 먼 가장 변경지역이기도 하지만, 최근 세계의 경제중심으로 우뚝 서고 있는 중국과 한반도 지역에 경제적 거점을 마련하는 한편, 이 지역에서 중국의 과도한 영향력을 견제하려는 의도도 가지고 있다. 그래서 러시아 역시 중앙정부가 이 지역에 대한 관심표명에 앞장서고 있는 것으로 파악된다.

다만 여기에서 주목되는 것은 러시아가 북·중 두만강 접경지역 인근에 이미 블라디보스토크(Vladivostok)와 포시에트(Posyet)라는 항구를 가지고 있어, 중국보다 동해로 나가려는 절박함은 상대적으로 덜하다는 점이다. 하지만 러시아는 북한의 나진항과 선봉지구, 청진항을 포괄하는 나선특구에 대하여 부동항(ice-free ports)이라는 천혜의 입지, 더 효율적인 국제물류기지로서 무척 중요하게 평가하고 있다.

러시아의 극동 항구들은 겨울철에 얼어버리는 약점이 있고, 오랜 세월 군항(軍港)으로서의 성격이 강했기 때문이다. 게다가 극동 유일의 컨테이너항인 블라디보스토크의 보스토치니(Vostochny)항은 이미 물동량이 포화상태에 이른 이유도 있다. 이는 최근 자국 내 러시아대륙철도 및 시베리아 횡단철도(TSR: The Trans Sinerian Railaway)의 늘어난 교통과 운송기능마저 제한시키고 있는 상황이다. 따라서 부동항 확보로 북·중 두만강 접경지역에서 쉼이 없는 국제무역을 통해 극동 러시아의 경제를 촉진하는 것은 러시아가 오랫동안 몰래 품어온 바램인 것이다.

이제 중국 주도의 창지투 개발과 나선지구와의 연계점 건설은 이제 동북아시아의 협력구도에서 주도자를 스스로 바꾸고, 오히려 러시아를 '객(客)'으로 끌어들이는데 중요한 역할을 하고 있다. 즉 러시아도 내심 막대한 투자비용을 아끼기 위해 협력에 소극적으로 동참하고 있는 것으로 보인다. 일례로 러시아 역시 최근 중국의 동북지역 개발에 관심을 갖고, 이와 보조를 맞추기 위해 내륙의 바이칼 호수 주변 광역권의 경제발전을 기획하고 있다. 중국의 동북 개발과 러시아의 바이칼 개발은 기존 노후산업의 한계, 자국 내에서 상대적으로 고립되고 낙후된 내륙지역이라는 유사점이 있기 때문이다. 나아가 러시아의 '신동방(New Eastern Policy)' 정책으로 인해, 시베리아 석유와 석탄, 가스 자원을 동해 항로를 통해 전 세계로 수출하겠다는 복안도 깔려 있다.

보다 구체적으로 이미 2012년 5월 푸틴 대통령은 연해주 블라디보스토크를 중심으로 러시아 동부를 발전시키는 신동방정책(New Eastern Policy)을 발표하였다. 러시아는 2008년 세계 경제위기와 2012년 5월 집권 제3기를 맞아 대외경제노선을 아·태지역과의 협력을 확대하는 신동방정책으로 전환한 것이다. 물론 러시아정부가 특정 정책노선을 공식적으로 신동방정책이라고 공식적으로 명명한 바는 없다. 다만, 푸틴 3기에 들어서면서 아시아·태평양지역 국가들과의 협력을 중시하고, 이를 토대로 동시베리아 및 극동지역의 발전을 촉진시키려는 정책노선이 본격적으로 추진되고 있다.

러시아 전문가들은 이러한 러시아의 아시아 중시 정책을 아시아로의 중심축 이동(pivot to Asia)으로 표현하며, 아시아로의 세력권 확장을 도모했던 19세기 러시아의 대외정책을 동방정책이라 간주하고 최근 아·태 지역으로의 본격적인 협력 강화와 시베리아 및 극동의 개발을 연계시키는 노력을 펼치고 있는 푸틴의 정책을 신동방정책으로 부르고 있다. 신동방정책의 주요 추진방향은 전략산업인 에너지, 우주항공, 군수분야에서의 동아시아 시장 진출을 확대하는 것이다. 그 중에서도 러시아는 에너지 분야의 아·태지역 진출 확대를 위하여 세계 에너지시장에서 자국의 입지를 강화하고 있는데, 두만강 유역접경의 극동지역이 바로 그 핵심거점이 되고 있다.

그러나 이러한 큰 문제에 대해 중국과 러시아의 공동협력이 얼마나 실천되었냐하는 점에서는 아직 가시적인 진전이 없는 것 같다. 다만 2010년 이후부터 중국과 러시아는 동해로의 진출을 놓고 패권싸움을 벌이는 동시에 조금씩 협력체계도 갖추어나가고 있다는 점은 고무적이다.

최근 중국과 러시아가 합작하여 러시아의 자루비노항에 대한 공동 개발을 시작했고, 동해로 뻗어 나오려는 이들의 경쟁적 행보와 실천적 움직임은 더욱 치열해지고 있기 때문이다. 따라서 중국의 동북지역과 러시아 극동지역 개발의 동시적 행보는 일단 2020년 시기까지는 활발하게 지속될 것으로 보인다. 물론 이러한 상황은 장기적인 동북아시아 지역협력 차원에서는 긍정적인 기여와 역할을 할 것으로 생각된다.

(4) 미국의 시각과 입장

미국은 1991년 유엔개발계획(UNDP)의 광역두만강개발프로그램(GTI)이 나왔을 때부터 동북아시아에서의 다자간 경제협력을 적극 지원하겠다고 밝혀 왔다. 미국은 이것이 냉전 이후 이 지역의 안정화된 분위기를 가져올 것이라고 기대했기 때문이다. 그러나 최근 중국 주도의 두만강 유역에서의 창지투 개발과 관련해서 미국은 이전과는 전혀 다른 입장을 보이고 있다. 왜냐하면, 미국은 최강대국이기는 하지만 지리적으로 북·중 접경지역에서 너무 멀리 떨어져 있고, 개발의 직접적인 참여자도 아니기 때문이다.

그렇지만 동맹관계 국가들인 우리나라와 일본을 비롯해, 서방의 어느 나라도 미국이 가진 국제적 영향력을 무시할 수 없다. 물론 실현가능성은 낮지만 여건만 된다면, 세계에서 가장 많은 글로벌 기업을 가진 미국이 직접투자를 통해 창지투 지역과 접경지역 개발에 깊게 개입할 개연성도 있다.

그렇다고 하더라도 동북아시아 경제협력과 평화분위기 조성을 위한 미국의 참여와 지원은 그 깊은 내면을 다시 들여다보면 문제가 달라지게 된다. 그럴 가능성은 낮지만 만약에 미국의 다국적 기업이 두만강 접경의 창지투와 나선특구에 참여한다면, 그것은 이 지역에서 점차 커지는 중국의 세력을 견제하려는 목적이 담겨 있을 것이다.

뿐만 아니라, 미국은 시시각각 변하는 북한의 움직임을 예의 주시하기 위한 정치적, 군사적 목적도 가질 것이다. 물론 이러한 미국의 의도를 중국과 북한도 충분히 알고 있으므로, 현재로서는 북·중 두만강 접경지역과 관련한 미국의 역할은 그저 주변부에 머물게 될 공산이 크다.

향후 미국은 창지투와 나선특구의 연계를 통한 북·중 경제협력이 그동안 북한의 핵개발 저지를 위한 효과적 방안으로 시행된 미국의 경제제재조치를 사실상 무력화시킬 가능성에 가장 신경을 쓸 것으로 보인다. 즉 북·중 두만강 접경지역에서 창지투 지역과 나선특구가 예상외로 번창할 경우, 북한의 핵개발 저지를 위해 미국이 취할 수 있는 조치는 더욱 한정될 것으로 보는 것이다.

쉽게 말해 이 지역으로 중국, 러시아, 일본, 우리나라의 막대한 외화를 벌어들일 수 있는 북한은 미국의 금융제재와 경제고립정책을 부담스러워하지 않을 수 있다. 그래서 현재 미국은 우리나라와 일본과의 안보동맹을 더욱 굳건히 하면서도, 중국과 북한의 정치·경제적 결속도 지속적으로 확인하고 있는 입장이다. 북·중 두만강 접경지역에 의한 경제적 이점이 거의 없는 미국으로서는 오히려 동북아시아 외교와 안보에 초점을 맞출 수밖에 없는 것이다.

(5) 일본의 시각과 입장

일본은 일단 두만강 북·중 접경지역의 창지투와 나선특구 개발에 일단 적극적으로 찬성하는 입장이다. 일본과 북한은 아직 정식수교는 맺어지지 않았으나, 최근 우리나라와 북한의 대치상황과는 다소 거리를 두고 있다. 현재 일본은 중국의 동북지역과 일본의 북서지역의 핵심 해항도시인 '니가타(Niigata)'와의 연결구상을 검토하고 있기 때문이다.

소위 환동해권을 '일본해 경제블록(Sea of Japan rim economic bloc)', '환일본해경제권'으로 간주하고 있는 일본의 이러한 구상은 자국 내에서는 상당히 논의가 진전된 상황이다. 물론 이러한 구상이 나타난 배경에는 두만강 접경지역의 배후지역인 중국 동북지역과 러시아 극동 내륙지역이 미래 시장성이 높다는 스스로의 평가가 자리하고 있다.

나아가 환동해권을 이용하여 일본을 대륙의 경제블록과 연결함으로써, 자국 내 다른 지역에 비해 상대적으로 발전이 더딘 홋카이도와 북서연안 권역의 부흥을 생각하고 있다. 이에 일본은 창지투와 나선특구 개발에 적게나마 지분을 확보하기 위해 적극적으로 움직이고 있다. 심지어 그동안 외면해 왔던 거액의 일제강점기 피해보상금을 북한에 전격 지불하여, 이 돈의 일부 또는 거의 전부를 북한의 나선특구 개발에 사용되도록 하는 방안까지 신중히 검토하고 있다. 물론 북·중 관계만큼 북·일 관계도 유동적이어서, 일본 정부도 확정적인 시책은 내놓지 못하고 있다.

보다 구체적으로 논의하자면, 일본이 가진 환일본해 경제권 발전계획은 1988년 최초 제기되어 약 30년이 다 되어가는 비교적 오래된 비전이다. 이는 쉽게 말해 태평양을 바라보는 '앞쪽 일본' 보다는 '뒤쪽 일본'의 발전구상이다. 즉 낙후된 북서연안 전체 지역경제의 활성화를 위해 동해를 중심으로 한 다국 간 경제교류의 활성화를 주창하고 있는 것이다. 이는 기존 동경과 오사카 등을 중심으로 한 일본 주류경제의 이해관계와는 일치하지 않는다. 그래서 매년 니가타에서 열리는 '동북아경제포럼' 등에서조차 이 구상은 오랜 세월 주목을 받지 못했다. 더구나 우리나라와 중국에서는 환일본해 경제권구상을 그 명칭으로 인해 전범국가 일본의 국가개발전략, 혹은 대동아공영권의 부활로 바라보는 견제의 시선들도 남아 있다.

그러나 현실적으로 일본은 미래 환일본해 경제권 구축의 전제조건으로 실제 연안의 해상운송인프라 확충에 주력해왔다. 최근 환일본해 경제권 구상을 뒷받침하기 위해 사회간접자본을 정비하는 작업도 주로 일본 남서해안의 항만시설에 집중되고 있다. 다만 "머지 않은 미래에 일본에서 한국, 북한, 중국을 거쳐 영국까지 자동차로 달리게 된다"는 환일본해 경제권 구축의 주장을 액면 그대로 받아들일 수 있을 것인가에 대해 우리나라와 북한, 중국의 전문가들은 고민에 고민을 거듭하고 있다.

하지만 더 중요한 점은 일본이 현재 다른 나라에게는 없는 여러 걸림돌을 해결해야만 하는 입장이라는 것이다. 이것은 중국 주도의 창지투와 나선특구 개발, 나아가 환동해권의 지분 확보와 동아시아를 통한 외연의 확대를 위해서 선결되어야 하는 조건이기도 하다. 예를 들면 오래된 무력침략과 반목의 역사적 관계, 독도와 센카쿠 열도(댜오위다오)로 대표되는 해양영토 분쟁, 심각해진 우경화와 역사 부정, 자위대의 무력확대에 따른 국제사회의 비난 등이 그것이다. 이런 문제들은 지금의 환동해를 일본해 경제권으로 만들려는 시도와 연동되어 있어, 동해를 둘러싼 일본의 해양네트워크 구상은 단기간에 쉽게 이루어지는 않을 것으로 예측된다.

(6) 우리나라의 시각과 입장

우리나라는 창지투 개발과 나선특구 발전에 대해 장기적으로 어떠한 방향성을 가지고 대응하여야 할 것인지 제대로 갈피를 잡지 못한 것으로 추정된다. 지난 2009년 중국이 창지투 지역 개발을 발표한 직후부터 우리나라는 그 의도와 배경을 알고 싶어 했다. 그런데 여기에는 중국이 북한과의 관계발전 및 개발전략을 밑바탕에 깔고 있는 게 아니냐하는 단순한 의문만이 주를 이루었다. 지금까지 보고된 창지투 개발과 나선특구와 관련된 국내의 기존 연구들도 주로 이러한 배경을 묵시적으로 전제하고 있다.

지금껏 우리나라에서는 나선특구가 기존의 개성공단에 비해 열악한 환경이고, 공항이 없기 때문에 외국인들의 이동에 제한이 있으며, 과거 남북관계의 특성상 자유로운 투자 및 경영이 제대로 보장되지 않았다는 점이 현재의 미온적인 태도를 유지하는 원인으로 작용한 것 같다. 게다가 북·중 접경지역은 조선족과 탈북자가 많은 지역으로, 원주민의 사회적 영향을 많이 받기 때문에 우리나라 기업투자의 불안요소가 항시 존재하고 있었다.

환언하면, 전략적으로 볼 때 우리나라는 투자와 참여의 직접적인 수혜자가 되기 어렵다는 판단이 작용한 것으로 보인다. 두만강 주변 북·중 접경지역에 대한 국내의 참여나 투자가 현재로서는 이익이 전혀 나지 않는다는 것이다. 또한 천안함 피격, 연평도 포격, 지뢰도발과 핵개발, 탄도미사일 발사 등 북한에서 저질러 온 일련의 무력도발도 사안의 무관심 현상을 키우는 데 적지 않은 영향을 미친 것으로 추측된다.

그러나 과거의 부정적 경험과 잣대로 앞으로의 현상을 섣불리 전망하면 곤란하다는 의견도 있다. 아직 나선특구에 대한 중국 민간기업의 투자가 불확실하기 때문에 실패할 가능성이 더 높다는 우리나라 언론계의 주장도 나와 있지만, 실제로 중국에서는 2012년 시진핑 체제 출범 이후에 지금까지 더 많은 중국기업의 동북3성지역 투자가 진행되고 있다. 더욱이 지금 창지투와 나선특구 개발은 우리나라와 북한의 경제적 이익뿐만 아니라 정치적, 외교적 이익이 교차하는 지점에 기초하고 있다.

오랫동안 북한은 한반도 역내의 경제적 통합을 가로막는 장애물이 되어왔는데, 우리나라는 두만강 접경유역의 창지투와 나선특구의 사례를 통해 북한을 적극적으로 동북아시아 초국경 지역협력의 구도 안으로 끌어내는 것을 가장 중요하게 보고 있다. 여기에는 북한의 개혁·개방이 향후 우리나라가 부담할 막대한 통일비용을 줄여줄 것이라는 장기적인 기대가 섞여 있다. 심지어 우리나라에서는 나선특구만이라도 5·24조치를 해제해 우리나라가 인프라 투자에 적극 참여해야 한다는 의견도 있다. 2014년 APEC 회의와 한·러 정상회담 등에서 유라시아 이니셔티브 및 한반도~유라시아 연계철도(TKR~TSR) 구상이 거론된 가운데, 이 철도의 길목 요충지로서 창지투와 나선특구는 다시 주목을 받고 있기 때문이다.

우리나라는 2014년 시베리아의 유연탄이 나진항을 통해 중국 화물선으로 포항에 입항한 선례가 있어 간접적으로 나진항을 활용한 바도 있다. 이 물량은 이제까지 우리나라 서해안과 접해 있던 중국의 대련항(大連港)을 통해 이루어지던 것이었으나, 대련항의 화물취급량이 표준하역능력을 상회하여 수송의 효율성이 저하한 데 따른 것이다.

물동량이 안정적으로 계속 확보된다면 나진과 부산 간의 정기항로도
활성화될 것으로 전망된다.

　이런 이유로 지난 2015년에는 부산시가 창지투선도구를 관할하는
중국 지린성과 경제협력 양해각서(MOU)를 체결하였으며, 부산항과
나진항 사이의 직항로 개설도 논의가 구체화되고 있다. 따라서 우리
나라는 대북정책과 동북아시아 외교에 미치는 중요성을 감안해야 하
므로, 두만강 유역의 창지투와 나선특구 개발에 관심을 두고서 다국
적 협력의 본질과 향후 전망을 지속적으로 검증하는 것은 상당한 의
미를 갖는다고 볼 수 있다.

〈그림 80〉 두만강과 동해를 둘러싼 주변국의 개발 전략

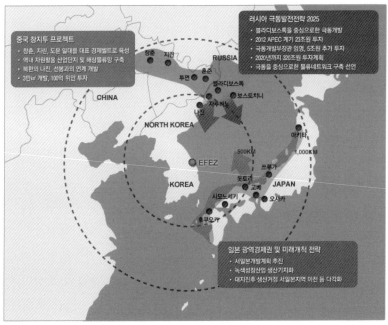

* 자료: 강원도동해안유구역. http://www.efez.go.kr/hb/kor

우리나라와 국제사회의 입장에서 문제가 있건 없건 상관없이 남북 교섭과 협력은 계속되어야 하고, 이를 위해서 지금으로서는 서로의 정치적 신뢰가 중요하다. 그렇지만 현재까지 보여준 북한의 국제사회에 대한 비협조적이고 예측불허의 행동은 당장 지금으로서는 우리나라의 이익보다 감수해야 할 손실을 더 크게 고려하도록 만든다. 즉 신뢰의 부재는 우리 사회 내부에서조차 북한이 관장하는 나선특구에 대한 섣부른 참여와 행동을 망설이게 하는 것으로 보인다. 이에 단기적으로 우리나라는 단순히 신뢰를 이유로 관망만 하거나 북한이 중국의 영향권에 편입되는 것을 우려하는 소극적 자세에서 벗어나는 것이 급선무로 판단된다.

같은 맥락에서 북한 김정은 집권 이후 남북관계가 장기적으로 긴장과 대립국면을 지속하는 가운데, 강화되는 중국 주도의 두만강 유역 초국경 연계개발 상황은 우리나라 주도의 남북관계 구축 및 한반도 평화유지가 갈수록 점점 힘들어진다는 논리와 다르지 않다. 게다가 우리나라가 배제된 상태에서 중국이 주도적으로 추진하고 북한이 소극적으로 받아 주는 두만강 북·중 접경 연계개발은 먼 미래 '남북통일'과 '동북아시아 경제공동체'의 주도권을 확보하려는 우리의 비전과도 서로 상충될 수밖에 없다.

이에 현재 중국과 러시아에 의해 독점되다시피 하는 현재의 개발구도에 가능하다면 북한의 신뢰를 담보시킬 수 있는 여러 행위자가 추가되어야 한다. 즉 우리나라, 미국, 일본 등 다양한 환동해의 주체들이 참여할 수 있는 소위 '다자협의기구(multi-stakeholder)'의 조성이 확실히 필요해 보인다. 다자협의기구는 남·북·중·러·일 정부의 장관급으로 구성하고, 실무집행을 위해 민간중심의 가칭 '두만강개발국제공사(IATRD: International Agency for Tumen River Development)' 형태도 제안할 수 있다. 여기에 2015년에 중국 주도로 만들어진 아시아 인프라투자은행(AIIB)의 다국적 프로젝트 파이낸싱을 통한 재정지원도 충분히 고려할 수 있을 것이다. 특히 우리나라는 남북관계, 해양영토 문제 자체에 매몰되지 말고 동북아시아 전체의 이익을 위한 협력적 인식전환이 필요하다. 중국과 러시아가 동해로 진출할 경우, 우리나라 부산과 동해안의 항구들이 매개역할을 할 수 있기 때문에 우리나라에 미치는 긍정적 효과도 분명 있을 것이기 때문이다.

3. 남해의 부산 · 후쿠오카 네트워크

1) 한 · 일 해협의 의미

동북아시아 한 · 일 해협의 네트워크를 주도하는 부산과 후쿠오카는 공통적으로 동북아시아에서 대표적인 해항도시들이다. 특히 한 · 일 해협은 그 역사적 특색이 상당 부분 상호간의 교류와 유사성에 기반을 둔다. 실제로 동북아시아에서 우리나라와 일본은 오래 전부터 부산과 후쿠오카를 국익과 경제발전을 위한 전략적인 장소로 인식하고 개발시켜 왔으며, 도시별 교류와 소통이 가능하다는 가정 하에 상호 동질성을 높여가고 있다.

동북아시아에 속한 우리나라와 일본의 대표적인 해항도시인 부산과 후쿠오카의 양자교류(bilateral interchange)를 사례로 여기서는 월경한 한 · 일 해협 네트워크의 수준과 실태를 한번 살펴보고자 한다. 또한 여기서는 부산과 후쿠오카의 한 · 일 해협 네트워크를 사례로 그 실태와 성공조건을 알아본다. 이는 미래에 한 · 일 해협에서 국경을 초월한 네트워크가 장기적으로 필요하다는 전제에서 동북아시아 해역에서 월경도시간 국경을 초월한 협력(cross-border cooperation)을 설명할 수 있는 현실적인 요인을 새롭게 발견하는 계기도 만들어 준다.

2) 한 · 일 해협 네트워크의 배경

동북아시아의 국제적 경제활동에서 있어서 국가보다는 대도시권의 중요성이 증대된 작금의 현상은 곧 국가에서 대도시권으로 명령/통제 기능의 이동과 집중을 야기하였다. 즉 금융, 서비스, 문화, 창조산업 등이 특정 지역에 집중되도록 하였으며, 이는 국경과 지정학적 위치의 의미를 과거보다 약하게 만들고 있다. 특히 동북아시아의 우리나라, 일본, 중국 등에서도 명령통제기능, 서비스, 인구, 경제력, 교통인프라, 문화시설 등의 대도시권 집중으로 대도시권은 모든 경제활동의 기반으로서 중요성이 크게 증대되었다.

이러한 상황에 따라, 동북아시아에서 기존 산업구조의 고도화에 따른 대도시권의 서비스 연계기능의 결절점, 기업의 총괄거점으로서 개별 도시들의 중요성도 크게 증대되었다. 그리고 글로벌 경제의 경쟁단위로서 도시를 중심으로 한 거대도시권의 부상과 이들 간의 경쟁도 격화되고 있다. 경제적으로 거대도시권은 스스로의 경쟁력 확보를 위해 이제 자국의 기업보다는 글로벌 기업들과 국제네트워크 기업들을 유치하고, 이들의 이윤과 부가가치 창출환경 조성에 정책의 역점을 두고 있는 형편이다.

다른 한편으로 현재 동북아시아에서 글로벌화의 진전과 경쟁구도의 변화로 인해 경제면에서 국가 간 경쟁체제는 이제 연안과 해양을 중심으로 한 대도시권간 경쟁체제로 변모하고 있다. 이는 곧 국경을 넘어서서 세계경제의 체제가 선순환 발전지역과 악순환 쇠퇴지역으로의 양극화 현상이 심화되고 있기 때문이다. 따라서 앞으로는 지역발전의 열쇠가 대내적으로는 대도시를 중심으로 광역경제권의 형성, 대외적으로는 글로벌 대도시권과의 네트워크 강화가 이슈가 될 것으로 보여진다.

이런 점에서 한·일 해협 사이에 있는 부산과 후쿠오카 두 도시의 광역경제권은 인구 약 2천여만 명에 지역 내 총생산(GRDP) 약 6천억 달러 규모의 동북아시아 핵심 경제권으로 부각되고 있다. 한·일 해협 사이에서 두 도시가 국경을 초월해 경제와 문화 교류의 다양한 해양네트워크를 구축한 것은 동북아시아 주요 도시들 사이에서 실제적으로 진척된 최초의 사례이다. 이런 점에서 한·일 해협의 해양네트워크는 이미 동북아시아 권역에서는 높은 기대와 평가를 받아 오고 있다.

한·일 해협의 부산과 후쿠오카 초국경 경제권은 "동북아시아의 문화, 경제를 리드하는 대도시권 네트워크의 한 축으로서의 글로벌 광역경제권 구축"을 핵심비전으로 지향하고 있다. 이를 위해 지난 2009년에 이미 두 도시는 공동의 실천의제로 총 64개 과제를 설정하였으며, 54개 단기과제는 2013년까지 실천을 완료하였다. 9개 중기과제는 2014년부터 2023년까지 계속 진행 중에 있으며, 우리나라 정부가 건의한 1개 과제는 한·일간에 지속적으로 추진 중에 있다. 속도는 빠르지 않지만, 한·일 해협권은 점차적으로 하나의 권역으로 묶어지고 있다.

우리나라와 일본을 대표하는 두 도시 사이의 해양네트워크는 지금까지 동북아시아 국가 간의 뚜렷한 국경을 기준으로 교류가 이루어지던 것과는 대조적인 현상이다. 이 현상은 서로 다른 국가의 도시정부와 민간인들에 의해서 역동적, 능동적으로 추진되고 있으며, 특히 도시

〈그림 81〉 동북아시아 연안의 주요 경제권

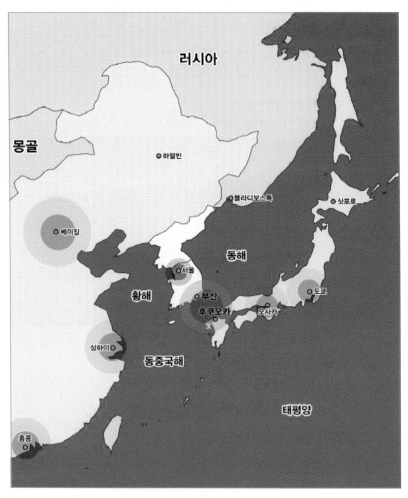

에서 정부와 민간 오피니언 수장들의 적극적인 리더십이 돋보인다.

이러한 이유로 일단 한·일 해협을 사이에 둔 부산(동남권)과 후쿠오카(규슈권) 지역은 다른 지역에 비해서 상대적으로 보다 활발한 네트워크가 이루어지고 있다. 그리고 이것은 우리나라와 일본 사이의 해역권은 비슷한 정치적, 경제적, 사회적 특성들을 공유하고 있기 때문이라는 시각이 지배적이다. 지금 우리나라 다수의 언론과 전문가들은 앞으로 한·일 두 해협 간의 연대가 보다 강화될 것으로 예측하고 있는 것도 사실이다.

3) 한·일 해협 네트워크의 현황

(1) 네트워크의 경과

먼저 우리나라와 일본의 해협을 사이에 둔 부산과 후쿠오카 두 도시 사이의 교류현황을 살펴보면 다음과 같다. 먼저 2012년 이후 기준으로 부산의 경우 세계적으로 국제협력(자매결연/우호협력 체결)을 하고 있는 도시는 총 21개 국가에 소재된 28개의 도시들이며, 특히 동아시아 지역에서는 중국, 일본, 대만, 베트남, 인도네시아, 캄보디아 등에 많은 교류도시를 가지고 있다. 그런데 부산의 전체 해외교류 도시들 중에서 시카고(미국), 중경(중국) 등의 2곳을 제외하면, 26곳 모두 각 국가의 연안의 주요 도시라는 점이 특징적이다.

현재까지 부산은 소위 그 나라의 거점도시이자 국제적으로 유명한 해양도시, 항만도시들과 전략적이고 긴밀한 국제적 협력관계를 유지하고 있는 것이다. 이러한 배경에는 각 도시들이 가진 항만이나 무역항의 존재, 교역도시로서의 유사한 특성들이 반영되었고, 여러 방면의 교류와 소통의 필요성이 공감되었기 때문으로 풀이된다. 그리고 이 중에서도 후쿠오카는 지리적으로 가장 근접하고 부산과 유사한 해양·항만도시이자, 실천력 있는 행정협정 및 교류협의기구를 공동 구성한 특별한 관계에 있는 도시이다.

네트워크의 역사와 진행과정을 보다 구체적으로 살펴보면, 1960년대 중반부터 부산과 후쿠오카의 일부 민간단체 교류가 시작되었다는 주장이 있지만 공식적으로는 1989년 10월 24일에 양 도시가 '행정교류에 관한 협의'에 조인함으로서 시작되었다. 얼마 뒤 1990년 2월에는 당시 안상영 부산시장, 구와하라 게이치(桑原敬一) 후쿠오카 시장이 이전의 행정교류협정을 토대로 '공무원상호파견협정'을 체결하여 현재까지 매 2년마다 각 도시의 공무원 1명씩을 파견해오고 있다. 이는 다소 상징적인 의미의 교류라는 일각의 해석도 있지만, 초기부터 공무원이 상대 도시에서 일정기간 근무하며 공식적 교류의 기반을 다진 것으로 평가될 수 있다.

1999년에는 부산-후쿠오카간 '행정협정도시체결 10주년 기념행사'가 개최되었고, 2001년 11월에는 부산에서 '부산-규슈의 경제협력', '부산-후쿠오카 비즈니스벨트 구축' 등의 다양한 협의가 있었다. 부산과 후쿠오카는 교류의 기반구축을 위해 2002년을 기점으로 상호 여객선과 항공교통편을 다양화하였으며, 2003년부터는 청소년 스포츠 교류대회 등 시민체육, 문화교류를 시작하였다. 2006년에는 두 도시의 상공회의소를 주축으로 한 '부산-후쿠오카 포럼'이 구성되었는데, 이를 통해 현재까지 학술, 정치, 경제, 문화 방면의 상시적인 정기회의가 두 도시를 순회하며 개최한 바 있다.

2007년에는 후쿠오카의 야마사키 히로타로(山崎廣太郎) 시장이 부산을 방문하여 허남식 부산시장과 자매결연을 체결한 뒤에, 두 도시의 교류진척은 2008년부터 학계, 경제, 교육, 문화 등 여러 방면에서 구체적이면서도 급속하게 이루어지게 되었다. 예를 들면, 두 도시의 '초국경 경제권 형성추진의 합의'가 공식화되었고(2008년 3월), '대학 컨소시엄' 조인 및 '규슈지역과 한국남부 초국경 경제연계 모델' 수립

(2008년 9월), '초국경 경제권 형성 공동선언'과 '경제협력협의회' 창립 (2008년 10월), '아시아 게이트웨이 2011 실행위원회' 창립(2008년 10월) 등이 있다.

2009년에는 행정교류 20주년을 기념하는 '부산-후쿠오카 우정의 해 선언' 및 공동행사가 개최된 바 있으며, 2010년에는 '초국경 경제권 형 성촉진에 관한 공동연구와 마스터플랜'을 수립한 바 있다. 특히 근래 에 들어 양 도시의 '경제협력사무소'가 동시 개장되었고(2010년 8월), 이어 후쿠오카 경제인단 부산 방문으로 개최된 기업비즈니스포럼에 서는 두 도시의 증권거래소에 기업의 '주식 교차상장'이 가능토록 조 치(2011년)된 점은 주목할만한 성과였다.

문화관광분야에서도 한·일 해협의 두 도시는 '우정의 뱃길사업'을 공식 체결하였으며, 2011년에 정부관계자와 기업인으로 구성된 '문 화·관광 교류협력단'을 방문시켜 상설 네트워크를 공고히 구축하였 다. 이후 경제협력사무소를 주축으로 국제수산물시장, 전시·컨벤션, 관광, 게임산업 등에서 원격화상회의 및 공동시장 구축에 관한 교류 가 계속 이루어지고 있다.

민간의 소프트웨어 교류인 교육, 학계, 언론 부문에 있어서, 최근에 는 부산-후쿠오카 지역소재 대학(부산 11개-후쿠오카/규슈 13개)의 초 국경대학원 개설 및 인력/강의교환, 지역 언론기관(KNN-TNC, KBS부 산총국-후쿠오카NHK, 부산MBC- 규슈아사히방송(KBC), 부산일보-서일 본신문)의 자매결연과 기자파견, 뉴스교환 등이 진행된 바 있다. 더불 어 두 도시의 상공회의소, 조선통신사문화사업회를 중심으로 한 민간 단체 간 교류도 전 방위로 확대되고 있다.

(2) 비전과 전략

한·일 해협을 사이에 두고 있는 부산과 후쿠오카의 초국경 경제권은 동북아시아의 문화, 경제를 리드하는 대도시권 네트워크의 한 축으로서 글로벌 광역경제권을 지향한다. 이를 위해 2009년에 부산광역시와 후쿠오카시는 부산·후쿠오카 초국경 경제권 구축과 상호협력을 촉진하기 위한 4대 기본방향과 9대 실천전략, 23개 협력사업, 64개 세부과제를 설정하고 이를 조인하였다. 동시에 2010년부터 장기적, 점진적으로 이를 실천에 옮기기로 약속하고, 현재까지 적극적으로 실천해 오고 있다.

먼저 네트워크 경제권 개발을 위한 4대 방향으로는 첫째, "미래지향적 비즈니스 협력 촉진"이 있다. 이를 위한 3대 전략은 기업 간 협력 환경조성, 미래형 산업의 육성, 상호 투자 촉진, 관광컨벤션의 교류 협력 등이 있다.

구체적으로 기업들 상호간 협력환경 조성에 있어서는 경제협력사무소의 상호 설치, 중소기업간 교류 지원, 수산시장을 비롯한 시장간 교류, 부산-후쿠오카 공동브랜드 창설이 주요 방안으로 제시되고 있다. 미래형 산업의 육성에 있어서는 미래형 산업의 공동육성을 위한 시스템 조성, IT산업의 교류 촉진, 자동차 관련산업의 교류촉진, 환경·에너지산업의 연계체제 구축 등이 제시되었다. 상호투자 촉진으로는 기업유치에 관한 상호협력, 우리나라 기업의 상장에 관한 후쿠오카증권거래소에 대한 지원 등이 실천방안으로 나와 있다. 관광·컨벤션의 교류협력에 있어서는 양 도시로의 관광객 유치 촉진(부산·후쿠오카 아시아게이트웨이 추진), 전시컨벤션 상호 개최협력이 실천과제로 확정·제안되었다.

둘째, "인재의 공동 육성·활용"의 방향으로 이를 실천하기 위해 젊은 인재의 육성, 실무형 인재의 활용을 제시하고 있다. 젊은 인재의 육성은 다시 상대국 문화와 언어 학습의 기회 확대, 청소년 교류 촉진, 대학생 교류 촉진 등이 있으며, 실무형 인재의 활용에 있어서는 두 도시간 인턴십 인력의 수용 지원, 전문인재 매칭 협력이 실천적으로 제안되어 있다.

셋째, "일상 교류권의 형성"으로 이를 위한 하위전략으로서 교류권 형성의 환경 조성, 인적·물적 이동에 있어서 편리성 제고 방안을 제시하고 있다. 구체적으로는 교류권 형성의 환경조성을 위해 현재 '우정의 해 기념사업'의 계속적인 개최, 부산-후쿠오카 초국경 경제권 홍보체제의 강화를 제시하고 있으며, 인적 요소와 물적 자원의 이동에 있어서 편리성 향상을 위해서는 전자머니(e-money)의 이용 환경 조성, 양 도시를 연결하는 교통수단의 확충, 상대국 언어표기 확대 실천이 제안되어 있는 상황이다.

넷째, 국가의 지원을 이끌어 내기 위한 방편으로 "한·일 중앙정부에 대한 공동 건의문 채택"을 하고 이를 위해 동시적인 행보를 추진하기로 하였다. 즉 부산-후쿠오카 초국경 경제권의 실현을 위해 두 해항도시의 자력만으로는 해결하기 어려운 문제에 대해서는 양 도시가 중심이 되어 양국 정부에 제도 및 자금 지원 등에 대해 건의해 나가기로 했다. 특히 한·일 해협을 사이에 둔 초국경 광역경제권 실현을 위해 국가와 중앙정부에 제도개선과 재정지원을 지속적으로 건의하기로 합의하였다.

동시에 먼저 단기적으로 주요 경제협력사업은 도시의 경제협력협의회를 중심으로 추진하되, 실무를 담당하기 위해 관련 단체 및 기관으로 구성된 협력사업추진위원회를 설치하기로 하였다. 그리고 상호간에 경제협력사무소를 조속히 설치, 관계기관 및 기업의 연계 하에

〈그림 82〉한·일 해협 경제권 구축을 위한 기본방향 및 전략

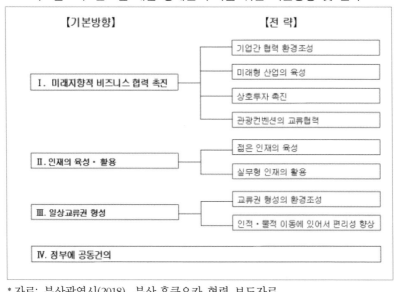

* 자료: 부산광역시(2018). 부산-후쿠오카 협력 보도자료.

협력사업을 추진하고, 이를 통해 실질적 상호협력 체계와 지역공동체
를 구축해 나가며, 점진적으로는 우리나라 부·울·경 동남권과 일본
규슈까지 확대하기로 계획을 마련하였다. 최근에도 이러한 계획의 상
당부분은 실천되고 있는 상황이다.

(3) 주요 특징과 평가

이미 오래 전부터 우리나라의 부산과 일본의 후쿠오카는 한·일 해
협간 도시이면서 지역적으로 밀접한 연관을 맺고 있었다. 그리고 이
도시들이 동북아시아 국가 사이의 핵심적 가교위치에서 경제와 문화,
교역전략상 중요한 역할을 담당해 온 것은 주지의 사실이다. 그렇지
만 현재 두 도시 간 '초국경 경제권(cross-border economic region)'에 대

한 협력이 다분히 구호나 담론에만 머무르지 않고, 실제 현실에서 적극 실천된 점은 적어도 동아시아 지역에서는 최초로 평가된다. 학술적으로 그 의미를 논의해 보면 다음과 같다.

첫째, 한·일 해협 해양네트워크의 상향식 발전모델이다. 부산-후쿠오카 경제권은 동북아시아 지역에서 도시 단위의 교류에 기초하여 초국경 지역의 공동발전과 협력을 이끌어냄과 동시에 장기적으로 국가 외교상의 발전까지 이끌어낼 수 있다는 점에서 매우 의미 있는 시도로 볼 수 있다. 양 도시 간 초월적 교류와 협력을 통하여 공동발전을 모색하는 것은 동시에 국가차원에서 첨예한 대립이 되고 있는 문제(식민지역사, 한일감정, 독도문제 등)를 잠시 유보하고, 도시와 지역차원의 실용적인 경제교류를 통하여 동북아시아 지역에서 초국경 지역 경제공동체의 형성을 위한 기초를 다진다는 공통된 인식에 기초하고 있기 때문이다.

이는 동북아시아에서 해역을 기반으로 도시와 지역의 네트워크 구축을 통하여 국가적인 협력관계 도모를 시도하는 '상향식 사고(bottom-up)'로의 혁신적 전환이라고 볼 수 있다. 즉 이 사례는 동북아시아 공동체라는 거대 담론에서 출발하여 구체적인 실상을 찾아가는 기존의 비효율적인 '연역법'이 아니다. 이것은 도시 간 실질적 연대를 통해 그 기반을 구축한 후 현실사례에서 실현되는 모습을 하나씩 확인하면서 공통분모를 찾아내는 '실천적 귀납법'으로 볼 수 있다.

둘째, 한·일 해협 도시단위의 자발적 네트워크 모델이다. 빠른 속도로 진행되고 있는 두 도시 간 구체적인 실무논의와 다양한 협약체결은 과거의 국가주도방식이 아닌, 자치에 기반을 둔 두 연안의 항구도시(port city) 사이의 자발적 네트워크 발전이라는 점에서 더욱 주목된다. 부산-후쿠오카 초국경 경제권은 국가의 지원이나 장려가 거의 전무한 상태에서 오로지 스스로의 필요에 의해 출발하였다. 이는 국가수준의 지역 공동체의 건설뿐만 아니라 도시와 연안지방 스스로가 발전과 세계화의 흐름을 주도할 수 있는 방편이 될 수 있기 때문이었다. 즉 국가수준에서 합의가 어려운 쟁점을 피하면서도 경제적으로 밀접한 한·일 해협의 거점 해항도시 간 교류와 협력을 강화시켜 우선적인 기초를 마련한다면, 이는 국가적 외교관계를 활성화시키는 데도 중요한 역할을 할 수 있는 가능성을 보여주었다.

〈그림 83〉 한·일 해협 해양네트워크의 광역화

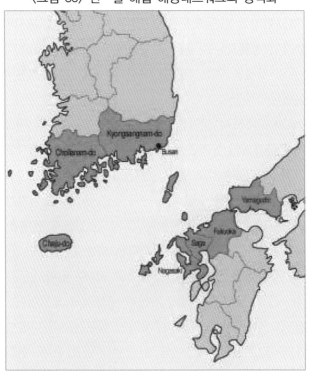

* 자료: 대한민국외교부(2018). http://www.mofa.go.kr

셋째, 동북아시아의 새로운 글로벌 지역연계와 해양네트워크 모델의 가능성이다. 부산과 후쿠오카가 공동으로 추진하고 있는 초국경 경제권 협력은 동북아시아 경제권을 선도하는 '글로벌 초국경 경제권 형성'을 목표로 국경을 초월한 도시 간 시너지를 촉진하는 새로운 글로벌 지역연계 모델을 제시하고 있다는 점에서 의미가 있다. 부산-후쿠오카 초국경 경제권은 동북아시아의 문화, 경제, 국제관계를 리드하는 대도시권 네트워크의 한 축으로서의 글로벌 광역경제권을 지향한다. 이는 우리나라 정부에서 의욕적으로 추진하고 있는 광역경제권 형성과 미래선도산업 육성이라는 취지와도 잘 부합한다. 국가의 다름을 떠나 공통적으로 진행되고 있는 시대적인 지역발전 패러다임의 광역적 전환은 국경과 권역으로 나누어진 여러 지역이 공동의 노력으로 시너지 연계효과를 발휘할 것을 요구하고 있는 것이다.

넷째, 한·일 해협에서의 민간과 기업 중심의 저변 확대가 특징적이다. 다른 과거의 몇몇 사례와는 달리 동북아시아에서 두 도시간 국제적 협력의 민간저변이 급속히 확대되고 있다는 점도 성과적 의미가 크다. 단적인 예로 규슈지역 29개 시민단체대표가 부산을 찾아 '부산-후쿠오카 NGO 교류협정'을 체결한 점이 그것이다. 이미 초국경 경제권을 민간에서 후원하기 위한 시민교류 네트워크는 착실하게 구축되고 있으며, 이를 토대로 한일문화 체험 프로그램, 청소년 교류 확대, 광역시민교류센터 등으로 체계적인 교류를 시작했다. 이는 정부뿐만 아니라 민간에서 자발적으로 서로의 이익을 증대하기 위해 공생(共生)의 기반을 폭넓게 정비한 것으로 평가된다.

4. 동북아시아 해양네트워크의 미래

1) 동해 네트워크의 함의와 시사점

최근 동해의 대륙 출구로서 의미를 가진 두만강 주변 북·중 접경 지역에서의 초국경 개발은 동북아시아 국제질서의 새로운 화두가 되고 있다. 즉 근래에 시작된 창지투와 나선특구의 개발은 당초 동북아시아에서 미국과 일본 중심의 국제질서 구도를 중국 중심의 국제정치 구도로 전환시키고자 하는 의도가 내포되어 있었다. 중국과 북한, 러시아 사이의 초국경 통합경제권의 출현과 중국의 동해로의 출구 확보는 동북아시아의 지정학적 측면에 영향을 미칠 수밖에 없기 때문이다.

물론 일각에서는 두만강 유역 창지투 지역과 나선특구 개발의 일부 '허수(imaginary)'가 포함되어 있고, 그 성과나 파급효과가 환동해 지역에 대해서 다소 과장된 내용들이 많다고 하는 견해들이 있기는 하다. 다소 침체된 중국과 북한의 최근 상황으로만 보면, 이것은 일견 타당성이 충분히 있는 지적이기는 하다.

현실적으로 지금까지 중국의 적극적인 접경지역 개발의지와 북한의 유연한 정책변화가 시도되고 있지만, 여전히 남은 숙제는 많다. 상호간 소통과 교류를 통한 공생·공영의 매개체라 할 수 있는 초국경 인프라의 속성상 일부 국가가 관련된 나머지 국가들을 배제한 채 일방적 건설을 추진한다는 것은 그 의미나 효과 측면에서 제한적일 수밖에 없을 것이기 때문이다.

특히 북한이 끝내 핵개발을 포기하지 않고, 국제적으로 대북제재가 지속되는 상태에서 나선특구에 대한 해외의 적극적 투자는 한계가 있을 수밖에 없다. 즉 상습적인 북한의 안보불안 야기 및 국제사회의 불

신을 어떻게 극복하여 대외개방의 성공적 실험장으로 만들 수 있는지
는 여전히 이 사례의 과제로 남아있는 상황이다.

물론 장기간 남북관계의 경색으로 당분간 이 문제는 풀기가 더욱
어려워졌다. 일단 국제사회 차원의 유례 없는 대북제재가 강도 높게
진행되고 있다. 북한에 대한 다국적 투자와 그 수익이 핵실험과 로켓
개발에 사용될 수 있다는 우리나라와 서방세계의 의구심은 한층 강해
졌다. 그래서 북·중·러 모든 접경지역에 대한 기존의 초국경 개발,
그리고 모든 남북경협 사업들도 일단 중단되거나 기약 없는 기다림
상태로 다시 접어들었다.

향후 우호적인 남북관계의 복원이 몇 년이 걸릴지는 아직 예측이
어렵다. 게다가 중국에 비해 북한에서는 개발의 명분과 그 이익을 나
누는 합리적 메커니즘이 구축되지 않았고, 초국적인 차원의 조율기구
도 아직 없다. 명확한 이익의 보장 없이 다국적 기업의 참여나 투자가
북·중 접경지역에 지속되기는 어려울 것이다.

그럼에도 불구하고 중국이나 러시아의 입장에서 창지투 지역과 나
선특구는 분명히 동해로 나가는 바다로의 '출구(出口)'임은 분명하다.
이를 반대로 생각하면 우리나라에게 나선특구는 중국 대륙과 러시아
의 시베리아로 가는 '입구(入口)'가 된다. 이런 관점에서 해양네트워크
는 동북아시아의 현재보다는 미래에 더욱 중요한 의미를 갖는다.

더구나 지금 급격히 발전하는 북방연안의 도시들이 이러한 입구를
더 크게 만들려 하고 있다. 또한 중국의 동해 진출로 확보 목적과 북
한의 김정은 권력승계 이후 경제난 타결의 이해관계가 합치되어 양자
의 동기도 여전히 높으므로, 상당기간 협력이 원활하게 이루어질 것
으로 기대된다.

그렇지만 여전히 우리나라는 이 지역들에 대해 '동해의 입구'라는

생각을 별로 가지지 못하고 있으며, 다소 방관자적 입장을 견지하고 있는 것으로 생각된다. 즉 두만강 접경지역에 대한 협력과 투자가 기존의 개성공단에 비해 열악한 환경이라는 점과 상시적으로 불안정한 남북관계의 특성, 북한의 계속되는 무력도발의 잠재성 때문에 굳이 적극적일 필요가 없다는 생각을 할 수 있다. 물론 이러한 생각들은 세계적인 글로벌 권역화의 커다란 흐름에서는 다소 근시안적인 사고가 아닐 수 없다.

대륙의 강대국인 중국은 나진항 및 청진항의 장기사용권 확보로 이미 동해로 나가는 출구를 확실히 뚫어 놓았다. 그러면서 바다를 통한 출해권 확보, 낙후지역 발전, 미국과 일본 견제라는 '일석삼조(一石三鳥)'의 효과를 거두고 있다. 문제는 중국이 러시아와 함께 이 출구를 확장시키는 순간, 앞으로 전개될 한반도와 동해의 상황이 크게 달라질 것이라는 점이다. 즉 북·중 두만강 접경지역의 개발과 동해로의 진출을 중국, 러시아, 미국, 일본 등 강대국들간의 협상으로만 풀어갈 경우, 우리나라의 이익이 배제되고 반사이익도 줄어들 것은 자명하다.

앞서 논의된 바와 같이 아직 중국이 동해로 나가는 창지투와 나선특구, 환동해권에 대한 논의 구도는 각 나라별로 극명한 시각 및 입장 차이를 드러내고 있기 때문이다. 앞으로 더 크게 진행될 경쟁과 협상, 개발과 협력의 과정에 우리 스스로 개입하지 않은 대가는 누구도 장담할 수 없다. 따라서 남북관계의 규범론이나 방법론을 떠나 우리나라도 여기에 대한 확고한 지분을 마련할 수만 있다면, 향후 우리나라 동해연안과 부산항을 중심으로 한 동북아시아 해양네트워크 전략에 중요한 포석을 마련할 수 있을 것이다. 경제적으로 버려졌던 동해가 동북아시아의 주변부에서 새로운 중심부로 떠오를 가능성을 우리 모두가 주목할 때가 바로 지금인 것이다.

보다 멀리 내다보는 심정으로 우리는 환동해와 북·중 접경지역의 개발상황을 새롭게 바라보되, 이것을 그저 남의 일처럼 그냥 내버려 두는 것은 올바르지 않다는 것이 필자의 결론이다. 특히 이들 지역의 변동에 따라서 앞으로 전개될 한반도와 환동해권의 상황이 크게 달라질 것이라는 점, 동북아시아의 주변부에서 새로운 중심부로 떠오를 가능성을 우리는 지속적으로 염두에 두고 있어야 할 것이다. 다만 계속 급변하고 있는 동북아시아의 정세를 감안할 때, 우리나라 정부와 기업들이 정확하게 어떻게 대처해야 할 것인가의 문제는 여기에 관심 있는 후속 학자들의 몫으로 생각된다.

2) 한·일 해협 네트워크의 발전과 미래

(1) 향후 과제와 전망

한·일 해협에서 부산과 후쿠오카 두 도시의 초국경 경제권 구축은 대략적으로 약 2,130만여 명의 인구와 약 5,616억 달러 규모의 지역 내 총생산(GRDP)을 가진 동북아시아 핵심경제권으로의 도약이 예상되고 있다. 이에 두 도시가 국경을 초월해 경제적 협력과 문화적 교류의 다양한 네트워크를 구축한 것은 동북아시아 지역 최초의 시도라는 점에서 높은 기대와 평가를 받고 있다. 그러나 앞선 논의와는 다른 한편으로, 한·일 해협을 사이에 둔 부산과 후쿠오카 초국경 경제권 형성의 장밋빛 청사진에 비해 앞으로 남겨진 과제도 적지 않은 것으로 보여진다.

첫째, 해협을 건너 통합된 경제권역의 기본적인 "외형과 규모에 따른 경쟁의 문제"이다. 아직 부산과 후쿠오카는 공히 수도권이 아닌 지방의 해항도시인 관계로 아직 자국 내에서 광역경제권의 중심도시로서의 위상이 수도권에 비해 상대적으로 낮은 약점이 있다. 대외적으로도 이들 도시의 초국경 경제권은 이미 형성된 기존 동북아시아 6대 경제권의 다른 대도시들에 비해서는 그 규모나 경제적 기능이 우월한 편은 아님을 알 수 있다.

세계도시경쟁력포럼(international forum on urban competitiveness)의 주장에 따르면, 일본의 동경과 오사카, 우리나라의 서울, 중국의 북경, 상해, 홍콩 등 동북아시아 6대 대도시권의 네트워크가 논의되고 있으나, 부산과 후쿠오카는 이들 권역의 중심도시들에 비해 상대적으로 그 규모나 경쟁력이 뒤쳐지고 있다. 우리나라 동남권(부산, 울산, 경남)의 인구는 약 800만 명, GRDP는 약 1,200억불이며, 일본 규슈권은 인구 약 1,350만 명, GRDP는 약 4,100억 달러 규모로 세계 17위권에 위치하고 있다.

이에 따라 한·일 해협의 두 도시는 산업의 구조나 지역적 동질성은 비교적 높지만, 권역의 거대화로 인한 외부로의 파급효과는 기대하는 상상 이상으로 높지 않을 것이라는 일각의 지적도 있다. 물론 이러한 예상은 초국경 경제권의 형성 이후 시너지 효과를 내더라도, 주변의 더 큰 경제권역의 구축이 현실화된다면 장기적인 한계점으로 작용될 수 있다. 중국의 북경경제권과 상해경제권, 홍콩경제권 등과 차별화를 이룬 비전과 전략이 그래서 더 절실하게 필요하다.

둘째, 한·일 해협에서 통합된 경제권역에서의 "시너지효과와 상생방안"이 명백하게 도출되지 못한 것이 숙제이다. 이것은 두 도시가 막연하게 경제규모와 구조가 비슷하므로 통합해야 한다는 논리의 비약만을 초래할 수 있다. 동남권과 규슈권의 지역간 연계협력은 철강이나 화학 등 소재형 산업에서부터 자동차와 반도체, 전자 및 전기기기 등 가공조립형 산업까지 폭넓게 영향을 미치는 등 상호협력으로 인한 시너지 효과가 클 것으로 기대되고 있다. 그러나 구체적인 산업의 시너지 창출이 나타나지 않으면 교류과정에서 서로를 손쉬운 수출, 제품판촉이나 관광유치의 대상으로만 바라보게 되고, 기업 및 정부의 이해관계가 첨예하게 대립하는 결과를 낳을 수도 있다. 경제활동과 산업구조상의 상생·보완관계가 확실히 담보되지 못하면, 초국경 경제권 형성은 언제든지 균열이 생길 여지를 남겨두게 된다.

셋째, 한·일 해협 두 도시의 자체적인 "협력의 역량과 여건제한"의 문제도 남아 있다. 현재 시범적으로 운영되는 부산과 후쿠오카의 초국경 네트워크에는 그 비전과 가능성에 비해서 상시업무를 담당할 정규직 인력이 고용되어 있지 않고, 공동예산이나 협력적 재정도 넉넉하지 않은 상황이다. 게다가 부산과 후쿠오카는 모두 서울과 동경으로의 수도권 집중화라는 어려운 환경 속에서 지역경제를 활성화시켜야 하는 이중과제를 안고 있다. 장기적으로 이러한 이중고(二重苦) 현상은 한·일 양국 중앙정부의 정책과 재정지원을 이끌어 내는데도 장애가 될 수 있음을 상기해야 한다.

넷째, 한·일 해협 두 도시에 남아 있는 "문화적, 언어적, 관행적 장벽"도 해소되어야 한다. 각 도시는 문화적으로 시민들의 국제화 능력이 제한적이고, 상대방 문화에 대한 이해도 측면에서 충분한 여건을 갖추었다고 보기 어렵다. 언어장벽과 외국어 활용 능력의 격차(우리나라의 영어지향 풍속과 일본의 한국어 구사능력 부족)도 남아 있다. 관행적으로 취업비자 발급 등의 출입국 장벽도 여전히 높게 형성되어 있다. 따라서 부산과 후쿠오카가 이러한 과제를 해결하기 위해서는 부산-후쿠오카 초국경 경제권을 형성하여 '규모의 경제효과'를 빨리 입증하고, 자립적 지역발전의 기반을 마련하며, 나아가 통합적 문화권의 비전을 지향해야 할 것이다.

다섯째, 장기적이면서 진정한 초국경 협력으로 가기 위해 "문화와 사회·환경적 차원의 토대"도 어느 정도 마련되어야 한다. 부산과 후쿠오카는 두 도시가 속한 국가에서 각각 영토, 역사, 정치 등의 문제로 인한 알력이 일부 남아 있고, 독도, 종군위안부, 역사교과서, 야스쿠니신사 참배 문제 등 민감한 외교사안이 상존하고 있어, 교류의 지속적인 발전에 잠재적인 장애로 작용하고 있다.

특히 우리에게는 일본이 인접국가임에도 과거 전쟁배상 문제와 국교단절 등의 역사적 사건으로 인해 외교경험이 다소 적었다는 점이 향후 해항도시간 교류에 부담이 될 수도 있다. 외형적 교류의 증대가 쉽게 내적인 공동체 의식으로 접목되지는 않는다는 것이 정설인데, 물질적 교류가 초국경적 협력을 위한 '도로'라 한다면 정서적·문화적 교류는 그 위를 달리는 '자동차'이기 때문이다. 따라서 접경지역에서 상대방에 대한 사회적·심리적 장벽이 제거될 때만이 명실공히 초국경적 공동체가 완성되었다고 할 수 있다.

(2) 미래의 장기적 발전방향

먼저 가까운 미래에 한·일 해협에서 부산과 후쿠오카를 잇는 한·일 해협의 해저터널 건설계획 구상(Korea Japan Tunnel Project)은 많은 주목을 받은 바 있다. 이러한 구상은 크게는 한반도와 일본열도를 해저터널로 잇는 실로 막대한 건설공사계획이자 역사적인 구상이다. 해저터널은 과거 20년 동안 우리나라와 일본에서 각각 상당한 논의가 있었으나 진전이 없었던 것이 사실이다.

그러나 유럽에서 이미 영국과 프랑스 사이의 도버 해협을 잇는 해저터널이 성공적으로 운영되고 있고, 동북아시아 도시와 국가들이 모두 적극적인 경기 부양책을 펼 필요가 있는 상황이므로 분명한 추진의 명분은 있는 상황이다. 보다 자세한 내용은 한·일 해저터널(Korea Japan Tunnel Project)에 관한 공식홈페이지가 있으니 참조하면 된다 (http://www.kj-tunnel.com).

최근까지 나온 한·일 해협 해저터널의 기본구상은 대략 3가지 경로인데, 먼저 루트 A는 거제도-대마(하)도-이키섬-가라쓰 시(사가현)를 잇는 약 209km(해저구간은 145km)의 경로이다. 루트 B는 거제도-대마 (상-하)도-이키섬-가라쓰 시(사가현)를 잇는 약 217km(해저구간은 141km)

의 경로이다. 루트 C는 부산-대마(상-하)도-이키섬-가라쓰 시(사가현)를 잇는 약 231km(해저구간은 128km)의 경로이다. 루트 A와 루트 B는 일본 측의 제안, 루트 C는 우리나라가 제안을 한 상태이며, 찬반 논쟁이 진행형이라고 할 수 있다.

지금과 가깝거나 혹은 먼 미래에 구상된 한·일 해협 해저터널의 총 공사비는 60조에서 100조 원 정도로 추산되고 있으며, 총 공사기간은 대략 15년에서 20년에 이를 것으로

〈그림 84〉 미래 한·일 해협 해저터널
건설 구상

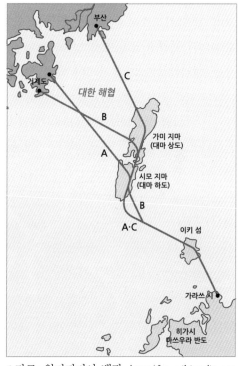

* 자료: 위키피디아 백과. http://ko.wikipedia.org

예상되고 있다. 문제는 여기에 대해 우리나라와 일본의 의견이 다른 것뿐만 아니라, 양쪽이 공히 사회 내부적으로도 찬성과 반대의 의견이 극명하게 나뉘고 있다는 것이다. 우리나라와 일본의 정부가 나서지 않은 한 재원조달은 불가능하기 때문에 미래에 양쪽 모두 명확한 국가 사회적 합의가 있어야 함은 당연한 일이다.

한·일 해협의 해저터널 건설을 찬성하는 의견은 일단 장기적으로 우리나라와 일본, 중국까지를 연결하여 우리나라(특히 부산)가 동북아시아의 모든 교역 및 금융 중심지 역할을 하는 데에 큰 도움이 될 것이라는 논리를 내세운다. 즉 해저터널을 통해 동북아시아 전체가 평화롭게 지내면서 그 연결을 하는 비즈니스 중심국가가 된다는 점이 크다. 중단기적으로 건설사업을 통한 일자리 창출도 가능하다는 의견도 있다. 그리고 주변도시 및 국가 차원의 우호 증진이나, 철도를 이용한 대량수송으로 유라시아 대륙 각지를 통과하는 물류허브로서의

〈그림 85〉 미래 동북아시아 해양네트워크와 육상 연결망

* 자료: 대한민국외교부(2018). http://www.mofa.go.kr

기능을 할 수 있다는 것을 추진 이유로 내세우고 있다.

그러나 한·일 해협의 해저터널 건설을 반대하는 쪽은 육상을 통한 대륙 진출을 꿈꾸는 일본에게만 좋은 일을 해 주는 결과가 된다는 주장이 있다. 항공편을 이용한 수송이 주류인 이 시대에 큰 예산을 들여서까지 이런 터널을 건설할 필요가 있는가에 대해 의문을 제기하기도 한다. 또한 국방에 관계된 문제와 무역관세, 환율조정의 어려움 등의 문제가 주요한 반대 이유이기도 하다.

한·일 해협에서 지정학적으로 해저터널이 지나가는 노선을 살펴보면 대한 해협을 중심으로 환태평양 조산대를 피할 수 없기 때문에 지질학적인 구조문제와 건설 기술적인 문제를 극복할 수 있느냐에 대한 회의적인 의견도 존재한다. 따라서 우리나라와 일본 양국 정부 모두 현재는 한일 해저 터널이 다분히 미래의 구상이자 계획일 뿐이라고만 언급하는 정도이고, 본격적인 착공을 위한 계획은 아직 미지수인 상태로 남아 있다.

한편, 동북아시아의 한·일 해협 간 해역에서 후쿠오카는 우리나라와 지리적으로 가깝고, 인적인 왕래와 물적 이동이 많아 일본에서 가장 친한(親韓)적인 정서를 가진 도시이다. 물론 한·일 해협의 두 도시는 지리적으로 수도보다 거리가 가깝기는 하지만 일상 의식이나 생활면에서 아직 상당한 문화적 차이가 있는 것은 엄연한 사실이다.

특히 한·일 해협 간 초광역 경제권 형성을 장기적 실천 과제로 본다면, 미래세대인 젊은 층의 이해가 무엇보다 중요할 것이다. 이렇기 때문에 우리는 상대를 먼저 배려하는 마음가짐으로 상대방과 문화·정서적인 보조를 맞추면서 나가는 것이 중요할 것으로 보인다. 그리고 문화와 정서적으로 상호 이해를 넓히기 위해 앞으로 두 도시의 청년층이나 학생들의 교류는 우선되어야 마땅하다.

　지금 부산과 후쿠오카, 두 도시가 현존하는 제약요인을 극복하고 한·일 해협 간 해양네트워크 경제권을 완성하기 위해서는 무엇보다 교류의 간접비용(indirect costs), 낭비요인(waste factors)을 줄여주는 무형의 호혜성과 신뢰의 구축이 앞으로도 계속 큰 의미를 가질 것으로 예상되고 있다. 이들의 경험을 바탕으로 동북아시아 주요 도시들이 먼저 근대 국민국가 이후의 체제에서 벌어진 문화의 차이와 가치관의 차이를 극복하고 서로의 문화적 경계를 자유로이 오갈 수 있는 개방성의 가치를 추구한다면, 이는 서로 다른 배경의 미래 동북아시아 공동체 확립에 중요한 근거로 작용할 것이다.

　다른 관점에서 우리나라와 일본에서 국가적인 거점 도시인 부산과 후쿠오카는 행정과 재정의 차원에서 연구 및 협력사업 추진의 상설 기구화를 도모해야 한다. 이럴 경우, 유럽연합(EU)의 인터레그(Interreg) 지원 프로그램을 참조하여 두 도시 사이에 초국경 연계협력의 공동재정과 상설기관을 설치하는 것도 필요하다. 동북아시아 경제의 미래를 책임지는 부산과 후쿠오카 간 해협의 해양네트워크 협력을 활성화시키기 위해서는 주요 도시 간 공동출자나 상호기금의 마련이 크게 요구된다.

　실천적으로는 우리나라와 일본의 중앙정부에서 운용 중인 공적원조자금(ODA: Official Development Aid)에서 초국경 경제권 형성을 위한 초기 일부 재원을 마련하는 방안을 검토해 볼 수 있다. 이는 막대한 규모의 재정자원으로 실제 국가나 도시들이 초국경 해양네트워크 구축과 장기 협력을 위한 필요조건이다. 주변국들과 국제기구 등의 지원을 얻어내기 위해서는 유럽의 외레순드나 페마른 벨트, 발트해와 동남아시아 네트워크 등의 사례와 같이 합리적이고 타당한 설득작업이 요청될 것이다.

〈그림 86〉 동북아시아의 해양네트워크 구축 방향

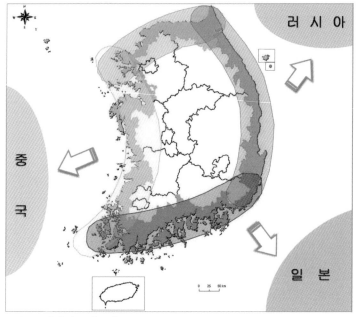

* 자료: 대한민국외교부(2018). http://www.mofa.go.kr

먼 미래에 동북아시아 전체에서 교류와 소통의 거점을 차지하고 있는 곳은 바다와 연안일 것이다. 동북아시아 해양네트워크가 초국경 교류와 초광역 통합경제권 창조의 꿈을 갖고 있다면, 그것은 작은 것에서부터 출발하여야 한다. 왜냐하면, 언젠가 그 꿈을 이루기 위해서는 먼저 그것이 반드시 이루어진다는 확신을 갖고서 처음부터 하나하나 실천해 나가는 것이 지금으로서는 가장 중요하기 때문이다.

필자후기

저술을 마무리하면서 책을 읽으실 독자들께 필자로서 몇 가지 밝히고 당부드릴 말씀이 있다. 우선 이 책에서 다루고 있는 주제는 '세계의 해양네트워크'이다. 이 주제를 잡은 이유는 바다의 경계를 넘어 미래로 나아가는 전 세계 곳곳의 실제 상황들을 독자에게 알리기 위함이다. 기존에 없었던 새로운 해양네트워크는 미래의 지구촌, 글로벌 공동체에서 중요한 축을 담당할 것이 확실해 보인다. 그렇지만 실상 오늘날 바다를 통한 국가와 도시의 해양네트워크는 사실상 유기체와 같이 계속 변화에 변화를 거듭하고 있다.

그래서 이 책에서 언급한 최신 정보나 일부 실제적인 내용들은 향후 몇 년이 지나면 상황이 변하고 바뀐 내용이 생길 수도 있다. 이런 점은 근대 이후를 다루는 사회과학과 오늘날 현실세계를 다루는 책들이 가지는 본질적 한계일 것이다. 하지만 필자는 진정으로 좋은 책이란 독자의 입장과 수준에서 서로 교감할 수 있는 책이라는 평범한 진리를 실천코자 노력했다. 그리고 이 책은 기존의 특정한 이념이나 패러다임에 얽매이지 않고, 해양네트워크에 관한 새로운 관점과 사례를 소개하려는 데에 중점을 두었다.

전체적으로 이 책에서 다루는 주요 관심사는 현대의 새로운 해양네

트워크 이슈에 집중되고 있다. 즉 최근까지 전 세계의 여러 해양네트
워크를 이해하는 것에 필요하다고 생각되는 개념들을 다양하게 수집
하여 소개하는 데 초점을 두고 있다. 그래서 이 책에서 필자는 개인의
모든 역량과 연구성과를 동원하여 가급적이면 많은 내용을 담아 보려
했다. 시기적으로는 20세기 이후의 현대를, 공간적으로는 태평양, 대
서양, 인도양을 제외한 모든 글로벌 해역들의 사례를 담아 보려고 노
력하였다. 지역적으로는 유럽과 아시아, 아메리카는 물론 심지어 북
극의 해양네트워크까지 소개하고 있다.

이 책의 내용이 이렇게 방대한 이유를 밝히고자 한다. 우선 이 책은
말미의 참고문헌에 제시된 약 30편 남짓에 달하는 필자의 학술논문에
기반하고 있다. 이 논문들은 2009년부터 대략 10년 동안 집필된 것들
이다. 그래서 기존에 간행된 논문에서 사용된 국내, 해외문헌과 자료
는 모두 필자가 직접 구한 것들이다. 단지 그림과 온라인 자료들만 최
신 검색을 통하여 출처를 다시 재확인해서 게시를 했다. 필자 스스로
저작권과 윤리문제에서 최대한 자유롭기 위함이었다.

특히 책 말미의 참고문헌에 필자의 논문들과 원자료 목록의 충실한
작성에도 정성을 기울였다. 하지만 독자의 가독성을 고려하고 편집상
의 오류를 줄이기 위해 본문의 인용을 표시한 주석과 미주는 생략하
였다. 이는 필자의 기존 논문을 다듬고 다시 쓰고 재구성한 부분이므
로, 모두 필자의 가공과 재해석을 거친 이유가 있었다. 즉 이 책의 집
필에서 생략된 재인용 주석과 미주는 모두 필자의 학술논문이다. 본
문의 인용과 재인용에 필자 이름이 너무 많이 나오는 것도 좋아 보이
진 않았다. 그 외의 원문은 집필과정에서 보지 않았고, 인용하지 않았
다는 점에 대해 명확히 밝혀둔다.

끝으로 이 책의 어떤 내용은 기존 육지중심의 이론이나 관점과 배

치되거나 기성이론들과 상충되는 부분도 있다. 기존 해양네트워크의 이론적 기반이 국내에 거의 일천하다보니 그렇다. 주로 해외자료와 사례에서 구어체 문장을 문어체로 재해석해서 풀고, 이를 다시 본문에 맞게 소화시키는 과정의 일부 미숙함이 드러나기도 한다. 몇 번이고 다시 보면서 점검을 하였지만, 여전히 빈틈은 생길 수 있다. 이 모든 것은 전적으로 필자의 책임이다. 독자들께서는 이 점에 대해 오해 없으시길 바라며, 다소 부족할 수도 있는 논지에는 너른 이해를 구하고자 한다.

2018년 3월
우양호

참고문헌

1. 국내 논문 및 단행본

강석영(1992). 카리브해 도서국들의 구조와 특성. 중남미연구. 8(1): 7-37.

강윤호 · 김상구 · 박상희 · 우양호(2007). 부산항 거버넌스 제도의 개편방안. 지방정부연구. 11(2): 109-132.

강윤호 · 우양호(2013). 해항도시의 경제성장과 해양산업의 관계. 한국항해항만학회지. 37(6): 627-635.

강혜련(2008). 흑해권의 정치적 민주화 지도: 8개국 권력구조 비교. e-Eurasia. 8(7): 7-8.

고성호(1994). 한국 도시의 성장. 1960-1980: 생태학적 접근. 한국사회학. 28(2): 65-84.

고재남(2012). 탈냉전기 흑해지역 전략환경의 변화와 미국, EU, 러시아의 대응. 중소연구. 36(3): 235-282.

김달관(2005). 카리브해에서 인종과 정치의 혼종성. 국제지역연구. 9(1): 25-49.

김상구 · 우양호(2014). 해항도시 부산의 민선자치와 지역정치문화의 정체성: 의정활동 20년의 성과를 중심으로. 지방정부연구. 17(4): 1-25.

김상빈 · 이원호(2004). 접경지역연구의 이론적 모델과 연구동향. 한국경제지리학회지. 7(2): 117-136.

김석환(2014). 한국의 북극 거버넌스 구축 및 참여 전략. 2014년 대외경제정책연구원 연구보고서: 1-162.

김수암 · 강수경(2014). 북극해 수산자원의 활용전망과 연구방향. 해양정책연구. 29(2): 141-174.

김승섭(2015). 북극해 둘러싼 국가간 경쟁과 대립. 해양한국(2015-9호): 78-82.

김연규(2010). 범흑해지역의 정체성과 지역주의. 경문사: 1-270.

김영진(2009). 범흑해지역의 지역화와 지역협력: BSEC을 중심으로. 슬라브학보. 24(1): 121-148.

김용호(2006). 흑인들의 문화적 기억을 통해 재구성한 초카리브 정체성. 이베로아 메리카연구. 17: 1-22.

김주삼(2010). 중국 동북진흥계획이 한국에 미치는 영향: 창지투개발계획을 중심 으로. 동북아연구. 25(1): 115-140.

김천규 · 이상준 · 임영태 · 이백진 · 이건민(2014). 동북아 평화번영을 위한 두만강 유역 초국경협력 실천전략 연구. 국토연구원 연구보고서(2014-37): 1-195.

남영우(2007). 세계도시론. 서울: 법문사.

박영민(2015). 한, 중, 일의 북극전략과 협력 거버넌스의 구축 필요성. 중소연구. 39(1): 205-230.

박정호(2012). 흑해 지역협력의 딜레마: 흑해 지역협력에 대한 러시아와 우크라이 나의 입장 비교. 중소연구. 36(2): 185-215.

브라이언, W. 블루엣, 올린, M. 블루엣(김희순 · 강문근 · 김형주 옮김)(2013). 라틴 아메리카와 카리브해: 주제별 분석과 지역적 접근(원제: Latin America and The Caribbean: A Systematic and Regional Survey). 까치글방: 1-616.

성원용(2008). 흑해지역의 새로운 질서와 협력 국제운송의 정치경제: 트라세카와 남-북 국제운송로를 중심으로. e-Eurasia. 8(7): 12-15.

신범식 · 박상연(2015). 러시아와 중국의 나진항 3호부두 사용권 협상전략 비교. 중소연구. 39(2): 153-190.

안상욱(2008). 흑해 지역주의 시도와 유럽연합 경제 질서 편입: 루마니아, 불가리 아, 터키를 중심으로. e-Eurasia. 8(7): 16-21.

오경환(2008). 다문화 공간에서의 집단적 기억과 그 함의: 범흑해지역을 중심으 로. 슬라브학보. 23(4): 329-349.

우양호(2009a). 우리나라 항만도시의 성장 영향요인 분석. 한국행정논집. 21(1): 915-939.

우양호(2009b). 항만이 해항도시의 경제성장에 미치는 효과: 부산과 인천의 사례 (1985-2007). 지방정부연구. 13(3): 339-362.

우양호(2010a). 도시와 국가의 길항관계 및 협력의 논거에 관한 소고: 정부간 관계에 대한 해석을 토대로. 해항도시문화교섭학. 3: 55-90.

우양호(2010b). 지방정부 해양행정의 문제점과 발전방향: 해양거버넌스(Ocean Governance) 구축을 중심으로. 한국거버넌스학회보. 17(2): 1-22.

우양호(2010c). 동북아 해항도시의 역사적 성장요인에 관한 연구: 한국, 일본, 중국의 사례(1989-2008). 역사와 경계. 75: 57-90.

우양호(2010d). 해항도시(海港都市) 부산의 도시성장 특성에 관한 연구: 패널자료를 통한 성장원인의 규명(1965-2007). 지방정부연구. 14(1): 135-157.

우양호(2012a). 이민자(immigrants)에서 시민(citizens)으로?: 해항도시(海港都市)의 내부적 세계화에 관한 분석. 세계해양발전연구. 21: 1-32.

우양호(2012b). 우리나라 도시 및 지방의 내향적 국제화 수준과 그 영향요인: 거주외국인과의 접촉과 화합을 위한 과제. 지방행정연구. 26(1): 193-222.

우양호(2012c). 우리나라 주요 항만의 항만공사(PA) 운영 성과와 요인: 부산, 인천, 울산, 경기평택 항만공사의 사례. 한국행정논집. 24(3): 567-590.

우양호(2012d). 도시와 국가의 길항(拮抗)에 대한 현대적 고찰: 연구성과와 전망을 중심으로. 해항도시문화교섭학. 7: 155-197.

우양호(2012e). 월경한 해항도시간 권역에서의 국제교류와 성공조건: 부산과 후쿠오카의 초국경 경제권 사례. 지방정부연구. 16(3): 31-50.

우양호(2012f). 동북아시아 해항도시의 초국경 교류와 협력방향 구상: 덴마크와 스웨덴 해협도시의 성공경험을 토대로. 21세기정치학회보. 22(3): 375-395.

우양호(2013a). 해항도시(海港都市)와 해양산업의 세계화: 해양산업전시회의 현재와 미래. 세계해양발전연구. 22: 61-86.

우양호(2013b). 지역사회 다문화 정책의 문제점과 발전방향: 해항도시 부산의 다문화거버넌스 구축 사례. 지방정부연구. 17(1): 393-418.

우양호(2013c). 해항도시간 국경을 초월한 통합의 성공조건: 북유럽 '외레순드(Oresund)'의 사례. 도시행정학보. 26(3): 143-164.

우양호(2013d). 해항도시의 월경협력모델 구축에 관한 연구: 한·일 해협의 초광역 경제권을 토대로. 해항도시문화교섭학. 9: 186-219.

우양호(2014). 유럽 해항도시 초국경 네트워크의 발전과 미래: '외레순드'에서 '페마른 벨트'로. 해항도시문화교섭학. 10: 123-156.

우양호(2014). 유럽 해항도시 초국경 네트워크의 발전과 미래: 외레순드에서 페마른 벨트로. 해항도시문화교섭학. 10: 239-264.

우양호(2015). 초국적 협력체제로서의 '해역(海域)':'흑해(黑海)'연안의 경험. 해항
　　도시문화교섭학. 13: 209-246.

우양호(2015). 흑해(黑海) 연안의 초국적 경제협력모델과 정부간 네트워크: 동북
　　아시아 해역(海域)에 주는 교훈과 함의. 지방정부연구. 19(1): 19-43.

우양호(2016). 현대 해항도시의 이론과 실제: 분권과 자치의 정치경제학. 서울: 선
　　인출판사.

우양호·강윤호(2012). 해양수도 부산의 해양거버넌스 형성수준 및 원인분석: 이
　　해관계자의 접촉과 갈등해결을 중심으로. 한국항해항만학회지. 36(3):
　　233-243.

우양호·김만홍·김상구(2012a). 海港城市港口治理制度: 以韓國港灣公社制度例.
　　世界海運. 35(5): 5-9.

우양호·김만홍·김상구(2012b). 韓國海港城市的社會文化特征: 海洋同管理的時
　　角. 大連大學學報. 33(2): 15-22.

우양호·김상구(2014). 연안정부간 새로운 월경협력과 파트너십의 형성: 동남아
　　시아 초국경 성장삼각지대의 사례. 한국거버넌스학회보. 21(2): 79-100.

우양호·박민수·정진성(2014). 해항도시와 초국경 네트워크: 새로운 월경지역의
　　형성. 서울: 선인출판사.

우양호·이원일(2017). 북해(北海) 해역권의 형성과 월경적 협력체제의 구축: 공
　　동협약과 협력프로그램을 중심으로. 해항도시문화교섭학. 17: 211-250.

우양호·김상구·이원일(2018). 지역협력과 공생을 향한 해항도시 네트워크: 아시
　　아와 유럽의 성공모델 비교. 지방정부연구. 21(4): 23-45.

우양호·이원일·김상구(2017). '북극해(北極海)'를 둘러싼 초국경 경쟁과 지역협
　　력의 거버넌스: 최근의 경과와 시사점. 지방정부연구. 21(1): 85-113.

우양호·정문수·김상구(2016). '동해(東海)의 출구'를 둘러싼 다국적 경쟁과 협력
　　의 구조: 중국과 북한의 두만강 초국경 지역개발 사례. 지방정부연구.
　　20(1): 109-133.

우양호·이정석(2010). 지방정부 국제교류의 영향요인에 관한 연구. 지방행정연
　　구. 24(4): 393-422.

우양호·홍미영(2012). 동북아시아 해항도시의 초국경 교류와 협력방향 구상:덴
　　마크와 스웨덴 해협도시의 성공경험을 토대로. 21세기정치학회보. 22(3):

375-295.

원동욱(2015). 변경의 정치경제학: 중국 동북지역 개발과 환동해권 국제협력 구
    상. 아태연구. 22(2): 27-62.

이영훈(2015). 나선 경제특구 개발의 결정요인 및 전망. 제주평화연구원 정책포
    럼. 168: 1-9.

이재기(2004). 세계지역연구. 서울: 한올출판사.

이재영 · 나희승(2015). 북극권 개발을 위한 시베리아 북극회랑 연구. 아시아문화
    연구. 39: 193-215.

이진영(2013). 중국의 창지투계획과 조선족: 변방에서 중심으로 이동하는 디아스
    포라. 디아스포라연구. 7(2): 7-26.

임유진 · 이연호(2014). 북극의 정치학과 북극정책의 새로운 길. 동서연구. 26(4):
    171-193.

정문수 · 정진성(2007). 국경을 넘어 부활하는 한자 도시 네트워크. 독일언어문학.
    37: 295-313.

정문수 · 정진성(2008). 해항도시 네트워크가 구성하는 발트해 지역. 독일언어문
    학. 42: 233-251.

정보라(2014). 신지정학과 북극해 레짐: 한국과 노르웨이의 협력을 중심으로. 글
    로벌정치연구. 7(2): 115-147.

존 나이스비트 저, 홍수원 역(1996). 메가트렌드 아시아. 한국경제신문사.

중국인민공화국 국무원(國務院)(2009). 東北振興規劃 中國圖們江區域合作開發規
    劃綱要-以長吉圖爲開發開放先導區.

최성두 · 우양호 · 안미정(2013). 해양문화와 해양거버넌스. 서울: 선인출판사.

최영진(2013). 중국의 동북지역 개발과 환동해권 진출의 교두보: 훈춘과 쑤이펀허
    통상구의 비교 연구. 중소연구. 37(1): 129-168.

최우길(2010). 중국 동북진흥과 창지투(長吉圖) 선도구 개발계획: 그 내용과 국제
    정치적 함의. 한국동북아논총. 57: 35-59.

최한별 · 최석범 · 리신강(2014). 한국의 북극항로 이용에 따른 국제물류네트워크
    의 재편성에 관한 연구. 해운물류연구. 81: 105-134.

한국해사문제연구소(2014). 흑해 해운물류시장 국내기업 진출기반 마련. 해양한
    국.(2014-2): 73-73.

한국해양대학교 국제해양문제연구소(2010). 해항도시의 역사적 형성과 문화교섭.
서울: 선인출판사.

한국해양대학교 국제해양문제연구소(2010). 바다와 인간. 서울: 선인출판사.

한종만(2015). 북극 공간의 개념 정의: 자연구분과 인문구분을 중심으로. 비교경
제연구. 22(1): 41-74.

현승수(2011). 흑해경제협력기구(BSEC)와 조지아: 유럽 편입의 가능성과 한계. 동
유럽발칸연구. 27(1): 107-136.

황성우(2014). 상상의 국경: 러시아의 남부 경계, 흑해. Russia & Russian Federation.
5(3): 35-39.

2. 해외 논문 및 단행본

Adams, T. D., Emerson, M., Mee, L. D. and Vahl, M.(2002). Europe's Black Sea
Dimension. Centre For European Policy Studies: 1-156.

Alexandersson, G.(1982). The Baltic Straits. Martinus Nijhoff Publishers: 63-70.

Aliboni, R.(2006). Globalization and the Wider Black Sea Area: Interaction with the
European Union, Eastern Mediterranean and the Middle East. Southeast
European and Black Sea Studies.6(2): 157-168.

Asmus, R. D. and Jackson, B. P.(2004). The Black Sea and the Frontiers of Freedom:
Towards a New Euro-Atlantic Strategy.Policy Review.125: 17-26.

Axworthy, T. S., Koivurova, T. and Hasanat, W.(2012). The Arctic Council: Its Place
in the Future of Arctic Governance.Munk-Gordon Arctic Security Program:
1-305.

Ayata, A. and Ergun, A.(2005).Black Sea Politics: Political Culture and Civil Society in
an Unstable Region.International Library of Political Studies Book. 8: 1-256.

Aybak, T.(2001). Politics of the Black Sea: Dynamics of Cooperation and Conflict.I.
B. Tauris(Re-issue Edition): 1-224.

Aydin, M.(2005). Regional Cooperation in the Black Sea and the Role of Institutions.
Perceptions. 10(3): 57-83.

Bachmann, K.(2010). Spatial Development of The North Sea Region: Analyses of The

Impact of Transnational Cooperation under The Interreg IIIB North Sea Programme. LAP Lambert Academic Publishing: 1-140.

Baily, M. J.(1998). Inter-Governmental Co-operation in The North Sea Oil and Gas Industry.SPE International Conference on Health, Safety, and Environment in Oil and Gas: 1-10.

Baltic Development Forum(2013). 175 Ideas about The Future in the Fehmarnbelt Region. Creative Ideas from The Workshops at Fehmarnbelt Days 2012(http://www.bdforum.org): 1-114.

Fehmarnbelt Days 2012(http://www.bdforum.org): 1-114.

Beauchamp-Mustafaga, N.(2012). Prospects for Economic Reform in North Korea— China Perspectives. 4: 70-72.

Behrstock, H. A.(1995). Prospects for Northeast Asian Economic Development: UNDP's Conceptual and Practical Perspective. Conference Proceedings of Fifth Meeting of Northeast Asian Economic Forum. Niigata 16-17 February: 1-22.

Bellini, N. and Hilpert, U.(2013). Europe's Changing Geography: The Impact of Inter-regional Networks(Regions and Cities). Routledge: 1-223.

Black Sea Trade and Development Bank.(2014).Annual Report 2014, Black Sea Region: Sources of Sustainable Growth. BSTDB: 1-20.

Blatter, J. and Ingram, H.(2001). Reflections on Water: New Approaches to Transboundary Conflicts and Cooperation. American and Comparative Environmental Policy: 1-356.

Braithwaite, S.(2017). What Do Demand and Supply Shocks Say About Caribbean Monetary Integration?.The World Economy. 40(5): 949-962.

Braveboy-Wagner, J.(2007) Small States in Global Affairs: The Foreign Policies of the Caribbean Community(CARICOM). Springer: 25-234.

Bravo, K. E.(2005). CARICOM, The Myth of Sovereignty, and Aspirational Economic Integration. North Carolina Journal of International Law. 31(1): 145-206.

Brown, D. N. and Pomeroy, R. S.(1999). Co-management of Caribbean Community (CARICOM) Fisheries. Marine Policy. 23(6): 549-570.

Bunnell, T.(2004). Malaysia, Modernity and the Multimedia Super Corridor: A Critical Geography of Intelligent Landscapes. Routledge Curzon: 1-224.

Bunnell, T., Muzaini, T. B. and Sidaway, J. D.(2006). Global City Frontiers: Singapore's Hinterland and the Contested Socio-Political Geographies of Bintan, Indonesia. International Journal of Urban and Regional Research. 30(1): 3-22.

Byers, M.(2010). Who Owns the Arctic?: Understanding Sovereignty Disputes in the North. Douglas & McIntyre(Kindle Edition): 1-192.

Caserta, S. and Madsen, M. R.(2016). Caribbean Community-Revised Treaty of Chaguaramas-Freedom of Movement under Community Law-Indirect and Direct Effect of International Law-LGBT Rights. The American Journal of International Law. 110(3): 533-540.

Chakalall, B., Mahon, R. and McConney, P.(1998). Current Issues in Fisheries Governance in the Caribbean Community(CARICOM). Marine Policy. 22(1): 29-44.

Chakalall, B., Mahon, R., McConney, P., Nurse, L. and Oderson, D.(2007). Governance of Fisheries and Other Living Marine Resources in the Wider Caribbean. Fisheries Research. 87(1): 92-99.

Deas, I. and Lord, A.(2006). From a New Regionalism to An Unusual Regionalism?: The Emergence of Non-Standard Regional Spaces and Lessons for the Territorial Reorganization of the State. Urban Studies. 43(10): 1847-1877.

Debrah, Y. A., McGovern, I. and Budhwar, P.(2000). Complementarity or Competition: The Development of Human Resources in a South-East Asian Growth Triangle: Indonesia, Malaysia and Singapore. International Journal of Human Resource Management. 11(2): 314-335.

Dima, N.(2003). The Black Sea Region: New Economic Cooperation and Old Geopolitics. The Journal of Social, Political and Economic Studies. 28(1): 77-96.

Economic Commission for Latin America and the Caribbean(2017). Economic Survey of Latin America and the Caribbean 2016: The 2030 Agenda for Sustainable Development and the Challenges of Financing for Development. UN ECLAC: 1-231.

Emerson, M.(2008). The EU's New Black Sea Policy: What Kind of Regionalism is This?. CEPS Working Document(No.297). Working Paper: 1-12.

Ergun, A. and Isaxanli, H.(2013).Security and Cross-Border Cooperation in the EU, the Black Sea Region and Southern Caucasus. Nato Science for Peace and

Security Series. IOS Press: 1-188.

Erkut, G. and Baypinar, M. B.(2007). Regional Integration in the Black Sea Region: The Case of Two Sisters.Istanbul and Odessa. European Regional Science Association. ERSA conference papers: 1-36.

European Union Committee.(2015). The North Sea under Pressure: Is Regional Marine Co-operation The Answer?. Authority of The House of Loads(Tenth Report): 7-57.

European Union(2011). Territorial Agenda of The European Union 2020. Towards an Inclusive, Smart and Sustainable Europe: 1-22.

Flyvbjerg, B., Bruzelius, N. and Rothengatter, W.(2003). Mega-projects and Risk: An Anatomy of Ambition. Cambridge University Press: 1-215.

Ford, M. T. and Lyons, L. T.(2006). The Borders Within: Mobility and Enclosure in the Riau Islands. Asia Pacific View Point. 47(2): 257-271.

Gabrielsen, V. and Lund, J.(2007). The Black Sea in Antiquity: Regional and Interregional Economic Exchanges. Aarhus University Press: 1-396.

Gavras, P.(2010). The Current State of Economic Development in the Black Sea Region. Policy Report(Commission on the Black Sea-1): 1-34.

Gipouloux, Francois.(2011). The Asian Mediterranean: Port Cities and Trading Networks in China, Japan and Southeast Asia, 13th-21st Century. Cheltenham/Northampton: 1-212.

Greenidge, K., Drakes, L. and Craigwell, R.(2010). The External Public Debt in the Caribbean Community. Journal of Policy Modeling.32(3): 418-431.

Grenade, W. C.(2005). An Overview of Regional Governance Arrangements within the Caribbean Community(CARICOM). in The European Union and Regional Integration: A Comparative Perspective and Lessons for the Americas. University of Miami, Miami-Florida European Union Center of Excellence: 167-184.

Grenade, W. C.(2011). Regionalism and Sub-regionalism in the Caribbean: Challenges and Prospects: Any Insights from Europe?. Robert Schuman Paper Series. 11(4): 1-20.

Griffith, W. H.(1990). CARICOM Countries and the Caribbean Basin Initiative. Latin American Perspectives. 17(1): 33-54.

Gustavsson, M. and Coskun, B. B.(2003). The Black Sea as Boundary or Bridge?: Implications of EU and NATO Enlargement, and the Regional Security. Stockholm International Peace Research Institute Paper: 1-21.

Hall, K. O.(2003). Re-inventing CARICOM: The Road to a New Integration:A Documentary Record. Ian Randle Publishers: 11-301.

Hall, R. B.(2003). The Discursive Demolition of the Asian Development Model. International Studies Quarterly. 47(1): 71-99.

Harding, A. and Hoffman, J.(2003). Trade between Caribbean Community(CARICOM) and Central American Common Market(CACM) Countries: The Role to Play for Ports and Shipping Services. UN ECLAC. 52: 56-98.

Heath-Brown, N.(2015). Caribbean Community(CARICOM). The Statesman's Yearbook 2016: The Politics, Cultures and Economies of the World. Palgrave Macmillan: 63-94.

Henderson, K. and Weaver. C.(2010).The Black Sea Region and EU Policy: The Challenge of Divergent Agendas.Ashgate Publishing: 1-173.

Herweijer, C., Ranger, N. and Ward, R. E. T.(2009). Adaptation to Climate Change: Threats and Opportunities for the Insurance Industry. The Geneva Papers on Risk and Insurance-issues and Practice.34(3): 360-380.

Hong, Li and Yu Zhang.(2010). Evaluation of High-Grade Highway Network Development of Changjitu Region. International Conference on Mechanic Automation & Control Engineering:4531-4534.

Houston, F., Wood, W. D. and Robinson, D. M.(2010).Black Sea Security: International Cooperation and Counter-Trafficking in the Black Sea Region. IOS Press: 1-156.

Huang, J. and Korolev, A.(2015). International Cooperation in the Development of Russia's Far East and Siberia. Springer: 1-259.

Huff, W. G.(1995). The Economic Growth of Singapore: Trade and Development in the Twentieth Century, Cambridge University Press: 1-78.

Huisman, P., De Jong, J. and Wieriks, K.(2000). Transboundary Cooperation in Shared River Basins: Experiences from The Rhine, Meuse and North Sea. Water Policy. 2(1-2): 83-97.

Humrich, C.(2013). Fragmented International Governance of Arctic Offshore Oil: Governance Challenges and International Improvement. Global Environmental Politics.13(3): 79-99.

Ito, M.(2016). The Caribbean Community Single Market and Economy. International Journal of Human Culture Studies.26: 63-97.

Jakobson, L. and Melvin, N.(2016). The New Arctic Governance. SIPRI Research Reports(25): 1-216.

Jessen, A. and RodríThe Caribbean Community: Facing the Challenges of Regional and Global Integration. INTAL(Institute for the Integration of Latin America and the Caribbean)-ITD. Occasional Paper 2: 1-104.

Kakazu, H.(1997). Growth Triangles in ASEAN: A New Approach to Regional Cooperation. Asian Development Bank. GSID APEC Discussion Paper Series(9): 1-16.

Kim, D. J.(2014). The Greater Tumen Region Development Programme and Multilateral Policy Rationales: Geopolitical Factors Reconsidered. Korean Journal of Defense Analysis. 26(3): 283-298.

Kim, J. C.(2006). The Political Economy of Chinese Investment in North Korea: A Preliminary Assessment. Asian Survey.46(6): 898-916.

Kim, W. B., Yeung, Y. and Choe, S. C.(2011). North Korea's Cross-border Cooperation. in Collaborative Regional Development in Northeast Asia: Towards a Sustainable Regional and Sub-regional Future. 95(2): 267-286.

King, C.(2006). The Black Sea: A History. Oxford University Press: 1-150.

Koivurova, T. and Qin, T.(2016). Arctic Law and Governance: The Role of China and Finland.Studies in International Law. Hart Publishing: 1-224.

Koivurova, T.(2009). Limits and Possibilities of the Arctic Council in a Rapidly Changing Scene of Arctic Governance. Polar Record.46(2): 1-11.

Lavenex, S.(2004). EU External Governance in Wider Europe. Journal of European Public Policy. 11(4): 680-700.

Lee, N. J.(2011). Northeast Asian Economic Cooperation and the Korean Peninsula Economy: The Impact of the Changjitu Development Plan. Korea Journal. 51(2): 130-163.

Lee, T. Y.(1991). Growth Triangle: The Johor-Singapore-Riau Experience. Singapore: Institute of Southeast Asian Studies: 1-120.

Leibenath, M., Korcelli-Olejniczak, E. and Knippschild, R.(2010). Cross-border Governance and Sustainable Spatial Development: Mind the Gaps!. Springer: 1-204.

Levitt, K.(2005). Reclaiming Development: Independent Thought and Caribbean Community. Ian Randle Publishers: 45-130.

Lim, S. H.(2015). How Beneficial Would the Construction of a Rason-Hunchun Sub-Regional Economic Cooperation Zone in the Northeast Asian Borderlands Be?. North Korean Review. 11(1): 63-81.

LLC Books(2010). Bridges in Denmark: Oresund Bridge, Fehmarn Belt Bridge, List of Bridges in Denmark by Length, Gedser-Rostock Bridge, Storstrøm Bridge. General Books LLC: 1-54.

Lowitt, K., Saint Ville, A., Keddy, C. S., Phillip, L. E. and Hickey, G. M.(2016). Challenges and Opportunities for More Integrated Regional Food Security Policy in the Caribbean Community. Regional Studies & Regional Science. 3(1): 368-378.

Lunde, L., Yang, J. and Stensdal, I.(2016). Asian Countries and the Arctic Future. World Scientific: 1-280.

Lyratzopouooua, D. and Zarotiadisb, G.(2014).Black Sea: Old Trade Routes and Current Perspectives of Socioeconomic Co-operation.Procedia Economics and Finance. 9: 74-82.

Mack, J. S.(2004). Inhabiting the Imaginary: Factory Women at Home on Batam Island. Singapore Journal of Tropical Geography. 25(2): 156-179.

Macleod, S. and McGee, T.(1996). The Singapore-Johore-Riau Growth Triangle: An Emerging Extended Metropolitan Region, in Fuchen Lo and Yue-man Yeung(eds). United Nations University Press: 417-464.

Manoli, P.(2005). Limiting Integration: Transnational Exchanges and Demands in the BSEC Area.Agora Without Frontiers. 10(4): 268-291.

Manoli, P.(2010). Reinvigorating Black Sea Cooperation: A Policy Discussion.Policy Report. Commission on the Black Sea-3: 1-39.

Manoli, P.(2013). The Dynamics of Black Sea Subregionalism. Ashgate Publishing:

1-270.

Marton, A., McGee, T. and Paterson, D. G.(1995). Northeast Asian Economic Cooperation and The Tumen River Area Development Project. Pacific Affairs.68(1): 8-33.

Matthiessen, C. W. and Worm, M.(2011). The Fehmarnbelt Fixed Link: Regional Development Perspectives. University Press of Southern Denmark: 1-440.

Menon, P. K.(1996). Regional Integration: A Case Study of the Caribbean Community (CARICOM). Convention of the International Studies Association: 1-67.

Merrow, E. W.(2011). Industrial Mega-projects: Concepts, Strategies, and Practices for Success. Wiley: 1-371.

Moore, G. J.(2008). How North Korea Treats China's Interest: Understanding Chinese Duplicity on the North Korean Nuclear Issue. International Relations of the Asia-Pacific.8(1): 1-29.

Murray, G. and Perera, A.(1995). Singapore: The Global-City State. China Library: 33-68.

Murray, R. W.(2012). Arctic Politics in the Emerging Multipolar System: Challenges and Consequences. The Polar Journal. 2(1): 7-20.

Newstead, C.(2009). Regional Governmentality: Neoliberalization and the Caribbean Community Single Market and Economy. Singapore Journal of Tropical Geography. 30(2): 158-173.

NSC(North Sea Commission)(2011). North Sea Region 2020.Draft Document for The General Assembly of The NSC. Version 13 June 2011: 1-15.

O'Dowd, L., Anderson. J. and Wilson, T. M.(2003). New Borders for a Changing Europe: Cross-Border Cooperation and Governance(Routledge Series in Federal Studies). Routledge: 1-256.

OECD(2010). OECD Territorial Reviews: Trans-border Urban Cooperation in the Pan Yellow Sea Region: 55-192.

Ogan, S.(2006). The Black Sea: New Arena for Global Competition. Turkish Policy Quarterly. 5(2): 105-120.

Ozer, E.(1997). The Black Sea Economic Cooperation and Regional Security: Perceptions. Journal of International Affairs.2(3): 78-109.

Pan, M. and Huntington, H. P.(2016). A Precautionary Approach to Fisheries in the

Central Arctic Ocean: Policy, Science, and China.Marine Policy.63(1): 153-157.

Parsonage, J.(1992). Southeast Asia's 'Growth Triangle': A Subregional Response to Global Transformation. International Journal of Urban and Regional Research. 16(2): 307-317.

Pavliuk, O. and Klympush-Tsintsadze, I.(2004). The Black Sea Region: Cooperation and Security Building. M.E. Sharpe: 1-314.

Perry, M.(1991). The Singapore Growth Triangle: State, Capital and Labor at a New Frontier in the World Economy. Singapore Journal of Tropical Geography. 12(2): 138-151.

Pomeroy, R. S., McConney, P. and Mahon, R.(2004). Comparative Analysis of Coastal Resource Co-management in the Caribbean. Ocean & Coastal Management. 47(9): 429-447.

Prevelakis, G.(2008). The Geopolitics of the Black Sea Region. Southeast European and Black Sea Studies. 1(3): 148-152.

Pries, L. and Sezgin, Z.(2013). Cross Border Migrant Organizations in Comparative Perspective(Migration, Diasporas and Citizenship). Palgrave Macmillan: 1-304.

Reilly, J.(2014). China's Market Influence in North Korea. Asian Survey. 54(5): 894-917.

Rowe, E. W.(2011). Russia's Northern Policy: Balancing an Open and Closed North. Russian Analytical Digest. 96(5): 2-5.

Saetevi, S.(1988). Environmental Cooperation between The North Sea States: Success or Failure?(Belhaven Press Book): 1-164.

Saetevik, S.(1989). Environmental Cooperation Between The North Sea States: Success or Failure?. Marine Policy.13(2): 172-173.

Sanders, D.(2014). Maritime Power in the Black Sea.Corbett Centre for Maritime Policy Studies. Ashgate Publishing: 1-248.

Sandra, L.(2004). EU External Governance in Wider Europe. Journal of European Public Policy. 11(4): 680-700.

Sassen, S. J.(2011). Cities in a World Economy(Sociology for a New Century Series). SAGE Publications: 1-424.

Sch ∅ yen, H. and Brathen, S.(2011). The Northern Sea Route versus the Suez Canal:

Cases from Bulk Shipping.Journal of Transport Geography.19(4): 977-983.

Scobie, M.(2016). Policy Coherence in Climate Governance in Caribbean Small Island Developing States. Environmental Science & Policy. 58(1): 16-28.

Sejrupa, H. P. Larsenb, E., Landvikc, J., Kingd, E. L., Haflidasona, H. and Nesje, A.(2000). Quaternary Glaciations in Southern Fennoscandia: Evidence from Southwestern Norway and The Northern North Sea Region. Quaternary Science Reviews.19(7): 667-685.

Shamir, R.(2005). Without Borders?: Notes on Globalization as a Mobility Regime. Sociological Theory. 23(2): 197-217.

Sim, L. L.(2003). Singapore's Competitiveness as a Global City: Development Strategy, Institutions and Business Environment. Cities. 20(2): 115-127.

Skjaerseth, J. B.(2000). North Sea Cooperation: Linking International and Domestic Pollution Control(Issues in Environmental Politics.Manchester University Press: 1-272.

Smith, M. P.(2005). Transnational Urbanism Revisited. Journal of Ethnic and Migration Studies. 31(2): 235-244.

Smith, S. L. D.(1997). The Indonesia-Malaysia-Singapore Growth Triangle: A Political and Economic Equation Australian. Journal of International Affairs. 51(3): 369-382.

Sparke, M., Sidaway, J. D., Bunnell, T. and Grundy-Warr, C.(2004). Triangulating the Borderless World: Geographies of Power in the Indonesia-Malaysia-Singapore Growth Triangle. Transactions of the Institute of British Geographers. 29(4): 485-498.

Steinberg, P. E. and Tasch, J.(2015). Contesting the Arctic: Politics and Imaginaries in the Circumpolar North. I. B. Tauris: 1-224.

Stokke, O. S. and Honneland, G.(2006). International Cooperation and Arctic Governance: Regime Effectiveness and Northern Region Building. Routledge Advances in International Relations and Global Politics(Routledge): 1-224.

Stokke, O. S.(2011). Environmental Security in the Arctic: The Case for Multi-level Governance.International Journal.66(4): 835-848.

Stokke, O. S.(2012). Political Stability and Multi-level Governance in the Arctic.in Part of the Series NATO Science for Peace and Security Series C(Environmental Security): 297-311.

Struzik, E.(2015). Future Arctic: Field Notes from a World on the Edge.Island Press(Kindle Edition): 1-215.

Tedsen, E., Cavalieri, S. and Kraemer, A. R.(2013). Arctic Marine Governance: Opportunities for Transatlantic Cooperation.Springer Science & Business Media: 1-267.

Toba, N.(2009). Potential Economic Impacts of Climate Change in the Caribbean Community. Assessing the Potential Consequences of Climate Destabilization in Latin America. World Bank. Working Paper. 32: 1-30.

Tsardanidis, C.(2005). The BSEC: From New Regionalism to Inter-regionalism?. Agora Without Frontiers.10(4): 362-391.

UNDP.(2002). Tumen NET Strategic Action Programme: Eco-regional Cooperation on Biodiversity Conservation and Protection of International Waters in NE Asia: 1-96.

Van-Grunsven, L.(1995). Industrial Regionalization and Urban-Regional Transformation in Southeast Asia: The SIJORI Growth Triangle Considered Malaysian. Journal of Tropical Geography. 26(1): 47-65.

Vieregg-Rössler GmbH(2008). Expert Report on the Traffic Forecasts and Cost Calculations of the Proposed Fixed Fehmarnbelt Link. NABU Naturschutzbund Germany E. V: 1-56.

Vince, J. and Haward, M.(2009). New Zealand Oceans Governance: Calming Turbulent Waters?. Marine Policy. 33(2): 412-418.

Wadley, D. and Parasati, H.(2000). Inside South East Asia's Growth Triangles. Geography. 85(4): 323-334.

Walsh, C.(2012). Policy and Planning Brief: The Territorial Agenda of the European Union 2020. Planning Theory and Practice. 13(3): 493-496.

Walsh, C. and Allin, S.(2012). Strategic Spatial Planning: Responding to Diverse Territorial Development Challenges: Towards an Inductive-Comparative Approach. International Planning Studies. 17(4): 377-395.

Warr, C. G., Peachey, K. and Perry, M.(1999). Fragmented Integration in the Singapore-Indonesian Border Zone: Southeast Asia's Growth Triangle Against the Global Economy. International Journal of Urban and Regional Research. 23(2): 304-328.

Weatherbee, D.(1995). The Foreign Policy Dimensions of Sub-regional Economic Zones. Contemporary Southeast Asia. 16(4): 425-430.

Weaver. C.(2013). The Politics of the Black Sea Region: EU Neighbourhood Conflict Zone or Future Security Community?. Ashgate Publishing: 1-161.

Witschel, G.(2010). New Chances and New Responsibilities in the Arctic Region: Papers from the International Conference at the German Federal Foreign Office in Cooperation with the Ministries of Foreign Affairs of Denmark and Norway. BWV Verlag: 1-384.

Yeoh, C., Koh, C. S and Cai, C.(2004). Singapore's Regionalization Blueprint: A Case of Strategic Management, State Enterprise Network and Selective Intervention. Journal Transnational Management Development. 9(4): 14-36.

Young, O. R.(2000). Arctic Politics: Conflict and Cooperation in the Circumpolar North. Arctic Visions Series. Dartmouth College Press: 1-303.

Young, O. R.(2005). Governing the Arctic: From Cold War Theater to Mosaic of Cooperation. Global Governance. 11(1): 9-15.

Young, O. R.(2010). Arctic Governance: Pathways to the Future. Arctic Review on Law and Politics. 1(2): 164-185.

Zwicker-Schwarm, D.(2014). Transnational Cooperation in The German North Sea Region(Interreg B). German Institute of Urban Affairs: 1-12.

3. 기타 자료

강원도동해안경제자유구역(2018). http://www.efez.go.kr/hb/kor

경제협력개발기구(OECD)(2018). http://www.oecd.org

대한민국 국토교통부(2018). http://www.molit.go.kr

대한민국 외교부(2018). http://www.mofa.go.kr

외교부 지역정보(2018). http://www.mofa.go.kr/countries/regional/latin

동북아자치단체연합(2018). http://www.neargov.org

동카리브국가기구(OECS)(2018). http://www.oecs.org

러시아연방정부통계청(2018). http://www.gks.ru

부산광역시(2018). 부산-후쿠오카 협력 보도자료. http://www.Busan.go.kr

북극지식센터(2018). http://www.arctic.or.kr

서인도제도대학(University of West Indies)(2018). http://www.uwi.edu

세계도시경쟁력포럼(International Forum on Urban Competitiveness)(2018). 글로벌
    도시경쟁력보고서(The Council of Global Urban Competitiveness Project,
    2017).

세계지방자치단체연합(2018). World Organization of United Cities and Local
    Governments. http://www.cities-localgovernments.org

연합뉴스(2018). http://www.yonhapnews.co.kr

연해주투자프로젝트(2018). http://invest.primorsky.ru

위키피디아백과사전(2018). https://en.wikipedia.org/wiki http://ko.wikipedia.org
    https://commons.wikimedia.org

유엔(UN)라틴아메리카 · 카리브해경제위원회(Economic Commission for Latin America
    and the Caribbean)(2018). http://www.cepal.org

유엔(UN)지속가능개발지식플랫폼(UN Sustainable Development Knowledge platform)
    (2018). https://sustainabledevelopment.un.org

유엔(UN)환경계획카리브환경프로그램(UNEP The Caribbean Environment Program)
    (2018). http://www.cep.unep.org

일본 니가타현(2018). http://www.niigata.or.kr

일본해학추진기구(日本淇學推進機構)(2018). http://www.nihonkaigaku.org

재부산일본국총영사관(2018). http://www.busan.kr.emb-japan.go.jp

주간무역(2018). http://www.weeklytrade.co.kr

중국국가통계국(國家統計局)(2018). http://www.stats.gov.cn

중국지린성인민정부(吉林省人民政府)(2018). http://www.jl.gov.cn

중국연변조선족자치주(延邊朝鮮族自治州)(2018). http://www.yanbian.gov.cn

중조경제무역합작망(中朝經濟貿易合作)(2018). http://www.idprkorea.com

지중해 연합(2018). http://ufmsecretariat.org

카리브개발은행(CDB)(2018). http://www.caribank.org

카리브공동체(CARICOM)(2018). http://www.caricom.org

카리브국가연합(ACS)(2018). http://www.acs-aec.org

통일뉴스(2018). http://www.tongilnews.com

파리한불통신(2018). http://www.korea-press-production.com

한국국제협력단(2018). http://www.koica.go.kr

후쿠오카시(2018). http://www.city.fukuoka.lg.jp

후쿠오카국제교류협회(2018). http://www.rainbowfia.or.jp

후쿠오카현 관광연맹(2018). http://www.japanpr.com

한국해양대학교 국제해양문제연구소(2009). 한바다호와 함께 하는 청소년 해양 아카데미. 행사 및 강의자료집.

한국해양대학교 국제해양문제연구소(2009). 누리마루호와 함께하는 청소년 해양 아카데미. 행사 및 강의자료집.

한국해양대학교 국제해양문제연구소(2009). 누리마루호와 함께 하는 해양문화 선상 시민아카데미: 해양세계의 재현과 현실. 행사 및 강의자료집.

한국해양대학교 국제해양문제연구소(2010). 청소년과 함께 하는 해양과학문화 선상 아카데미. 행사 및 강의자료집.

한국해양대학교 국제해양문제연구소(2010). 부산항 시민 선상아카데미. 행사 및 강의자료집.

한국해양대학교 국제해양문제연구소(2011). 부산항축제 발전방안 시민대토론회 및 선상시민아카데미. 행사 및 강의자료집.

한국해양대학교 국제해양문제연구소(2012). 해항도시문화교섭 시민강좌: 세계의 해항도시를 가다. 행사 및 강의자료집.

한국해양대학교 국제해양문제연구소(2013). 해항도시문화교섭 시민강좌: 해항도시 부산 재발견-이문화 가마솥, 부산 다시보기. 행사 및 강의자료집.

한국해양대학교 국제해양문제연구소·KBS부산방송총국(2009). 경계를 넘어 미래로(제1편): 발트해의 선택, 신한자네트워크. KBS 1TV 방영분 및 DVD 영상자료.

한국해양대학교 국제해양문제연구소·KBS부산방송총국(2010). 경계를 넘어 미래로(제2편): 덴마크-스웨덴의 미래: 외레순드. KBS 1TV 방영분 및 DVD 영상자료.

한국해양대학교 국제해양문제연구소 · KBS부산방송총국(2011). 경계를 넘어 미래로(제3편): 근대의 문, 나가사키. KBS 1TV 방영분 및 DVD 영상자료.

한국해양대학교 국제해양문제연구소 · KBS부산방송총국(2011). 경계를 넘어 미래로(제4편): 제국의 도시, 광저우. KBS 1TV 방영분 및 DVD 영상자료.

한국해양대학교 국제해양문제연구소 · KBS부산방송총국(2012). 경계를 넘어 미래로(제5편): 동서문화의 접점, 말라카. KBS 1TV 방영분 및 DVD 영상자료.

한국해양대학교 국제해양문제연구소 · KBS부산방송총국(2012). 경계를 넘어 미래로(제6편): 미래로 바다로, 리스본. KBS 1TV 방영분 및 DVD 영상자료.

한국해양대학교 국제해양문제연구소 · KBS부산방송총국(2012). 경계를 넘어 미래로(제7편): 무역항에서 문화도시로, 프랑스 마르세유. KBS 1TV 방영분 및 DVD 영상자료.

한국해양대학교 국제해양문제연구소 · KBS부산방송총국(2013). 경계를 넘어 미래로(제8편): 제국의 수도, 이스탄불. KBS 1TV 방영분 및 DVD 영상자료.

한국해양대학교 국제해양문제연구소 · KBS부산방송총국(2013). 경계를 넘어 미래로(제9편): 군항에서 해항으로, 블라디보스토크. KBS 1TV 방영분 및 DVD 영상자료.

한국해양대학교 국제해양문제연구소 · KBS부산방송총국(2013). 경계를 넘어 미래로(제10편): 도시의 힘은 항구다, 부산. KBS 1TV 방영분 및 DVD 영상자료.

한국해양대학교 국제해양문제연구소 · KBS부산방송총국(2014). 경계를 넘어 미래로(제11편): 바다 끝의 보석상자, 볼티모어항. KBS 1TV 방영분 및 DVD 영상자료.

한국해양대학교 국제해양문제연구소 · KBS부산방송총국(2014). 경계를 넘어 미래로(제12편): 어부들의 섬, 메가시티가 되다, 인도 뭄바이. KBS 1TV 방영분 및 DVD 영상자료.

한국해양대학교 국제해양문제연구소 · KBS부산방송총국(2015). 경계를 넘어 미래로(제13편): 미항에서 크루즈항으로, 나폴리. KBS 1TV 방영분 및 DVD 영상자료.

한국해양대학교 국제해양문제연구소 · KBS부산방송총국(2015). 경계를 넘어 미래로(제14편): 폐허에서 유럽의 관문항으로, 르아브르. KBS 1TV 방영분 및 DVD 영상자료.

한국해양대학교 국제해양문제연구소 · KBS부산방송총국(2016). 경계를 넘어 미래로(제15편): 해양실크로드의 요충지, 오만 무스카트. KBS 1TV 방영분 및 DVD 영상자료.

한국해양대학교 국제해양문제연구소·KBS부산방송총국(2016). 경계를 넘어 미래로(제16편): 북방의 진주, 다롄. KBS 1TV 방영분 및 DVD 영상자료.

한국해양대학교 국제해양문제연구소·KBS부산방송총국(2017). 경계를 넘어 미래로(제17편): 신화의 바다, 이라크리오. KBS 1TV 방영분 및 DVD 영상자료.

한국해양대학교 국제해양문제연구소·KBS부산방송총국(2017). 경계를 넘어 미래로(제18편): 부산항의 미래, 문화가 힘이다. KBS 1TV 방영분 및 DVD 영상자료.

Arctic Circle(2018). http://www.arcticcircle.org

Arctic Council(2018). http://www.arctic-council.org

Arctic Frontiers(2018). http://www.arcticfrontiers.com

Arctic Portal(2018). http://arcticportal.org

Arctic Science Summit Week(2017). https://assw2016.org

Baltic Development Forum(2018). http://www.bdforum.org

Baltic Sea Academy(2018). http://de.wikipeda.org/wiki/Baltic_Sea_Academy

BlackseaCom(2018). http://www.ieee-blackseacom.org

BSEC(2018). http://www.bsec-organization.org

BSECBC(2018). http://www.bsecbc.org

BSNN(2018). http://www.bsnn.org

BSTDB(2018). http://www.bstdb.org

BSTDB(2018). http://www.bstdb.org

BSUN(2018). http://www.bsun.org

CBS(Commission on the Black Sea)(2018). http://www.blackseacom.eu

Caribbean Community(2018). http://www.caricom.org

Copenhagen(2018). http://www.kk.dk

Fehmarnbelt-Portal(2018). http://www.fehmarnbelt-portal.de

Fehmarnbelt Fixed Link(2018). http://www.femern.com

Fermern A/S website(2018). http://www.fehmarnbeltdays.com

Fehmarnbelt Fixed Link(2018). http://www.femern.com

Finn Mølsted Rasmussen(2018). How to Get an Overview of the Traffic in Fehmarn Belt?(http://blog.ramboll.com/fehmarnbelt)

Forening Øresund(2018). http://www.oresund.com

Hanse-Parlament(2018). http://wikipedia.org/wiki/Hanse-Parlament

IBSC(2018). http://www.i-bsc.org/en

ICBSS(International Centre for Black Sea Studies)(2015). http://en.wikipedia.org

International Arctic Science Committee(2018). http://iasc.info

North Sea Programme(2000-2006). http://northsearegion.eu/iiib/home

North Sea Region Programme(2007-2013). http://www.northsearegion.eu

North Sea Region Programme(2014-2020). http://www.northsearegion.eu

Interreg(2018). http://de.wikipedia.org/INTERREG

Interreg(2018). http://en.wikipedia.org/wiki/interreg

Malmo(2018). http://www.malmo.se

Ministry of Foreign Affairs of Denmark(2018). http://www.investindk.com

Ministry for Foreign Affairs of Sweden(2018). http://www.sweden.gov.se

Neue Hanse(2018). http://de.wikipedia.org/wiki/Neue_Hanse

North Sea Advisory Council(NSAC)(2018). http://www.nsrac.org

North Sea Commission(NSC)(2018). http://www.northsea.org

Northern Forum(2018). http://www.northernforum.org/en

Oresund Institute(2018). http://www.oresundsinstituttet.org

Øresundsregionen(2018). http://www.oresundsregionen.org

PABSEC(2018). http://www.pabsec.org

Port of Hamburg(2018). http://www.hafen-hamburg.de/en

Public Consultation on North Sea Region Programme(PCNSRP: 2014-2020). http://www.northsearegion.eu

Ramboll(2018). http://www.ramboll.com/projects

Städtebund Hanse(2018). http://www.hanse.org/de/die_hanse

Subsidarität(2018). http://de.wikipedia.org/wiki/Subsidarit

TransBaltic(2018). http://transbaltic.eu

Union of the Baltic Cities(2018). http://www.ubc.net

United Nations Commodity Trade Statistics Database(2018). http://comtrade.un.org

University of Arctic(2018). http://www.uarctic.org

Wikipedia(2018). http://de.wikipedia.org/wiki/Fehmarnbelt

World Bank(2018). http://wdi.worldbank.org

찾아보기

본문 그림 목차

필자소개

우양호 (禹良昊)

| 한국해양대학교 인문한국(HK) 부교수
  한국정책학회, 한국공공행정학회 임원
  대한지방자치학회, 한국지방정부학회 임원 등

| 주요 저서
  부산의 도시혁신과 거버넌스(2008)
  한국의 행정이념과 실용행정(2009)
  해항도시의 역사적 형성과 문화교섭(2010)
  해양문화와 해양거버넌스(2013)
  해항도시와 초국경 네트워크: 새로운 월경지역의 형성(2014)
  해항도시 부산의 재발견(2014)
  경제활동 공간으로서의 섬(2015)
  다롄: 환황해권 해항도시 100여 년의 궤적(2016)
  현대 해항도시의 이해: 분권과 자치의 정치경제학(2016)